从排斥到包容
中国农村金融转型研究

王修华 等著

中国社会科学出版社

图书在版编目（CIP）数据

从排斥到包容：中国农村金融转型研究／王修华等著 .—北京：中国社会科学出版社，2021.7
ISBN 978 - 7 - 5203 - 8785 - 9

Ⅰ.①从… Ⅱ.①王… Ⅲ.①农村金融—研究—中国 Ⅳ.①F832.35

中国版本图书馆 CIP 数据核字（2021）第 147057 号

出 版 人	赵剑英
责任编辑	孙　萍
责任校对	赵雪姣
责任印制	王　超

出　　版	中国社会科学出版社
社　　址	北京鼓楼西大街甲 158 号
邮　　编	100720
网　　址	http://www.csspw.cn
发 行 部	010 - 84083685
门 市 部	010 - 84029450
经　　销	新华书店及其他书店
印刷装订	三河弘翰印务有限公司
版　　次	2021 年 7 月第 1 版
印　　次	2021 年 7 月第 1 次印刷
开　　本	710×1000　1/16
印　　张	23
插　　页	2
字　　数	310 千字
定　　价	119.00 元

凡购买中国社会科学出版社图书，如有质量问题请与本社营销中心联系调换
电话：010 - 84083683
版权所有　侵权必究

前　言

金融排斥是世界范围内普遍存在的一种现象，是大多数国家面临的共同难题。这一现象可以追溯到20世纪90年代中期，伴随着分支机构管制政策的放松、信息技术发展及全球化的兴起，一些发达国家的银行业开始注重"价值最大化"目标，进入了"为质量而战"的竞争阶段。金融机构出于控制风险、降低成本、增加利润的权衡，在扩大机构种类与金融产品以及服务范围的同时，也纷纷将一些小城市、农村以及边远地区等的银行分支机构关闭，并排斥了对一些低收入人群的服务，从而造成了这些相对落后地区缺少金融机构、贫困人群缺少金融服务。据金融包容全球合作伙伴组织（GPFI）统计，全世界约25亿劳动适龄成年人不能获得正规金融服务；来自世界银行的统计，全球约56%的成年人不能获得银行服务，其中高收入国家为17%，发展中国家为64%。金融排斥具有显著的负外部性，对社会经济的发展具有一定的危害性，是发展中国家贫困、收入差距扩大、地区发展更加不平衡的重要根源。推进金融排斥向金融包容的转换，建立一个具有包容性的金融体系，既是金融发展的客观要求，也是减少贫困、缩小收入差距、实现社会公平的基本诉求。

从理论演进来看，在金融排斥—包容论被关注之前，金融发展理论更多的是基于国家层面的宏观视角，更多聚焦于金融深度（金融机构、金融工具和金融资产规模的增加）的发展，对金融宽度（金融服务的覆盖面或者可得性）的关注不够。金融发展的成果更多地惠及经济体中的一部分强势群体，比如大企业、高收入人群，而很多中小微企业、低收入群体等弱势群体并没有公平合理地分享到金融发展的好处。金融业快速的发展与普遍存在的金融排斥现象形成了较为鲜明的反差。金融包容论强调金融服务对象的面要广，特别是被传统金融排斥的群体；金融服务的价格是合理的，可以负担起的，这些成本是合理的，在需求者可承受范围内；金融服务的产品要丰富，包括存款、贷款、支付、汇款及保险等；提供金融服务的机构要商业可持续，一定要按照利率覆盖风险的原则进行合理定价。这是对传统金融发展理论的反思与升华，是金融发展理论演变到一定阶段的必然结果。

中国金融业在改革开放后开始"市场化改革"的征程。为了更好地支持国民经济发展，化解国有银行长期积累的金融风险、强化国有银行的自我约束，发起了以企业化、商业化、股份化、市场化为特征的国有金融改革。从1998年大量撤并效益不佳和欠发达地区、农村地区的分支机构和营业网点，仅1998—2002年的四年间，四大国有银行撤并机构网点56469个。经过改革，有力地化解了累积的高风险，提高了国有银行的效率和竞争力，但也客观上造成大量分支机构从农村地区和欠发达地区撤离，从而导致这些地区金融服务的进一步缺乏，而保留在农村市场上的网点的融资功能逐步弱化，农村资金出现了严重外流。即使扎根于农村地区的、基本上垄断农村市场的农村信用社，多年来合作制流于形式，基本按照商业银行模式进行经营，出于财务上可持续发展和盈利的考虑，在营销目标上也出现了脱离三农的"目标偏移"倾向，大量资金流向非农领域。农村地区陷入了"金融排斥"的困境，农村金融成为中国金融体系中最薄弱的环节。中央高度重视农村金融排斥的问题，2004年以来，连续出台的中央一号文件在锁定"三农"的同时都对农村金融问题给予了高度关注。监管部门于2003年和2006年分别启动了存量的农村信用社改革与增量的新型农村金融机构试点。这一政策设计和理论设想的内在逻辑是在稳步推进体制内存量改革的同时，加快促进体制外增量改革，以增量改革倒逼存量改革，然后通过二者之间的竞争和合作相互促进，从根本上解决农村地区银行业金融机构网点覆盖率低、金融供给不足、竞争不充分等问题，切实提高农村金融服务的充分性。同时，中国开始响应联合国在2005年"国际小额信贷年"上提出构建"包容性金融体系"的号召，积极倡导"包容性金融"（普惠金融）理念，推进包容性金融实践创新。2013年11月，党的十八届三中全会通过《中共中央关于全面深化改革若干重大问题的决定》，正式提出"发展普惠金融"，2015年12月出台《推进普惠金融发展规划（2016—2020年）》，将普惠金融上升到国家战略。提出到2020年，建立与全面建成小康社会相适应的普惠金融服务和保障体系，有效提高金融服务可得性，明显增强人民群众对金融服务的获得感，显著提升金融服务满意度。2016年杭州G20峰会提出的《G20数字普惠金融高级原则》《G20普惠金融指标体系》等倡议令世界刮目相看，成为国际携手共创普惠金融发展与进步的光辉典范，展现出前所未有的大国自信。这些举措表明，促进金融排斥向包容的转化、构建包容性金融体系，已经凝聚各方共识，正成为新时代金融改革的行动纲领。

相对中国包容性金融（普惠金融）实践发展的"风起云涌"，国内包容性金融（普惠金融）学术研究还"波澜不惊"。农村金融包容的内涵界定，农村金融从排斥转换为包容的状态，科学合理地评价农村金融排斥与包容程度，影响和决定农村金融排斥与包容的因素，农村包容性金融发展的重点和难点，农村包容性金融体系构建的推进路径与政策导向，数字技术对包容性金融发展的影响，对这些核心问题目前还缺少一个系统的分析框架，没有形成逻辑严密的理论体系。这样既不能确立一种新的分析范式，也不能有效地指导实践，甚至造成实践活动的偏差。因此，系统而又深入地研究这些问题具有重要的学术价值与现实意义。

本书首先基于理论与实践的演进视角尝试构建金融排斥—包容的系统分析框架。从金融发展自身的规律来看，金融排斥—包容的演进是对传统金融发展的反思与升华，是金融发展理论动态演进的新阶段；从金融与经济的关系来看，金融包容是包容性增长理论演进视角下的必然要求，金融包容实质上是包容性增长理念在金融领域的具体体现；从现实实践的探索来看，金融包容是小额信贷与微型金融的延伸与发展，三者是一脉相承的，都是与时俱进和不断修正的过程。从范式的视角来看，金融包容论（普惠金融论）正处于广泛接受和认同的确立阶段，离规范成熟的理论体系还有不少的差距；接着从供需双方构造金融排斥到包容的基础数理模型，分析金融排斥到包容的临界均衡条件；然后从"需求者+""供给者+""政府+""中介+"四个方面探讨农村金融排斥到包容的转化过程，转换过程中受到金融供需双方内在因素以及外部因素的影响。"需求者+"代表需求端自身能力的提升、条件的改善，"供给者+"代表供给端金融服务能力的提升，"政府+""中介+"代表外部因素的介入创造了有利于转换的诸多条件，比如风险分担机制、增信机制等，从而促进金融排斥向包容的转换。然后本书改进现有指标存在的缺陷，结合农村金融的特殊性，遵循多维客观反映、数据来源可得、计算方法科学、操作简便易行、便于时空比较的原则，分别构建农村金融排斥与包容指数，对我国农村金融排斥与包容程度进行测度，结果显示，农村金融排斥状况在样本年份得到一定程度的缓解，农村金融排斥程度基本上与经济发展水平呈现出相一致的状态，农村金融排斥程度低的区域也是经济发展程度相对好的区域。同时基于农村金融状况的微观调查数据，从农户的视角分析受金融排斥与包容状况，农户在储蓄、信贷、保险三个方面均受到一定程度的排斥，信贷排斥尤为严重，农户金融包容性整体偏低。在此基础上，从需求引致、供给诱导、社会环境三个维度，建立农村金融包容影响因素的分析框架，并进行实证检验。研究结果显示，在需求引致因素方面，除年龄结构因素外，受教育程度和民族差异均会对农村金融包容水平产生影响，居民受教育程度越高和非少数民族聚集区对应更高的金融包容水平；在供给诱导因素方面，金融机构区位要素、交通便利度和金融机构经营状况与农村金融包容程度显著正相关，设于东部地区的金融机构凭借地区溢出效应使该地区金融包容水平更高；在社会环境因素方面，城镇化率、产业结构和人均固定资产投资与金融包容水平正相关。然后，本书研究农村包容性发展对经济增长、城乡收入差距以及居民福利的三维效应，结果显示，农村金融包容性发展能显著缩小城乡居民收入差距，通过农村金融包容性发展缩小城乡收入差距，最重要的是提高农民的纯收入，然后改变城乡居民收入增速的非均衡性；农村金融包容性发展对农村地区经济增长存在明显的促进作用，渗透性和使用效用性两维度对农村地区经济发展有显著影响；农村金融包容性发展明显提升了农村居民福利水平，但该效应在西部地区并不明显。通过对欧盟、英国和印度破解金融排斥的具体措施作系统性的介绍及分析，梳理金融排斥的原因、影响及破解策略。通过对乡村银行、代理银行、社区银行、合作银行、手机银行、网络银行等模式的运作机理、典型探索进行剖析，归纳总结出推动我国农村金融排斥向包容转化的可能应用的基本模式。最后，本书考虑了政府在提升农村金融包容的过程中扮演着重要角色，结合理论与实际，回顾了农村金融体系包容性发展的政策沿革，阐述了农村金融体系包容性发展的政策方向，分析了政府的作用边界，并从政府支持、中介体系、供给优化、需求提升四个层面总结提出了农村金融排斥向包容转化的政策建议。

致广大而尽精微。普惠金融（包容性金融）是一个宏大深远的命题，也是一个前景光明、大有可为的事业。《推进普惠金融发展规划（2016—2020年）》指出，发展普惠金融是我国全面建成小康社会的必然要求，有利于促进金融业可持续均衡发展，推动大众创业、万众创新，助推经济发展方式转型升级，增进社会公平和社会和谐，这就是"致广大"；大力发展普惠金融，让所有市场主体都能分享金融服务的雨露甘霖。为推进普惠金融发展，提高金融服务的覆盖率、可得性和满意度，增强所有市场主体和广大人民群众对金融服务的获得感。特别是要让小微企业、农民、城镇低收入人群、贫困人群和残疾人、老年人等及时获取价格合理、便捷安全的金融服务,这就是"尽精微"。在实践层面发展普惠金融时,既要有顶层设计的宏大布局,也要有细微举措的扎实推进。在学术层面做普惠金融研究时,不仅要有"致广大"的博大胸怀、"仰望星空"的志向抱负,同时也要有"尽精微"的深入思考、"脚踏实地"的潜心治学。本书的研究是在前人研究的基础上展开的,力图取得一些新的成果,但限于学识与创新能力,书中难免存在一些不尽如人意之处,敬请同行专家多批评指正与支持,而正是这些不足构成了我下一步努力的方向。我将以此作为人生新的学术起点,不忘初心,砥砺前行。

目 录

第一章 绪论 ……………………………………………………（1）
  一 选题背景 ……………………………………………………（1）
  二 概念界定 ……………………………………………………（6）
  三 文献综述 ……………………………………………………（10）
  四 结构安排 ……………………………………………………（31）
  五 创新之处 ……………………………………………………（35）

第二章 金融排斥与包容：一个新的分析框架 ………………（37）
  一 金融发展理论视域下的金融排斥—包容论 ………………（37）
  二 包容性发展理论视域下的金融包容 ………………………（41）
  三 现实实践探索下的金融包容 ………………………………（43）
  四 基于范式视角的金融包容论确立 …………………………（49）
  五 本章小结 ……………………………………………………（52）

第三章 中国农村金融排斥向包容转化的机理 ………………（54）
  一 农村金融排斥到包容的基础模型 …………………………（54）
  二 农村金融排斥到包容的理论转化 …………………………（61）
  三 农村金融排斥到包容的模型扩展 …………………………（69）
  四 本章小结 ……………………………………………………（79）

第四章 中国农村金融排斥和包容指数构建与评价 …… (81)
  一 农村金融排斥指数构建与评价 …… (81)
  二 农村金融包容指数构建与评价 …… (91)
  三 农村金融排斥与包容的变动趋势 …… (103)
  四 本章小结 …… (112)

第五章 中国农户金融排斥和金融包容的状况分析 …… (114)
  一 农户金融排斥状况分析 …… (114)
  二 农户金融包容状况分析 …… (140)
  三 本章小结 …… (153)
  附录一 中国农村金融状况调查 …… (154)
  附录二 中国农村地区金融包容状况调查 …… (161)

第六章 中国农村金融包容的影响因素研究 …… (168)
  一 影响因素理论分析 …… (168)
  二 实证研究设计 …… (171)
  三 实证结果分析 …… (179)
  四 本章小结 …… (192)

第七章 中国农村金融包容的三维效应研究 …… (194)
  一 中国农村金融包容的收入分配效应 …… (194)
  二 中国农村金融包容的经济增长效应 …… (212)
  三 中国农村金融包容的福利改善效应 …… (226)
  四 本章小结 …… (242)

第八章 农村金融排斥破解的国际经验 …… (243)
  一 欧盟成员国金融排斥水平及破解经验 …… (243)
  二 英国金融排斥水平及破解经验 …… (251)

三　印度金融排斥水平及破解经验 …………………………（265）
　　四　国外破解金融排斥经验的启示 …………………………（272）
　　五　本章小结 …………………………………………………（273）

第九章　农村金融排斥向包容转化的基本模式 …………………（275）
　　一　乡村银行模式 ……………………………………………（275）
　　二　社区银行模式 ……………………………………………（279）
　　三　合作银行模式 ……………………………………………（286）
　　四　手机银行模式 ……………………………………………（292）
　　五　网络银行模式 ……………………………………………（295）
　　六　代理银行模式 ……………………………………………（301）
　　七　本章小结 …………………………………………………（305）

第十章　中国农村金融排斥向包容转化的政策建议 ……………（307）
　　一　农村金融体系包容性发展的政策沿革 …………………（307）
　　二　农村金融体系包容性发展的政策方向 …………………（321）
　　三　农村金融体系包容性发展的推进措施 …………………（330）

参考文献 ……………………………………………………………（337）

课题组发表的论文 …………………………………………………（352）

后　记 ………………………………………………………………（355）

第一章 绪论

本章交代了选题的理论与现实背景,对涉及的基本概念进行了界定,对金融排斥与包容的相关研究成果进行了系统的梳理,概述了全书的框架结构与研究方法,总结提炼出创新点,为全书的研究做好铺垫,同时也为本书的创新提供了契机和基点。

一 选题背景

金融排斥（Financial Exclusion）现象最早源于金融地理学家们的发现。20世纪90年代中期,随着分支机构管制放松、信息技术发展及全球化,英美等一些发达国家的银行业开始注重"价值最大化"目标,进入了"为质量而战"的竞争,各金融机构出于控制风险、降低成本、增加利润的权衡,在扩大金融服务机构种类与金融产品以及服务范围的同时,也将部分小城市、农村以及边远地区等的银行分支机构纷纷关闭,排斥了对低收入人群的服务,从而造成相对落后地区缺少金融机构、贫困人群缺少金融服务等现象,这种现象被称为"金融排斥"（Leyshon & Thrift, 1993: 727; 2005: 879; 2008: 8）。毋庸置疑,金融排斥从本质上看是一种市场失灵,具有显著的负外部性,对社会经济发展具有一定的危害性,也是发展中国家贫困、收入差距扩大、地区发展更加不平衡的重要根源（Gardener et al., 2004）。从微观层面看,被金融排斥的人群不能通过储蓄、信贷、保险、信用卡等金融服务分散风险、增加收入、改善生活,被金融排斥的企业由于缺乏信贷等金融服务的支持不能改进设备、扩大生产,甚至面临经营困难乃至破产的风险;从中观层面看,金融排斥导致的后果可以用"金融空洞化"或"金融沙漠"来形容,这些缺乏金融服务的"沙漠"地区产生了许多经济社会问题,如贫困、地区发展不平衡;从宏观层面看,实体经济发展中相关部门或产业由于面临融资障碍，结构调整、收入分配、就业等问题将更加凸显。为了破解金融排斥现象，学者们提出了金融包容（Financial Inclusion）的概念，从英文词源上看，两者正好是一对反义词，金融包容就是要让经济体中每一位成员，尤其是弱势群体及低收入群体，都能以负担起的成本，以公平、透明的方式接触、获取和有效使用金融产品和服务（Sarma & Pais, 2011: 619）。推进金融的包容性发展，缓解或消除金融排斥，对于经济增长的持续、收入分配的改善、贫困问题的解决、社会福利的增进等至关重要。

从金融发展理论的演进来看，金融排斥—金融包容论是对传统金融理论的反思与升华。传统金融发展理论过于注重金融深度（金融机构、金融工具和金融资产规模的增加）的发展，对金融宽度［金融服务的覆盖面（Outreach）或可得性］关注不够。与现有金融发展理论相比，金融包容在发展深度的同时更强调金融宽度（Financial Breadth），以提高人们金融服务的可得性为主旨，强调通过金融体系的完善来促进金融功能的发挥，强调金融业务的开展建立在金融机构自身财务可持续基础之上，它超越了以往小额信贷、微型金融的范畴，主张将零散的从事小额信贷的微型金融机构和服务有机地整合成一个系统，并将这个系统融入整体发展战略中去，让金融体系在促进经济增长和个人福利改善中发挥更大的作用。Beck，Demirguc-kunt & Peria（2007）把金融的包容性或覆盖面作为金融发展的一个重要维度——金融宽度来看待，认为金融发展是深度与宽度的有机统一。从这个意义上来说，金融排斥—金融包容论拓展了金融发展理论的研究范畴，标志着金融发展理论发展到一个新的阶段。

金融排斥现象在世界范围内广泛存在，是大多数国家面临的共同难题。据金融包容全球合作伙伴组织（GPFI）统计，全世界约25亿劳动适龄成年人不能获得正规金融服务，来自世界银行的统计，全球约56%的成年人不能获得银行服务，其中高收入国家为17%，发展中国家为64%。鉴于全球范围内金融排斥的严重性及其对各国经济发展的危害，金融包容近年来已经成为各种国际论坛的重要议题和许多国家政策的优先选择。2005年联合国在"国际小额信贷年"上提出将"包容性金融体系"（Inclusive Financial System）构建作为千年发展目标（Millennium Development Goals）实现的重要途径；金融包容联盟（AFI）于

2008年9月成立，2009年G20又成立了金融包容专家组（FIEG）和全球金融包容合作伙伴组织（GPFI），加快推动对金融包容的研究实践，制定了全球推进金融包容发展的战略框架和行动规划，督促各国明确做出金融包容相关承诺。2010年11月的首尔峰会上，20国首脑正式认可将金融包容作为发展的九大支柱之一，并启动"金融包容全球伙伴"项目以全面实施"金融包容行动计划"。2012年墨西哥峰会上，G20认为，金融包容问题本质上是发展问题，希望各国加强沟通和合作，提高各国消费者保护水平，共同建立一个惠及所有国家和民众的金融体系，确保各国特别是发展中国家民众享有现代、安全、便捷的金融服务。亚太经合组织（APEC）2013年年会将"提高金融包容性"作为公平、可持续增长的重要举措之一。2013年11月世界银行发布《2014年全球金融发展报告：普惠金融》，敦促各国政策制定者推动金融包容性建设，在国家层面，大约三分之二的监管部门被赋予提升金融包容性建设（金融普惠性）的职责，大约50个国家已经为普惠金融设定了正式目标。2014年《G20金融包容行动计划》规划了2015—2019年将采取的重要举措，涵盖四大领域、十大措施。2016年G20杭州峰会上，20国首脑聚焦数字普惠金融，推出《G20数字普惠金融高级原则》，鼓励各国根据各自具体国情制订国家行动计划，以发挥数字技术为金融服务带来的巨大潜力。

改革开放以来，中国经济增长取得了举世瞩目的成就，国民生活及福利水平都得到了大幅的提高。根据中国统计年鉴的数据，2000—2017年我国人均国民收入年均增长率为12.54%（未剔除物价因素），然而城乡间、区域间、不同群体间的收入差距依然较大。国家统计局的报告和数据显示，1999年前我国的基尼系数均低于0.4，但2000—2017年全国居民收入基尼系数都突破了国际公认的0.4警戒线，如图1-1所示。虽然2009年以来有明显的下降趋势，但也一直处在高位，2015年又开始呈现出上升态势。根据中国家庭金融调查与研究中心调查的数据，2010年中国家庭收入的基尼系数为0.61，城镇家庭内部的基尼系数为0.56，农村家庭内部的基尼系数为0.60。这一系列的数据显示出中国无论是从全国、城镇还是农村来看，贫富差距都较大。收入不均衡、贫富差距的主要根源在于经济增长缺乏包容性，经济增长的红利并没有被均匀分配给不同人群，随着经济增长和收入水平的提高，分配不平等现象不仅没有得到缓解，反而进一步加剧。此外，还伴随着环境污染、资源约束和增长价值观紊乱等问题，这些在经济增长过程中出现的非合意现象引起中国政府的高度重视。2009年以来，中国政府开始倡导"包容性增长"（Inclusive growth）战略①，根本目的是让经济全球化和经济发展成果惠及所有人群，坚持社会公平正义，着力促进人人平等获得发展机会，不断消除人民参与、分享经济发展成果方面的障碍。2017年党的十九大报告进一步指出，在发展中补齐民生短板、促进社会公平正义，在幼有所育、学有所教、劳有所得、病有所医、老有所养、住有所居、弱有所扶上不断取得新进展，深入开展脱贫攻坚，保证全体人民在共建共享发展中有更多获得感，不断促进人的全面发展、全体人民的共同富裕。

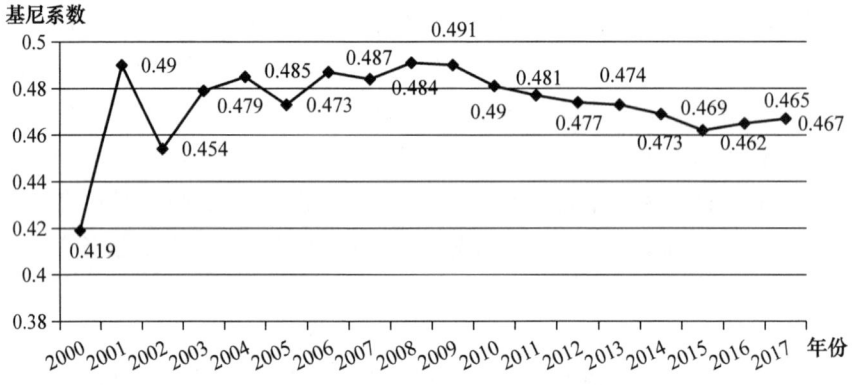

图 1-1　2000—2017年中国居民收入基尼系数

数据来源：中华人民共和国国家统计局官网，2018年12月。

金融是现代经济的核心。经济增长缺乏包容性很大程度上归因于严重的社会排斥，而金融排斥又加剧了收入差距，使得不平等程度更严重。因此，破解金融排斥，实现金融包容，是提升经济增长"包容性"的重要推动力。实现金融包容实质上是包容性增长在金融领域的具体体现，中国也十分重视金融包容的发展，尤其是农村金融的包容性发展。原中国银监会2006年调整放宽农村地区银行业金融机构准入政策，2009年开

---

① 2007年由亚洲开发银行率先提出，在现有文献有关"包容性增长"和"包容性发展"的表述中，二者的内涵并无本质差异（杜志雄等，2010：5）。

展农村金融服务均等化建设，2012年实施农村金融服务"三大工程"（金融服务进村入社区工程、阳光信贷工程、富民惠农金融创新工程），2010年中国人民银行会同原中国银监会出台《关于鼓励县域法人金融机构将新增存款一定比例用于当地贷款的考核办法》，2013年11月党的十八届三中全会通过《中共中央关于全面深化改革若干重大问题的决定》，正式提出"发展普惠金融①，鼓励金融创新，丰富金融市场层次和产品"，2015年《政府工作报告》又进一步提出，"要大力发展普惠金融，让所有市场主体都能分享金融服务的雨露甘霖"，2015年中国银监会设立普惠金融部，2015年12月出台《推进普惠金融发展规划（2016—2020年）》，将普惠金融上升为国家战略。这些举措表明，我国农村金融改革已经朝着"包容性"的方向发展，有助于推动包容性增长。然而，中国金融发展过程中表现出典型的"二元结构"特征。相对于城市金融而言，农村金融发展极其滞后，因此，金融包容性发展的关键与重点在农村。

首先，当前农村金融排斥现象仍然比较突出。典型的经验事实集中反映在：一是农村地区银行业金融机构网点覆盖率偏低，且不同区域金融密度差别过大，从1998年开始国有银行大举撤并县域以下农村地区的分支机构，仅1998—2002年，四大国有银行撤并机构网点56469个。其后，这一数量一直处于下降的趋势中，直到2006年国家对农村金融采取金融支持政策并放宽农村金融市场准入才有所趋缓，如图1-2所示。虽然地区间人口金融密度（个/万人）差异很大，最高值是最低值的2.5倍，但远远赶不上地区间行政金融密度（个/县）的差异幅度17倍、地理金融密度（个/平方千米）的差异幅度109倍（周立等，2016：98）。二是农村贷款投放比例偏低，资金外流严重。虽然农村贷款绝对额在不断增加，但全国金融机构各项贷款余额的比例却在持续减少。中国人民银行尽管出台了《关于鼓励县域法人金融机构将新增存款一定比例用于当地贷款的考核办法》，但农村资金仍然存在较为严重的外流情况。三是获取贷款的农户比例偏低。现有的文献表明，正规金融机构对农户的有效融资需求满足率都不高，基本上在40%以下，农户遭受了严重的信贷排斥。

其次，农村金融排斥向包容转换的渠道不畅，出现"肠梗阻"。一方面，经济主体"贷款难"问题一直没有得到有效缓解；另一方面，

---

① 这里尊重政府文件原意，仍沿用"普惠金融"一词。

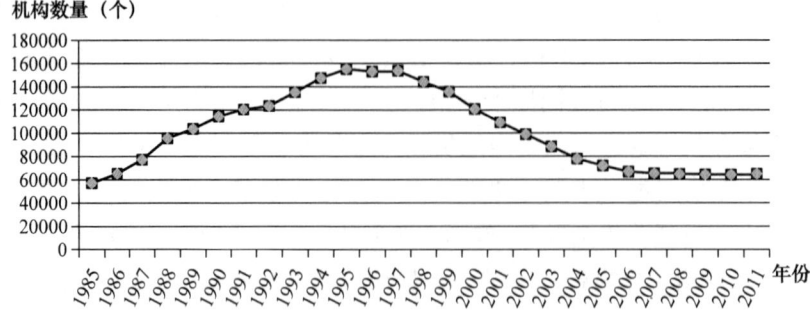

图 1-2　四大国有银行分支机构数量变化

数据来源：1986—2012年《中国金融年鉴》。

"难贷款"也一定程度上存在，农村金融机构资金并不紧张，却不敢贷出去。"贷款难"与"难贷款"并存的尴尬局面充分表明农村金融排斥向包容转换的路径没有打通，农村金融包容程度不高已经成为现代农村经济发展的"瓶颈"，使得农村经济与金融发展处于相互抑制的"马太效应"之中。长期来看，这将严重阻碍乡村振兴、城乡一体化进程及包容性增长国家战略的实现。在这样的现实背景下，对我国农村金融排斥—包容问题开展系统的研究显得尤为重要和迫切。

农村金融是整个金融体系的重要组成部分，具有重要的特殊性和独特的运行规律。目前国外直接针对农村金融排斥—包容的研究文献不多，这在一定程度上削弱了金融排斥—包容论的解释力和影响力。在这样一个新的研究领域里，需要从理论上阐释：农村金融体系如何从排斥状态转变为包容状态，农村金融包容程度如何？这涉及农村金融排斥到包容转换的内在机理和农村金融包容评价指标的构建；哪些因素影响和决定着农村金融排斥—包容的程度？农村金融的包容性发展会带来怎样的效应和影响？这涉及农村包容性金融体系构建的政策导向及推进路径问题。对上述问题的研究，存在很多空白；对上述问题的回答，需要坚实的理论基础和可靠的经验证据支撑，这正是本书研究的动机。

二　概念界定

（一）金融排斥

金融排斥一词最早由地理学家 Leyshon & Thrift（1993，2005，

2008）创造，他们的论述不仅概括了"金融排斥"现象的表征（相对落后地区缺少金融机构、贫困人群缺少金融服务），而且还揭示了金融排斥形成的原因（金融管制放松、信息技术的发展、全球化等）。虽然20世纪90年代不断增加的文献关注了社会某些阶层在获取现代支付工具、银行服务、消费信贷和保险方面面临的困难，但直到1999年金融排斥才首次被广泛地使用，意指那些无法获得主流金融服务的人。Kempson & Whyley（1999，2000，2001）进一步认为，金融排斥是一个多维度的动态复合概念，不仅与金融服务的地理可达性即地理排斥（Physical Access Exclusion）有关，而且还包括评估排斥（Assess Exclusion）、条件排斥（Condition Exclusion）、价格排斥（Price Exclusion）、营销排斥（Marketing Exclusion）和自我排斥（Self-Exclusion）五个维度。这些不同维度组成了复杂的金融排斥集合，阻遏了部分有限收入的群体接近和使用金融服务，也较好地反映了金融排斥的手段。一是无法接触到金融机构，如很多地方没有金融机构网点，是金融空白点，或者距离金融机构较远，无法就近获得金融服务；二是金融机构采取了特别的手段，如风险评估限制、准入条件、高价格、营销策略等，将某些群体排斥在金融服务之外；三是由于风俗习惯、心理等因素，自己不愿使用金融服务。当然，这些维度在后来的研究中得到了广泛应用，但也存在一定缺陷，就是指标间有重叠，无法进行有效的界限区分和衡量。为了克服这个缺陷，Cebulla（1999）根据排斥引发的主体将金融排斥划分为结构排斥和主体排斥，前者主要是指由机构或金融系统引发的排除，而后者主要是指个人主动地拒绝或避免接受金融服务。ANZ（2004）又进一步提出了金融排斥的两个维度：接触排斥（Access Exclusion）和效用排斥（Utility Exclusion）。Burchardt & Hills（1998）基于社会学层面认为金融排斥与社会排斥相互关联，金融排斥是社会排斥的子集，被金融排斥的居民常会在其他方面被否认和排斥，从而进一步加深其他方面的排斥，FSA（2000）也持有同样的观点。Panigyrakis et al.（2002）认为，尽管可以从不同的角度和广度定义金融排斥，但其最根本的特征就是某些群体无法通过适当的渠道获取必需的金融产品和服务，如低收入群体、老弱病残、落后及边远地区的居民，以及诸如此类的社会弱势群体（FSA，2000；Dayson，2004）。Demirgüç-Kunt et al.（2008）在世界银行政策报告中，区分了金融产品和服务的可及（Access）和使用（Use），并进一步区分了主动性金融排斥（Voluntary Exclusion）和被动性金融排斥（Involuntary Exclusion）。Kempson et al. (2008) 同时吸纳学界和政策界的众多观点，对金融排斥给出了更为广泛的定义，他认为金融排斥是指人们在主流市场上金融产品和服务可及或使用过程中面临着困难，而这些金融产品和服务又是能够让他们过上正常人的社会生活所必需的（European Commission, 2008）。

尽管金融排斥受到极大关注，研究不断升温，但由于金融排斥是由多因素综合作用的结果，而且各国家之间制度存在明显的差异，因此关于金融排斥的内涵并没有统一的界定。本书认为，金融排斥是指经济主体为了满足正常生活的需要但不能以适当的方式在正规金融市场获得金融产品和服务，或者在利用金融服务和产品方面存在困难和障碍，经济主体可以是个人、家庭或企业，但受排斥的一般是低收入者和中小微企业等弱势群体。本书以农村为主要研究对象，农村金融排斥的对象主要是农村贫困人口、低收入者、农村小微企业等。

（二）金融包容

金融包容是金融发展领域的一个新兴研究方向，目前国内外尚缺乏权威性、一致性的定义。① 2005 年联合国在"国际小额信贷年"上提出"包容性金融体系"的概念，并将"金融包容"的目标归纳为四个方面：(1) 家庭和企业可以用合理的价格获得各种金融服务，包括储蓄、信贷、租赁、代理、保险、养老金、兑付、地区和国际汇兑等；(2) 健全的金融机构，应遵循有关内部管理制度，行业业绩标准，接

---

① 最早翻译这个词的学者是中国小额信贷联盟秘书长白澄宇先生。为了表达服务对象的广泛性和包容性，用了"普惠金融"这个概念，即所有人平等享受金融服务。但该词在学术界和实务界容易引起争议和理解偏差，如部分人将它拆开，认为普惠就是普和惠，一方面，要普及大众，另一方面，要有优惠，价格要低。实际上这有悖原义，普惠金融要坚持商业可持续原则，但价格不一定要低，只要在使用者的可承受范围内即可。即使从中文字面上生硬地去理解，也应当是普遍地惠及，不具有优惠的含义。也有学者认为，"普惠""普惠制"（Generalized System of Preferences, GSP）一般是国际贸易和关税待遇方面的术语，指发达国家对发展中国家出口产品给予普遍的、非歧视的、非互惠的优惠关税，是在最惠国关税基础上进一步减税甚至免税的一种特惠关税。因此，在国际上使用"普惠金融"概念，可能会带来一定歧义或理解上的偏差。另外，普惠概念背后蕴含的机会均等、公平正义等实质内容是政府公共财政所致力追求的目标，并非金融概念的题中应有之义。由于官方使用了这个词，所以它的使用面非常广。本书将它翻译成金融包容（或包容性金融），就不会产生理解偏差，一方面，它与包容性增长概念一脉相承，旨在让更多的人分享金融发展的成果；另一方面，它的含义也非常清楚，就是无限趋近理想的一个状态，根据使用金融服务人或种类的多少，表示出不同的包容水平。

受市场的监督，同时也需要健全的审慎监管；（3）金融机构的可持续性发展才能确保提供长期的金融服务；（4）要在金融领域形成竞争，为客户提供更高效和更多可供选择的金融服务。它强调金融包容不仅致力于对需求主体的包容，而且注重供给主体的可持续发展。近年来，学者们从狭义和广义两个角度对其内涵进行了界定。狭义上，金融包容特指确保社会弱势群体以及低收入者在支付得起的情况下，能及时、充分地接触和获得金融服务（Rangarajan Committee，2008）。广义上，金融包容泛指合理成本下金融服务供给的可接触性（Charkravarty & Pal, 2010：5），不再特指社会弱势群体，而是经济体中每一位主体均有权利享受金融服务。对于定义中的关键词——金融服务的可接触性，Peachey & Roe（2006）认为其具有公共物品属性，如同接触安全水和初等教育一样，政策的主要目标是使所有主体没有限制、不受歧视地享受到金融服务；Demirguc-Kunt & Levine（2008）认为在使用金融服务时不存在价格上和非价格上的壁垒，由于其多维性（包括服务的便利性、成本、范围及质量），所以很难定义和测度。至于金融服务，在金融包容语境下包括四个方面：交易性银行服务、储蓄、信贷和保险。Fuller & Mellor（2008）认为金融包容应该是福利导向型（Welfare-oriented），而 Alpana（2007）却主张市场导向型（Market-driven）或利润驱动型（Profit-driven）。但不管出于何种动机，金融包容最希望看到的结果便是能够帮助穷人以低成本的价格获得金融服务，减少贫困（Cnaan et al., 2012：194）。2015 年年底，国务院出台《推进普惠金融发展规划（2016—2020 年）》，将普惠金融（金融包容）定义为：立足机会平等要求和商业可持续原则，以可负担的成本为有金融服务需求的社会各阶层和群体提供适当、有效的金融服务。小微企业、农民、城镇低收入人群、贫困人群和残疾人、老年人等特殊群体是当前我国普惠金融重点服务对象。提升金融服务的覆盖率、可得性和满意度是普惠金融的主要目标。

综合学者们和机构不同的定义，本书认为，金融包容（Financial Inclusion）是指经济体中每一位成员，尤其是社会弱势群体以及低收入群体，都能以可负担的成本，以公平、透明的方式接触、获取和有效使用金融产品和服务的过程和状态。从这个定义可以看出，金融包容也具有多维性，首先它强调可接触性或渗透性，即是否有获得金融产品和服务的渠道，这是金融包容的前提或基础；其次，它强调使用效用性，即有效使用金融产品和服务的程度如何，这是金融包容的核心；最后，它强调可负担性，即以多大的成本获得或使用金融产品和服务，它是金融包容的关键。当然，金融包容的实现需要满足一些基础条件，如稳定的宏观经济环境、竞争的金融市场、完备的金融基础设施、成熟的监管政策等。本书以农村为主要研究对象，农村金融包容的对象主要是指农村贫困人口、低收入者、农村小微企业等。

三 文献综述

本部分从金融排斥与金融包容的研究动因、测度与影响因素以及产生的经济效应等方面出发，以研究问题为导向，系统性梳理出已有研究从金融排斥到金融包容的演化脉络。

（一）金融排斥研究动态

1. 金融排斥的成因

Leyshon & Thrift（1993，1994，1995）、Argent & Rolley（2000）将金融排斥现象产生的原因归结于20世纪90年代中期以来的金融管制放松、信息技术发展及全球化趋势的加深。在这些环境下银行业之间的竞争加剧，开始注重"价值最大化"目标，而出于控制风险、降低成本、增加利润的权衡，银行做出了"金融排斥"的理性选择，将部分小城市、农村以及边远地区的分支机构关闭，将低收入人群排斥在金融服务之外。英国金融服务机构从社会经济层面寻找金融排斥产生的原因，认为收入的分布、劳动力市场的改变、人口统计的改变、住房政策和保有期的变化、福利和财政改革等均是金融排斥产生的重要因素（FSA，2000）。而Collard & Kempson（2001）的考察发现，其实金融排斥的产生也源于自身排斥。ANZ（2004）提出一个金融排斥模型，得出主要的驱动因素包括：低收入、主流金融机构的服务政策（收费、产品设计等）；次要的驱动因素包括：缺乏金融文化知识、习惯等。

中国是一个典型的城乡二元经济国家，农村地区受到金融排斥的情况更加明显，特别是1998年6月《关于国有独资商业银行分支机构改革方案》出台后，银行商业化、产权改革持续推进，四大银行机构撤并了农村金融机构网点、精简了农村服务人员，导致农村金融服务地理可及性明显降低（董晓琳和徐虹，2012：120）。因此，国内学者研究金融排斥主要以农村为对象。周立（2007）将金融排斥的原因归结于农村金融市场存在严重的信息不对称、抵押物缺乏、特质性成本与风险、非生产性借贷为主等四大基本问题以及由四大问题引起的"市场失灵"和"负外部性"。王修华（2007）、何德旭和饶明（2008）认为，正规金融机构收集信息的成本较高且甄别信息存在困难，增加了信贷风险评估的难度，具有较强的金融排斥性，从而制约了农村金融市场供求平衡的实现。田霖（2007）认为，农村居民由于长期被主流金融边缘化，造成了其金融习惯的不同和金融知识的缺乏，甚至存在对金融机构的怀疑和敌视心态，从而自我排斥在金融服务之外。马九杰和沈杰（2010）发现，弱势群体往往在信贷、支付结算、储蓄理财、保险等方面面临金融排斥，地理可及性问题是导致农村金融排斥的重要原因。Yeung（2012）通过对2001—2009年工行和中行分支机构撤并和设立的数据进行实证分析，认为中国当前大城市的金融集聚和边远地区的金融排斥状态是国有商业银行体系"混合产权结构"导致的，带有鲜明的"转轨经济"特征。

2. 金融排斥水平的衡量

金融排斥的测度是定量研究金融排斥问题必不可少的环节。从国外研究文献看，金融排斥包含着动态的、相对的多维复杂概念，其衡量问题一直是学者们争论的焦点。英格兰东南发展署（SEEDA）做了开创性的贡献，该机构收集了大量的原始数据和第二手数据，利用线性回归模型，建立复合剥夺指数（Index of Multiple Deprivation）作为模型的因变量，以逐步回归的方式确定了金融排斥的相关变量，并计算出了金融排斥指数，描绘出英格兰东南部的金融排斥水平和地理分布的全景。但该指数所用到的相关数据，多数国家的统计机构目前还没有提供，所以影响了该指数的应用和推广。Kempson & Whyley（1999）指出，金融排斥应包含地理排斥、评估排斥、条件排斥、价格排斥、营销排斥和自我排斥六个维度。这些维度在后来的研究中得到了广泛的应用，但也存在一定缺陷，就是指标间有重叠，无法进行有效的界限区分和衡量。为了克服这个缺陷，Cebulla（1999）根据排斥引发的主体将金融排斥划分为结构排斥和主体排斥，前者主要是指由机构或金融系统引发的排除，而后者主要是指个人主动拒绝或避免接受金融服务。综合性指标有助于我们很好地判断金融排斥的整体程度,但也会让我们无法有针对性观察到被排斥主体哪些方面受到排斥,为此,FSA(2000)从"不完全拥有任何金融产品、银行账户、储蓄、保险、养老金、信贷"六个角度进行分析,具体看被排斥主体金融产品和服务的可获得性。

国内学者在借鉴国外衡量方法思想的基础上进行了一定创新,田霖(2007)鉴于金融综合竞争力和金融排除①水平一般呈负相关关系,利用主成分分析、因子分析和聚类分析的方法,建立排序选择模型,分析了我国金融排斥水平的空间差异。高沛星和王修华(2011)基于指标之间高度的重叠性、难以全部量化的事实,把金融排斥的六个维度合并减少为四个维度,建立相应评价指标体系,基于省际数据采用变异系数法定量分析了我国各省农村金融排斥水平。李春霄和贾金荣(2012)基于金融排斥的含义,将金融排斥维度确定为以下四个维度:金融服务深度(Depth)、金融服务可得度(Availability)、金融服务使用度(Usage)、金融服务可负担度(Affordability),借鉴国际认可度很高的联合国开发计划署(United Nations Development Program,UNDP)编制的人类发展指数(Human Development Index,HDI)的计算方法构建了金融排斥指数。陈莎和周立(2012)提出了"金融密度"(Financial Density)的概念,用于农村地区金融排斥状况的对比,考虑到各县在人口数量、地理面积、经济发展水平的不同,构造了"行政金融密度""地理金融密度""人口金融密度""经济金融密度"四个指标,并参照基尼系数的计算方法,设计出地理金融密度不平等系数,用于测量省内、地区间金融排斥程度的差异,并划分"富而且均、富而不均、均而不富、不富不均"四种地理排斥类型。

3. 金融排斥的影响因素

金融排斥的影响因素复杂多样,在不同的国家和地区受不同因素的影响(Amaeshi,2006)。已有研究由于样本、时间段、统计方法的不同,得出的结果也不尽一致。现有国外研究主要聚焦于需求方的微观特征,认为收入水平、人群语言、文化、民族、性别及年龄等均是影响金融排斥的关键因素。Kempson & Whyley(1999)研究表明金融排斥是收

---

① 此文翻译为"金融排除"。

入的减函数，性别对于是否使用银行服务有显著的影响，妇女更有可能被金融排斥。FSA（2000）运用英国的数据提出，年龄是否对金融排斥有显著影响还值得商榷。但一般研究认为儿童和老年人有更强的金融排斥倾向（Hogarth & O'Donnell，1997）。教育程度也具有一定的解释度，受教育程度较低的人群更容易处于金融排斥的状态，这主要是由于教育程度往往与收入成正比，因此较低的受教育程度往往容易引起低收入，而低收入与金融排斥呈正相关关系（Gardener et al.，2004）。而 Devlin（2005）进一步研究发现，社会阶层、住房状态、种族等因素对金融排斥也有一定的影响。处于平均社会阶层以下的人群有更高的概率属于金融排斥对象，而少数民族居民可能会受到更多歧视，因而是金融排斥对象，但种族平等观念的强调和相应实践的推行可能推动金融机构向他们提供更多的金融产品和服务，减轻其金融排斥。此外，房产是居民获得金融产品和服务时最理想的抵押品之一，如果存在一个完善的房产抵押市场，那么有房居民的金融排斥状况将会减轻（Cardak & Wilkins，2009）。

国内研究方面，田霖（2007）利用排序选择模型（ODM），认为我国金融排斥空间差异的主要影响要素包括收入水平、年龄结构、就业、证券市场参与度和金融知识。许圣道和田霖（2008）在分析我国农村金融排斥的空间差异及影响因素时，将商业银行分支机构和网点数量、区域基础设施情况、农户的收入和金融知识等变量均纳入实证模型中。徐少君（2008）运用系统 GMM 等面板数据模型实证检验了影响我国区域金融排斥的各因素，指出人均收入、就业比例、交通便利性、执法效率等对于各地区金融排斥程度有显著的负作用，而经济增速、存贷利差对金融排斥有显著的正作用。此后，徐少君等（2009）还基于 Probit 模型和 Logit 模型对影响农户金融排斥的因素进行了实证分析，认为农户收入水平及受教育程度的高低对储蓄排斥、贷款排斥、基本保险排斥三类主要的金融排斥问题均存在显著的负面作用，而家庭规模的大小则体现出显著为正的影响。李涛等（2010）基于 2007 年中国 15 个城市居民投资行为调查数据，发现宗教信仰、少数民族、家庭中有较少未成年人数、较少家庭资产、较多家庭负债、有自家房产、对司法机构和金融机构有较低信任度、在储蓄方面存在较低社会互动程度等都会增加居民的金融排斥程度，而年龄则对其金融排斥呈现出先降后升的 U 形影响，转折点在40岁至42岁。胡宗义等（2012）利用系统GMM方法建立了29个省市区农村金融排斥影响因素的动态面板数据模型，指出前一期金融排斥水平、农村人口总数、农村教育水平、地区地理特征等均对我国农村金融排斥产生了显著影响。王修华和谭开通（2012）建立有序Logit模型对我国农户信贷排斥形成的内在机理进行了量化分析，实证结果表明：户主教育水平、家庭收入、是否为村干部、信贷宣传、每万人银行网点数等均与农户信贷排斥呈现负相关关系，而务农收入的多少、向私人借款的经历则表现为显著的正向影响。张号栋（2016）则运用CHFS数据从微观角度考察中国家庭金融排斥的影响因素，并得出了金融知识可显著降低家庭金融排斥。

（二）金融包容研究动态

1. 金融包容的动因

金融包容的动因研究可以归结为理论和现实两个层面。理论层面，以诺贝尔和平奖得主、孟加拉国"乡村银行"创始人穆罕默德·尤努斯（Muhammad Yunus）为代表，他在 *Banker of the Poor*（译为《穷人的银行家》）一书中，将信贷权提升到基本人权的高度，认为人人都有平等地享受金融服务的权利，为穷人提供小额信贷是消除世界性贫困的最有力的武器。这一论断证明了金融包容出现的必然性，其金融包容理念得到国际社会的广泛认可。现实层面，则主要基于三个基本需要。第一，破解金融排斥的现实需要。金融地理学家Leyshon & Thrift（1995）发现，20世纪90年代中期，随着管制放松、信息技术发展及全球化趋势加深，银行业出于控制风险、降低成本、增加利润的权衡，在扩大服务种类与范围的同时，将一些小城市、农村以及边远地区的分支机构关闭，排斥低收入人群。而金融包容的出现能够破解这种金融排斥的局面（Cnaan et al., 2012）。第二，促进金融公平的现实需要。世界银行（2012）发布的《全球金融包容指数》中，全球共有25亿人没有银行账户，其中大多数生活在发展中国家。金融公平的缺失是造成贫困和不平等的重要原因，而金融包容致力于将"无银行服务"人群纳入正规金融体系，为其提供全面的、多层次的金融服务，有助于消除金融服务过程中的歧视和不公平。第三，解决小额信贷危机的现实需要。在过去的几十年中，小额信贷取得了巨大发展，且许多国家的实践表明，小额信贷不仅具有经济上的可行性，并且有助于持续性的提高金融服务可接触性。但这种分散的、小额的金融形式也存在一些问题，如不合理的贷款利率、逐利资金的进入与无序竞争等，均在近年来印度的小额信贷危机中暴露出来。相较于小额信贷的单兵突进，金融包容更强调在整体框架下统一运行，将一个个零散的从事小额信贷的微型金融机构和服务有机地整合成一个系统，并将这个系统融入整体发展战略中去，让金融在促进整个经济增长和个人福利改善中发挥更大的作用。

2. 金融包容水平的衡量

金融包容研究最关键的是金融包容水平的测度。Beck et al.（2007）做出了开创性的贡献，他们采用包括4个可接触性指标和4个使用效用性指标在内的八个指标体系实际测度金融服务水平，分别是每百平方千米金融网点数、每百平方千米 ATM 数、每万人 ATM 数、每万人金融机构网点数、人均贷款/人均 GDP、人均储蓄/人均 GDP、每千人贷款账户数、每千人储蓄账户数。此外，其研究还提出了可接触性边界（Access Possibilities Frontier）的分析范式，从理论层面分析金融服务的可接触性，这一指标体系为金融包容的后续研究做了较好的铺垫。随着研究深入，Sarma（2008）指出了该指标体系的缺陷，认为当单个指标使用时，只能反映金融包容的部分信息，甚至造成金融包容水平的偏差或错误，如在人均银行账户拥有水平最高的俄罗斯，人均银行机构数量却非常低。因此，她结合 Beck et al.（2007）的八个指标，首创了多维度综合性的金融包容指数（Index of Financial Inclusion，IFI），从三个维度——地理渗透性（Banking Penetration）、金融服务可获得性（Availability of Banking Services）、产品使用效用性（Usage）对各国金融包容水平进行测度。测算方法上，首先计算每个维度的包容水平，在对各维度平等赋权后，得到金融包容指数，指数值越高意味着金融包容水平越高。由于后两个维度缺少有效的数据支撑，随后 Sarma（2010）对自己创建的金融包容性指数中的权重分配进行了修正。然而修正后的金融包容指数在维度选择、计算方法、权重确定等方面仍存在不完善之处，之后学者从不同视角出发，对金融包容指数进行了完善。如 Arora（2010）在 Sarma（2008）的研究基础上进行改进，提出了三个不同维度，分别是覆盖面（Outreach）、交易便捷度（Ease of Transactions）和交易成本（Cost of Transactions）。不同于 Sarma 简单化的维度设定，Arora 对每个维度均选择了多个指标变量；其次，除了人口统计学上的普及率，她还考虑了地域渗透性；最后，提出了交易便捷度和交易成本两个新维度，用于测度获得金融服务的便利性和成本。Chakravarty & Pal（2010）则在指数计算方法及维度权重上对金融包容指数进行改进，采用公理性的测量方法对金融包容性进行测度，此算法可以确定各个维度贡献的百分比，改善各维度平等赋权的缺陷，更加便于跨国分析。Gupte et al.（2012）的改进在于拓宽了维度数目，在比较了不同学者的金融包容测量指标后，其研究试图涵盖之前学者考虑过的所有维度及指标，从覆盖面、使用效用性、交易便利性和交易成本四个维度提出指标设计。在保证指标广覆盖的同时，他们构建的金融包容指数区分了不同维度的重要性，突出了在所有维度中更具影响力的维度。同样在维度和指标选择方面，Rahman & Coelho（2013）提出了金融包容性测度的三个维度，即可接触性（Access）、使用效用性（Usage）和质量（Quality），而每个维度下的指标分为核心指标和次级指标，其中次级指标为非必须指标，只作为核心指标的补充，使得指标评价体系更为多元化。而质量维度的提出则是这两位学者的创新所在，具体是指在金融服务或产品与消费者生活需求的相关性，反映消费者在面对产品时的态度和意见。

除了上述学者提出的指标体系，部分组织机构也对衡量金融包容的指标框架进行了规范。印度一家信用评级公司（CRISIL）采用非货币性参数，关注已经触及各种金融服务的"人的数量"，而不是"存贷款的数量"，有助于减少数值过高对总体带来比例失调的影响；在维度确定方面，CRISIL基于银行基础服务视角衍生出了三大维度——分支渗透性、存款渗透性和信贷渗透性，但由于设计初衷在于测度银行是否发挥作用，该公司的维度设定与其他学者相比，则显得较为简单和片面。作为G20集团实践金融包容法案计划的主要平台，金融包容全球合作伙伴组织（GPFI）在2012年6月举行的20国集团峰会上提出了金融包容基本指标（Basic set of Financial Inclusion Indicators）。该套指标包括可接触性和使用效用性两个维度，数据来源既包括由监管者收集的金融机构数据，也有来自家庭和公司的微观调查数据。另外，金融包容联盟（AFI）成立了金融包容数据工作小组（Financial Inclusion Data Working Group，FIDWG），同样尝试从正规金融服务的可接触性和使用效用性两个维度对成员国金融包容情况进行评估。与GPFI不同，该小组首先拓展指标来源，从正规保险产品、存款和投资账户的可接触性以及与中小企业相关的众多方面选取指标，然后根据指标测试反馈的情况对指标进行进一步提炼；此外，还预备在一些更为复杂的金融包容维度上进行指标设计，如金融服务质量、从业人员素质、服务获取障碍、非正规及非银行机构的可接触性和服务情况等；调查范围也扩展到妇女开办的中小企业、农村中小企业、非正规的小企业等。

金融包容水平评价体系的应用主要包括两个方面：一是通过收集各个国家的指标数据，利用金融包容水平评价体系进行定量比较；二是利用微观层面的调查数据衡量个人金融服务使用的水平。Sarma（2010）利用世界上49个国家的数据对金融包容水平进行了排序和比较，通过对金融包容指数数值的划分，得出11个国家属于高度金融包容（$0.5 \leq \text{IFI} < 1$），9个国家为中度金融包容（$0.3 \leq \text{IFI} < 0.5$），29个国家属于低度金融包容（$0.0 \leq \text{IFI} < 0.3$）的结论。Chakravarty & Pal（2010）利用公理化的金融包容测度方法，采用与Sarma（2010）相同的数据，对各国金融包容水平进行了评价分析，得出金融包容水平与人均收入水平高度相关，处于相近收入水平的国家其金融包容水平也相差不大。此外，他们还得出金融包容水平越高的国家，各项金融服务发展越均衡的结论。Arora（2010）应用世界银行2007年的数据库分别考察了发达国家与发展中国家（共98个）的金融可接触性状况，结果显示比利时在众多国家中金融可接触性指数最高，其次是西班牙和德国。除此之外，她还从金融可接触性指数中衍生出了社会经济发展水平指数（Socio-economic Development Index），这个指数下的国家排名与人类发展指数的排名具有明显的差异，可见金融包容性发展差异很大程度上影响了国家整体发展状况。随着研究深入，学者们发现国家层面的数据具有局限性，如人均账户数量这一指标可能会高估具有账户的人口比例，因为有些人可能有不止一个账户或账户可能由外国人拥有。更重要的是，使用国家级的数据将无法评估政策变化对个体特征的影响，如政策对提高个体收入的作用。所以学者们转向使用微观层面的数据，从金融使用者视角，将金融包容的研究分解成若干关键特征，如性别、年龄、受教育程度、就业状况和收入等，并探讨影响金融包容的个人特征因素等问题。Kendall et al.（2010）对全球银行账户数量、拥有银行账户和没有银行账户的个体数量等数据进行了粗略的估计，发现发达国家平均每位成年

人有 3.2 个银行账户，账户覆盖率达 81%；发展中国家只有 28% 的成年人拥有银行账户，且平均账户拥有量仅为 0.9。通过回归分析他们发现，金融基础设施的建设可以有效促进存款和贷款的开户数量以及使用额度，并且对增强银行分支机构的渗透率也起到积极作用。Allen et al. (2012) 则试图研究影响个人在使用金融服务上的特征，从穷人及农户角度提出促进金融包容的有效政策。结果发现，账户的所有权、储蓄账户的使用以及账户的使用频率这几个指标，与降低开户成本以及金融机构门槛有关，可以从这几个角度入手创造有利的政策环境，以此提高金融服务可接触性。Demirguc-Kunt & Klapper (2012) 基于联合国 Findex 调查数据，研究了 148 个国家的成人在储蓄、借贷、支付以及管理风险等方面的行为。结果发现，对于世界各地近一半的仍然没有银行账户的成年人来说，获取账户的障碍主要在于较高的申请费用、与银行较远的距离和复杂的申请文件。Fungáčová & Weill (2014) 利用同样的数据，通过将中国与其他金砖国家的数据对比，发现在个人对金融服务使用的水平层面上，中国在正规账户和储蓄方面表现出比其他金砖四国更高的水平，而信贷的使用频率则相对较低。

在国内研究方面，王修华和关键 (2014) 利用变异系数法，从渗透性、使用效用性、可负担性三个基本维度对我国农村金融包容性进行了测度和分析，测算结果显示，我国农村金融包容性整体水平较低且呈现出明显的"东部高、中西部低"的显著特征。李建军和卢盼盼 (2016) 设计了包含银行、证券、保险三个主要金融服务领域的居民金融服务包容性指数，基于空间自相关分析理论与方法，探索了中国居民金融服务包容性的总体和局部空间差异及演化格局。结果表明，各省市居民金融服务包容性总体呈上升趋势，但地区间呈现出明显的分化格局；总体空间差异先扩大后缩小，局部空间差异很小且相对稳定。张正平和贾仲伟 (2016) 以正规金融机构的覆盖率、存贷款、保险、信息与基础设施 4 个维度的 16 个指标，构建内蒙古普惠金融发展水平评估指标体系，运用变异系数法对每个指标赋权后建立普惠金融发展指数进行了测算。蒋庆正等 (2019) 利用 Cov 层次分析法和正交偏向最小二乘回归模型，分别对中国农村地区数字普惠金融发展水平和影响因素进行了实证分析，研究发现中国农村地区数字普惠金融发展水平整体较低，而东西部之间数字普惠金融发展水平有较大差异。齐红倩和李志创

(2019)将非正规金融和数字金融纳入普惠金融的研究过程，依据年龄、性别两个内在特征和收入水平、受教育程度、就业状况三个外在特征将目标群体进行分类，并从不同目标群体的微观角度考察普惠金融的服务水平。

3. 金融包容的影响因素

现有文献在纳入金融排斥影响因素的同时，经进一步深化和拓展，逐步形成了适用于金融包容的分析框架，主要表现为需求引致、供给诱导和社会环境三个方面。

一是需求引致因素。它是指由于金融需求主体的某项特征，如年龄、收入、性别、工作状况、教育、心理因素等，对金融包容水平的影响。Osili & Paulson（2006）、Beck & Al-Hussainy（2008）通过实证研究了农户家庭特征和金融服务可得性之间的关系，认为农户婚姻状况、年龄、受教育程度、居住地、拥有房产以及家庭人口、户主性别等都对金融包容水平有显著的影响。Bold et al.（2012）从个人特征方面解释了账户渗透在各国的变化，如性别、教育水平、年龄、农村或城市居民等；并发现了影响金融包容的阻碍因素，如缺乏必要证件、对银行不信任和宗教原因等。Sarma（2010）的研究发现人均收入、识字率对金融包容有正向促进作用。Kumar（2011）将研究重点放在收入水平及其他经济环境因子上，他发现收入水平与金融包容指标显著正相关；员工数量与总人口这一个比例的提高将显著地增强存款渗透性；有工作的人在金融服务相关活动上表现得更加活跃，这意味着社会经济结构和环境对于塑造消费者的金融习惯有不可忽视的作用。Fungáčová & Weill（2014）通过对中国金融包容的影响因素研究得出类似的结论，即收入、年龄和教育程度与金融包容正相关。Swamy（2014）通过研究小额信贷对印度的贫困家庭的经济改善情况，验证了性别对于金融包容的影响；该学者假设妇女参与非正规金融中介机构，如自助小组或其他相关的金融机构，并将这种参与视为金融包容，结果显示金融包容会使得她们的经济生活产生显著变化：扣除通胀影响后的妇女收入增长率是8.4%，而对男性来说只有3.7%。Demirguc-Kunt & Klapper（2012）利用金融服务的使用数据来分析金融包容，数据反映的个人特征会引起金融服务的使用差异，即男性以及教育水平高、富裕并且年长的人对正规金融服务使用的概率和频率更高；除了需求个体的收入、教育等特征，他们还提出心理因素对金融包容的影响。某些人群对银行的不信任成为阻碍金融包容的障碍，这种不信任来源于文化规范、对某类人群的歧视、银行存款被政府征收的风险以及经济的不稳定。

二是供给诱导因素。它主要是指影响金融服务供给的若干条件与因素，如金融基础设施、政府治理、金融机构性质、部门结构、健康程度以及规模等。Sarma（2010）发现基础设施建设水平的提高将有助于增加金融包容水平。Beck et al.（2005）探讨了金融宽度、金融深度和基础设施发展水平之间的关系，研究结果发现良好的通信基础和交通设施、优良的政府治理水平和集中的银行体系对应较高的金融包容水平，政府对金融机构的控制对应较低的金融包容水平，在控制了金融深度（私营部门信贷占 GDP 的百分比）之后，金融宽度发展更深入的国家的企业面临的融资约束较少。Andrianaivo & Kpodar（2011）对信息和通信技术的发展，尤其是移动电话普及率在促进金融包容中的作用进行了研究，通过实证分析得出金融包容是移动手机促进经济发展的一个传导渠道，并且手机的渗透性与金融包容的程度呈正相关关系。Berger et al.（2001）基于小企业信贷可得性的视角，提出了外资银行障碍假说，检验了银行规模、外国所有权和信息不透明对小企业贷款危机的影响。研究结果表明，由于信息不透明，大型外资银行与小企业很难建立贷款关系，外资银行不愿意贷款给小企业，从而降低了信贷层面金融可得性。虽然当时还未提出金融包容这一概念，但信贷不可得，即对应了较低的金融包容性水平。Claessens（2006）、Beck et al.（2007，2008）认为金融机构的货币性和非货币性壁垒对金融服务水平有较大影响，前者主要指金融服务获得的高成本性，而后者则主要指"个性化金融合同设计的困难性"和"门槛"条件。Kumar（2012）利用 1990—2008 年的数据对印度金融包容的影响因素进行深入分析，结果发现银行集团规模与分支机构数量有正相关关系，而所有权也决定了分支机构数量，即国有集团相比于外资或私有的金融集团，其拥有更多的银行分支机构。

三是社会环境因素。社会环境因素如收入差距、劳动力结构、城镇化、人力资本、法律制度等均会对该国金融包容水平产生影响。Kempson（1999）认为收入不平等是造成金融排斥的重要因素，收入不平等将造成低收入人群长期被主流金融机构排斥；工资差距的拉大、非全职工作及自雇佣比例的增长、弹性劳动力市场的发展等所引发的劳动力市场变化，均容易引发自我排斥，从而使得弱势群体遭受营销排斥。Sarma & Pais（2011）的分析验证了这一观点，其研究分析了社会经济因素对金融包容的影响，发现收入不平等与金融包容指数负相关，即收入不平等越明显的地方，金融包容水平越低；此外，他们还发现农村人口比例与金融包容指数也呈负相关，意味着城镇化进程的推进对于促进金融包容有积极影响。Arora（2012）从人力资本角度出发，采用详尽的"三阶段"的方法，以亚洲发展中地区21个国家为研究样本，研究金融发展与人力资本之间的关系。结果表明，金融发展和人力资本之间存在显著的负相关关系，而金融可接触性和预期受教育年限存在着明显的正相关关系，国家的财政和教育发展影响关系不明确。Beck et al.（2005）指出有效的产权制度、法律体系以及获得信息的有效机制对于金融服务是否获取至关重要。具体来说，良好的法律环境以及对投资者充分的保护往往伴随着较大规模、较高价值、较好流动性的资本市场，所以法律体系比较完善且执行效率较高的国家一般金融服务发展程度较高。Boulton et al.（2007）肯定了法律起源、法律条文在金融发展中发挥的重要作用，但是他们认为法律执行的质量比法律条文对促进金融发展更为重要。然而，一些学者发现法规的存在可能会妨碍金融包容的发展，如一些国家制定反洗钱、反恐融资规定的举措，包括增加税收遵从成本、增加对新服务供应商的监管、设置对潜在新客户资质的障碍等都可能阻碍潜在客户接触金融服务（DeKoker & Jentzsch，2013：271）。

　　国内学者结合中国国情也对金融包容的影响因素这一问题进行了深入研究。王婧和胡国晖（2013）通过对中国银行业数据的实证分析，指出了影响我国普惠金融水平的四类影响因素：宏观经济、收入差距、接触便利、金融调控。马亚华和史笑梦（2016）指出银行业的空间均衡化在整体上有利于金融包容水平的提升，但银行业集聚对金融包容水平的影响存在明显的区域差异。王修华和陈茜茜（2016）通过多元回归模型分析了影响农户金融包容性的因素，研究表明受教育程度、家庭年收入、互联网连接情况、新型信贷模式和金融知识宣传对农户金融包容性具有显著的正向影响。张桁和罗剑朝等（2017）将不同地区的农村信用社作为普惠金融的主要形式，深入研究了影响农村普惠金融水平的因素。研究结果显示，投资环境、产业结构和城乡差距等均是影响农村普惠金融水平的关键因素。张宇和赵敏（2017）使用面板数据模型进行回归分析，证明了交通便利程度、信息技术水平、政府扶持力度和第一产业发展水平对农村普惠金融发展整体水平具有显著的正向影响。万千等（2020）以 2004—2018 年 G20 国家为考察对象，在构建金融包容性指标的基础上，实证考察了与金融包容性水平相关的国家特定因素，发现提高人均收入、降低农村人口比例、失业率和基尼系数、强化电信基础设施建设等容易提升地区金融包容水平。总体而言，国内学者关于普惠金融的影响因素分析也可以概括为需求引致、供给诱导以及社会环境导致。

4. 金融包容的影响效应

大量理论和经验性研究证明了有效的金融体系对长期经济发展和个人福利的重要性。对于金融包容的效应，主流文献从宏微观两个层面进行了较为深入的研究。

从宏观层面看，主要表现在：一是减少贫困。金融服务的获得可以帮助穷人摆脱贫困，这是金融包容理论支持者最有力的论据。在早期研究中，Banerjee & Newman（1993）利用制度转化模型证明了金融服务获得渠道的缺乏是持续性收入不平等、贫困陷阱存在的原因。而赋予所有人享受金融服务的权利，保障渠道的畅通，正是金融包容广义层面的内涵。与 Banerjee & Newman 观点相同的学者还有 Yunus（1999）、Woller & Woodworth（2001）、Arun et al.（2006）等，他们普遍认为金融服务配置是减少贫困和赋予穷人权利最有力的工具之一。不过也有部分学者对金融服务能够减少贫困这一结论持怀疑态度，如 Navajas et al.（2000）、Mallick（2002）、Brau & Woller（2004）均指出，金融服务一直没能在减少贫困发生率上取得显著进展，这很大程度上归因于金融服务（包括小额信贷）目前只限于在穷人中宣传，而没有落到实处。双方争执的根源在于金融服务是否落实，因此近年来学者多采用实证分析方法对金融包容的减贫效应进行验证。Beck et al.（2008）运用跨国数据进行回归分析，结果表明，具有较发达金融系统的经济体能够更快地消除收入不平等现象，降低贫困水平。Burgess & Pande（2005）以印度农村地区为研究样本，回归结果显示，当地农村地区开户量每增加 1%，就可以减少农村贫困率 0.34%。Chibba（2008）肯定了金融包容减少贫困的能力，并且指出金融包容能促进亲贫式增长，有利于达到千年发展目标。英国白皮书（2009）呼应了世界银行 2008 年载于财经杂志的政策研究报告，明确地将金融服务与减贫联系在一起，认同了金融包容性发展对于减贫的作用。

国内研究方面，学者们对于中国普惠金融减贫效应的研究基本得出了较为一致的结论，卢盼盼和张长全（2017）通过构建理论分析框架与实证分析检验的方式证实了中国普惠金融的减贫效应。马彧菲和杜朝运（2017）测算了中国普惠金融贫困减缓效应的具体数字，普惠金融指数的提升可以解释贫困减缓变化的 15%。在普惠金融减贫的外生条件上，朱一鸣和王伟（2017）认为贫困地区和贫困人口经济机会的缺乏，内生决定了普惠金融减贫效应的异质性特征。普惠金融虽有利于农村居民增收，但普惠金融减贫效应的外生条件在于低收入农户具有经济机会。王汉杰等（2018）的研究也验证了上述观点，认为贫困地区金融扶贫功能的有效发挥有赖于合理的产业发展基础。此外，郑秀峰和朱一鸣（2019）指出普惠金融发展策略应当瞄准贫困县的经济、产业发展，与当地的行业扶贫、产业扶贫有机结合，才能发挥最大的减贫增收效应。在影响机制上，朱一鸣和王伟（2017）认为普惠金融减贫很大程度上要归因于经济增长的中介效应。谭燕芝和彭千芮（2018）认为，提高收入、促进经济增长、提高自有资本都是普惠金融缓解贫困的主要机制。任碧云和王雨秋（2019）发现普惠金融可以通过技术进步和效率提升作用来推动全要素生产率增长，进一步作用于贫困减缓。此外，普惠金融减贫不仅存在单一维度效应，而且存在门槛效应、空间溢出效应及渠道效应（顾宁和张甜，2019）。近期开始有不少学者关注数字金融的减贫效应，如黄倩（2020）等发现数字普惠金融发展总体上有利于贫困减缓，而收入增长和收入分配的改善是数字普惠金融促进减贫的重要机制，数字普惠金融发展可以兼顾效率与公平，实现包容性增长。

二是推动经济增长。在以往研究中，众多学者从不同角度探讨了金融发展和经济增长的联系。如 Greenwood & Jovanovic（1990）通过构建生产函数模型探讨了金融与经济之间的动态交互关系；Banerjee & Newman（1993）分析了金融可以通过财富分配促进经济增长。这些研究均肯定了金融发展对经济增长的促进作用，然而他们主要关注的是金融深度单方面的金融发展，对金融宽度的关注不够，金融发展应该是金融深度与金融宽度的有机统一。Beck et al.（2009）的研究关注了该问题，他们认为即使金融深化程度最高的国家，也不能保证金融服务人人可及，金融宽度的发展只能提供有限的覆盖和包容性。如果一个金融系统缺乏包容性，穷人和小企业则只能依赖于自身原有财富进行投资或生产，这势必将造成持续性的收入不平等，并阻碍经济增长。此外，他们还检验了能否获得金融支持的影响，发现获取金融支持存在障碍的国家会损失相当一部分小企业带来的增长潜力；相反，较高的金融包容水平可以通过增加投资机会、促进企业发展，从而在经济增长层面达到更高的均衡点。Mohan（2006）从协同性角度分析金融包容与经济增长的联系，他认为在包容性框架下，更多的金融资源是可接触的，且能够更加合理有效的分配，反过来这种分配方式又产生了高额回报。Townsend（2006）以泰国为研究样本，通过对 GDP 增长率和全要素生产率的影响因素分析，发现金融可接触性在影响经济方面发挥着重要作用。Frost & Sullivan（2009）则基于政策分析视角，认为世界国际组织和各国政府对金融包容提供了很多支持，从侧面说明了金融包容性发展对国家经济发展的重要性。也有学者从信息通信技术角度分析两者之间的关系，如Andrianaivo & Kpodar（2012）利用非洲各国 1988—2007 年数据分析了手机银行、金融包容和经济增长的关系，结果表明手机银行会通过促进金融包容，推动经济增长。Diniz et al.（2012）研究信息通信技术对金融包容以及经济的影响，得到了相同的结论。

在国内研究方面，粟勤等（2015）最先检验了金融包容、金融深化与经济增长之间的关系，研究发现金融包容的长期经济增长效应大于金融深化，而在短期内三者之间并不存在明显的 Granger 因果关系。邓春生和李珊（2018）基于投资和消费双重视角系统分析了农村金融发展对于农村经济增长的影响，研究发现，农村金融发展将首先通过促进农民消费进而拉动农业投资的方式来影响农村经济增长。王修华和赵亚雄（2019）指出普惠金融发展可通过提供金融服务、降低交易成本、提升风险管理、促进能力创新等机制实现扩大再生产，进而促进经济增长。孟维福和沈琦（2020）构建政府参与背景下的普惠金融对经济增长的传导机制，并实证检验三者之间的关系，研究结果表明普惠金融与经济增长之间存在边际效应递减趋势，财政支出与包容性金融发展之间存在正向的交叉效应，说明现阶段的包容性金融发展能够在财政支出下有效促进经济增长。也有研究认为普惠金融对于经济增长的作用有限，如李涛等（2016）的研究表明普惠金融各项指标中，仅有投资资金来自银行的企业比率这一金融中介融资指标对经济增长有着稳健且显著的影响,其他普惠金融指标并没有稳健且显著的影响,但这一研究结论是基于国际面板数据得出的,结论需要进行进一步的异质性分析。

三是提高金融稳定。研究表明,信贷层面的金融包容与金融服务供应商层面的金融稳定性息息相关(Adasme,2006)。在国家层面,金融的包容性发展可以通过提升国内储蓄量等手段提高金融中介的效率,从而健全国内储蓄和投资周期,营造更稳定的金融环境(Prasad,2010)。如 Cull et al. (2012)认为,金融包容对金融稳定性的影响可以从两个途径识别。一是通过金融包容在家庭和小企业部门层面上的作用,即从非金融企业准入、资本增长两方面影响金融稳定性。二是通过提高金融中介效率达成。在客户服务多样性基础上发展的包容性金融可以降低收入不平等,促进社会和政治的稳定性,从而带来更有弹性和更稳定的经济,而经济的稳定将进一步增强金融体系的稳定。

从微观层面看,主要表现在:一是改善居民消费和支出。Pitt & Khandker(1998)采用准实验设计法对孟加拉国贫困农户的消费数据进行研究,发现了信贷对消费具有促进作用,并且对于不同性别的参与者具有不同的作用程度。而 Morduch(1999)认为,有借贷资格以及接触金融服务的居民与对照组相比没有表现出更高的消费水平,而是具有相对较小的消费落差和劳动力供给变动,即信贷没有对消费水平产生影响,而是减少了消费波动。Roodman(2009)在重复了以上学者的实证后发现均存在证据不足的缺陷,且研究结果否定了 Pitt & Khandker 的结论。此后,学者为了解决 Morduch 和 Pitt & Khandker 在学术观点上的冲突,在研究方法上做了改进,采用了随机试验的方法。Coleman(1996,2000)在泰国采用随机暗访的形式进行试验,在其推迟信贷项目实施后发现信贷对于相对富裕和与金融服务有良好联系的村民具有积极的效应。Banerjee et al. (2009)随机在印度海德拉巴的 104 个贫民窟中选择了一半的贫民窟,建立小额信贷机构的分支,以研究借贷对小型企业消费和盈利能力的影响。经过为期一年多的试验,结果显示,获得小额信贷居民的人均月开支没有变化,但耐用品的支出确实增加了,且非耐用品消费支出的变化与家庭的经商倾向负相关。Attanasio et al. (2011)是目前为止唯一采用随机对照试验研究相关问题的学者,其研究发现团体贷款对粮食消费和创业有推动的作用,而个人贷款对于促进消费并没有明显作用。

在国内文献中,直接研究普惠金融与消费之间关系的较少,罗娟和王露露（2017）从金融可得性与金融知识的视角出发，发现金融可得性有助于提升居民使用短期消费信贷的可能性及贷款数额；短期消费信贷金融知识对居民是否选择使用短期消费信贷无显著影响，但对于选择使用短期消费信贷的居民而言，短期消费信贷金融知识的增加显著提高了居民短期消费信贷的数额。易行健和周利（2018）研究了数字普惠金融对消费的促进效应，发现这一促进效应在农村地区、中西部地区以及中低收入阶层家庭更为明显。在影响机制上，数字普惠金融主要通过缓解流动性约束、便利居民支付两种机制促进了样本期的居民消费。此外，邱黎源和胡小平（2018）研究异质性普惠金融水平下正规信贷对农户消费的影响，发现在普惠金融水平低的欠发达地区，正规金融机构优先选择保证资金安全，对农户的改善性消费需求理性选择"借贷"，正规信贷约束并不能影响农户的消费结构。而在普惠金融水平更高的东部农村地区，消费信贷市场更成熟，因此，如果农户遭受正规信贷约束，便会对农户消费结构的优化产生显著的负向影响。

二是促进投资。Beck et al.（2000）和 Love（2003）对长期增长数据的分析表明，金融产品对生产率的提高超过了对投资量的提高，而金融对于投资分配起着重要作用，如果不能以合理的成本获得资本，或缺乏足够的个人财富，企业家将无法进行投资，以实现创新（Aghion et al.，2005：220）。Banerjee et al.（2009）发现当贷款可接触性提高时，经商及具有较大经商倾向的家庭将增加投资，而经商倾向较低的家庭则会通过借贷增加消费。Dupas & Robinson（2009）在肯尼亚农村进行了试验，发现储蓄账户的开立导致个人投资大幅增加，该试验允许随机选取的自营职业者在村镇银行开设免息储蓄账户，结果是妇女的账户使用率相对较高，并且妇女更倾向于将存款投资于自己的生意或者用于开销。而 Karlan & Zinman（2010）随机在城市地区选取客户提供信贷，来研究小额信贷可接触性对商业投资有没有影响时发现，小额信贷获得的增加将导致针对性业务投资的减少，资金将从劳力投入转向教育投入，从保险投入（显性/正式的和隐式/非正式的）转向乃至对整个风险分担机制的投入。

国内研究较多的是普惠金融与居民创业，在一定程度而言，创业也是一种个人投资。卢亚娟等（2014）发现金融约束的存在一定程度上制约了中国农村家庭在非农领域的创业活动，提高家庭金融可得性对于提高创业概率有显著的正向边际效应。李树（2018）则验证了村庄金融多样性对农民创业决策的促进作用的大小为 0.8%。项质略和张德元（2019）认为，正规与非正规金融的可得性均对农户创业具有显著的促进作用。另一类文献重点则关注于金融包容与家庭金融投资，尹志超等（2015）认为，金融可得性会促进家庭更多地参与正规金融市场和进行资产配置，同时会降低家庭在非正规金融市场的参与和资产配置。马学琳等（2018）认为，普惠金融体系的建立对于农民进行不同类型的金融投资选择所起到的作用是不同的：正规金融机构和非正规金融机构所提供的服务对农民进行不同类型的金融投资活动所起到的作用也是不一致的，并指出"涓滴效应"在我国农民金融投资中不成立。廖婧琳和周利（2020）则考察了数字普惠金融发展对家庭金融投资的影响，研究结果发现数字金融发展深度会显著促进家庭参与风险金融资产投资。

三是促进妇女赋权。根据联合国妇女发展基金的定义，妇女赋权是指获得选择和议价的能力，即拥有自我价值的意识，具有靠自己能力取得预期目标的信念，并获得掌握自身生活的权利。Mayoux & Hartl（2009）认为金融服务可得性不仅是为了减少贫困和增加财政可持续性做出贡献，还给经济赋权、福利以及女性社会和政治权力提供了一系列的"良性循环"，从而达到两性平等和赋予妇女权力的目标。Zaman（1999）和 Simanowitz & Walker（2002）的研究也表明，参加金融导向的自助小组（SHG）能够帮助妇女获得对资产的控制，并随之获得自尊、知识与权利。Ashraf et al.（2010）采用随机对照试验，分析了持有储蓄产品是否会导致家庭内女性决策权的增加，结果表明影响显著，特别是对于处于决策权平均值之下的妇女，增加了其家庭耐用品的购买。除了影响女性的家庭决策权之外，还会由于女性经济实力的增加而降低家庭的紧张氛围和暴力水平，从而获得更稳定的婚姻（IFAD，2011）。然而，一些学者也认为金融服务在赋予妇女权利上具有局限性，如 Goetz & Sengupta（1996）通过对孟加拉国的数据研究，对微型金融项目能在多大程度上使妇女受益提出了质疑；Mayoux（2006）认为仅仅从供给方提供小额信贷的做法并不能对妇女赋权带来直接好处，唯有针对性地进行赋权计划才能切实保障赋权落实到位。

5. 促进金融包容的政策

促进金融包容性发展需要政府公共机构、私营部门和民间社会之间的参与及协调。通过对国际金融包容进展的研究，现有文献主要从公共部门、私人部门和协调机构三个层面推进。

一是公共部门。Ehrbeck et al.（2012）明确了政府在金融包容进程中的三大职能：

（1）金融基础设施建设。金融基础设施是保证金融交易安全有效进行的基础，完备的金融基础设施可以降低金融服务提供商的成本和风险（The World Bank，2010）。金融基础设施的重要组成部分，包括担保体系、征信体系和支付体系。首先，担保体系的出现能提高信贷水平，降低信贷成本。这是因为新兴市场企业资本存量的近80%是由机械、设备或应收账款等动产构成，而这些金融机构不认可的抵押物限制了企业获得贷款的能力。Safavian（2009）发现，在担保体系完善又发生违约的情况下，债权人优先权有保障的国家，信贷与GDP的比例达到60%，而没有债权人保护的国家这一比例只有30%。De la Torre et al.（2007）对拉丁美洲国家扩大信贷获得性的创新经验进行了描述：墨西哥开发银行（Nacional Financiera，NAFIN）开发了电子系统Cadenans Productivas，为企业提供保理业务申请。这一服务的出现减少了金融中介机构的运营成本并且为小企业提供了融资渠道，减少其因资金链断裂而破产的可能性。另外，智利的国有基金（FOGAPE）也是信用担保体系的成功范例，该基金旨在为小企业提供信用担保，在提高市场活跃度的同时尽量解决旧担保计划产生的问题。其次，征信体系的出现试图解决信贷市场的一个基本问题——借款人和贷款人之间的信息不对称，因为这种不对称可能会导致逆向选择、信贷配给和道德风险问题。因此，监管机构和金融市场参与者越来越多地认识到征信系统对控制信贷风险及整体信贷组合管理的价值，即有助于提高金融监管和金融部门的稳定性，并提高信贷水平（The World Bank，2012）。最后，支付系统为市场参与者，包括个人、银行、公司、经纪人等之间的金融交易提供技术、基础设施、法律框架和财务结算机制，确保各方能够快速、廉价、安全、低风险地进行交易。实时总额结算系统和零售支付基础设施都是支付系统的不同形式。前者可以促进零售支付系统的安全，提高清算的效率；后者包括银行卡开关以及自动化票据交换所，对于国家间金融往来的安全性很重要。

（2）政策与法规制定。联合国开发计划署（The United Nations Development Programme，UNDP）要求，各国中央银行和政府在对存款人资金和金融体系稳定性进行审慎监管时，也要以实现金融包容为目标。

国家层面上，多个国家将金融包容性定为发展目标，如菲律宾央行将"提供有利的金融创新环境，同时保证将金融体系和消费者保护的安全性和完整性作为重点"列为优先。Hanning & Jansen（2010）指出，允许银行与非银行零售代理机构进行合作的政策对促进金融包容十分有效，这类利用制度改革减少金融包容发展障碍的政策在巴西得到实现：巴西央行放宽对代理商作为金融服务接入点的限制，引入"业务联络员"的网络计划。该网络计划由银行和 150000 家中介合作，成功覆盖了金融系统中约 62% 的金融服务，成为世界上最大的金融服务网络，这使得巴西的每个城市都至少能获得最低水平的金融服务。除此之外，Marshall（2004）比较了英国和美国政府促进金融包容的各项政策措施。Groen（2012）选取了两个小额信贷市场发展较为成功的国家——波黑和乌干达，通过研究和比较两个小额信贷市场在 1997—2007 年的发展和制度变革的过程，分析政府机构对于促进金融包容的作用途径。The World Bank（2012）总结了包括埃及、印度、墨西哥、巴基斯坦、澳大利亚、马来西亚等众多国家政府为实现金融包容的政策选择。Koker & Jentzsch（2013）指出，政策制定者从政府角度提出的税收、反洗钱、反恐融资和金融包容性的政策有利于服务更广泛的公众。然而，这些政策在客户选择正规金融和非正规金融时变成相互冲突的因素，因此，国际组织和政府需要更好地了解消费者在正式和非正式金融服务之间的选择，以减少政策在实践中的冲突。另外，这些国际组织及机构应为金融隐私研究提供更多支持，以推动政府对金融隐私的重视，采取积极措施减低金融消费者的隐私受侵风险。

（3）公共措施及市场干预。市场失灵的存在导致金融包容无法完全实现，因此政府对市场的干预对于促进金融包容具有重要意义（De la Torre et al. 2007）。政府支出是政策干预的直接手段，它可以用来驱动交易量，提高低收入商业模式的可行性，并为正规金融部门带来新的客户（The World Bank，2012）。据 Ehrbeck et al.（2012）研究发现，政府对个人支付业务（Government To Person，G2P）已作为政府提高交易量的最有利的工具，G2P 的受助者在被提供金融服务后将持续使用这些金融服务，因此，金融客户存量得以提升，这一发现印证了 The World Bank 的观点。AFI（2011）对巴西金融包容的创新实践进行总结，认为巴西的养老金和其他社会福利均通过银行账户或其他非银行预付账款，而这一补助金网络覆盖了约30%的生活在贫困线以下的人民。公共措施的其他例子还包括举行金融宣传活动、推行金融知识教育、规定信息披露和透明度、为中小企业融资提供交易平台和管理培训以及为私人提供央行的支付和结算系统服务等，以提高其安全性和效率（De la Torre et al.，2007：4）。

二是私人部门。（1）金融服务提供渠道。金融账户是进行资金存储和传递资金的媒介，从前提上保证了金融可得性，是整个金融包容性发展中最基本的一环。在印度、南非等国家，金融可得性通过不同的渠道得以实现（AFI，2011）。自2005年起，印度中央银行开始鼓励银行创建低成本简易账户（No-frills Accounts）。而南非的银行致力于为客户提供可负担的、可接触的账户，于2004年推出的Mzansi账户是根据此标准制定的。Chandran（2010）总结了印度在机构层面促进金融包容的对策，主要是建立微型金融机构（MFIs），开展业务联络员、商业服务商模式和代理银行模式。但也有学者发现微型金融机构存在使命漂移（Mission Drift）的情况，即为了追逐经济效益，脱离低收入阶层（Copestake，2007：1727）。Chandran还提出代理银行可以利用其低成本平台，与其他机构建立战略合作伙伴关系，提高账户覆盖范围，如小额信贷机构、共同基金、保险公司以及电信运营商等。Hanning & Jansen（2010）指出代理银行模式最大的优点是交易清算及时、开户程序简化，且其成本的节约相当可观。秘鲁监管当局提供的数据显示，建立40家代理机构的成本仅相当于建立一家银行分支机构。（2）零售支付技术。手机银行因其交易成本低的优势，被认为是提高金融包容性最可行的选择。来自世界银行的国际扶贫协商小组（Consultative Group to Assist the Poor，CGAP）曾专门开展了一项关于银行是否通过使用ATM机、POS终端机以及移动电话和网上银行等新技术来向贫困人口提供金融服务调查，受访的金融机构来自32个国家，其中62家机构报告他们正在使用新技术处理贫困客户的交易。Ehrbeck et al.（2012）在其报告中提到巴西银行在零售网点使用POS机系统，向一些无法获得银行服务的低收入和农村人口提供金融服务。由于安装POS机系统和移动电话比安装ATM机成本低，零售网点使用这些设备的成本也仅限于通信费和交易费，因此代理商模式非常适合在农村地区进行推广。Andrianaivo & Kpodar（2011）提出发展基于信息与通信技术（ICT）的无分支银行业务，其认为随着信息和通信技术的发展，手机正发挥着重要作用，手机银行业务成为传统银行业务的重要补充。Dittus & Klein（2011）介绍了肯尼亚的 M-Pesa 手机移动支付手段并详细分析了所涉及的交易，还提出充分利用潜在的金融包容性的关键在于允许不同商业模式的试验。在这种模式下肯尼亚大量没有享受到金融服务的人群能够方便地享受类似的银行业务，尤其是小额转账汇款等业务，极大地提高了当地的金融包容水平。菲律宾作为发展中国家中第一个成功提供移动支付服务的国家，它的案例也显示了移动支付之于金融包容的前景。当然，部分学者也对技术的作用提出了异议，如 Kempson et al.（2001）认为大部分被排斥家庭并不拥有网络和电话，因此以电话和网络为介质的金融服务创新将降低金融包容。

三是协调机构。协调委员会或工作小组可以为领导和实施金融包容的战略提供一个全国性平台。该协调实体可以是经过官方授权的议会法令或政权高层，也可以是由具有公信力的代表负责实施金融包容性战略的组织。在肯尼亚、印度尼西亚、菲律宾等国家，金融包容由中央银行全面领导。肯尼亚的中央银行负责监控金融包容，2005 年其中央银行、金融深化部门与其他金融部门成员和利益相关者成立了合作伙伴组织（FAP），实现了对金融服务水平的可靠测量（Dittus & Klein，2011：5）。印度尼西亚的金融包容性发展事宜由副总统办公室负责协调，国家政策举措经由办公室与中央银行或印度尼西亚银行密切磋商达成。菲律宾央行于 2002 年创办的小额信贷部门，在 2007 年被改造成包容性金融宣传部门（IFAS），专门负责金融包容相关事宜，这充分体现了对金融包容发展目标的重视（AFI，2011）。英、韩等国的金融包容发展事宜则交由独立机构负责，由多部门共同推进（The World Bank，2012）。英国负责建议、监控和评估金融包容性发展的是一个独立机构——金融包容调查小组，其成员来自私营、公共和非营利组织。而韩国则是金融监督管理委员会（FSC）和货币信贷政策委员会（MLPC）负责，金融监督管理委员会是韩国金融包容政策的领导机构，与其他中小企业管理局等机构紧密合作，由货币信贷政策委员会负责监控其资金贷款使用情况。

四　结构安排

本书研究遵循"理论依托→机理阐释→模型构建→实证检验→经验

借鉴→政策建议"的逻辑思路,综合运用发展权、金融宽度、信息经济学、金融地理学、计量经济学等多学科的理论和方法,对我国农村金融包容研究领域中的转换机理、评价指标体系、影响因素、三维效应、国际经验、政策建议等关键问题进行了深入研究。全书除第一章绪论外,主要分为九个部分,具体章节安排如下:

第二章,金融排斥与包容:一个新的分析框架。本章基于理论与实践的演进视角尝试从以下四个方面出发构建一个新的分析框架:从金融发展自身的规律来看,金融排斥—包容的演进是对传统金融发展的反思与升华,是金融发展理论动态演进的新阶段;从金融与经济的关系来看,金融包容是包容性增长理论演进视角下的必然要求,金融包容实质上是包容性增长理念在金融领域的具体体现;从现实实践的探索来看,金融包容是小额信贷与微型金融的延伸与发展,三者是一脉相承的,都是与时俱进和不断修正的过程;从范式的视角来看,金融包容论正处于广泛接受和认同的确立阶段,离规范成熟的理论体系还有不少的差距。

第三章,中国农村金融排斥向包容转化的机理。农村金融排斥如何向金融包容转化一直是金融包容研究的薄弱点。本章首先将从供需双方构造金融排斥到包容的基础数理模型,分析金融排斥到包容的临界均衡条件;然后从"需求者+""供给者+""政府+""中介+"四个方面探讨农村金融排斥到包容的理论转化过程;最后以信贷为例,基于基础数理模型具体讨论信贷排斥到包容的扩展模型及其转换机理。

第四章,中国农村金融排斥和包容指数构建与评价。金融排斥和金融包容的衡量问题是学者们争论的一个焦点。从前文的研究文献可以发现,国内外有关金融排斥和金融包容的衡量方法和衡量指标均存在差异,因此,如何科学选择指标、采用何种方法准确测度现有金融排斥和金融包容发展水平成了亟待解决的问题。基于此,本章比较分析了各类衡量指标和衡量方法的缺点和优势,选取合理科学的指标体系,构建农村金融排斥指数和金融包容指数,对当前我国农村金融排斥水平和金融包容水平进行综合测度与评价,基于金融排斥与包容的测度和评价结果,本章还分析了农村金融排斥与包容的变动趋势。

第五章,中国农户金融排斥和金融包容的状况分析。农户是农村的个体单元,是"三农"问题的最终落脚点,因此,农户金融排斥与金融包容状况的考察分析是研究的一个重要微观视角。本章基于农户这一微观视角，分别利用2011年与2014年实地调查数据分析农户金融排斥及农户金融包容的状况，进而对这两者的影响因素进行实证研究，力求全面反映中国农户受金融排斥与受金融包容的现状。

第六章，中国农村金融包容的影响因素研究。研究影响农村金融包容水平的因素，就是在探寻破解我国农村金融排斥的良策，既符合我国农村金融当前发展的实际需求，也能为推动我国农村金融包容性发展提供切实可行的理论依据。基于此，本章在对我国农村金融包容水平的影响因素进行理论分析的基础上，结合本书所构建的农村金融包容指数，在国家和不同地域层面，从需求引致、供给诱导、社会环境三个维度，建立农村金融包容影响因素的分析框架，并进行实证检验，力图为探寻破解我国农村金融排斥的良策提供经验证据。

第七章，中国农村金融包容的三维效应研究。金融发展过程中的二元性特征导致了金融部门在市场定位中逐步倾向于经济发达地区和中心城市，农村弱势群体遭受严重的金融排斥。但金融包容性发展是否缩小了城乡收入差距，促进了地区经济增长，改善了居民的福利水平，还需要规范的实证检验。鉴于此，本章将在前文的基础上，从宏观、中观和微观三个层面探讨金融包容性发展的三维效应，即收入分配效应、经济增长效应和居民福利效应。

第八章，农村金融排斥破解的国际经验。如何化解金融排斥、实现金融包容，是世界各国面临的共同难题。当前国际上出现了许多破解金融排斥的成功经验，总结这些成功案例的实践经验，有利于为中国破解农村金融排斥提供思路。基于此，本章通过对欧盟、英国和印度破解金融排斥的具体案例进行分析，梳理不同国家及地区金融排斥的成因、影响及破解策略，力图为我国破解农村金融排斥问题提供参考和借鉴。

第九章，农村金融排斥向包容转化的基本模式。在金融排斥向金融包容转化的过程中，许多国家和地区进行了有益的探索，形成了许多可复制、可推广的成熟模式。本章总结凝练了乡村银行、社区银行、合作银行、手机银行、网络银行、代理银行六种基本模式，对各模式的运作机理进行了比较分析，得出许多有益的启示。

第十章，中国农村金融排斥向包容转化的政策建议。不同于金融排斥中的政府作用缺失或不足，金融包容论要求政府必须积极有为，发挥正向引导作用。因此，剖析农村金融体系包容转化过程中的政府作用方式及作用机制，对构建促进农村金融包容性发展的政策体系至关重要。本章首先系统性回顾了农村金融体系包容性发展的政策沿革，其次通过分析农村金融包容性发展过程中的政府职能定位和作用边界明确了今后提升农村金融包容性的政策方向；最后从政府支持、中介体系、供给优化和需求提升四个层面总结提出了提升农村金融包容水平的政策建议。研究的技术路线如图 1-3 所示。

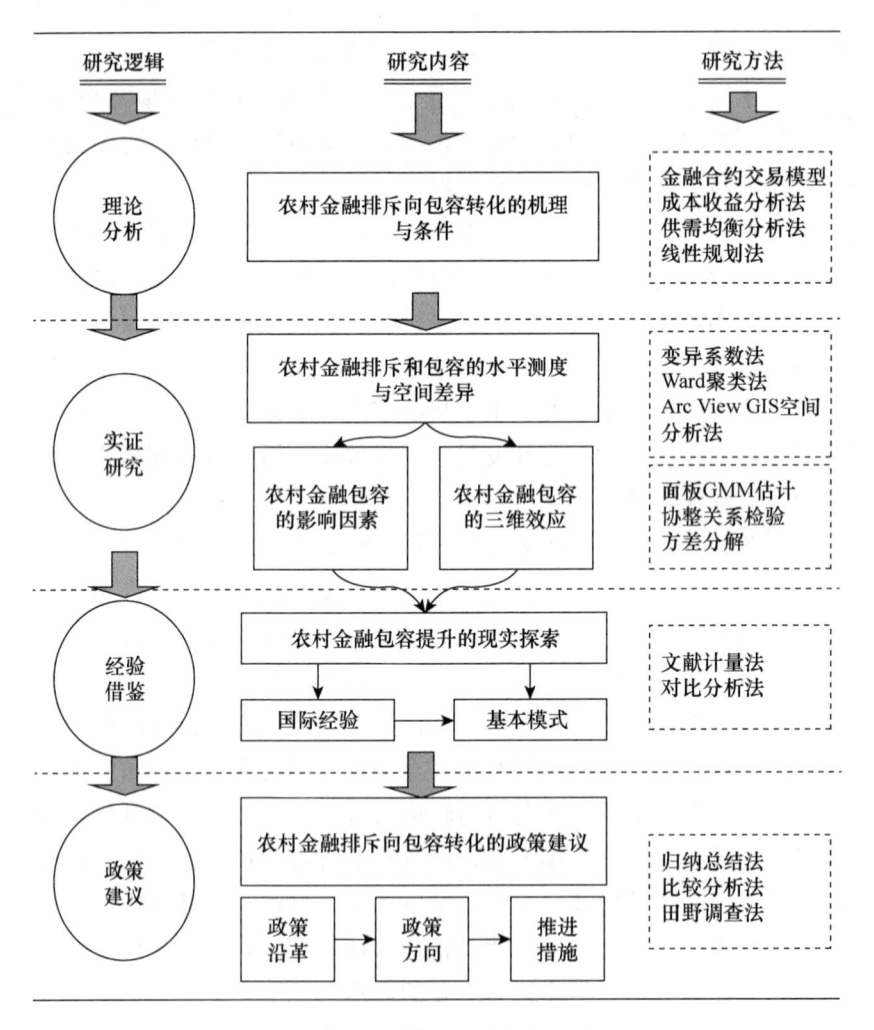

图 1-3　本书研究的技术路线

五 创新之处

本书的研究体现了研究视角的新颖性、研究内容的系统性、研究方法的先进性以及研究对策的针对性，因而具有较强的学术价值与现实意义。就学术意义而言，本书建立了农村金融排斥到包容的逻辑分析框架。有关农村金融从排斥到包容的转换机理，农村金融包容指数的改进，指数构建中维度选择、权重设置、单维度贡献度等关键问题的解决，农村金融包容的空间差异及其演变规律的探讨等研究，不仅拓宽了金融发展前沿研究领域——金融宽度的研究深度，也有助于金融发展理论与金融地理学等理论之间的交叉融合，促进农村金融包容理论的发展。

就应用价值而言，本书涉及在包容性增长、乡村振兴国家战略推进过程中，必须提高"三农"金融覆盖面和包容性这一重大问题。金融包容作为"包容性增长"的关键维度，实际上可以看作"包容性增长"理念在金融领域所进行的破题，金融的包容性发展不仅应该成为农村包容性增长、乡村振兴的强力引擎，更应该成为消除贫困和城乡差距、实现城乡一体化的重要手段。本书设计的农村金融包容指数为中央银行及监管部门定量评估各地区的农村金融包容程度提供了技术支撑；农村金融包容性发展对不同层面的效应分析，农村包容性金融体系构建的政策设计、推进路径，有助于为我国的农村金融改革以及与农村经济的协调发展提供科学的决策依据与发展方向。本书的创新点主要有：

1. 基于理论与实践的演进视角从四个维度建立金融排斥—包容的一种新的分析框架阐明金融排斥—包容的理论逻辑、历史逻辑与现实逻辑。金融排斥—包容的演进是对传统金融发展的反思与升华，是金融发展理论动态演进的新阶段；金融包容是包容性增长理论演进视角下的必然要求，金融包容实质上是包容性增长理念在金融领域的具体体现；金融包容是小额信贷与微型金融的延伸与发展，三者是一脉相承的，都是与时俱进和不断修正的过程；金融包容论正处于被广泛接受和认同的确立阶段，离规范成熟的理论体系还有不少的差距。

2. 构建了金融排斥到包容转换的基础数理模型，分析了金融排斥到包容的临界均衡条件，并从"需求端+""供给端+""政府+"

"中介+"四个角度阐释农村金融排斥到包容的转换过程。"需求端+""供给端+"分别代表金融供需双方为达成金融包容状态而进行的内生努力,"政府+""中介+"则代表着为促进农村金融体系达成包容状态而进行的外生努力,从而为构建包容性农村金融体系提供了理论基础。

3. 基于渗透性、使用效用性、可负担性三个维度选定指标,采用双重变异系数赋权法设计出综合的农村金融包容指数,解决了指数构建中维度选择、权重设置、单维度贡献度等关键问题。渗透性、使用效用性、可负担性分别代表着农村金融包容的基础层、核心层和关键层,在包容性方面渐次增强。农村金融包容指数为定量测度农村金融包容水平和区域比较提供了技术支撑。

4. 从供给诱导、需求引致、社会环境三个层面建立农村金融包容影响因素的分析框架。实证结果表明,在需求引致因素方面,除年龄结构因素外,受教育程度和民族差异均会对农村金融包容水平产生影响;在供给诱导因素方面,金融机构区位要素、交通便利度和金融机构经营状况与农村金融包容程度显著正相关;在社会环境因素方面,城镇化率、产业结构和人均固定资产投资与金融包容水平正相关。研究结论为提高农村金融包容水平提供了决策参考。

5. 论证了农村金融包容影响经济增长、收入分配、福利改善的作用路径。农村金融包容影响经济增长的作用机制包括金融服务、交易成本、风险管理、能力创新、信息收集等五大机制;农村金融包容影响收入分配的作用机制包括影响直接收入差距的生产要素机制,影响收入调节的劳动力转移机制和影响相对收入差距的成本调节机制;农村金融包容性发展既可通过储蓄、信贷、保险、理财等金融服务实现改善农村居民经济福利的直接影响,也可以通过经济增长效应和门槛降低效应,作用于居民收入、消费及生活质量间接影响农村居民经济福利。

第二章　金融排斥与包容：一个新的分析框架

　　金融排斥与金融包容是金融发展领域的一个新兴研究方向，对破解金融排斥现象的探索催生了金融包容的研究热潮。从金融发展自身的规律来看，金融排斥—包容的演进是对传统金融发展的反思与升华，是金融发展理论动态演进的新阶段；从金融与经济的关系来看，金融包容是包容性增长理论演进视角下的必然要求，金融包容实质上是包容性增长理念在金融领域的具体体现；从现实实践的探索来看，金融包容是小额信贷与微型金融的延伸与发展，三者是一脉相承的，都是与时俱进和不断修正的过程；从范式的视角来看，金融包容论正处于被广泛接受和认同的确立阶段，离规范成熟的理论体系还有不少的差距。本章基于理论与实践的演进视角尝试从这四个方面出发构建一个新的分析框架。

一　金融发展理论视域下的金融排斥—包容论

　　从金融发展理论的动态演变来看，金融排斥—包容论与金融发展各个分支理论一脉相承，具有紧密的内在关联性，同时也继承了金融发展理论的基本思想，拓展了金融发展理论的研究范畴，是金融发展理论的重要前沿与最新阶段。20世纪60年代末至70年代初，以Raymond. W. Goldsmith、John. G. Gurley、Edward. S. Shaw和Ronald. I. Mckinnon等为代表的一批经济学家创立了金融发展理论，在批判传统货币理论和凯恩斯主义的基础上，研究了金融发展与经济增长的关系，即研究金融体系在经济发展中所发挥的作用。根据研究视角的不同，主要有以下分支。

（一）金融结构论

Raymond W. Goldsmith（1969）在《金融结构与金融发展》一书中以长达百余年、多达数十个国家的经济金融统计资料，对金融结构与金融发展做了横向的国际比较与纵向的历史比较，揭示了金融发展过程中12个带有规律性的基本结论，创造性提出了金融发展就是金融结构的变化，认为金融规模与结构的差异是解释各国金融发展和经济绩效差异的关键因素，并提出金融相关比率（Financial Interrelations Ratio，FIR）等八个衡量一国金融结构与金融发展水平的指标体系，奠定了金融发展理论的基础，成为20世纪70年代以后产生和发展起来的各种金融发展理论的重要渊源。

（二）金融抑制与深化论

Edward S. Shaw & Ronald I. Mckinnon（1973）先后出版了《经济发展中的金融深化》与《经济发展中的货币与资本》两本影响深远的著作，基于发展中国家金融的特殊性，分别提出了"金融抑制"论和"金融深化"论。所谓"金融抑制"（Financial Repression），是指一国的金融体系不完善，金融市场机制不健全，政府通过对金融活动和金融体系的过多干预（人为压低利率、汇率、实行信贷配给、对金融机构实行严格控制等）抑制了金融体系的发展，而金融体系发展滞后又阻碍了经济发展，从而造成了金融与经济发展处于互相掣肘、双落后的恶性循环状态。所谓"金融深化"（Financial Deepening），是指国家放弃对金融体系和金融市场过分的行政干预，放开利率和汇率，让其充分地反映资金和外汇的实际供求情况，充分发挥市场机制的调节作用，有效地控制通货膨胀，有效地动员和配置社会资金促进经济发展，在经济蓬勃发展加大金融需求并刺激金融业发展时，金融和经济发展就可以形成一种互相促进和互相推动的良性循环状态。金融抑制给经济发展带来负储蓄效应、负投资效应、负就业效应、负收入效应等负效应，而金融深化则是通过发挥储蓄效应、投资效应、就业效应、收入分配效应等正效应促进经济发展。

(三) 金融约束论

Hellman et al. (1997) 在《金融约束：一个新的分析框架》一文中提出金融约束的理论分析框架。他们认为，对发展中经济和转型中经济而言，金融抑制经历是痛心疾首的，但未能在东亚地区获得经验支持，而金融深化推行在实践中遇到重大问题，达不到预期效果，所以有必要走第三条道路，即他们所谓的"金融约束"（Financial Restraint）。金融约束是指政府通过一系列金融政策在民间部门创造租金机会（Rent Opportunities），金融政策包括对存贷款利率的控制、市场准入的限制，甚至对直接竞争加以管制，以影响租金在生产部门和金融部门之间的分配，并通过租金机会的创造，调动金融企业、生产企业和居民家庭等各个部门生产、投资和储蓄的积极性。政府在此可以发挥积极作用，采取一定的政策支撑为银行体系创造条件，鼓励其积极开拓新的市场，从而促进金融深化。此外，其研究认为，虽然金融约束理论从不同方面论证了金融约束对发展中国家来说是合理的金融政策，但金融约束与金融抑制在某些方面具有相同之处。金融约束政策在执行过程中可能会因为种种原因而导致效果较差或受到扭曲，其中最大的危险是金融约束变为金融抑制。因此，要保证金融约束达到最佳效果，必须具备部分前提条件，如稳定的宏观经济环境、较低的通货膨胀率、正的实际利率、银行是真正的商业银行、政府对企业和银行的经营没有或有很少的干预等，以保证银行和企业的行为符合市场要求。事实上，金融约束是发展中国家从金融抑制状态走向金融自由化过程中的一个过渡性政策，主要针对发展中国家在经济转轨过程中存在的信息不畅、金融监管不力现象，发挥政府在市场失灵下的作用。因此，它并不与金融深化完全对立，相反，是金融深化理论的丰富与发展。

(四) 内生金融发展论

随着20世纪90年代内生经济增长理论的发展，金融发展理论家们从内生经济增长理论中汲取了营养，将金融发展研究提升到一个新的高度。他们从效用函数入手，建立了各种具有微观基础的理论模型，引入了诸如不确定性（流动性冲击、偏好冲击）、不对称信息（逆向选择、道德风险）和监督成本之类的与完全竞争相悖的因素，对金融体系的内生形成和发展机理，以及金融体系是如何作用于经济增长的机制进行了新的阐释，代表作者如 Bencivenga & Smith（1991）、Boyd & Smith（1992）、King & Levine（1993）、Boot & Thakor（1997）、Greenwood & Smith（1997）、Levine（1997）、Allen & Gale（1999）等。他们发现，在经济发展的早期阶段，人均收入和人均财富很低，由于缺乏对金融服务的需求，金融服务的供给无从产生，金融机构和金融市场也就不存在。但是，当经济发展到一定阶段以后，一部分先富裕起来的人由于其收入和财富达到上述的临界值，所以有激励地去利用金融机构和金融市场，亦即有激励地去支付固定的门槛费，由此以往，金融机构和金融市场便得以建立起来。而随着时间推移和经济进一步发展，由于收入和财富达到临界值的人越来越多，利用金融机构和金融市场的人也越来越多，这意味着金融机构和金融市场也需要不断发展。于是金融机构和市场开始强调经济当事人之间存在的信息不对称和交易成本，也开始发挥动员储蓄、生产信息、监督企业、分散风险及便利交易商品（服务）五大功能，通过这些功能影响到实际经济变量，从而影响经济增长。

（五）金融排斥—包容论

纵观上述金融发展理论的演进过程，我们可以发现，前文所论述的金融发展更多的是基于国家层面的宏观视角，聚焦于金融深度的发展，而非地区层面甚至个人层面的中观或微观视角，对金融宽度关注不够。也就是说，金融发展的成果只惠及经济体中的部分富裕群体，如大型企业、高收入人群，而更多的中小微企业、低收入群体等弱势群体并没有公平合理地分享到金融发展的好处。因此，金融业的快速发展与普遍存在的金融排斥现象形成了较为鲜明的反差，由金融排斥造成的贫困问题、收入不平等问题、地区发展不平衡不充分问题开始进入学者们的研究视野，金融排斥—包容论逐渐成为金融发展理论的一个重要前沿和分支。

金融排斥是指经济主体为了满足正常生活需要但不能以适当的方式在正规金融市场获得金融产品和服务，或者利用金融服务和产品方面存在困难和障碍的现象。金融排斥的形成既是金融逐利性和金融活动盈利至上理念所导致的，也与金融抑制下金融体系不完善和金融结构失衡有很大的关联。因此，从金融排斥走向金融包容需要进一步完善金融体系，使得各类金融主体能够公平参与金融活动，同时也需要政府对金融市场进行自发性和逐利性的矫正，以实现金融成果公平分享。从这个意义上看，金融包容是金融深度与金融宽度的有机统一，金融包容论是对传统金融发展理论的反思与升华，是金融发展理论演变到一定阶段的必然结果，拓展了金融发展理论的研究范畴。

二 包容性发展理论视域下的金融包容

"包容性增长"作为一种新的增长理念，2007 年由亚洲开发银行提出，倡导机会平等的增长，与单纯追求经济增长相对立（Ali & Zhuang，2007；ADB，2007）。包容性增长实质上是一种在经济增长过程中通过倡导和保证机会平等使增长成果能广泛惠及所有民众的发展理念和理论体系。

（一）包容性增长的演进

目前，很多学者把"包容性增长"理解成人们对贫困现象的认识达到一个新高度而提出的。一直以来，贫困与经济增长是两个始终纠结在一起的重要问题。大量研究结果表明，经济增长是战胜贫困最基本和最重要的力量来源（Ravallion，1995；Dollar & Kraay，2002），但经济增长的减贫效应一定程度上受经济增长的性质及其增长模式、成果分享方式以及不平等程度变化等因素的影响，如高度不平等倾向于损害整体经济增长和减贫效果，使贫困群体陷入持续贫困的恶性循环，从而对贫困减缓和经济增长造成不利影响。如表 2-1 所示，伴随着人们对贫困认识从收入贫困→能力贫困→权利贫困的不断深化，经济增长理论经历了从单纯强调极化涓滴式增长（Hirshman，1957）→基础广泛式增长（世界银行，1990）→益贫式增长（世界银行，1995）→包容性增长（亚洲开发银行，2007；世界银行增长与发展委员会，2008）的逻辑演进。

表2-1　　　　　贫困概念的深化与增长理念的演进

贫困类型	收入贫困	能力贫困		权利贫困
贫困特征	收入水平低、饥饿、营养不良、饮用水不安全、基本卫生服务缺乏等	贫困问题累积、持续贫困顽固		机会不平等、贫富不平等状况日益加剧、长期贫困问题严重
贫困内涵	绝对收入贫困：关注生存需要 相对收入贫困：关注基本生活需要和社会平均生活水平	关注能力和权利的财富分配不平等		从权利缺乏、贫困脆弱性和社会排斥角度关注机会不平等
增长理念	极化涓滴式单一增长	基础广泛式增长	益贫式增长	包容性增长
增长内涵	纵向涓滴效应和横向扩散效应自动地分配到社会所有阶层和群体，自动消除贫困，形成帕累托最优状态	基于市场导向的劳动密集型增长模式，重点在于扩展穷人的就业机会	基于市场和非市场行动相结合的增长模式，重点在于扩展穷人经济机会	旨在革除权利贫困和社会排斥、倡导和保证机会公平等的高速有效和可持续的增长模式，重点在于扩展发展机会以使民众福利得以持续改善和增加

包容性增长作为一种更加全面、更趋公平，同时也更具人文关怀、更具有可持续性的新发展理论和战略，包含着极为丰富的理论内容和思想内核。(1) 增长主体的全民性是包容性增长的逻辑起点。事实上，增长主体的全民性是增长成果分配上利益共享的逻辑起点，没有全体共同参与，利益共享也便失去其社会公正性。(2) 增长内容的全面性是包容性增长的基本特征。包容性发展追求经济社会的全面协调发展，不仅仅是经济增长。(3) 增长过程的公平性是包容性增长的本质要求。尽管包容性增长容易从结果上进行衡量和区分，即主要考察成果分配上的公平性、利益分配上的共享性，但增长成果的利益共享应该建立在广泛的前提和基础之上，除了增长主体的全民性、增长内容的全面性之外，增长过程的公平性更是至关重要。只有充分实现增长过程的机会均等，才能真正保证更大范围的利益共享。(4) 增长成果的共享性是包容性增长的重要目标。无论是强调增长主体的人人有责，还是增长内容的全面协调，抑或增长过程的公平公正，实质上都是为实现增长成果的利益共享做铺垫。因此，利益共享是包容性增长的必然要求和结果。

(二) 包容性增长与包容性金融的关系

经济决定金融，金融反作用于经济。经济与金融的辩证关系可以从经济发展的视角去审视金融发展。一个好的经济发展状况，一般需要经济和金融相互适应和协调，两者共生共荣，如果经济增长是包容性的，那么也需要包容性金融。可以看到，包容性增长比包容性金融的正式提出晚了两年，这也印证了经济与金融相互协调和促进的论断，而且两者的落脚点都是一致的，都强调经济增长的结果或金融发展的成果要广泛惠及所有民众，从这个意义上看，金融包容实质上是包容性增长在金融领域的具体体现。

包容性金融与包容性增长在理念上是相一致的，同样具有发展主体的全民性、发展内容的全面性、发展过程的公平性和发展成果的共享性四大特征。它要求所有民众都参与金融发展，都有机会接触到金融产品与服务，也强调金融与经济、社会的协调发展。金融是现代经济的核心与血脉。金融包容强调金融发展不仅应是经济增长的重要引擎，而且还应当成为消除贫困和不平等的重要手段，在强调市场效率的基础上，强调兼顾公平，是为了解决经济发展中的结构问题。因此，没有金融的包容性增长，经济的包容性增长就不可能实现。经济增长的持续、收入分配的改善、贫困问题的解决、社会福利的增进等一系列包容性目标的实现，都需要一个高效的、运行良好的具有包容性的金融体系作为前提。跨国实证研究也表明，促进金融包容能实现收入公平、减少贫困，且金融体系越发达，收入不公平下降和贫困减少越快（Beck et al.，2012）。

三 现实实践探索下的金融包容

虽然金融包容这一概念的出现始于 2005 年，但是其孕育和形成却是一个相对漫长的过程，它经历了"小额贷款→微型金融→包容性金融"的演化历程。这三个概念在时间上是前后连续的，在内涵上是相互衔接的，在意义上是一脉相承的，都是与时俱进和不断修正的过程。

（一）小额信贷阶段

考察世界经济发展史可以发现，一直以来，很多国家的社会团体和政府组织都在探索一些为贫困和低收入群体提供各种金融服务的渠道。早在15世纪，意大利就有社会慈善人士和修道士通过开展小额信贷业务为低收入群体提供信贷服务，减轻低收入群体获得金融服务的成本，同时也以此来抑制日益盛行的高利贷业务。到了18世纪，欧洲等地也先后出现了一些政府性质的邮政金融，为低收入群体提供储蓄、支付等业务，其中最典型的是爱尔兰贷款基金的探索。爱尔兰作家、政论家、讽刺文学大师乔纳森·斯威夫特（Jonathan Swift）不顾常理和怀疑，开始把自己的一小部分钱借给穷人，以用来投资小生意。该模式不要求抵押品，只要求贷款人的同行进行承诺。借款人通过准时还款以回报他的信任，如果借款人每周没有按时还款，担保人就对借款人的债务承担责任。随着时间的推移，他的试验在国内掀起了一场向百万计的贫困男性和女性提供贷款的运动，并打破了放债人的势力。斯威夫特从来没有扩大他的贷款，但在随后的几十年里，都柏林涌现出了许多慈善团体通过SWIFT系统收集资金借给"勤劳的商人"。SWIFT系统的大突破是在1823年，当时爱尔兰议会批准了一项法案，正式确认、规范和鼓励这样的贷款资金，让他们收取利息，并接受储蓄存款。后慢慢由慈善机构变成金融中介机构，允许其像正常的金融机构那样运作。爱尔兰贷款基金在成立之初是一个非正式的金融存在，而后在良好的监管框架下，作为正式机构快速发展，最后由于受到金融抑制的作用慢慢走向衰落。受爱尔兰贷款基金的启发，19世纪德国的信用合作社诞生了，其遵循自愿原则，通过吸收当地居民的储蓄存款和积累金融资产的形式为当地居民提供福利，取得了很大的成功。而美国则迅速复制欧洲的创新，于1816年在波士顿建立第一家储蓄银行，开展以盈利为目的的小额信贷。

现代意义上的小额信贷（Microcredit）起源于20世纪70年代，兴盛于80年代。传统金融以抵押担保作为风险管理的基本方式，无力提供抵押担保的低收入群体和微型企业被排斥于金融服务的大门之外。鉴于此，小额信贷应运而生。小额信贷是通过向贫困农民和低收入群体提供额度较小的、帮助低收入人群摆脱生产生活困境的信贷活动，其基本特征是额度较小、服务于贫困人口、无担保、无抵押，可由正规金融机构及专门的小额信贷机构或组织提供。小额信贷组织按照业务经营的特点，分为福利主义和制度主义两类，前者基于传统理念，即穷人应给予低利率贷款资金的补贴和扶持,也可称"输血式"小额信贷,注重项目对改善贫困人口经济和社会福利的作用,资金来源于外部资助和补贴;后者是目前的国际主流观点,主张以商业化运作方式提供信贷服务,也称为"造血式"小额信贷,强调小额信贷管理和目标设计中的机构可持续性。制度主义又分为公益性和商业性,公益性小额贷款机构指既服务于弱势群体,又追求机构自身自负盈亏和可持续发展的微型机构;商业性小额贷款机构则指追求机构自身利润最大化但以传统银行不愿涉及的小额信贷为主营业务的金融机构(Morduch, 1999: 1611; 焦瑾璞等, 2005: 13; 杜晓山, 2012: 39)。最初的形式是发放和回收短期流动资金的单一小额贷款, 随后通过小组联保、分期还款制度、连续贷款承诺和动态激励机制等制度创新管理信贷风险, 成功地将资金渗透到需要帮助的穷人。但是, 几乎所有的小额信贷最初都是在政府或出资人资助的外源资金下发展起来的, 在外源资金减少而贷款需求不断增加的情况下, 只发放贷款不吸收存款的小额信贷项目面临很大的挑战(李明贤和叶慧敏, 2012)。

2006年,孟加拉国"乡村银行"(Grameen Bank)的创始人穆罕默德·尤努斯获得诺贝尔和平奖,小额信贷逐步为人们所知晓和熟悉,小额信贷模式也在全球范围内受到广泛关注,备受推崇。但正当人们惊叹于小额信贷的巨大生命力并对其寄予无限厚望之际,2010年印度安得拉邦发生了严重的小额贷款危机,数以万计的穷人拒绝偿还商业性MFI贷款,地方官员也劝阻客户不要还款,而为逃避债务或债务负担,该国70多人自杀身亡,极大震惊了全球特别是致力于消除贫困的政府与非政府机构及相关人士并引发广泛反思,甚至,孟加拉国总理竟然公开将小额信贷机构斥为"以减贫为名吸穷人之血"。这次危机的关键矛头主要指向高利率,因为印度商业性MFI小额贷款名义利率通常在15%—36%,但有些高达100%以上。

中国小额信贷的发展大致经历了四个阶段:(1)小额信贷项目或机构试验初期阶段(1993—1996年)。该阶段主要依靠国际捐助和软贷款,重点探索孟加拉国"乡村银行"模式的小额信贷项目在中国的可行性,以半官方或民间机构进行运作。1993年,由中国社会科学院农村发展研究所在福特基金会及孟加拉国"乡村银行"的资金和技术支持下,参照孟加拉国"乡村银行"模式先后在河北易县、河南虞城县和南召县、陕西丹凤县等6个县成立了以开展小额信贷为主要内容的"扶贫经济合作社",这是第一次将小额信贷模式借鉴引入中国,引入人杜晓山被称为"小额信贷之父"。1996年,中国扶贫基金会小额信贷部开始负责中国秦巴山区世界银行贷款项目中的小额信贷项目,服务项目地区内不能从正规金融机构获得贷款但具备一定生产经营能力的贫困人群。随着中国扶贫基金会小额信贷部的范围不断扩大,惠及的贫困群体也不断增加。(2)项目扩展阶段(1996—2000年)。政府从资金、人力和组织方面积极推动,并借助小额信贷这一金融工具来实现"八七扶贫攻坚计划"目标。1997年,中国政府开始选择农村信用社进行小额贷款试点并在1998年较大范围推广。1997年10月,中国人民银行要求农村信用社对农户发放的贷款比例不低于50%,对农户小额贷款可采取信用贷款。而为了进一步提高农户信贷可得性,1999年中国人民银行出台了《农村信用社小额信用贷款管理暂行办法》。(3)项目制度化建设阶段(2000—2005年)。农信社作为农村正规金融机构逐步介入和快速扩展小额信贷试验,并以主力军的身份出现在小额信贷舞台。(4)商业性小额信贷机构试行阶段(2005年至今),中央及地方相关部门试图从法规上承认和鼓励民营和外资资金进入欠发达地区,要求新成立的邮储银行从小额信贷入手,重点开展农村金融服务,以增量资金弥补农村地区金融供给不足和竞争不充分的问题(杜晓山,2009)。于是,中国小额信贷市场开始呈现出多元化格局,一是就发放小额贷款的机构而言,出现了多种机构并存的局面,即公益性机构与商业性机构并存、银行机构与非银行机构并存、大机构与小机构并存、非政府组织NGO与正规金融机构并存;二是就业务而言,具体表现为商业性小额信贷业务、政策性小额信贷业务与公益性小额信贷业务并存(何广文,2017)。

(二)微型金融阶段

微型金融(Microfinance)起步于20世纪80年代,兴盛于90年代。随着收入水平的不断提高,贫困、低收入群体和微型企业发现,仅仅靠单一的贷款还不能满足其生活生产需要,还需要多元化的金融服务,如保险、汇款、资金转账及投资理财等。正是在这种认识的推动下,小额信贷从传统意义上的"小额贷款"扩展开来,逐步发展到提供全面金融服务的"微型金融"阶段。微型金融是"小额信贷"的广义范畴,是小额信贷业务多样化和持续化发展的结果，就参与机构来看，既包括正规金融机构开展的微型金融服务，也包括非正规金融机构开展的微型金融服务。微型金融在以下方面对传统"小额信贷"含义进行了扩展：一是金融服务范围扩大化。相比以前小额信贷仅提供信贷支持，微型金融还提供储蓄、支付、保险等系列、全方位的金融服务；二是金融服务对象扩大化。相比以前小额信贷群体较少，微型金融在受众对象上进一步扩大，包括特别贫困、偏远地区的家庭；三是金融服务机构多样化。相比由资金规模和实力相对偏弱的非正规金融提供的小额信贷支持，在微型金融阶段，其他商业银行、信贷联盟组织和金融合作社等机构纷纷参与其中，在进一步扩大贫困人群服务方面发挥着显著的作用（李建军等，2014：174）。

20 世纪 80 年代以来，商业化发展成为微型金融机构发展的基本趋势，以市场化方式扩大机构覆盖面成为微型金融机构经营的重要思路，微型金融机构试图通过商业化方式运作，实现微型金融财务可持续经营，不断扩大机构服务能力。无论是进入微型金融领域的正规金融机构，还是转型融入正规金融体系的非政府组织，商业化对其财务可持续性均产生了明显的积极影响（何剑伟，2012）。然而，在微型金融机构通过商业化成功实现财务持续性的同时，使命偏移（Mission drift）现象也随即出现，即目标客户上移，机构开始放弃需求小额贷款的穷人转而向更为富裕的客户提供更大额度的贷款（Mosley & Hulme，1998：788），或者说服务更加富裕的客户而导致平均贷款规模增加的一种现象（Armendáriz & Szafarz，2009：7）。对此，孟加拉国"乡村银行"的创建者尤努斯批评说，目前小额信贷发展出现的这种使命偏移现象，恰恰是当初小额信贷运动所要致力改变的状况。

（三）包容性金融阶段

包容性金融（Inclusive Finance）起步于 20 世纪初，在探索如何为更为广大的人群提供金融服务的实践中，人们不断尝试、探索、总结和创新，经历了最初的小额信贷阶段，为穷人提供系列金融服务的微型金融阶段，到现在为所有阶层提供便利且可持续的金融服务的包容性金融阶段，其过程漫长而艰辛。2005 年，联合国在"国际小额信贷年"上提出"包容性金融体系"概念，目的就是要将一个个零散的微型金融机构和服务进行有机整合，并将其融入金融整体发展战略中去。包容性金融比小额信贷以及微型金融更为先进的地方主要体现在，它超越了零散金融服务机构的范畴，其目标是建立一个完整的金融体系，以使得针对穷人等弱势群体的金融服务不再被边缘化。

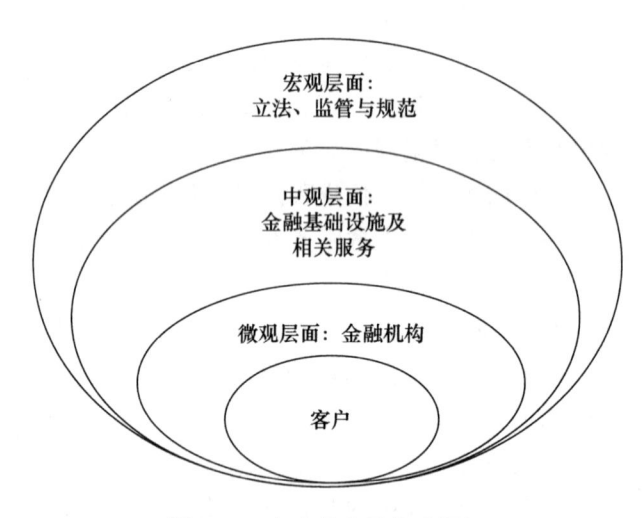

图 2-1 包容性金融体系框架

客户层面——服务对象。客户是包容性金融体系的中心，经济体中的所有阶层都是包容性金融体系的服务对象，尤其是那些被正规金融体系排斥在外的贫困、低收入和居住在偏远地区的弱势群体。包容性金融体系不仅要寻找他们被金融排斥的原因，更要寻找将他们纳入金融体系的途径，以及他们需求且能够承担的产品。

微观层面——零售金融服务的供给者。金融体系的支柱是零售金融服务的供给者。在包容性金融体系下，需要各类金融机构共同参与、相互协作，充分发挥各自的比较优势，并以合理的价格提供不同的金融服务，以满足客户多样化金融需求。根据机构性质的不同，主要有以下三大类：第一类是银行类金融机构，主要包括政策性银行、国有商业银行、邮政储蓄银行、专业小额信贷银行、农村银行等，这类金融机构看到包容性金融服务的巨大前景和潜力，特别是受到政府扶持政策和优惠措施的吸引，开始向弱势群体提供金融服务。第二类是非银行类金融机构，主要包括金融公司、租赁公司、消费者信贷协会、保险公司和贷款公司等。第三类是合作性金融机构，主要包括合作社、信贷联盟等信贷合作组织和资金互助组织。

中观层面——金融基础设施。这一层面涵盖了较多的金融服务相关者和活动，如审计师、评级机构、专业业务网络、行业协会、征信机构、支付、清算和结算系统、信息咨询、专业培训等，旨在鼓励创新以降低交易成本、提高金融服务透明度、扩大金融服务规模和深度，从而使金融服务供给者能够以低成本提供更优质的金融服务。

宏观层面——政府和政策环境。这一层面主要体现为政府应营造良好的政策环境。恰当的立法和政策框架能使一定范围内的金融服务供给商共存并良性竞争，从而为低收入群体提供优质、高效、低成本的金融服务。中央银行（金融监管当局）、财政部和其他相关政府机构是宏观层面的主要参与者，它们往往通过直接介入市场、间接干预引导资金流向、制定银行业规则、监督机制、提供财政激励等方式提高包容程度。但政府在包容性金融体系构建中的角色定位应是引导作用，而不是主导作用，应防止过度干预造成政府职能错位。

四　基于范式视角的金融包容论确立

（一）范式：成熟理论体系的度量标准

范式（Paradigm）由美国哲学家托马斯·库恩（Thomas S. Kuhn）于1962年在其经典著作《科学革命的结构》（*The Structure of Scientific Revolutions*）一书中提出，是指特定的科学共同体从事某类科学活动时所必须遵循的公认的"模式"。范式概念是库恩范式理论的核心，是一种对本体论、认识论和方法论的基本承诺，是科学家集团所共同接受的一组假说、理论、准则和方法的总和，往往在心理上形成科学家的共同信念。范式的特点是：(1) 范式在一定程度内具有公认性；(2) 范式是一个由基本定律、理论、应用以及相关的仪器设备等构成的整体，它的存在给科学家提供了一个研究纲领；(3) 范式还为科学研究提供了可模仿的成功先例。可以看出，在库恩的范式论中，范式归根结底是一种理论体系。一个稳定的范式如果不能提供解决问题的适当方式，它就会变弱，从而出现范式转移（Paradigm Shift）。范式转移用来描述在科学范畴和基本理论上，对根本假设的改变，是指一个领域里出现的新学术成果，打破了原有的假设或者法则，从而迫使人们对本学科的很多基本假设做出根本性的修正，于是，旧的范式被一个新的范式所代替。从根本上来说，范式转移就是冲出原有的束缚和限制，为人们的思想和行动开创新的可能性。在起初阶段，新的范式只有少数支持者，有时这些支持者的动机也是可疑的。然而，一个范式要取得胜利，必须得到一批最初的支持者，这些支持者会去遵循并在开展常规科学的前提下发展它。如果这些支持者有能力持续改进范式，并且向其他学者表明在新范式的指导下共同体将有什么样的状况，照此发展下去，这个范式注定会获胜，支持他的论据数量和说服力将会增加，更多的学者也会转向对新范式的探索。

（二）范式视角下金融包容论的突破

从范式的角度看，金融包容论揭示了传统金融研究范式的诸多不足，第一个突破就是基于发展权的角度，将金融权利提升到基本人权范畴的高度，认为人人都有平等地享受金融服务的权利，体现出机会均等的原则。金融权作为一项人权，是金融包容论的重要基石。诺贝尔和平奖得主、孟加拉国"乡村银行"创始人穆罕默德·尤努斯在《穷人的银行家》（*Banker of the Poor*）一书中，认为借贷权是人的一项基本权利，穷人也应拥有这项权利。因此，为穷人提供小额信贷，是消除世界性贫困最有力的武器。Peachey & Roe（2006）也认为，获取金融服务具有公共物品属性，如同接触安全水和初等教育一样，政策的主要目标是使所有人没有限制、不受歧视地享受到金融服务。因此，相对于传统金融所倡导的"二八定律"，即20%的客户创造80%的利润，金融包容在一定程度上颠覆了主要为富人服务的传统理念，使得弱势群体也可得到平等享受金融服务的权利。作为金融服务的对象，每个经济主体都有获得包括开立账户、储蓄、融资、支付、理财、基金、证券、商业保险等基本金融服务的权利。故金融包容论从对弱势群体的金融排斥到对社会所有阶层的金融公平，是对现行金融体系运作模式的一种反思与升华，一经提出就得到国际范围内政府部门和学者的强烈响应及积极反馈。

第二个突破就是坚持以价值理性作为内涵核心，合理追求工具理性。德国社会学家马克斯·韦伯将合理性分为两种，即价值理性和工具理性。价值理性相信的是一定行为的无条件价值，强调的是动机的纯正和选择正确的手段去实现自己意欲达到的目的，解决主体"为何做"的问题；而工具理性是指行动由追求功利的动机所驱使，行动借助理性达到自己需要的预期目的，行动者纯粹从效果最大化的角度考虑，而漠视人的情感和精神价值，解决"怎样做"的问题。在信奉工具理性的前提下，金融机构必然热衷于对利润率的追逐，忽视、抵制甚至蔑视任何正当社会责任的担当。金融排斥的产生就是在工具理性前提下金融机构追求利润最大化目标的一种必然结果。金融包容论以价值理性为标尺，提出金融应为社会所有阶层和群体服务，强调在重视价值理性的前提下尊重金融机构对工具理性的合理追求，解决了金融应为谁服务的问题，体现了社会普罗大众对金融公平的信仰与追求。同时，金融包容强调商业可持续原则，并不排斥金融机构对工具理性的合理诉求，而是在追求合理的商业利润的基础上，适度发挥工具理性的积极作用，这对金融机构或体系快速健康发展都有巨大的内在激励作用。反之，若不能获得正常的商业利润，任何形式的金融机构都不能长久生存下去，将被市场无情地淘汰，即忽视了金融机构对工具理性的合理诉求，任何金融包容的实践活动都不可能实现可持续发展。

第三个突破就是政府的角色定位非常清晰。金融包容论要求政府必须积极有为，发挥正向的引导作用，政府是包容性金融体系中不可或缺的一部分。政府因素内生于包容性金融体系，这是与传统金融范式一个重要的区别。金融排斥本质上是一种市场失灵。在市场经济条件下，资源配置的主要手段是市场化调节，优胜劣汰的价值规律引导金融资源供给者为追逐利润最大化而不愿意将金融资源运用于所有金融需求者。从这个角度看，金融排斥的出现是符合市场内在发展逻辑的，所以，依靠市场自身不可能解决其内在机制造成的失灵现象。在市场失灵的地方，政府介入一般是为了矫正市场失灵。然而，在包容性金融体系的构建过程中，政府的介入不仅仅是矫正市场失灵那么简单，从一开始政府就是包容性金融体系的有机组成部分，体现在包容性金融体系宏观、中观、微观三维于一体的框架中。

（三）范式视角下金融包容论的确立

正是由于这些突破，使得新旧范式转移成为可能，金融包容论有望确立为一种新的分析范式。金融包容论主张的理念、目标、特征、体系框架已经相对完善,然而,它离成熟的理论体系还有一定的差距,如金融包容论还尚未在现有的基本前提假设下建立起具有足够解释力的核心理论模型,在这一模型下,行为人的目标函数和约束条件是什么?外在制度约束如何设定?是否遵循新古典金融分析范式的完全理性、利益最大化等假定?金融排斥向金融包容转换的内在机理是什么?包容性金融作用于包容性增长的机制是什么?包容性金融的衡量指标体系如何构建?实现金融包容的路径中,政策性、商业性、合作性金融机构等应该发挥怎么样的作用?目前,这些问题都缺乏严谨、清晰的逻辑分析。这些问题为金融学者留下足够的探索空间,金融包容论走向成熟还有一段曲折而漫长的路。

五 本章小结

　　金融包容源于金融排斥,发展金融包容是为了解决金融排斥,提升金融体系的包容性水平。基于理论与实践的演进历程,本章尝试从金融发展理论与包容性发展理论出发并结合实践探索,在范式视角下构建一个从金融排斥到金融包容转化的全新分析框架。

　　首先,在金融发展理论视域下探索从金融排斥到包容的理论起源。从理论的动态演变来看,金融排斥—包容论不仅继承了金融发展理论的基本思想,也拓展了金融发展理论的研究范畴,是金融发展理论的全新阶段。与之不同的是,传统金融发展理论聚焦于国家层面的宏观视角,而非地区或个体层面的微观视角。此外,传统金融发展理论也更多聚焦于金融深度的发展,而对金融宽度关注不够。由此可见,金融排斥—包容理论源于传统金融发展理论并在此基础之上进一步创新,逐渐成为金融发展理论的一个重要前沿分支。

　　其次,在包容性发展理论视域下分析从金融排斥到包容论的理论深化。包容性增长实质上就是一种在经济增长过程中通过倡导和保证机会平等使增长成果能广泛惠及所有民众的理论体系。经济与金融的辩证关系得以让我们从经济发展的视角去审视金融的发展。包容性金融与包容性增长两者的落脚点都是一致的,都强调发展要广泛惠及所有民众,从这个意义上看,金融包容实质上是包容性增长理论在金融领域的深化,金融包容理论与包容性增长理论可以在互补的基础之上实现共同深化。

再次，在实践探索的视域下总结金融排斥到包容的演化历程。金融包容经历了"小额贷款→微型金融→包容性金融"的演化历程。孟加拉国"乡村银行"将小额贷款模式推向了顶峰，并使广大贫困群体得以受益；微型金融在服务范围、服务对象以及服务提供机构等几个方面对传统"小额信贷"进行了扩展，使得小额信贷业务得以规模化发展；而包容性金融超越了零散金融服务机构的范畴，旨在建立一个包容的金融体系，使得针对弱势群体的金融服务不再被边缘化。这三种模式在时间上是前后连续的，在内涵上是相互衔接的，在意义上是一脉相承的，都是与时俱进和不断修正的过程。

最后，在范式视角下归纳金融排斥—包容论的理论突破并阐释理论的确立基础。从范式的角度看，金融包容论突破了传统金融研究的诸多不足。第一个突破是将金融权利提升到基本人权范畴的高度，认为人人都有平等地享受金融服务的权利；第二个突破是坚持以价值理性作为内涵核心，合理追求工具理性；第三个突破是清晰了政府的角色定位，金融包容论要求政府必须积极有为，发挥正向的引导作用，政府是包容性金融体系中不可或缺的一部分。正是由于这些突破，使得新旧范式转移成为可能，金融包容论有望确立为一种新的分析范式。

第三章　中国农村金融排斥向包容转化的机理

农村金融排斥如何向金融包容转化一直是金融包容研究的薄弱点。本章首先将从供需双方构造金融排斥到包容的基础数理模型，分析金融排斥到包容的临界均衡条件；然后从"需求者+""供给者+""政府+""中介+"四个方面探讨农村金融排斥到包容的理论转化过程；最后以信贷为例，基于基础数理模型具体讨论信贷排斥到包容的扩展模型及其转化机理。

一　农村金融排斥到包容的基础模型

（一）基本假设

1. 金融需求者

金融服务或产品的需求主体包含了个人、家庭和企业等。个人或家庭因为生活性需求或者生产性需求，需要从金融供给者获得金融服务或产品，以使个人或家庭效用最大化。企业则因为生产或扩大再生产需要从金融供给者处获得服务或产品，实现企业利润最大化。此处将农户个人、家庭、企业统一称为农村金融需求者，且不考虑没有金融需求的情况。

假设农村金融需求者在除去付出成本后，享受金融服务或产品获得收益而需要的潜在金融需求量为 D_i^*，其中 $D_i^*>0$，下标 i 表示需求者；R_i 为需求者获得金融服务或产品的收益；r_i 为需求主体获得金融服务或产品所需要支付的单位成本，即金融产品价格。具体而言，对于银行类金融机构，R_i 为需求者获得的储蓄、信贷等金融服务或产品所带来的收益，其中信贷类金融服务收益又可以表示为生产性融资所获得的收益，包含隐性投入教育、健康等所获得收益；r_i 则为获得储蓄、信贷所需要支付的年费、基本手续费、信贷利率等。对于保险类金融机构，R_i为需求者获得保险服务所带来的收益；r_i为获得保险所需要支付的年费、基本手续费。对于证券类金融机构，R_i为需求者购买股票、债券等金融产品所带来的收益；r_i为购买该类金融服务或产品所支付的佣金等交易手续费。

可以发现，获得储蓄、保险类金融服务所带来的收益具有确定性，而信贷、证券类金融服务的收益则具有随机性，假设其收益的分布函数为$F(R_i)$。支付的单位成本r_i由金融机构根据申请的服务数量、服务类别、个人特征以及相关信息进行设定，具有内生性。

因此，金融需求者i的潜在需求函数可表述为：

$$D_i^* = D(R_i, r_i) \quad (3-1)$$

假设$\frac{\partial D_i^*}{\partial r_i} < 0$，即成本越高，金融需求数量越小，两者满足单调递减关系；当$D_i^* \leq \bar{D}$时，$\frac{\partial D_i^*}{\partial R_i} > 0$，当$D_i^* > \bar{D}$时，$\frac{\partial D_i^*}{\partial R_i} = 0$，即在需求量$\bar{D}$之前，需求与收益之间满足单调递增的关系；在需求量$\bar{D}$之后，需求增加，收益不再增加。

此外，金融需求将受到距金融机构远近的影响，即"地理排斥"的影响。假设k_i为需求者到银行、证券、保险等金融机构的距离。可以发现，部分需求者会随着k_i距离的增加，而不愿意付出交通成本，放弃享受正规金融服务。

除了地理排斥，金融需求还会受到"自我排斥"的影响。由于农户缺乏基本的金融知识，当其接触到银行、证券、保险等金融服务或产品时，会怀疑其真实性，或担心收益不稳定，或曾经被拒而产生心理阴影，从而排斥部分金融服务。假设需求者的金融知识或经历等程度为Z_i，用以衡量与金融需求的关系。

同时，金融需求也会受到家庭状态、农户个人变量的影响，包括家庭收入、家庭生产生活经营状况、家庭成员受教育水平、健康状况等，假设用θ_i衡量。

综合上述分析，由于金融需求会受到主观和客观等不同因素的综合影响，本节假设需求者的实际需求申请为 D_i，并采用离散变量进行衡量。当 $D_i=3$ 时，表示实际金融需求申请并获得相应的需求，当 $D_i=2$ 时，表示实际金融需求申请并获得较小的需求，当 $D_i=1$ 时，表示实际金融需求申请并未获得相应需求，当 $D_i=0$ 时，表示实际金融需求未申请。

故需求者的需求效用函数可表示为如下形式：

$$U_i = H(D_i^* > 0, D_i, R_i, r_i, k_i, Z_i, \theta_i) \tag{3-2}$$

进一步，假设需求者为风险中性偏好，$f(k_i, Z_i, \theta_i)$ 为与距离、素养、家庭状况等因素相关的影响实际金融需求的障碍函数，δ_i 为违约成本，P_i 为违约风险概率，其中储蓄类金融服务 $P_i=0$，信贷类金融服务 P_i 不等于 0，保险类金融服务 P_i 为投保人存在道德风险和逆向选择的可能性。则需求效用函数可具体转化为：

$$\begin{aligned} U_i &= (1 - P_i)[(R_i - r_i - f(k_i, Z_i, \theta_i)) \cdot D_i] + \\ &\quad P_i[(R_i - f(k_i, Z_i, \theta_i)) \cdot D_i - \delta_i] \\ &= (R_i - r_i - f(k_i, Z_i, \theta_i)) \cdot D_i + P_i \cdot r_i \cdot D_i - P_i \cdot \delta_i \\ &= (R_i + (P_i - 1) \cdot r_i - f(k_i, Z_i, \theta_i)) \cdot D_i - P_i \cdot \delta_i \end{aligned} \tag{3-3}$$

2. 金融供给者

利润最大化是银行、证券、保险等正规金融机构的目标，也是金融机构决定是否向金融需求者提供金融服务的关键因素。可以发现，金融排斥的产生与金融机构的利润有密切联系，而利润的多少又一定程度取决于成本，包括营业网点建设、服务人员和机械配备等固定成本，以及金融需求者因资信、收入等造成违约的可变成本。若这两个成本超过金融机构所获得的收益，金融机构就会采取"撤离"决策，或向可带来更高收益的金融需求者提供金融服务，以弥补成本"空洞"。

假设银行、证券、保险等金融供给者向需求者提供的潜在金融供给量为 S_j^*，其中下标 j 表示供给者；R_j 为供给者提供金融服务或产品所获得的收益；r_j 为供给者提供金融服务或产品所需要支付的单位成本。对于银行类金融机构，R_j 为供给者提供储蓄类服务资金所放贷的潜在收益

第三章 中国农村金融排斥向包容转化的机理

或信贷类金融服务所带来的利率收益，r_j 为供给者提供储蓄类服务需要向储户支付的利率或放贷资金的机会成本。对于保险类金融机构，R_j 为供给者提供保险服务所获得的保费收入，r_j 为保险公司所需要支付的费用。

进一步假设银行、证券、保险等金融机构运营的总固定成本为 C_0，包含金融机构网点建设费用、金融服务人员工资、设备费用等。

因此，金融供给者 j 的潜在供给函数可表述为：

$$S_j^* = S(R_j, r_j, C_0) \tag{3-4}$$

其中，由固定成本分担思想，假设 $\dfrac{\partial S_j^*}{\partial C_0} > 0$ 且满足 $C_0 \leq \overline{C_0}$，$\overline{C_0}$ 为固定成本上限，只有当固定成本控制在 $\overline{C_0}$ 以内，金融机构才会向需求者提供金融服务，否则就会导致金融供给者撤出地区，或将金融供给转给可以带来高收益的需求者；而当金融机构投资于其他渠道能获得更高的收益，金融机构就会减少对当前金融服务的供给，即 $\dfrac{\partial S_j^*}{\partial r_j} < 0$；此外，假设当 $R_j < \overline{R}$ 时，$\dfrac{\partial S_j^*}{\partial R_j} > 0$，当 $R_j \geq \overline{R}$ 时，$\dfrac{\partial S_j^*}{\partial R_j} < 0$，即供给量与收益之间满足倒 U 形关系，因为随着金融服务费用的提高，金融机构更愿意为需求者提供金融服务，而当金融服务费用达到甚至超过 $\overline{R}$ 时，就会由于道德风险和逆向选择的存在，增加金融机构提供服务的成本，此时，金融机构就会减少其金融服务供给，以实现利润最大化。

金融机构供给金融服务或产品不仅受收益、单位成本、固定成本的影响，还会受需求者的违约风险概率、机构对需求者评估的评估成本以及需求者违约后机构的清偿收益等因素的影响。

假设 P_i 为金融需求者的违约风险概率，且满足 $\dfrac{\partial P_i}{\partial \theta_i} < 0$、$\dfrac{\partial P_i}{\partial \xi_i} < 0$，其中 θ_i 表示家庭收入等状况，ξ_i 表示家庭所在地区的宏观环境，即随着家庭状况、宏观环境的改善，金融需求者的违约风险概率会减小。

进一步，假设 C_i 为金融机构对需求者评估的评估成本。不难发现，评估成本与需求者申请数量 D_i、到金融机构距离 k_i、当地宏观环境 ξ_i 均相关。假设 $\frac{\partial C_i}{\partial D_i} > 0$，$\frac{\partial C_i}{\partial k_i} > 0$，$\frac{\partial C_i}{\partial \xi_i} < 0$，即随着需求者申请数量、到金融机构距离的增加，金融机构的评估成本会增加，而随着当地宏观环境的改善，其评估成本会减小。

假设 $1 - V_j$ 为需求者违约后金融机构的清偿率。清偿率是金融机构是否为需求者提供金融服务的另一重要参考因素，与需求者的资产状况、个人禀赋等偿还因素，以及金融机构自身清算执行时的成本和效率密切相关，而清算执行的成本和效率又与地区宏观环境相关，故假设清偿率满足 $\frac{\partial (1 - V_j)}{\partial income_i} > 0$，$\frac{\partial (1 - V_j)}{\partial \xi_i} > 0$。

综合上述分析，金融机构的预期收益函数可表达如下：

$$E(\pi_j) = B(S_j^*, R_j, r_j, C_0, P_i, C_i, 1 - V_j) \quad (3-5)$$

假设银行、证券、保险等金融机构均为风险中性偏好，$C_i = C(D_i, k_i, \xi_i)$ 为金融机构的评估成本函数。则预期收益函数可转化为：

$$\begin{aligned} E(\pi_j) &= (1 - P_i) S_j (R_j - r_j) - P_i S_j (V_j + r_j) - C_0 - C_i \\ &= S_j (R_j - r_j) - P_i S_j (R_j - r_j) - P_i S_j (V_j + r_j) - C_0 - C_i \\ &= [R_j - r_j - P_i (R_j + V_j)] \cdot S_j - C_0 - C_i \end{aligned} \quad (3-6)$$

进一步，考虑到金融机构 j 并不清楚需求者违约风险概率 P_i，只能根据其信用、资产、收入等信息进行估值，假设该估计值为 P_i^*，并满足 $P_i^* = P_i + \varphi_i$，且 $\varphi_i \sim N(0, (\sigma \rho)^2)$，$\rho_i = \rho(\theta_i, \xi_i, k_i)$。则：

$$E(\pi_j) = \begin{bmatrix} R_j - r_j - P_i^* (R_j + V_j) + \\ E(\varphi_i)(R_j + V_j) \end{bmatrix} \cdot S_j - C_0 - C_i \quad (3-7)$$

（二）供需均衡分析

1. 需求者约束

收益低、成本高等客观因素或地理位置偏、自我素养低、家庭状况不良等主观因素是金融排斥产生的主要原因。此时，需求者有金融需求，但无法获取全部或部分金融服务。因此，当需求效用函数满足下列不等式时，我们认为存在完全需求型金融排斥：

$$U_i = [R_i + (P_i - 1) \cdot r_i - f(k_i, Z_i, \theta_i)] \cdot E(D_i | D_i > 0) - P_i \cdot \delta_i$$
$$< [R_i + (P_i - 1) \cdot r_i - f(k_i, Z_i, \theta_i)] \cdot E(D_i | D_i = 0) - P_i \cdot \delta_i \quad (3-8)$$

此时，$D_i > 0$ 表示有金融需求且进行了实际申请，$D_i = 0$ 表示有金融需求而实际未申请。

进一步，当需求效用函数满足如下不等式时，我们认为存在部分需求型金融排斥：

$$U_i = [R_i + (P_i - 1) \cdot r_i - f(k_i, Z_i, \theta_i)] \cdot E(D_i | D_i = 0) - P_i \cdot \delta_i$$
$$< [R_i + (P_i - 1) \cdot r_i - f(k_i, Z_i, \theta_i)] \cdot E(D_i | D_i = 1) - P_i \cdot \delta_i$$
$$< [R_i + (P_i - 1) \cdot r_i - f(k_i, Z_i, \theta_i)] \cdot E(D_i | D_i = 2) - P_i \cdot \delta_i \quad (3-9)$$
$$< [R_i + (P_i - 1) \cdot r_i - f(k_i, Z_i, \theta_i)] \cdot E(D_i | D_i = 3) - P_i \cdot \delta_i$$

此时，$D_i = 1$ 表示实际申请并未获得相应需求，$D_i = 2$ 表示实际申请并获得较小相应需求，$D_i = 3$ 表示实际申请并获得相应需求。不等式表明，当金融排斥现象明显存在时，即当 $D_i = 0,1,2$ 时，需求者的效用均明显小于完全金融包容时（$D_i = 3$）的效用。

2. 供给者变动

当需求者有金融需求，而银行、证券、保险等金融机构因为收益低、各项成本高等因素拒绝提供金融服务，或仅向能产生高收益的需求者提供服务时，我们就将其称为供给型金融排斥。假设 $S_j = 1$ 表示金融机构愿意为农村需求者提供金融服务，$S_j = 0$ 表示金融机构不愿意提供金融服务或仅向带来高收益的群体提供服务，则供给型金融排斥的预期收益函数可表述为：

$$E(\pi_j) = [R_j - r_j - P_i{}^*(R_j + V_j) + E(\varphi_i)(R_j + V_j)] \cdot$$
$$E(S_j | S_j = 1) - C_0 - C_i <$$
$$[R_j - r_j - P_i{}^*(R_j + V_j) + E(\varphi_i)(R_j + V_j)] \cdot \quad (3-10)$$
$$E(S_j | S_j = 0) - C_0 - C_i$$

此时，该地区极可能陷入"金融排斥沙漠"状态，即金融机构纷纷撤销营业网点，降低金融需求者与金融服务接触的可能。

而当对需求者提供金融服务产生的预期收益大于投资于其他渠道所获得的收益时，金融机构就愿意提供金融服务，并满足如下不等式：

$$E(\pi_j) = [R_j - r_j - P_i{}^*(R_j + V_j) + E(\varphi_i)(R_j + V_j)] \cdot$$
$$E(S_j | S_j = 1) - C_0 - C_i$$
$$\geq [R_j - r_j - P_i{}^*(R_j + V_j) + E(\varphi_i)(R_j + V_j)] \cdot \quad (3-11)$$
$$E(S_j | S_j = 0) - C_0 - C_i$$

3. 最优均衡分析

均衡是经济主体都选择了对它来说最佳可能的行为，且各经济主体的行为之间具有一致性。由需求者约束和供给者变动分析可以知道，当需求者效用和供给者收益满足如下条件时，金融排斥就会逐渐向金融包容转变，使得金融排斥程度越来越低，包容程度越来越高：

$$\begin{cases} U_i = [R_i + (P_i - 1) \cdot r_i - f(k_i, Z_i, \theta_i)] \cdot \\ \quad E(D_i | D_i > 0) - P_i \cdot \delta_i \\ \geq [R_i + (P_i - 1) \cdot r_i - f(k_i, Z_i, \theta_i)] \cdot \\ \quad E(D_i | D_i = 0) - P_i \cdot \delta_i \\ E(\pi_j) = [R_j - r_j - P_i{}^*(R_j + V_j) + E(\varphi_i)(R_j + V_j)] \cdot \\ \quad E(S_j | S_j = 1) - C_0 - C_i \\ \geq [R_j - r_j - P_i{}^*(R_j + V_j) + E(\varphi_i)(R_j + V_j)] \cdot \\ \quad E(S_j | S_j = 0) - C_0 - C_i \end{cases} \quad (3-12)$$

因此，均衡等式可以表示为：

$$\begin{cases} U_i = (R_i + (P_i - 1) \cdot r_i - f(k_i, Z_i, \theta_i)) \cdot D_i - P_i \cdot \delta_i \\ E(\pi_j) = [R_j - r_j - P_i^* (R_j + V_j) + E(\varphi_i)(R_j + V_j)] \cdot \\ \qquad\qquad S_j - C_0 - C_i \\ \qquad\qquad S_j = D_i \\ \qquad\qquad r_i = R_j \end{cases} \quad (3-13)$$

最优供需均衡则需要同时满足需求者效用最大化和供给者收益最大化，即同时满足预期效用函数和预期收益函数的一阶偏导等于0，此时可称为完全性金融包容：

$$\begin{cases} \dfrac{\partial U_i}{\partial D_i} = \dfrac{\partial H(D_i, R_i, r_i, k_i, Z_i, \theta_i)}{\partial D_i} = 0 \\ \dfrac{\partial E(\pi_j)}{\partial S_j} = \dfrac{\partial B(S_j, R_j, r_j, C_0, P_i, C_i, 1 - V_j)}{\partial S_j} = 0 \end{cases} \quad (3-14)$$

考虑到金融排斥到包容的转变过程漫长且复杂，因此，可允许金融机构在可持续性发展的前提下，满足需求者的预期金融需求数量，即：

$$\begin{cases} \dfrac{\partial U_i}{\partial D_i} = \dfrac{\partial H(D_i, R_i, r_i, k_i, Z_i, \theta_i)}{\partial D_i} = 0 \\ E(\pi_j) = B(S_j, R_j, r_j, C_0, P_i, C_i, 1 - V_j) > 0 \end{cases} \quad (3-15)$$

此时，我们将其称为过渡时期的金融包容，即随着需求者的约束降低、供给者的模式创新以及政府的推动，金融机构会在收益为正的情况下，持续为需求者提供金融服务，以满足需求者效用最大化，促使过渡时期的金融包容向完全性金融包容转变。

二　农村金融排斥到包容的理论转化

上节设定了需求者预期效用函数、供给者预期收益函数和金融排斥到包容的基础均衡模型,并对需求型金融排斥和供给型金融排斥进行了模型分析,本节尝试在需求型金融排斥、供给型金融排斥以及供给和需求型金融排斥同时存在的三种场景下分析金融排斥到包容的理论过程,具体分析"需求者+""供给者+"等内生动力和"政府+""中介+"等外生动力在金融排斥到包容这一转换过程中的作用机制,剖析金融排斥到包容转化的理论机理。

"需求者+"是指通过农村金融服务需求者自我发展能力的提升,促进农户有效金融需求,从而促进金融排斥向金融包容转化。如随着农户自身受教育程度、金融知识水平、风险管理能力的提升,农户主动运用金融服务的意识将得到有效提高,这将很大程度降低需求者的自我排斥。相应地,金融需求者自我排斥的缓解将一定程度提升需求者的金融获得感,提升金融包容水平,这将大幅改善金融排斥条件下金融需求者的经济福利。因此,"需求者+"是激发需求端金融需求的有效工具。

"供给者+"是指金融科技、金融机构服务模式与金融产品创新带来的红利,是农村金融排斥向包容转化的内生动力。以金融科技为例,一方面移动互联网、云计算和大数据等数字化技术与金融的嫁接和推广突破了传统金融的时空局限,使得金融需求者和供给者的交易成本都得到了明显的降低,从而促进了农村金融机构能以更低的成本为需求者提供可负担的金融服务;另一方面,金融科技的发展,提升了金融产品的多样性,也提升了金融市场的竞争程度,迫使传统金融机构的服务模式与金融产品进行转变,这给予了金融需求者更多的产品选择权利,同样也改变了需求者的金融使用效用。

"政府+"泛指政府部门通过财政政策、货币政策以及监管政策等各项措施支持农村金融包容性发展。如政府为农村基础设施建设划拨专门资金,引导社会资本投入农村基础设施项目,鼓励新型金融服务机构和传统银行机构在农村地区增加网点。又如,政府部门主动为农村金融机构提供利率优惠和政策补贴,从而降低了金融服务供给者的成本,提升了需求者获取金融服务的可负担性。利率优惠和政策补贴使得银行类金融机构在较低利率水平即可获得利润,促进了农村金融服务的供给。

"中介+"是指政府放松农村金融市场准入条件,即允许更多的金融服务供给者参与农村金融市场,提升金融市场竞争程度,从而增加农村金融供给,促使农村金融排斥向金融包容转化。如农村金融增量改革带动了村镇银行、小额信贷公司及农业贷款担保等农村中小金融机构的增设，促进了农村金融机构多样性发展以及农村需求者金融可得性的提升。在一定程度上来讲，"中介+"与"政府+"属于促进农村金融从排斥转向包容的外生动力。

（一）需求型金融排斥向包容转化

缓解需求型金融排斥，即实现金融需求者的效用最大化。基于上节数理模型的推理结果，结合供需曲线，本部分对需求型金融排斥向金融包容转换的供需均衡进行比较和静态分析。假设 D^* 和 S 分别为理想需求曲线和供给曲线（如图3-1），纵坐标轴为隐性的金融服务价格，横坐标轴为金融服务数量，点 $I^*(P^*, Q^*)$ 为潜在供需均衡点，此时金融需求者的效用达到最大化，而且金融机构有利可图，愿意提供服务及产品。

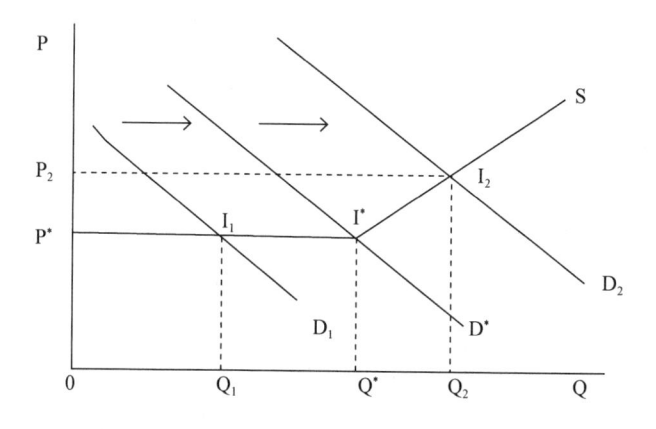

图3-1 需求型金融排斥向金融包容转化

需求型金融排斥主要是指由于农户需求不足导致农村金融市场实际均衡未达到帕累托最优状态下的潜在均衡点。假设需求型金融排斥状态下，金融机构的供给曲线为 S，此时 $E(\pi_j) = B(S_j, R_j, r_j, C_0, P_i, C_i, 1-V_j) > 0$，在金融包容均衡点 $I^*(P^*, Q^*)$ 之前，金融机构可以以价格 P^* 供给农村金融产品，而一旦超过均衡点 $I^*(P^*, Q^*)$，供给曲线就向右上方倾斜，供给量与价格呈现正向相关性。农户的需求曲线为

D_1，且 $\frac{\partial U_i}{\partial D_i} = \frac{\partial H(D_i, R_i, r_i, k_i, Z_i, \theta_i)}{\partial D_i} > 0$，此时金融需求者的效用处在上升期，金融机构愿意提供服务及产品，但由于需求不足未达到潜在供需均衡点，而是在 $I_1(P^*, Q_1)$ 点达到均衡。此时，只有优势需求者才能享受到金融服务，弱势群体被排除在金融服务之外。

农户收入水平低和自身素养不高是农村需求型金融排斥存在的主要原因，因此，针对这一类型金融排斥，"需求者+"的作用效果更为明显。随着政府精准扶贫和乡村振兴等战略的大力推进，相关"三农"政策得到稳步实施，农户的收入水平得到进一步提升，受教育程度、家庭资产等资源禀赋都将得到改善，这将有助于激发农村需求者的刚性金融需求，在图 3-1 中，可表现为金融需求曲线向右移动，并使得需求者效用满足如下等式：

$$U_i = [R_i + (P_i - 1) \cdot r_i - f(k_i, Z_i, \theta_i)] \cdot E(D_i | D_i > 0) - P_i \cdot \delta_i \\ > [R_i + (P_i - 1) \cdot r_i - f(k_i, Z_i, \theta_i)] \cdot E(D_i | D_i = 0) - P_i \cdot \delta_i \quad (3-16)$$

直至 $\frac{\partial U_i}{\partial D_i} = \frac{\partial H(D_i, R_i, r_i, k_i, Z_i, \theta_i)}{\partial D_i} = 0$，需求曲线由 D_1 上升到 D^*，金融潜在供需曲线达到均衡。这一状态下不仅将金融需求者的效用达到最大，而且使得金融机构有利可图，愿意为其提供金融服务，达到金融包容状态。然而，"需求者+"对农村金融包容的促进作用也仅仅是在有效需求不足的情况下产生作用，一旦农户有效需求越过潜在均衡点，金融供给的不足将推动农村金融产品的市场价格由潜在均衡点 $I^*(P^*, Q^*)$ 变为 $I_2(P_2, Q_2)$，导致价格排斥。

"供给者+""政府+"与"中介+"这三类措施更多作用于农村金融的供给侧。在金融有效需求不足的状态下，推行刺激农村金融供给的政策不仅不会导致农村金融供需均衡点向金融包容转化，反而会导致供给曲线不断向右移动，从而使得金融包容均衡点与农户金融需求不足状态下的均衡点越来越远，导致农村金融供给机构盈利能力降低，农村金融的有效供给不可持续。

(二) 供给型金融排斥向包容转化

供给型金融排斥主要体现为金融供给低于农户有效需求，从而导致农村金融供需均衡点低于潜在供需均衡点。如图 3-2 所示，假设横轴代表金融服务数量，纵轴代表金融服务价格，D^* 和 S^* 分别为理想的需求曲线和供给曲线，点 I^* (P^*, Q^*) 为潜在供需均衡点。

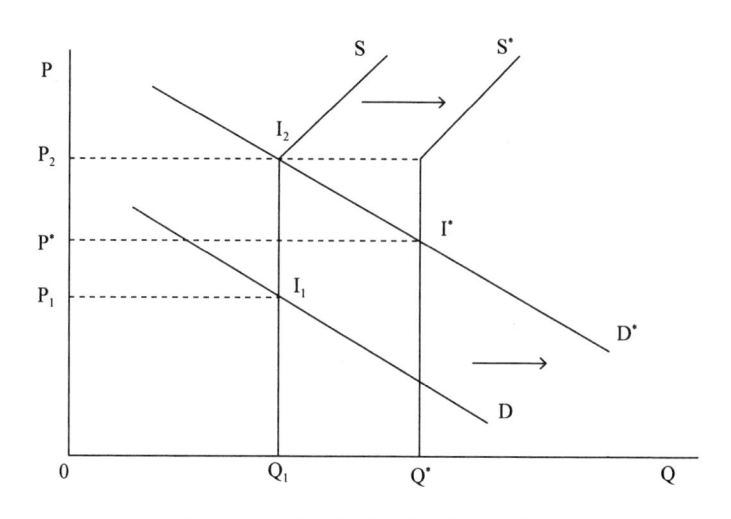

图 3-2 供给型金融排斥向包容转化

假设供给型金融排斥状态下，农户的需求曲线为 D，即满足效用最大化：

$$\frac{\partial U_i}{\partial D_i} = \frac{\partial H(D_i, R_i, r_i, k_i, Z_i, \theta_i)}{\partial D_i} = 0 \qquad (3-17)$$

金融机构的供给曲线为 S，$E(\pi_j) = B(S_j, R_j, r_j, C_0, P_i, C_i, 1-V_j) < 0$。此时，因为受金融供给者网点缺乏、农村竞争环境恶化、社会环境弱化等因素的影响，且金融机构存在歧视性和逐利性，纷纷锁定高端客户或从农村地区撤离。假定在政府利率限制政策的情况下，农村金融机构供给的价格弹性为 0，那么，在小于等于 P_2 的条件下最大供给量均为 Q_1，当价格超过 P_2 时，农村金融机构又将按照市场原则供给更多金融产品。

在初始状态下,农村金融市场的均衡点位于 I_1 (P_1,Q_1),距离金融包容状态下的潜在供需均衡点 I^* (P^*,Q^*) 较远。若在"需求者+"政策的刺激下,农户金融需求进一步上涨,需求曲线向右移动,但受限于农村金融供给量的不足,均衡点从 I_1 (P_1,Q_1) 移动至 I_2 (P_2,Q_1),此时需求上升只会带动价格上涨,不会促进供给量的提升。因此,要破除供给型金融排斥,只能依靠"市场为主导,政府为引导"的原则,一方面通过"供给者+"提升金融机构供给的内生动力,另一方面通过"政府+""中介+"等相关政策作用于供给端,提升农村金融有效供给的外生动力。

"供给者+"是金融机构自身通过发展金融科技、创新金融产品与服务模式等方式降低金融机构的固定成本 C_0 与其他成本 C_1,从而使农村金融机构能够在政府限制价格的情况下,也愿意更多地参与农村金融市场,提供更多的农村金融服务,并获取可观的商业利润。在传统金融环境下,成本和效率限制使得商业银行难以兼顾盈利和金融包容发展目标。而移动互联网、云计算和大数据等数字化技术与金融的嫁接及推广打破了金融服务成本限制和客群排斥,促进了金融包容的发展。因此,从这个视角来看,"供给者+"是通过提升农村金融供给增长的内生动力的政策工具,可以促进供给曲线将由 S 向右移动到 S^*,破解供给不足型的金融排斥。

"政府+"可以改善农村经营环境和规范市场竞争环境。对于现有农村金融体系中实力相对较弱的农村金融机构,政府出台利率优惠、政策补贴等激励性政策,降低了金融机构服务的初始资金成本,使得金融机构能在较低利率水平即可获得利润,更愿意为农户、中小微企业等"长尾群体"提供服务。同时,为防止农村金融机构追求更大的商业利益而发生"使命偏移"现象,金融监管部门可以加强动态监管,防止金融体系向优势领域和优势群体净输出资源的现象,保障金融供给力度。

"中介+"是政府通过农村金融增量改革,消除农村金融市场壁垒,培育农村金融市场主体,促进资本参与农村金融市场开发,激发农村金融供给增长的外生动能的方式。这些措施使得金融机构之间的竞争加剧,金融机构更愿意为金融需求者提供金融服务,因此,金融机构只要保本微利,便能实现供给型金融排斥向金融包容转变:

$$\begin{aligned}E(\pi_j) =\ & [R_j - r_j - P_i{}^*(R_j + V_j) + E(\varphi_i)(R_j + V_j)] \cdot \\ & E(S_j | S_j = 1) - C_0 - C_i \\ \geqslant\ & [R_j - r_j - P_i{}^*(R_j + V_j) + E(\varphi_i)(R_j + V_j)] \cdot \\ & E(S_j | S_j = 0) - C_0 - C_i \end{aligned} \quad (3-18)$$

此时,供给曲线将由 S 向右移动到 S^*,达到金融包容状态下的稳态均衡。

(三) 供需型金融排斥向包容转化

供需型金融排斥指的是在农户有效需求不足以及农村金融有效供给不足的双重背景下,农村市场金融均衡并未使得需求者效用最大化与供给者收益最大化的均衡状态,即"双金融排斥"状态。此时,金融机构的供给曲线为 S_1,农户的需求曲线为 D_1,并满足:

$$\begin{cases} \dfrac{\partial U_i}{\partial D_i} = \dfrac{\partial H(D_i, R_i, r_i, k_i, Z_i, \theta_i)}{\partial D_i} > 0 \\ E(\pi_j) = B(S_j, R_j, r_j, C_0, P_i, C_i, 1 - V_j) > 0 \end{cases} \quad (3-19)$$

假定初始的均衡点位于 $I_1(P_1, Q_1)$,由于既受需求方因素的影响,也受供给方因素的影响,此时的金融排斥将比需求型金融排斥或供给型金融排斥更加严重,农村金融市场可以供给的金融服务不仅量少且价高。因此,若想实现该类型金融排斥向金融包容转化,政府既需要采取激励性政策提升需求端的有效需求,也需要完善激励约束机制,促进金融机构营业网点的渗透、金融服务方式和金融产品的创新,以提升供给端的有效供给。具体的,可以通过"需求者+""供给者+""政府+"及"中介+"等政策组合的方式,使需求曲线和供给曲线重新回到潜在均衡点 $I^*(P^*, Q^*)$,达到金融包容状态,实现需求者的效用最大化与供给者的收益最大化。

"需求者+"可以有效提升农户的金融需求,促使从需求曲线 D_1 向 D_2 移动,甚至向 D^* 移动。针对弱势群体在市场中信息不对称、道德风

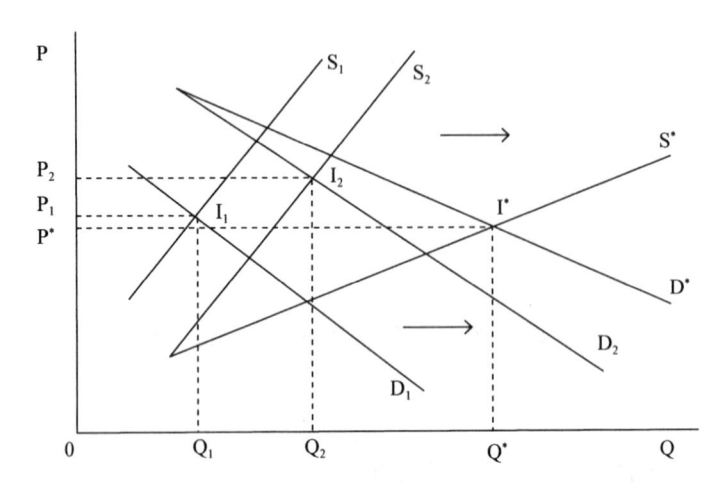

图 3-3　供需型金融排斥向金融包容转化

险等问题，政府出台了土地确权、完善信用体系等政策，这类政策将使得农户的预期金融需求得到有效释放，促使需求曲线 D_1 向 D_2 移动，需求曲线截距发生明显的变化。但随着乡村振兴等"需求者+"政策的进一步深化，将一定程度改变农户的就业模式以及消费模式等经济行为偏好，这不仅会导致需求曲线的截距变化，需求曲线 D_1 向 D_2 移动，同样还会导致需求价格弹性的上升，使得曲线变得更为平缓，在金融供给得以满足的条件下实现需求效用最大化。

"中介+"意味着更多金融机构参与农村金融市场，可以激发农村金融的有效供给，使得供给曲线 S_1 向 S_2 平移，而不会改变供给曲线 S 的斜率。因此，在"需求者+"政策的促进作用下，农户的有效金融需求将增加，农村金融市场的供需均衡点将从 I_1 (P_1, Q_1) 转移到 I_2 (P_2, Q_2)。但值得注意的是，此时农村金融市场的供给量虽然从 Q_1 提升至 Q_2，金融排斥现象得到一定的缓解，但价格也从 P_1 上涨至 P_2，低收入农户仍面临相应的价格排斥。

进一步推行"政府+"政策，不难理解，利用好农村金融发展的财政与税收政策可以有效降低农村金融机构的供给成本 C，降低供给曲线的斜率，从而提升金融机构的供给价格弹性。类似地，通过"供给者+"发展金融科技、创新金融产品与服务模式等方式，也将降低金融机构的固定成本与边际成本，可以同时改变供给曲线的斜率与截距，使得

供给曲线进一步从 S_2 平移到 S^*,金融市场均衡点从 $I_2(P_2,Q_2)$ 变为 $I^*(P^*,Q^*)$。此时,农村金融服务的供给量不仅更多而且价格更低,这将不仅使得金融服务可获得,而且使得金融服务可负担,实现金融排斥向包容转化。

三 农村金融排斥到包容的模型扩展

由于需求、供给、外部环境三个层面问题的存在,需求者往往遭受自我、条件等各种类型排斥,供给型金融排斥总体可以划分为信贷排斥、储蓄排斥和保险排斥。考虑到信贷排斥的普遍性,本节以信贷为例,在基础模型上具体讨论信贷排斥到包容的转换。

(一) 基本假设

1. 信贷需求者

假设信贷需求者为风险中性偏好,则根据基础模型可以将信贷申请者 i 的效用函数表示为:

$$U_i = (1-P_i)[(R_i - r_i - f(k_i, Z_i, \theta_i)) \cdot D_i] + P_i[(R_i - f(k_i, Z_i, \theta_i)) \cdot D_i - \delta_i]$$
$$= (R_i + (P_i - 1) \cdot r_i - f(k_i, Z_i, \theta_i)) \cdot D_i - P_i \cdot \delta_i$$

$$(3-20)$$

其中,P_i 为信贷申请者的违约概率,R_i 为信贷申请者获得贷款后所产生的收益,r_i 为贷款利率,δ_i 为信贷违约成本,即申请者信贷还款违约后所遭受的名誉损失,将直接影响申请者后期在银行等金融机构申请贷款的成功率。$f(k_i, Z_i, \theta_i)$ 为影响信贷申请者获得贷款的障碍函数,与距银行距离、信贷知识、家庭资产状况等因素相关,且满足:

$$\frac{\partial f(k_i, Z_i, \theta_i)}{\partial k_i} > 0, \frac{\partial f(k_i, Z_i, \theta_i)}{\partial Z_i} > 0, \frac{\partial f(k_i, Z_i, \theta_i)}{\partial \theta_i} < 0 \quad (3-21)$$

2. 信贷供给者

假设银行为风险中性偏好,则根据基础模型可以将银行的预期收益函数表示为：

$$E(\pi_j) = (1 - P_i)S_j(R_j - r_j) - P_iS_j(V_j + r_j) - C_0 - C_i$$
$$= [R_j - r_j - P_i(R_j + V_j)] \cdot S_j - C_0 - C_i \quad (3-22)$$

其中，R_j 为银行为信贷申请者提供贷款所收取的利率收益，r_j 为银行提供放贷的机会成本，如银行将贷款资金投入其他渠道可以获得的无风险收益；C_0 为银行运营所付出的固定成本，C_i 为银行在申请者 i 贷款评估过程中需要付出的评估成本，$1 - V_j$ 为申请者违约后银行的清偿率，P_i 为申请者的违约概率。

根据信贷配给理论，信贷市场往往会存在因信息不对称而导致的道德风险或逆向选择问题（Smith & Stutzer，1989），银行是否为申请者提供信贷，除了需要支付相应的成本外，还有一个很重要的因素就是风险，包括个人或家庭因素引起的异质性风险和宏观经济不确定性等引起的系统性风险。因此，本部分在考虑信贷排斥到包容的模型时，重点考虑了信贷申请者的违约问题。

由于银行在放贷之前，并不清楚信贷申请者的违约风险 P_i 究竟是多少，只能根据其信用分值、资产、收入等相关信息进行估计，因此，本节假设该估计值为 P_i^*。考虑到 P_i^* 为 P_i 的参数估计值，进一步假设 $P_i^* = P_i + \varphi_i$，其中 $\varphi_i \sim N(0, (\sigma\rho)^2)$，$\rho_i = \rho(\theta_i, \xi_i, k_i)$，$\rho$ 为家庭状态变量、宏观环境变量以及距银行距离的函数，并满足：

$$\frac{\partial \rho(\theta_i, \xi_i, k_i)}{\partial \theta_i} < 0, \frac{\partial \rho(\theta_i, \xi_i, k_i)}{\partial \xi_i} < 0, \frac{\partial \rho(\theta_i, \xi_i, k_i)}{\partial k_i} > 0 \quad (3-23)$$

因此，银行的预期收益函数可以进一步表示为：

$$E(\pi_j) = [R_j - r_j - P_i^*(R_j + V_j) + E(\varphi_i)(R_j + V_j)] \cdot S_j - C_0 - C_i \quad (3-24)$$

考虑到信贷申请者知道自己的违约概率，因此，当 $P_i^* \leq P_i$ 时，信贷申请者更愿意申请银行信贷，而其余申请者将会因为授信等问题需要承担高利率，从而放弃申请。故银行预期收益函数可表示为：

$$E(\pi_j) = \begin{bmatrix} R_j - r_j - P_i^* (R_j + V_j) + \\ E(\varphi_i | P_i^* \leq P_i)(R_j + V_j) \end{bmatrix} \cdot S_j - C_0 - C_i$$

$$= \begin{bmatrix} R_j - r_j - P_i^* (R_j + V_j) + \\ E(\varphi_i | \varphi_i \leq 0)(R_j + V_j) \end{bmatrix} \cdot S_j - C_0 - C_i \quad (3-25)$$

由于 $\varphi_i \sim N(0, (\sigma\rho)^2)$，故 $E(\varphi_i | \varphi_i \leq 0) = -\dfrac{\sigma\rho\varphi(0)}{\Phi(0)} = -\dfrac{\sigma\rho}{\sqrt{2/\pi}}$。

预期收益函数可以进一步表示为：

$$E(\pi_j) = \begin{bmatrix} R_j - r_j - P_i^* (R_j + V_j) + \\ \left(-\dfrac{\sigma\rho}{\sqrt{2/\pi}}\right)(R_j + V_j) \end{bmatrix} \cdot S_j - C_0 - C_i$$

$$= \left[R_j - r_j - \left(P_i^* + \dfrac{\sigma\rho}{\sqrt{2/\pi}}\right)(R_j + V_j) \right] \cdot S_j - C_0 - C_i \quad (3-26)$$

（二）供需均衡分析

1. 信贷需求约束

信贷产生的收益低、利率高、家庭资产状况不佳等是需求端信贷排斥产生的主要原因。此时，信贷需求者有信贷需求，但无法获取全部或部分信贷服务。因此，当需求效用函数满足下列不等式时，我们认为存在完全需求型信贷排斥：

$$U_i = [R_i + (P_i - 1) \cdot r_i - f(k_i, Z_i, \theta_i)] \cdot E(D_i | D_i > 0) - P_i \cdot \delta_i$$
$$< [R_i + (P_i - 1) \cdot r_i - f(k_i, Z_i, \theta_i)] \cdot E(D_i | D_i = 0) - P_i \cdot \delta_i$$
$$(3-27)$$

其中，$D_i > 0$ 表示有信贷需求且进行了实际申请，$D_i = 0$ 表示有需求但实际未申请。此时，信贷需求者进行实际申请的效用低于未进行实际申请的效用，这将促使信贷需求者放弃正规银行机构的贷款，而转向非正规借款。

但当需求效用函数满足如下不等式时，我们认为存在部分需求型信贷排斥，而随着信贷需求的不断满足，信贷需求者的效用将不断提升，需求型信贷排斥逐步向包容转变：

$$\begin{aligned}U_i &= [R_i + (P_i - 1) \cdot r_i - f(k_i, Z_i, \theta_i)] \cdot E(D_i | D_i = 0) - P_i \cdot \delta_i \\ &\leq [R_i + (P_i - 1) \cdot r_i - f(k_i, Z_i, \theta_i)] \cdot E(D_i | D_i = 1) - P_i \cdot \delta_i \\ &< [R_i + (P_i - 1) \cdot r_i - f(k_i, Z_i, \theta_i)] \cdot E(D_i | D_i = 2) - P_i \cdot \delta_i \\ &< [R_i + (P_i - 1) \cdot r_i - f(k_i, Z_i, \theta_i)] \cdot E(D_i | D_i = 3) - P_i \cdot \delta_i \end{aligned}$$

(3-28)

其中，$D_i = 1$ 表示实际进行申请但未获得贷款，$D_i = 2$ 表示实际进行申请仅获得部分贷款，$D_i = 3$ 表示实际进行申请且获得相应贷款。

2. 银行供给变动

当需求者有贷款需求，而银行因为收益低、成本高、风险大等原因拒绝贷款，或仅向部分优质客户提供贷款时，我们就将其称为供给型信贷排斥。假设 $S_j = 1$ 表示银行愿意提供贷款，$S_j = 0$ 表示银行不愿意提供贷款或仅向部分优质客户提供贷款，则供给型信贷排斥的预期收益函数满足：

$$\begin{aligned}E(\pi_j) &= \left[R_j - r_j - \left(P_i^* + \frac{\sigma\rho}{\sqrt{2/\pi}}\right)(R_j + V_j)\right] \cdot E(S_j | S_j = 1) - C_0 - C_i \\ &< \left[R_j - r_j - \left(P_i^* + \frac{\sigma\rho}{\sqrt{2/\pi}}\right)(R_j + V_j)\right] \cdot E(S_j | S_j = 0) - C_0 - C_i \end{aligned}$$

(3-29)

此时，银行可能纷纷撤销物理网点，来降低信贷需求者与银行接触的可能。但当银行对需求者提供贷款所产生的预期收益大于投资于其他渠道所获得的收益时，银行就愿意提供贷款，并满足如下不等式：

$$\begin{aligned}E(\pi_j) &= \left[R_j - r_j - \left(P_i^* + \frac{\sigma\rho}{\sqrt{2/\pi}}\right)(R_j + V_j)\right] \cdot E(S_j | S_j = 1) - C_0 - C_i \\ &\geq \left[R_j - r_j - \left(P_i^* + \frac{\sigma\rho}{\sqrt{2/\pi}}\right)(R_j + V_j)\right] \cdot E(S_j | S_j = 0) - C_0 - C_i \end{aligned}$$

(3-30)

3. 最优均衡分析

根据第一节的基础模型以及信贷需求约束和银行供给变动，可以知道，当信贷需求效用和银行供给收益满足如下条件时，信贷排斥就会逐渐向信贷包容转变：

$$\begin{cases} U_i = [R_i + (P_i - 1) \cdot r_i - f(k_i, Z_i, \theta_i)] \cdot E(D_i | D_i > 0) - P_i \cdot \delta_i \\ \quad < [R_i + (P_i - 1) \cdot r_i - f(k_i, Z_i, \theta_i)] \cdot E(D_i | D_i = 0) - P_i \cdot \delta_i \\ E(\pi_j) = \left[R_j - r_j - \left(P_i^* + \dfrac{\sigma\rho}{\sqrt{2/\pi}} \right)(R_j + V_j) \right] \cdot E(S_j | S_j = 1) - C_0 - C_i \\ \quad \geqslant \left[R_j - r_j - \left(P_i^* + \dfrac{\sigma\rho}{\sqrt{2/\pi}} \right)(R_j + V_j) \right] \cdot E(S_j | S_j = 0) - C_0 - C_i \end{cases}$$

$$(3-31)$$

此时，信贷供需均衡的表达式为：

$$\begin{cases} U_i = (R_i + (P_i - 1) \cdot r_i - f(k_i, Z_i, \theta_i)) \cdot D_i - P_i \cdot \delta_i \\ E(\pi_j) = \left[R_j - r_j - \left(P_i^* + \dfrac{\sigma\rho}{\sqrt{2/\pi}} \right)(R_j + V_j) \right] \cdot S_j - C_0 - C_i \\ D_i = S_j \\ r_i = R_j \end{cases} \quad (3-32)$$

在完全竞争条件下，即满足信贷需求者效用最大化和银行收益最大化条件下，同时满足信贷需求者的预期效用函数和银行的预期收益函数一阶偏导等于 0，此时可称为完全性信贷包容：

$$\begin{cases} \dfrac{\partial U_i}{\partial D_i} = \dfrac{\partial \left[(R_i + (P_i - 1) \cdot r_i - f(k_i, Z_i, \theta_i)) \cdot D_i - P_i \cdot \delta_i \right]}{\partial D_i} = 0 \\ \dfrac{\partial E(\pi_j)}{\partial S_j} = \dfrac{\partial \left[\left[R_j - r_j - \left(P_i^* + \dfrac{\sigma\rho}{\sqrt{2/\pi}} \right)(R_j + V_j) \right] \cdot S_j - C_0 - C_i \right]}{\partial S_j} = 0 \\ r_i = R_j \end{cases}$$

$$(3-33)$$

此时，方程组可化简为：

$$\begin{cases} r_i = \dfrac{f(k_i, Z_i, \theta_i) - R_i}{P_i - 1} \\ R_j = \dfrac{\left(P_i^* + \dfrac{\sigma\rho}{\sqrt{2/\pi}}\right) \cdot V_j + r_j}{1 - P_i^* - \dfrac{\sigma\rho}{\sqrt{2/\pi}}} \\ r_i = R_j \end{cases} \qquad (3-34)$$

$$\Rightarrow \left(1 - P_i^* - \dfrac{\sigma\rho}{\sqrt{2/\pi}}\right)\dfrac{f(k_i, Z_i, \theta_i) - R_i}{P_i - 1} - r_j - \left(P_i^* + \dfrac{\sigma\rho}{\sqrt{2/\pi}}\right)V_j = 0 \qquad (3-35)$$

此时，需求者获得贷款后所获得收益 R_i 与银行提供贷款服务所需要付出的成本之间的关系为：

$$R_i = f(k_i, Z_i, \theta_i) - \dfrac{\left[r_j + \left(P_i^* + \dfrac{\sigma\rho}{\sqrt{2/\pi}}\right) \cdot V_j\right](P_i - 1)}{1 - P_i^* - \dfrac{\sigma\rho}{\sqrt{2/\pi}}} \qquad (3-36)$$

由式 3-36 可知，在信贷供需双方分别达到效用最大化和利润最大化时，信贷需求者获得贷款的收益取决于信贷需求者的障碍函数、违约概率以及银行提供信贷时所需付出的机会成本、银行估计的违约概率。

考虑到信贷排斥到包容的转变是长期且复杂的，所以，本部分进一步放宽要求，仅要求农村信贷市场达到可持续发展状态。在这一状态下，信贷需求者效用达到最大，同时金融机构有利可图。信贷供需关系满足：

$$\begin{cases} \dfrac{\partial U_i}{\partial D_i} = \dfrac{\partial\left[(R_i + (P_i - 1) \cdot r_i - f(k_i, Z_i, \theta_i)) \cdot D_i - P_i \cdot \delta_i\right]}{\partial D_i} = 0 \\ E(\pi_j) = \left[R_j - r_j - \left(P_i^* + \dfrac{\sigma\rho}{\sqrt{2/\pi}}\right)(R_j + V_j)\right] \cdot S_j - C_0 - C_i \geq 0 \\ r_i = R_j \end{cases} \qquad (3-37)$$

此时，银行实现可持续发展的信贷供给关系如下：

$$S_j \geqslant \frac{C_0 + C_i}{\left(1 - P_i^* - \dfrac{\sigma\rho}{\sqrt{2/\pi}}\right) \cdot \left(\dfrac{R_i - f(k_i, Z_i, \theta_i)}{1 - P_i}\right) - \left(P_i^* + \dfrac{\sigma\rho}{\sqrt{2/\pi}}\right) \cdot V_j - r_j} = S_0$$

(3-38)

根据式 3-38 可知，C_0、C_1、P_i^*、ρ、$f(k_i, Z_i, \theta_i)$、V_i、r_j 均与银行信贷供给门槛下限值 S_0 呈正相关关系，而 R_i 与 S_0 呈负相关关系。因此，当银行的固定成本、贷款的评估成本、对申请人违约概率的估值、贷款的障碍函数、信贷违约的未清偿概率及银行提供信贷的机会成本减小时，银行的信贷供给门槛下限值 S_0 将减小，需求者获得信贷的难度下降，即银行在实现自身财务可持续的同时，也将倾向于向信贷需求者提供更多的信贷资金，农村金融包容程度提高。

（三）农村信贷排斥到包容的转化

信贷市场包容水平的提升需要经历一个漫长而曲折的过程，不仅需要供需双方的努力，而且还需要政府和其他金融中介的大力推进与支持。为尽可能使得信贷排斥向信贷包容转换，本节仍在前文的基础上，具体探讨"需求者+""供给者+"等内生动力和"政府+""中介+"等外生动力在信贷排斥到包容这一转换过程中的作用机制，使得信贷供给门槛下限值 S_0 减小，农村信贷供给 S_j 增加，即在满足信贷需求的基础上，实现上述银行财务可持续的信贷供给不等式，提高农村信贷市场的包容性。

结合前文分析可知，C_0 与宏观经济因素 ξ_i 等有关；C_i 与宏观经济因素 ξ_i、需求者到银行的距离 k_i、银行信贷供给数量 S_i 相关；P_i^* 与宏观经济因素 ξ_i 及农户家庭及其他个人特质 θ_i 相关；ρ 与宏观经济因素 ξ_i、到银行的距离 k_i、农户家庭及其他个人特质 θ_i 有关；V_i 与信贷需求者收入、宏观经济因素 ξ_i 有关。各因素间的关系具体如下，其中各因素下方的符号表示相关关系：

$$\begin{cases} C_0(\xi_i) \\ C_i(\xi_i, k_i, S_i) \\ P_i^*(\xi_i, \theta_i) \\ \rho(\xi_i, k_i, \theta_i) \\ f(k_i, Z_i, \theta_i) \\ r_j(\xi_i) \\ V_i(\xi_i, income_i) \end{cases} \quad (3-39)$$

因此,将上述关系式代入供给关系不等式中,可得:

$$S_j \geqslant \frac{C_0(\xi_i) + C_i(\xi_i, k_i, S_i)}{\left(1 - P_i^*(\xi_i, \theta_i) - \frac{\sigma\rho(\xi_i, k_i, \theta_i)}{\sqrt{2/\pi}}\right) \cdot \left(\frac{R_i - f(k_i, Z_i, \theta_i)}{1 - P_i}\right) - \left(P_i^* + \frac{\sigma\rho}{\sqrt{2/\pi}}\right) \cdot V_j(\xi_i, income_i) - r_j} = S_0$$

$$(3-40)$$

可以发现,其他条件不变的情况下,随着宏观经济环境等的改善,与银行接触距离的减小,需求者家庭资产状况、收入水平、教育背景等的提升,信贷供给门槛临界值 S_0 将不断减小,实现可持续发展过程中供给数量大于临界值的不等式,明显提升信贷包容水平。

1. 需求型信贷排斥向包容转化

如上节所述,需求型信贷排斥主要由农户收入水平低和自身素养较低等原因导致,因此,以"需求者+"提升农户有效金融需求对缓解需求型信贷排斥作用更为明显。通过对上式各因素的分析可知,在"需求者+"作用下,农户的收入、农户的受教育水平及农户金融素养将获得提高,即 $income_i$、Z_i、θ_i 将获得提高,进而减小 P_i^*、ρ、$f(k_i, Z_i, \theta_i)$、V_j,最终减小银行可持续发展的信贷供给数量临界值 S_0,提升农村金融包容水平。

$$S_j \geq \frac{C_0 + C_i}{\left(1 - P_i^* \downarrow - \frac{\sigma\rho \downarrow}{\sqrt{2/\pi}}\right) \cdot \left(\frac{R_i - f(k_i, Z_i, \theta_i) \downarrow}{1 - P_i}\right) - \left(P_i^* + \frac{\sigma\rho \downarrow}{\sqrt{2/\pi}}\right) \cdot V_j \downarrow - r_j} = S_0 \downarrow$$

(3-41)

2. 供给型信贷排斥向包容转化

在供给型信贷排斥的情况下，银行信贷供给低于农户有效信贷需求。要破解供给型信贷排斥，必须依靠"市场主导，政府引导"的策略，一方面要加强银行自身创新能力，即"供给者+"，以适应农户多样化的信贷需求；另一方面要鼓励其他金融中介进入农村信贷市场，即"中介+"，健全农村信贷市场体系，提升农村金融信贷市场运行效率；同时，政府要为缓解农村信贷市场有效供给不足提供必要的支持和政策倾斜，即"政府+"，以促进农村金融市场健康发展。

$$S_j \geq \frac{C_0 + C_i \downarrow}{\left(1 - P_i^* \downarrow - \frac{\sigma\rho \downarrow}{\sqrt{2/\pi}}\right) \cdot \left(\frac{R_i - f(k_i, Z_i, \theta_i) \downarrow}{1 - P_i}\right) - \left(P_i^* \downarrow + \frac{\sigma\rho \downarrow}{\sqrt{2/\pi}}\right) \cdot V_j - r_j} = S_0 \downarrow$$

(3-42)

在"供给者+"作用下，农村地区的银行机构及其他信贷供给主体可以通过金融科技创新、产品服务创新等方式降低潜在成本。一方面，缩减了需求者与银行之间的距离 k_i，能进一步加强信贷风险防控；另一方面，降低了需求者获取信贷的门槛，减小了 Z_i、θ_i 对信贷获取的影响。此时，信贷市场中的 C_i、P_i^*、ρ、$f(k_i, Z_i, \theta_i)$ 均将减小，使得信贷供给数量临界值 S_0 降低，更容易满足银行可持续发展的供给不等式。

$$S_j \geq \frac{C_0 + C_i \downarrow}{\left(1 - P_i^* \downarrow - \frac{\sigma\rho \downarrow}{\sqrt{2/\pi}}\right) \cdot \left(\frac{R_i - f(k_i, Z_i, \theta_i) \downarrow}{1 - P_i}\right) - \left(P_i^* \downarrow + \frac{\sigma\rho \downarrow}{\sqrt{2/\pi}}\right) \cdot V_j \downarrow - r_j} = S_0 \downarrow$$

(3-43)

在"中介+"作用下，政府通过农村金融增量改革，使得信贷供给者数量获得提升，减小了需求者与银行机构的距离 k_i；同时，部分与银行功能互补的金融机构的进入，如村镇银行、担保公司等，也将改善农村金融体系的营商环境,降低需求者的违约风险,提高银行的违约清偿率。此时,信贷市场中的 C_i、P_i^*、ρ、$f(k_i,Z_i,\theta_i)$、V_j 均减小,信贷排斥的供给数量临界值降低,信贷有效供给增加,包容水平获得提升。

$$S_j \geqslant \frac{C_0\downarrow + C_i\downarrow}{\left(1-P_i^*\downarrow-\frac{\sigma\rho\downarrow}{\sqrt{2/\pi}}\right)\cdot\left(\frac{R_i-f(k_i,Z_i,\theta_i)\downarrow}{1-P_i}\right)-\left(P_i^*\downarrow+\frac{\sigma\rho\downarrow}{\sqrt{2/\pi}}\right)\cdot V_j\downarrow - r_j\downarrow} = S_0\downarrow$$

(3-44)

在"政府+"作用下,农村信贷市场经营环境和竞争环境将得到改善,各优惠政策将降低银行进入农村的初始成本,提升银行信贷产品服务的供给。同时,随着农村金融市场环境的改善,更多信贷供给者将有利可图,更愿意在农村地区增加网点。此时,宏观经济环境 ξ_i 增大,需求者与银行的距离 k_i 减小,相应地,C_0、C_i、P_i^*、ρ、$f(k_i,Z_i,\theta_i)$、V_j、r_j 也将减小,供给数量临界值减小,农村信贷市场的有效供给增加。

3. 供需型信贷排斥向包容转化

供需型信贷排斥是由农户有效需求不足以及信贷有效供给不足所同时导致的。为破解这一难题,可以对"需求者+""供给者+""中介+"和"政府+"进行组合,同时激活信贷市场的供需两侧,以达到提升农村金融包容的目的。

$$S_j \geqslant \frac{C_0\downarrow + C_i\downarrow}{\left(1-P_i^*\downarrow-\frac{\sigma\rho\downarrow}{\sqrt{2/\pi}}\right)\cdot\left(\frac{R_i-f(k_i,Z_i,\theta_i)\downarrow}{1-P_i}\right)-\left(P_i^*\downarrow+\frac{\sigma\rho\downarrow}{\sqrt{2/\pi}}\right)\cdot V_j\downarrow - r_j\downarrow} = S_0\downarrow$$

(3-45)

在"需求者+"作用下,信贷需求者的收入水平及自我发展能力获得提升,在一定程度上克服了个人及其家庭因素对信贷获取的影响,并可能降低了其贷款违约率,即"需求者+"作用下,$income_i$、Z_i、θ_i 将提高,P_i^*、ρ、$f_1(k_i,Z_i,\theta_i)$、V_j 将减小,最终导致信贷供给数量的临界值减小。

在"供给者+"作用下,需求者与银行的距离 k_i,以及银行对需求者的家庭资产特征 θ_i 等均有所改善,C_i、P_i^*、ρ、$f(k_i,Z_i,\theta_i)$ 将减小,信贷供给数量的临界值也随之降低。

在"中介+"和"政府+"作用下，农村信贷市场的营商环境等均会得到改善，这将降低需求者的预期违约概率，提高银行等供给者的违约清偿率，导致 C_i、P_i^*、ρ、$f(k_i,Z_i,\theta_i)$、V_j 等减小，降低信贷供给的临界值。

综上所述，在"需求者+""供给者+""中介+""政府+"等组合措施作用下，银行满足可持续发展的供给临界值将得到降低，这将使得信贷供给关系的不等式条件更容易满足，银行机构更愿意为需求者提供更多的信贷资金，即银行机构在实现财务可持续的同时，愿意有效满足信贷需求，信贷包容水平将得到提升。

四 本章小结

农村金融排斥如何向金融包容转化一直是金融包容研究的薄弱点。本章首先分别从需求者和供给者两端构造了预期效用函数和预期收益函数，从需求者约束、供给者变动以及最优均衡条件三个方面分析金融排斥到包容的临界均衡条件；然后基于基础数理模型，从"需求者+""供给者+""政府+""中介+"四个方面探讨农村金融排斥到包容的理论转化过程。理论分析表明，金融排斥向包容的转化不仅需要农户自身发展、金融机构自主创新等内生动力的推动，而且还需要宏观经济环境改善、政府政策引导等外生动力的加持。

最后，本章以信贷为例，基于基础数理模型具体讨论了信贷排斥到包容的扩展模型及其转换机理。数理结果显示，当需求者收益与银行成本之间满足如下关系时，可达到完全性信贷包容，此时，需求者效用和供给者收益均达到最大：

$$R_i = f(k_i,Z_i,\theta_i) - \frac{\left[r_j + \left(P_i^* + \frac{\sigma\rho}{\sqrt{2/\pi}}\right)\cdot V_j\right](P_i-1)}{1 - P_i^* - \frac{\sigma\rho}{\sqrt{2/\pi}}} \quad (3-46)$$

进一步，考虑到信贷排斥到包容的转变是长期且复杂的，所以，本部分放松约束条件，在信贷需求者效用达到最大的同时，仅要求银行维持可持续发展状态，即金融机构有利可图，其信贷供需关系满足：

$$S_j \geqslant \frac{C_0 + C_i}{\left(1 - P_i^* - \frac{\sigma\rho}{\sqrt{2/\pi}}\right) \cdot \left(\frac{R_i - f(k_i, Z_i, \theta_i)}{1 - P_i}\right) - \left(P_i^* + \frac{\sigma\rho}{\sqrt{2/\pi}}\right) \cdot V_j - r_j} = S_0$$

(3-47)

因此，在其他条件不变的情况下，当银行的固定成本、贷款的评估成本和机会成本、对申请人违约概率的估值、信贷违约的未清偿概率以及需求者贷款的障碍等减小时，银行的信贷供给门槛临界值 S_0 将减小，这意味着银行实现自身财务可持续的条件将得到放松，需求者获得信贷的难度下降。此时，银行也将更倾向于向信贷需求者提供更多的贷款，以实现预期收益最大化。

第四章 中国农村金融排斥和包容指数构建与评价

金融排斥和金融包容的衡量问题是学者们争论的一个焦点。从前文的研究文献可以发现，国内外有关金融排斥和金融包容的衡量方法和衡量指标均存在差异，因此，如何科学选择指标、采用何种方法准确测度现有金融排斥和金融包容发展水平成了亟待解决的问题。基于此，本章比较分析了各类衡量指标和衡量方法的缺点和优势，选取合理科学的指标体系，构建农村金融排斥指数和金融包容指数，对当前我国农村金融排斥水平和金融包容水平进行综合测度与评价，基于金融排斥与包容的测度和评价结果，本章还分析了农村金融排斥与包容的变动趋势。

一 农村金融排斥指数构建与评价

（一）维度指标选择

正确衡量农村金融排斥的区域差异，必须设立和选取合适的方法和指标。目前普遍接受的评价金融排斥水平的方法是 Kempson & Whyley (1999) 提出的"六维度"分析法，即地理排斥、条件排斥、评估排斥、价格排斥、营销排斥和自我排斥。尽管各学者对于"六维度"的理解及数据来源不尽相同，但也为世界性组织机构、学者等衡量金融排斥的具体做法给出了实际参考。如英格兰东南发展机构（2000）致力于规范金融排斥指标体系和框架，开发出度量金融排斥的指标体系——复合剥夺指数，该机构通过与金融排斥正相关性高的复合剥夺指数作为因变量，运用逐步回归的方法确定与金融排斥相关的变量，计算出金融排斥指数，研究英格兰东南地区的金融排斥状况；Ebulla（1999）从引发排斥的主体将金融排斥划分为结构排斥和主体排斥，前者主要是指由机构或金融系统引发的排斥，后者则主要是指个人主动地拒绝或避免接受金融服务。而部分学者考虑到综合指数权重的局限性，也选择单一变量作为金融排斥程度的代理变量，如Sinclair（2001）认为，度量某地区金融排斥最直观最易理解的方式是看该地区金融机构网点数目，因为居民对每一项金融产品的获得性统计复杂且极具难度，这种做法极大地减少了工作量，更具可行性；Honohan（2007）在对金融排斥状况的跨国研究中，通过银行贷款与存款账户数目来估计该国使用银行账户人口的比例，并以此作为该国金融排斥的代理变量。

与国外文献相比，国内对于金融排斥定量研究起始时间较晚，但仍有不少学者对如何度量金融排斥程度做出了探究。田霖（2007）考虑到金融排斥程度与金融综合竞争力具有负相关性这一特点，选择了金融机构年存款余额等8个指标，使用主成分和因子分析法计算每个地区的金融综合竞争力，替代金融排斥程度指标，即金融综合竞争力越强意味着该地区金融排斥程度越弱；金雪军（2009）、李涛（2010）通过测度农户或居民是否拥有存款、贷款及保险服务，判断个体是否遭受金融排斥；李春霄和贾金荣（2012）参考人类发展指数编制方法，立足于省际层面，从金融服务深度、金融服务可得度、金融服务使用度、金融服务可负担度四个维度来衡量各省金融排斥程度。胡宗义等（2012）利用主成分分析法选择地理排斥、评估排斥、条件排斥、营销排斥及自我排斥五个维度对金融排斥进行综合评价。当然，目前国内学者对于金融排斥的具体维度既有共识也有分歧，如学者们普遍接受并认可用金融机构网点分布密度衡量地理排斥，用万人拥有金融机构服务人员数衡量营销排斥，但在衡量评估排斥、条件排斥及价格排斥的指标上有所差异，王修华和邱兆祥（2010）使用金融机构存贷比度量条件排斥，胡振等（2012）则选择人均贷款额度量条件排斥及评估排斥。

综上所述，现有关于金融排斥的测度通常选用多维指数，基于此，本部分也支持采用"多维度"指标进行实证分析。但多维度度量方法也存在弊端，指标难以全部量化。以"六维度"度量法为例，首先，自我排斥指标很难进行量化的统计分析，而且随着经济的发展、人民生活和教育水平的提高，严格意义的自我排斥已经是少数现象，主动的自我排斥主要存在于一些老、边、困、少数民族地区，更为主流的是我国农村经济主体对于金融服务具有旺盛的需求；其次，各个指标之间有重叠，评估排斥是指主流金融机构通过风险评估手段对经济主体施加准入限制，将一部分经济主体排斥在外，而金融机构对于经济主体的准入限制也体现在金融产品附加条件上，也就是评估排斥与条件排斥之间具有高度的重叠性。因此，基于以上考虑，本部分不特别选取指标衡量自我排斥，并且将评估排斥和条件排斥综合为一个维度，选用一个指标进行衡量，即本部分将六个维度浓缩为四个主要维度：地理排斥、条件排斥、价格排斥和营销排斥，其对应的衡量指标和计算方法见表4-1。

表4-1　　　　　　　　农村金融排斥评价指标体系

维度	符号	指标	计算方法
地理排斥	X_1	银行业金融机构覆盖度	机构网点数×10000/人口总数
条件排斥	X_2	农村人均贷款水平	农村贷款总额/农村人口数
价格排斥	X_3	获取贷款的农户比例	获得贷款农户数/农户总数
营销排斥	X_4	农村拥有服务人员数	农村金融机构从业人员数×10000/农村人口总数

注：计算方法来自于原中国银监会网站公布的《农村金融服务分布图集》。

1. 地理排斥

地理排斥是指被排斥对象由于无法接近金融服务，不得不依赖公共交通系统到较远的金融机构购买金融服务甚至完全无法获得金融服务。农村地区金融机构的人均覆盖度反映了每单位农村经济主体所能获得的金融服务的数量，即对于主流金融服务的地理可达性。其中农村地区万人机构覆盖度＝机构网点数×10000/非市辖区人口总数。

2. 条件排斥

条件排斥是指金融机构基于流动性和营利性需求，对金融产品设置严格的准入条件，对经济主体制定严格的评估体系，从而将某些经济主体主动排斥在外的现象。就我国农村而言，最普遍的金融服务和最紧迫的金融产品需求就是贷款，农村地区的人均贷款水平反映了我国农村经济主体对于主流金融产品的可获得性。其中农村地区人均贷款水平＝贷款总额/人口数。

3. 价格排斥

价格排斥是指金融产品价格过高，超过某些经济主体的偿付能力，而将其排斥在外的现象。衡量金融产品的定价是否超过某些经济主体的偿付能力，主要关注其定价是否超过了该经济群体"大多数"个体的偿付能力。农村金融产品需求以贷款为主，农村能够获得贷款的农户占比可以侧面反映农户在当前价格水平下对于金融产品的承担能力。其中，农村地区获得银行业机构贷款农户占比情况＝获得贷款农户数/农户总数。

4. 营销排斥

营销排斥是指主流金融机构的目标营销策略，往往会将某类人群有效排除的现象。从业人员、机构网点和信息手段是影响金融机构营销水平的三大要素，就我国农村地区而言，金融产品营销活动仍是以农村金融从业人员和机构网点为载体，机构网点因素在地理排斥维度中已有所反映，因此，本部分以农村地区金融机构从业人员的拥有情况反映农村的营销排斥状况。其中，农村地区万人拥有服务人员数＝机构从业人员数×10000/人口总数。

（二）农村金融排斥指数构建

为了对各地区农村金融排斥情况进行综合评价，本章在上述评价指标体系的基础上设计了农村金融排斥指数，见公式（4-1）。该指数涵盖了四个主要维度的金融排斥，其中 X_1 到 X_4 分别代表了四个维度的排斥，通过计算可以得出我国农村金融排斥的省际评分及排名。W_i（i＝1，2，3，4）分别代表四个维度所占的比重，$Exclu$ 代表各地区的金融排斥指数得分（为了使得数据结果更为直观，令1减去得分，从而使得金融排斥指数得分越高，即代表金融排斥水平越严重）。

$$Exclu = 1 - (W_1 X_1^{'} + W_2 X_2^{'} + W_3 X_3^{'} + W_4 X_4^{'}) \quad (4-1)$$

具体操作步骤如下：

第一，运用极差法对各评价指标进行标准化处理，将指标取值范围统一为0到1，具体运算见公式（4-2）。

$$X' = (x - x\min)/(x\max - x\min) \quad (4-2)$$

第二，计算各指标的变异系数并赋予权重，设有 n 个评价对象，m 个评价指标，则由样本数据可以得到 n×m 阶矩阵，x_{ij} 代表第 i 个评价对

象在第 j 个指标上的观测值，$i=1,2\cdots n$，$j=1,2\cdots m$，进行如下计算：

①计算各指标的平均数[见公式（4-3）]和标准差[见公式（4-4）]：

$$\bar{x}_j = \frac{\sum_{i=1}^{n} x_{ij}}{n}, i=1,\cdots,n; j=1,\cdots,m \qquad (4-3)$$

$$S_j = \sqrt{\frac{1}{n}\sum_{i=1}^{n}(x_{ij}-\bar{x}_j)^2}, i=1,\cdots,n; j=1,\cdots,m \qquad (4-4)$$

②计算各指标的变异系数[见公式（4-5）]：

$$V_j = \frac{S_j}{\bar{x}_j} \qquad (4-5)$$

③对各指标的变异系数进行归一化处理并计算出各自的权重[见公式（4-6）]：

$$W_j = \frac{V_j}{\sum_{i=1}^{n} V_j} \qquad (4-6)$$

第三，根据权重计算得分。依据上文确定的权重并利用公式（4-1）计算我国各地区农村金融排斥指数得分。

（三）农村金融排斥水平评价

本研究的基础数据来源于原中国银监会网站公布的《中国银行业农村金融服务分布图集》，这是原中国银监会开发的我国第一个全面了解农村金融服务状况的专业图集，数据具有权威性，样本地区为全国31个省市区（未包括香港特别行政区、澳门特别行政区和台湾省）[1]。表4-2计算出了2006—2010年各地区农村金融排斥分项指标的平均值。

---

[1] 遗憾的是，《中国银行业农村金融服务分布图集》虽然是我国第一个全面了解农村金融服务状况的专业图集，但其数据仅更新至2010年，此后便不再公布相关数据。因此，本书所用实证数据的时间区间均为2006—2010年。后文同。

由表4-2可知农村金融排斥部分指标存在明显的地区差异，如反映地理排斥水平的银行业金融机构覆盖度，北京是安徽、河南、湖北、广西、贵州等地的2倍多；反映条件排斥的人均贷款水平，浙江、天津、江苏处于较高水平，且浙江远远领先于其他省市，是广东、重庆、湖北、上海、海南等地的5倍以上；反映价格排斥的获取贷款的农户比例，西藏、甘肃、吉林、云南、黑龙江等地获取贷款的农户比例较大，而北京、天津等地反而较小；反映营销排斥的每万人拥有服务人员数，辽宁、北京、浙江、天津等地金融服务覆盖密度较大，是西藏、重庆、湖北、甘肃、湖南、海南、云南、安徽、广西、贵州等地的2倍多。

表4-2　　　　各地区农村金融排斥分项指标平均值

地区	地理排斥	条件排斥	价格排斥	营销排斥
北京	1.94	0.15	0.05	24.01
天津	1.70	0.27	0.13	20.34
河北	1.13	0.13	0.21	12.85
山西	1.50	0.18	0.37	16.61
内蒙古	1.58	0.16	0.50	17.83
辽宁	1.57	0.20	0.42	28.15
吉林	1.41	0.18	0.59	18.31
黑龙江	1.28	0.15	0.56	16.26
上海	1.72	0.04	0.00	18.29
江苏	1.35	0.23	0.15	15.09
浙江	1.58	0.37	0.16	20.84
安徽	0.86	0.09	0.29	8.04
福建	1.10	0.16	0.26	12.79
江西	1.15	0.10	0.33	10.35
山东	1.02	0.20	0.21	11.51
河南	0.76	0.10	0.24	10.16
湖北	0.81	0.05	0.26	9.17
湖南	1.07	0.10	0.45	8.75
广东	0.93	0.07	0.15	9.52
广西	0.80	0.09	0.34	7.57
海南	0.98	0.03	0.20	8.68
重庆	1.21	0.06	0.21	9.33
四川	1.37	0.11	0.48	10.96

续表

地区	地理排斥	条件排斥	价格排斥	营销排斥
贵州	0.78	0.08	0.31	6.57
云南	0.88	0.12	0.58	8.10
西藏	1.89	0.14	0.65	9.51
陕西	1.35	0.16	0.48	11.78
甘肃	1.22	0.12	0.61	9.08
青海	1.21	0.08	0.42	12.33
宁夏	1.14	0.23	0.52	12.75
新疆	1.02	0.10	0.44	10.72

注：上海的价格排斥指标一直为0，是因为获取贷款的农户比例上海未作统计。

进一步，对上文设计的农村金融排斥评价体系的分项指标进行标准化处理，采用变异系数法计算四个指标的权重，并运用公式计算2006—2010年各地区农村金融排斥指数，如表4-3所示。指数数值大代表农村金融排斥程度相对严重，数值小则表示该地区农村金融排斥程度相对较轻。

表4-3　　　　　　　中国各省区农村地区金融排斥指数

地区	2006年	2007年	2008年	2009年	2010年
北京	0.6934	0.6969	0.6848	0.6660	0.6545
天津	0.6178	0.5931	0.6206	0.5995	0.6930
河北	0.7483	0.7426	0.7421	0.7499	0.7355
山西	0.6492	0.5993	0.6306	0.6667	0.6217
内蒙古	0.6652	0.6076	0.6329	0.5309	0.5467
辽宁	0.6293	0.5393	0.4740	0.6174	0.5395
吉林	0.6192	0.5678	0.6011	0.4972	0.5508
黑龙江	0.6744	0.6457	0.6645	0.5708	0.4954
上海	0.8074	0.7970	0.7726	0.8080	0.7834
江苏	0.7249	0.6720	0.6744	0.7688	0.5735
浙江	0.6959	0.6551	0.5875	0.5066	0.3926
安徽	0.7953	0.7633	0.7833	0.7814	0.7802
福建	0.7617	0.7138	0.7225	0.7005	0.6669

续表

地区	2006年	2007年	2008年	2009年	2010年
江西	0.7542	0.7468	0.7527	0.7245	0.7012
山东	0.7518	0.7349	0.7394	0.6912	0.6803
河南	0.8119	0.7551	0.7889	0.8069	0.7677
湖北	0.8236	0.7969	0.7989	0.8042	0.8173
湖南	0.6857	0.7297	0.7081	0.7271	0.7166
广东	0.8224	0.8307	0.8258	0.8145	0.8103
广西	0.7098	0.7902	0.8170	0.7941	0.7542
海南	0.8130	0.7651	0.9570	0.8248	0.7758
重庆	0.7985	0.7324	0.8120	0.8184	0.7912
四川	0.6715	0.7078	0.5784	0.7026	0.6906
贵州	0.8177	0.8171	0.8078	0.7733	0.7286
云南	0.6807	0.6908	0.6857	0.6632	0.6740
西藏	0.5852	0.5530	0.5675	0.5797	0.5825
陕西	0.6634	0.6015	0.6502	0.6619	0.6096
甘肃	0.6772	0.5559	0.6871	0.6500	0.6358
青海	0.6960	0.6775	0.7203	0.7203	0.7249
宁夏	0.6776	0.5433	0.6020	0.6275	0.5677
新疆	0.7399	0.7450	0.7382	0.6870	0.6451

注：上海金融排斥指数较大，可能是由价格排斥指标为0造成的。

根据农村金融排斥综合指数总体情况可以得出以下结论：一是从时间来看，2006年至2010年五年时间各地区农村金融排斥指数总体呈降低态势。这说明农村金融排斥状况在样本年份得到一定程度的缓解。二是从空间来看，我国农村金融排斥存在较大的地区差异，农村金融排斥程度处于低位状态的地区多处于我国的东部或东北部，也是经济较发达的地区，如浙江、辽宁、吉林。农村金融排斥程度处于高位状态的地区多处于我国的中西部地区，也是经济欠发达和不发达地区，如广西、贵州、河南、安徽、重庆、海南等地。三是地区内农村金融排斥的非协调性，结合表4-2和表4-3可以看出，各地区在农村金融排斥指数与分项指标之间存在明显的非协调发展。如农村金融排斥弱化特别明显的浙江、北京和江苏，获取贷款的农户比例却非常低，造成这种状况的原因

第四章 中国农村金融排斥和包容指数构建与评价 89

可能是这些地区城乡一体化程度高，农民的融资渠道多元化，不再过分依赖正规金融所致。像江浙一带，民间金融相当活跃和发达，在满足当地的农民贷款需求中发挥了巨大的作用。与之恰恰相反，许多落后的农村地区融资渠道单一，只能依赖正规金融，导致这一比例反而很高，如西藏、云南、甘肃都在55%以上。

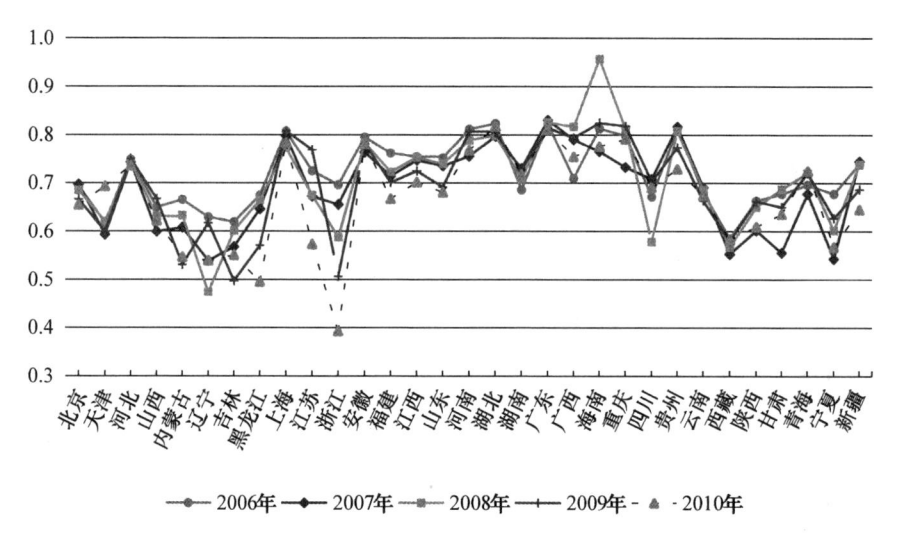

图4-1 地区农村金融排斥趋势

为了反映我国农村金融排斥的区位特征和差异，本章采用离差平方和方法（WARD方法）对农村金融排斥综合指数进行了聚类分析，根据图4-2聚类树形图可以将我国各地区的农村金融排斥状况分为3类，具体结果如表4-4所示。

(1) 第Ⅰ类：农村金融排斥程度处于低位状态。包括天津、浙江、山西、陕西、甘肃、宁夏、内蒙古、西藏、辽宁、吉林、黑龙江。天津、浙江处于我国东部沿海经济发达地区，农村金融相对发达。陕西、辽宁、吉林、山西、黑龙江一直积极进行农村信用社改革试点、新型金融机构改革试点等，农村金融服务水平有了较大的提升。内蒙古、西藏、甘肃、宁夏金融排斥程度低是因为这些地区地广人稀，农村人口较少，同时也是我国新型农村金融机构的重要试点地区，农村金融服务水平和质量有很大提高。从分项指标来看，大部分地区都比较理想，在全

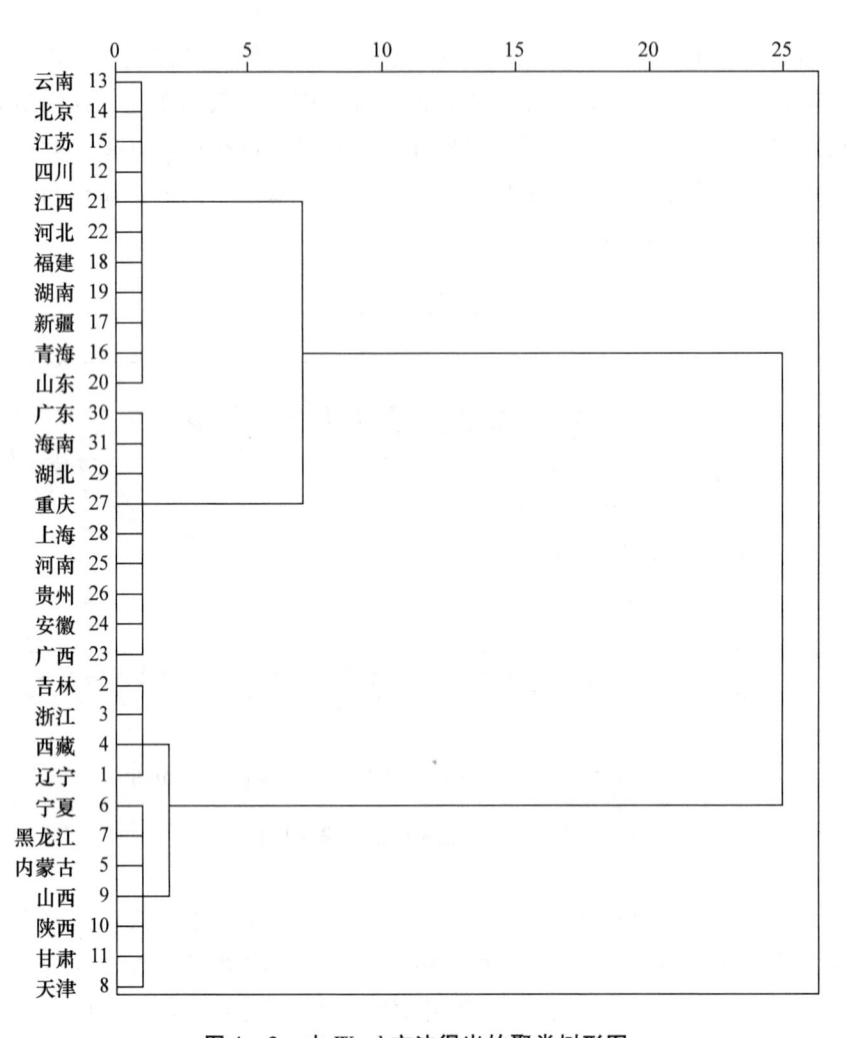

图4-2 由Ward方法得出的聚类树形图

国平均水平之上,但也有个别指标不尽如人意,如天津、浙江获得农户贷款的比例就比较低。

(2)第Ⅱ类:农村金融排斥程度处于中等水平,包括北京、河北、江苏、福建、江西、山东、湖南、四川、云南、青海、新疆11个地区。经济较发达的北京、江苏、福建、山东农村金融较为发达;青海、云南、新疆同样因为地广人稀使得其农村金融排斥程度并不高;而江西、四川、湖南、河北近年来一直积极参与我国农村金融体制改革的试点工作,农村金融服务有了较大程度上的改善。从分项指标来看,除个别指标高于全国平均水平外，其他的都低于全国平均水平。

（3）第Ⅲ类：农村金融排斥程度处于高位状态，包括上海、安徽、河南、湖北、广东、广西、海南、重庆、贵州9个地区。这些地区基本都位于中西部地区，特别是河南、湖北、安徽、江西等中部农业大省，农业人口多，人均贷款低导致农村金融排斥程度高。但也有特殊情况，如经济发达的广东金融排斥程度高的原因可能是民间金融较为发达，而本章的金融排斥则是衡量受正规金融排斥的状况。从分项指标来看，除个别地区部分指标高于全国平均水平外，其他的都低于全国平均水平。

表4-4　　　　　　　中国农村金融排斥聚类分析结果

类别	地区
第Ⅰ类	天津、浙江、山西、陕西、甘肃、宁夏、内蒙古、西藏、辽宁、吉林、黑龙江
第Ⅱ类	北京、河北、江苏、福建、江西、山东、湖南、四川、云南、青海、新疆
第Ⅲ类	上海、安徽、河南、湖北、广东、广西、海南、重庆、贵州

二　农村金融包容指数构建与评价

（一）维度指标选择

金融包容是一个多维度的复合概念，如何准确的测度是一个关键问题。21世纪元年，在世界银行、国际货币基金组织等国际机构的推动和支持下，全球各国金融包容的数据库就经过了从无到有，且日渐完善的过程。2004年起，国际货币基金组织从可接触性和使用效用性两个维度开展了金融可接触性调查（Financial Access Survey，FAS）。2012年4月，世界银行推出"全球金融包容性指标"，作为可用于跟踪全球政策和进度以提高金融服务可接触性的公共数据库，以反映金融体系、金融结构和金融发展的情况。随后，该指标体系正式由Beck等（2000）世界银行经济学家提出，最初目的是衡量金融服务的可接触性，经过反复调整后，他们扩展了指标体系的测度范围，提出了8个具体指标，包括4个可接触性指标和4个使用效用性指标，分别为：每百平方千米金融机构网点数；每万人金融机构网点数；每百平方千米ATM数；每万人ATM数；人均储蓄/人均GDP；人均贷款/人均GDP；每千人储蓄账户数；每千人贷款账户数。同时，他们还运用了金融可接触性边界的模式，从理论上分析金融服务的可接触性。后来，随着研究进一步深化，Sarma（2008）对这个可接触性边界指标提出了否定观点，一方面对这些指标是否具有普适性提出怀疑，认为当单独使用体系中某个指标时，反映的仅是金融包容的部分信息，具有片面性，可能导致金融包容水平衡量存在偏差或错误。如俄罗斯全球人均银行账户拥有率最高但人均银行机构网点数量很低，说明在同一个指标体系下，不同指标的使用却带来完全相反的结果，这显然是不合理的；另一方面她提出金融包容仅仅包含可接触性不够全面，据此，她借鉴了联合国人力发展指数（HDI）的构建方法，并综合了 Beck 等（2000）提出的八个指标，提出了多维度、综合性的金融包容指数的概念，以新的视角——地理渗透性、金融服务可获得性和金融产品使用效用性三个维度共同组成一个更严密的具有普适性的测度指数。

改进后的金融包容指数仍旧在维度选择、计算方法、权重确定等层面存在不少缺陷，后来的学者从不同角度对 Sarma（2008）提出的金融包容指数补充和改善。如 Arora（2012）选择了银行覆盖面、交易便捷性及交易成本三个指标，用以比较发展中国家与发达国家金融包容水平的差异。值得一提的是，在研究方法上 Arora 选取了更多的测度指标，并在新设置的每个维度下都涵盖了多个测度指标，而非像 Sarma 那样仅选取一到两项，并且她还考虑到地理渗透性的影响，提出的交易便捷度、交易成本两个新维度可以测量取得金融服务的便捷性和成本。然而 Sarma 忽略了使用金融服务的成本，Arora 忽略了金融服务的使用情况。Gupte et al.（2012）综合以上两类指标体系的基础上，从覆盖面、使用效用性、交易便利性和交易成本四个方面提出了自己的指标设计。同样在维度、指标选择方面，Rahman & Coelho（2013）提出了金融包容性测度的三个维度，即可接触性、使用效用性和质量，而每个维度下的指标分为核心指标和次级指标，其中次级指标为非必需指标，只作为核心指标的补充，使得指标评价体系更为多元化。尽管学者们设计的测量指标有所差异，但基本上都以包容最大的区域和人群为标准来衡量金融包容水平，不足的是，在这些指标设计中，没有深入考虑各维度指标的权重选择以及如何评价单个维度的贡献。而 Chakravarty & Pal（2010）则从测量方法和维度权重方面改善了金融包容指数，运用公理性的测量方法度量金融包容性，此算法解决了各个维度等量赋权的模糊和不确定问题。

除了以上学者提出的指标体系，一些组织机构也对衡量金融包容的指标框架进行了规范。如印度一家信用评级公司（CRISIL）采用非货币性参数，关注已经触及各种金融服务的"人的数量"，而不是"存贷款的数量"，有助于减少数值过高的数据对总体带来的比例失调的影响；金融包容全球合作伙伴组织（GPFI）在2012年6月举行的20国集团峰会上提出了金融包容基本指标，包括可接触性和使用效用性两个维度；金融包容联盟成立了金融包容数据工作小组，同样尝试从正规金融服务的可接触和使用效用性两个维度对成员国金融包容情况进行评估，并且在其成员国中进行测试。

但笔者在实际研究中发现，不管是国际组织还是Sarma等学者的研究，渗透性和产品接触性在原始概念上存在众多交叉，使得选取的指标存在很强的相关性，这违背了维度设定中彼此尽量不相关的原则。且值得注意的是，在金融包容这一多维度概念中，渗透性、使用效用性、可负担性，是逐级递进的关系。机构的设置、账户的拥有是获取金融服务的前提基础，产品和服务的获取及有效使用是金融包容的核心，使用时的成本可负担性是关键（王修华，2014）。

因此本部分针对上述不足，结合农村金融的特殊性，遵循多维客观反映、数据来源可得、计算方法科学、操作简便易行、便于时空比较的原则，设定了渗透性、使用效用性、可负担性三个基本维度，用以建立农村金融包容指数，测量我国农村金融包容状况，如图4-3所示，这三个维度在包容程度方面渐次增强。

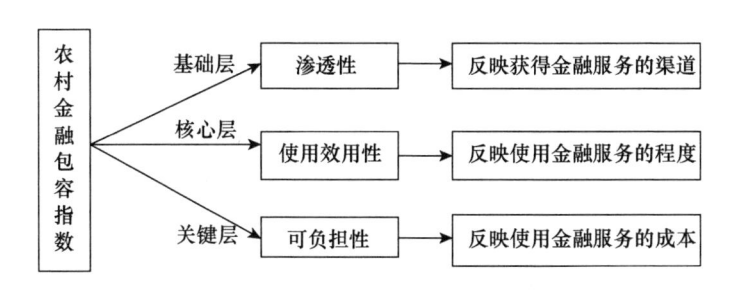

图4-3 农村金融包容指数的维度及内涵

维度1：渗透性，是指一个地区提供的金融服务在其使用者中的渗透程度，即是否有接触或获得金融服务的渠道，它是金融包容的基础层。包容性金融体系意味着尽可能多的居民可方便地享受金融服务,从供给角度而言即保证金融机构网点的有效设立和充足的服务人员配备。一个地区机构网点数越多、金融服务人员越多,则该地区金融的渗透性越强。这一维度从人口、地理两个层面设置指标,具体指标为:县及县以下每万人拥有金融机构网点数、县及县以下每万人拥有金融服务人员数量、县及县以下每平方千米金融机构网点数和县及县以下每平方千米金融服务人员数量,这些指标为金融包容的正向指标。

维度2:使用效用性,是指一个地区提供的金融服务的使用程度如何,如多少人获得,获得的数量是多少,它是金融包容的核心层。由于间接融资在融资手段中仍占据主体地位,本文将研究重点放在存贷款的获得与使用效用上。微观层面下,通过衡量农户获取贷款情况反映金融使用程度。具体指标为:获得贷款农户占比,农户人均储蓄存款水平,农户人均贷款水平。宏观层面下,通过测算农村地区存贷比及存贷款占GDP比重衡量使用效用中的宏观效应,这些指标为金融包容的正向指标。

维度3:可负担性,指以多高的成本获得或使用金融服务及成本是否是可负担的,它是金融包容的关键层。利率贷款上浮意味着要支付更高的成本,不利于金融的包容性发展,因此所有贷款中利率上浮贷款占比作为衡量可负担性指标,该指标为逆向指标。

表4-5　　　　　　　　农村金融包容指数指标选取

维度	层面划分	统计指标	指标性质
渗透性(Banking penetration)	人口层面	县及县以下每万人拥有金融机构网点数(个)	正
		县及县以下每万人拥有金融服务人员数量(个)	正
	地理层面	县及县以下每百平方公里金融机构网点数(个)	正
		县及县以下每百平方公里金融服务人员数量(个)	正
使用效用性(Usage)	微观层面	获得贷款农户占比(%)	正
		农户人均储蓄存款水平(万元)	正
		农户人均贷款水平(万元)	正
	宏观层面	农村地区存贷比(%)	正
		农村存贷款占GDP比重(%)	正
可负担性(Cost)	成本层面	利率上浮贷款占比(%)	负

(二) 农村金融包容指数构建

由于各指标存在量纲的差异，在测算前需要对原始数据进行无量纲化处理：

$$\begin{cases} x_{ij} = \dfrac{A_{ij} - m_{ij}}{M_{ij} - m_{ij}}, \text{当指标为正指标时} \\ x_{ij} = \dfrac{M_{ij} - A_{ij}}{M_{ij} - m_{ij}}, \text{当指标为逆指标时} \end{cases} \quad (4-7)$$

其中，x_{ij} 表示处理后的指标值，A_{ij} 是指标的实际值，m_{ij} 表示该指标的最小值，M_{ij} 为该指标的最大值。公式（4-7）保证了 $0 \leqslant x_{ij} \leqslant 1$。

进一步通过计算各个维度的测算值与最理想值的欧氏距离（Euclidean Distance），并将所有距离整合在一起，得到如下计算公式。

单一维度农村金融包容指数：

$$RFII_i = 1 - \frac{\sqrt{w_{i1}^2(1-x_{i1})^2 + w_{i2}^2(1-x_{i2})^2 + \cdots + w_{in}^2(1-x_{in})^2}}{\sqrt{(w_{i1}^2 + w_{i2}^2 + \cdots + w_{in}^2)}} \quad (4-8)$$

以及复合维度综合包容指数：

$$RFII = 1 - \frac{\sqrt{w_1^2(1-RFII_1)^2 + w_2^2(1-RFII_2)^2 + w_3^2(1-RFII_3)^2}}{\sqrt{(w_1^2 + w_2^2 + w_3^2)}} \quad (4-9)$$

其中，x_{ij} 为处理后的指标值（$0 \leqslant x_{ij} \leqslant 1$），$w_{ij}$ 为指标权重，w_1，w_2，w_3 为维度权重。RFII 取值区间为 [0,1]，其值越接近于1，表明金融包容水平越高，越接近0，包容水平越低。w_{ij} 的指标权重以及 w_1，w_2，w_3 的维度权重赋权方法采用变异系数法（CV）：

①单一维度指标赋权。首先计算第 i 维度下各指标的变异系数：

$$V_{ij} = \frac{S_{ij}}{\overline{A_{ij}}} \qquad (4-10)$$

其中，i 表示第 i 个维度，j 表示该维度下的第 j 个指标，V_{ij} 代表第 i 个维度下第 j 指标的变异系数，S_{ij} 代表该指标的标准差，$\overline{A_{ij}}$ 代表该指标的均值。则第 i 维度下各指标的权重为：

$$w_{ij} = \frac{V_{ij}}{\sum_j V_{ij}} \qquad (4-11)$$

②各维度赋权。计算各维度的变异系数：

$$V_i = \frac{S_i}{\overline{A_i}} \qquad (4-12)$$

其中，i 表示第 i 个维度（$i = 1, 2, 3$），V_i 代表第 i 个维度包容指数的变异系数，S_i 代表该维度包容指数的标准差，$\overline{A_i}$ 代表该维度包容指数均值。则各维度权重为：

$$w_i = \frac{V_i}{\sum_i V_i} \qquad (4-13)$$

（三）农村金融包容水平评价

选取 2006—2010 年全国 31 个省、直辖市、自治区作为测度样本。银行业金融机构相关数据均来自原中国银监会网站发布的农村金融分布图集，其中，银行业金融机构包括五大国有大型商业银行、股份制商业银行、各级农村信用社、农村商业银行及合作银行、邮政储蓄机构、村镇银行、贷款公司及资金互助社。计算结果如表 4-6 所示。

表4-6　　　　2006—2010年31省份农村金融包容指数

省份	2006年	2007年	2008年	2009年	2010年	平均
上海	0.568	0.591	0.627	0.607	0.641	0.607
天津	0.452	0.497	0.494	0.550	0.530	0.505
北京	0.372	0.371	0.365	0.423	0.408	0.388
浙江	0.330	0.322	0.393	0.398	0.419	0.372
江苏	0.343	0.336	0.343	0.359	0.385	0.353
山东	0.308	0.322	0.337	0.379	0.368	0.343
河南	0.332	0.313	0.315	0.303	0.354	0.324
安徽	0.320	0.294	0.297	0.279	0.279	0.294
辽宁	0.269	0.324	0.369	0.236	0.248	0.289
重庆	0.265	0.278	0.273	0.275	0.288	0.276
河北	0.224	0.221	0.250	0.357	0.266	0.264
广东	0.240	0.229	0.257	0.275	0.262	0.253
湖南	0.234	0.227	0.221	0.246	0.252	0.236
福建	0.222	0.226	0.232	0.235	0.236	0.230
山西	0.182	0.213	0.225	0.237	0.266	0.224
海南	0.236	0.222	0.209	0.211	0.226	0.221
江西	0.189	0.208	0.226	0.247	0.232	0.220
湖北	0.173	0.207	0.213	0.226	0.221	0.208
陕西	0.210	0.188	0.201	0.215	0.210	0.205
吉林	0.161	0.191	0.207	0.211	0.186	0.191
四川	0.149	0.158	0.187	0.184	0.192	0.174
广西	0.149	0.152	0.168	0.195	0.185	0.170
贵州	0.155	0.153	0.170	0.185	0.174	0.168
云南	0.196	0.158	0.147	0.168	0.163	0.166
西藏	0.151	0.153	0.152	0.147	0.147	0.150
黑龙江	0.159	0.137	0.122	0.166	0.144	0.146
宁夏	0.108	0.125	0.148	0.153	0.154	0.138
甘肃	0.121	0.119	0.144	0.164	0.136	0.137
新疆	0.073	0.089	0.135	0.143	0.151	0.118
内蒙古	0.132	0.105	0.091	0.144	0.111	0.117
青海	0.080	0.081	0.113	0.135	0.134	0.108

续表

省份	2006年	2007年	2008年	2009年	2010年	平均
东部平均	0.324	0.333	0.353	0.366	0.363	0.348
中部平均	0.219	0.224	0.228	0.239	0.242	0.230
西部平均	0.149	0.147	0.161	0.176	0.171	0.160
全国平均	0.229	0.233	0.246	0.260	0.257	0.245

注：关于东、中、西部三大地区的划分有不同的口径，本文按照经济技术发展水平和地理位置相结合的原则，即根据西部大开发战略的划分，东部包括北京、天津、河北、辽宁、上海、福建、山东、海南、广东、浙江、江苏等11个省份；中部包括山西、吉林、黑龙江、安徽、江西、河南、湖南、湖北等8个省；西部包括内蒙古、广西、重庆、四川、贵州、云南、西藏、陕西、甘肃、青海、宁夏、新疆等12个省份。这种划分方法总体上反映了由沿海到内陆，东、中、西各地带经济发展的特点和相互之间的差异。下表同。

为了更好地认识金融包容的发展情况，本部分还汇报了金融包容三个维度的情况。各省（市）2006—2010年金融机构渗透性情况如表4-7所示。可以看到，这一期间，东中部的金融机构渗透性皆呈上升趋势，西部地区金融机构渗透性仍相对偏低。从分值来看，中部地区提高了3.1%，东部地区提高了1.3%。这说明自我国2005年引入金融包容概念以来，我国中部和东部地区金融服务网点的覆盖率明显提高，居民获得金融服务的时间消耗减少，便利度上升。比较而言，东部地区的渗透性遥遥领先，一直是我国金融发展的中心，经济总量、市场化程度等在三大区域中位列第一，优势明显。西部地区虽然开发战略和金融扶贫战略不断推进，一直是国家政策鼓励和扶持的重点地区，但金融机构渗透性并未得到显著提高。并且，西部和中部地区在此期间都未达到全国均值，说明我国金融资源总体上还是"聚集"在东部。

表4-7　　　　　　　　金融机构渗透性

年份	2006	2007	2008	2009	2010
均值	0.2452	0.2362	0.2434	0.2430	0.2475
最大值	0.6986	0.7194	0.7457	0.7031	0.7517
最小值	0.0385	0.0395	0.0402	0.0381	0.0414
标准差	0.1660	0.1655	0.1754	0.1695	0.1769
东部	0.3954	0.3896	0.4060	0.4033	0.4006

续表

年份	2006	2007	2008	2009	2010
中部	0.2315	0.2210	0.2225	0.2163	0.2388
西部	0.1166	0.1058	0.1083	0.1140	0.1129

表 4-8 反映的是各省（份）2006—2010 年金融服务使用效用性情况。可以看出，在样本期间，东部的使用效用性在快速持续增长，2010 年与 2006 年相比增长了 79%。而中部和西部的使用效用性虽然也在增长，但两者的增加幅度相对东部都偏小，与东部地区的差距也在扩大，东中西部存在明显的效用性"鸿沟"。这说明金融机构的渗透性只是使用金融资源的前提，而能否真正获取金融资源还取决于其他条件。初步分析，这不仅可能与需求主体自身的特征（如资产状况、盈利能力、财务规范性等）有关，还可能与区域间的禀赋差异有关，受到异质性区域因素的影响，同一类别主体在不同地区市场上可能遭遇差别化待遇。

表 4-8　　　　　　　　　　金融服务使用效用性

年份	2006	2007	2008	2009	2010
均值	0.1021	0.1109	0.1165	0.1324	0.1617
最大值	0.2026	0.2533	0.3364	0.3803	0.4999
最小值	0.0413	0.0443	0.0320	0.0374	0.5293
标准差	0.0342	0.0442	0.0581	0.0673	0.0855
东部	0.1232	0.1431	0.1573	0.1804	0.2202
中部	0.0903	0.0976	0.0957	0.1145	0.1359
西部	0.0906	0.0903	0.0930	0.1004	0.1253

表 4-9 反映的是各省（份）2006—2010 年金融服务可负担性情况。可以看出，在样本期间，三大区域前期的可负担性都较高，后又呈现逐渐上升的趋势。与 2006 年相比，2010 年东部、中部、西部地区可负担性分别增加了 8.6%、5.5%、6.2%。这表明居民获得或使用金融服务的成本一直处于上升状态，从一定程度上而言，居民尚不能在可负担的前提下使用金融服务。因此，随着获取金融服务的增加，金融机构应进一步创新信贷机制，同时地区政府营造良好的金融生态环境，进一

步降低金融服务成本。

表4-9　　　　　　　　　　金融成本可负担性

年份	2006	2007	2008	2009	2010
均值	0.4814	0.4884	0.5017	0.5196	0.5152
最大值	0.7604	0.7799	0.7868	0.7992	0.8152
最小值	0.3400	0.3443	0.3477	0.4012	0.3727
标准差	0.0945	0.0999	0.0981	0.1014	0.1047
东部	0.5612	0.5742	0.5919	0.6143	0.6096
中部	0.4743	0.4850	0.4880	0.5018	0.5004
西部	0.4129	0.4121	0.4282	0.4446	0.4386

我们利用地理信息学技术对我国各省市2006年、2010年金融包容发展水平进行测度，发现我国农村金融包容水平整体呈现东部较高、中西部较低的趋势，与经济发展水平基本上呈正相关关系。具体而言：金融包容水平较高的地区主要集中于我国的东部沿海地区，金融包容指数的测度结果平均在0.3以上，属于"中度水平"。其中，以京津冀城市群以及长江三角洲城市群为包容水平最高的地区，基本测度结果均在0.4以上，为"高水平包容"。中部地区的金融包容程度大多在0.15—0.3区间波动，代表省份湖南、湖北、江西、安徽等，反映了中部地区多为"中低水平"。其中河南的金融包容水平在中部省份中处于领先地位，甚至达到了"中度水平"。在西部省份中，金融包容水平相对较高的是西藏、新疆、四川。其中，西藏地区的金融包容水平在2006—2010年有了较大的提升。但是总体来看，西部地区的金融包容水平全国最低，均值在0.15以下，处于"低水平包容"阶段。说明相比于中东部地区，西部地区的金融包容发展滞后，具有很大的提升空间。

（1）从时点状态上看，2006年仅有天津、上海两市农村金融包容水平为"高水平包容"，截至2010年"高水平包容"包容省市数量从2个提升至4个，新晋省市为北京和浙江，说明京津冀城市群和长江三角洲城市群的辐射力度进一步加强。东部沿海省市金融包容水平变动较小，仍然处于全国领先的地位，属于"中度包容水平"；安徽金融包容水平有所下降，从2006年的0.319下降至2010年的0.279，降为"中低水平包容",包容水平为中度的省份数量从6个降至3个。包容水平在0.15—0.3,即"中低水平"的地区从2006年的16个增加至2010年的19个,新加入的西藏、宁夏、黑龙江、广西金融包容水平提升明显,而原本位于"中低水平"的新疆金融包容水平却产生了反向下降,降至"低水平包容"。总体来说,我国金融包容程度从2006年到2010年有所提升,"高水平包容"的地区有所增加,但整体仍以"中低水平"为主,各省份提升程度较小。

(2)从变动类型来看,得益于面板数据的优势,我们不仅得到各年份时点上农村金融包容水平的状态量,还可以观测到2006—2010年这一年份区间内包容指数的变动情况。不同于金融包容指数区域集聚分布的特点,指数的变动呈现出完全不同的规律,并不存在"东高中西低"这种区域关系。即在这一观测区间内,经济发达地区金融包容水平的提升也许并不如某些经济滞后地区。根据包容指数变动趋势的不同,我们把全国31个测度样本分为"上升型""稳定型""下降型"与"波动型",对应不同的变化特点,具体见表4-10。

表4-10　　农村金融包容水平变动类型及变化特色

类型	特点	包含省份	变动区间
上升型	金融包容水平几乎逐年递增,整体趋势呈现上升型	新疆、山西、天津、上海、山东、江西、湖北、广西、青海	(0.05, 0.1)
稳定型	金融包容水平并未获得大幅提升,波动性较小,稳定在某一区间范围内	宁夏、四川、吉林、甘肃、北京、江苏、广东、贵州、重庆、福建、湖南、陕西	(0, 0.05)
下降型	金融包容水平在降低,即使某一年有小幅提升,整体仍呈现下降趋势	黑龙江、安徽、西藏、海南、内蒙古、云南	(-0.05, 0)
波动型	金融包容水平并未呈现始终上升或下降的趋势,波形性较大,状态不稳定	浙江、河南、辽宁、河北	(-0.15, 0.15)

以新疆为代表的9省份,由于金融包容水平几乎逐年上升,被列为"上升型"。这其中既包含天津、上海、山东这类经济发达地区;也包

含中部省份湖北、山西、江西；西部省市新疆、广西、青海包容水平的提升也较为明显。12省份包容水平提升较小，划归为"稳定型"，同样包含了东、中、西部地区。6省份金融包容水平在下降，反映了农村地区有更多的农户、低收入群体被金融排斥在正规金融体系之外。浙江等4省份金融包容指数每年的变动较大，且没有形成一个稳定的变化趋势，时而提升时而下降，因此被列为"波动型"。

变动类型的结果说明：金融包容水平的提升与现有包容水平并不存在相关关系，金融包容水平欠发达地区同样可以通过改善金融机构的渗透性、服务质量等提高金融包容水平。而目前金融包容水平领先的省份，亦具有提升潜力，以包容水平最高的上海为例，其2010年指数得分也仅为0.641，距离发展瓶颈相去甚远。

（3）从维度贡献来看，金融包容指数包含了三个不同维度，为了探明金融包容水平变动类型的内在机理，细化对各类型的判别依据，并识别每个维度对整体水平提升的贡献度[①]，故将2006—2010年农村金融包容指数分维度的变动情况绘制如图4-4所示。

第一维度的变化在全国存在较大差异，地区性金融中心如天津、上海、湖北等省份的金融机构网点扩张较快，而中西部地区内蒙古、辽宁、云南等省份金融网点扩张呈现下降的趋势。各省份在第二维度使用效用性得分都取得了增长，其中增幅较大的省份主要集中在沿海的辽宁、上海、江苏、浙江、福建以及山东。此外，西部地区陕西、甘肃、宁夏、新疆等省份也取得较高的增长。各省在第三维度的变动规律并不统一，且方向各异。该维度得分上升较快的省份主要有集中在沿海的天津、河北、江苏以及西部的青海和新疆，此外中部地区山西和湖南也在降低服务成本方面有了较大进步。而黑龙江、河南、安徽、福建、海南、云南、西藏以及陕西的服务成本却在上升。

以金融包容综合指数提升较多的新疆为例，在第二、第三维度提升明显，分别提高0.065和0.168，第一维度得分轻微回落，下降0.002。究其原因，新疆地区大力推动农村金融发展，尤其村镇银行、资金互助社发展迅速，涉农贷款比重获大幅提高，占各项贷款的

---

① 图4-4的计算结果是含权的，包含了各维度的权重W_1、W_2、W_3，数值上等于公式（4-9）中所使用权重。

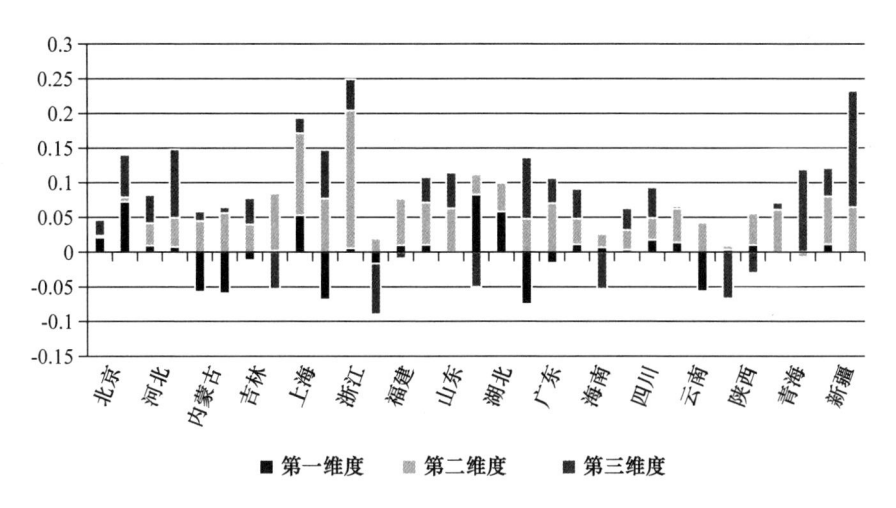

图 4-4 2006—2010 年农村金融包容指数分维度变动

91.21%，极大地提高了新疆在使用地效用性的得分；而农村资金互助社贷款手续简便、门槛很低，极大地降低了服务成本。然而，考虑到西部地区第一维度得分绝对值偏低，包容水平提升却仍以第二、第三维度为主，这在一定程度上说明以新疆为代表的西部地区农村金融网点机构的覆盖面尚且不足，适度扩张金融机构数量，是未来提高农村金融包容程度的重要发展方向。31 省份中，以浙江、山东为代表的东部地区，由于本身金融机构网点数已较为充足，因此图 4-4 中显示为二、三维度提升较多，反映了目前中东部地区农村金融包容水平的提升，并非单纯依靠金融机构网点的扩张，而主要依赖于提高现有机构的效用性，以及在此基础上降低服务成本。

三 农村金融排斥与包容的变动趋势

农村金融排斥是否得到有效缓解，金融包容程度是否得到提升，值得持续跟踪。考虑到本章节农村金融排斥指数和金融包容指数的测度数据均来源于 2006—2010 年的农村金融服务分布图集且不再进行更新，其时效性有待进一步提升，本节首先采用能衡量农村金融排斥与包容的涉农金融机构数量、涉农金融机构从业人员数量、涉农贷款数量和占比等单指标，刻画分析 2011—2018 年农村金融排斥与包容的变动趋势，以弥补数据的不足。① 此外,本节还将农村金融排斥水平和金融包容水平进行趋势对比,一方面佐证本章节有关农村金融排斥与包容指标选取、水平测度的科学性;另一方面分析国家推动包容性金融发展战略以来,农村金融排斥是否已向金融包容转变。

(一) 农村金融排斥与包容指标的变动

1. 涉农金融机构数

地区涉农金融机构数越多、涉农金融服务人员越多,则该地区的农村金融渗透性越强,农村金融排斥水平能得到有效缓解。经过多年的持续努力,我国正在形成银行业金融机构、非银行业金融机构和其他微型金融组织共同组成的多层次、广覆盖、适度竞争的农村金融服务体系,政策性金融、商业性金融和合作性金融功能互补、相互协作,推动农村金融服务的便利性、可得性持续增强。由表4-11可以发现,2011—2018年,随着农村金融改革创新的全面推进,我国农村商业银行和村镇银行的法人机构数量增长迅速,分别从212家增加至1427家以及635家增加至1616家,农村金融市场化程度得到逐步提升。

表4-11　　　　主要涉农金融机构法人机构数量　　　　(单位:家)

年份	农村商业银行	村镇银行	农村信用社	农村合作银行
2011	212	635	2265	190
2012	337	800	1927	147
2013	468	987	1803	122
2014	665	1152	1596	89
2015	820	1311	1373	71
2016	1114	1443	1125	40
2017	1262	1562	965	33
2018	1427	1616	812	30

资料来源:中国人民银行《中国金融年鉴》。

---

① 采用单指标进行分析的原因如下:一是2011年开始原中国银监会取消了农村金融服务分布图集的公布;二是单指标作为农村金融排斥和农村金融包容水平测度的主要衡量指标,仍广泛作为学者衡量农村金融排斥与包容的有效指标,能一定程度衡量农村金融的渗透性和使用效用性。

此外，由表 4-11 还可以知道，农村合作银行、农村信用社的法人机构数量呈现不断减少的趋势，截至 2018 年年末，农村合作银行和农村信用社分别为 30 家、812 家，较 2011 年分别减少 160 家、1453 家。但农村信用社和农村合作银行数量上的大幅减少并不意味着农村地区金融发展的衰退，其原因主要在于大量的农信社和农合行通过改制，成为商业性银行。农信社和农合行在治理结构和抗风险能力等方面难以满足现代金融发展的要求，通过公司制改革，成为农村商业银行，更有利于提升治理水平、增加抗风险能力、拓宽业务范围，更有利于发挥包容性农村金融的作用。表 4-12 的涉农金融机构营业网点数量佐证了上述观点，可以发现，涉农金融机构网点数量由 2012 年的 75932 个增加至 2016 年的 83750 个，地理排斥得到有效缓解，农村金融机构渗透水平得到不断提升。

表 4-12　　　　　　主要涉农金融机构营业网点数量　　　　（单位：个）

名称	2012 年	2014 年	2016 年
农村商业银行	19910	32776	49307
农村信用社	49034	42201	28285
村镇银行	1462	3088	4716
农村合作银行	5463	3269	1381
农村资金互助社	49	49	48
贷款公司	14	14	13
合计	75932	81397	83750

另外，从涉农金融机构从业人员数量上看，农村商业银行的从业人数随着其机构数量的不断扩张而不断增加。如表 4-13 和图 4-5 所示，截至 2017 年年末，农村商业银行从业人数达 602849 人，较 2011 年增长约三倍。虽然农村信用社和农村合作银行由于法人机构数量下降，从业人数也有明显地减少，但截至 2017 年年末农村信用社从业人员数量仍有 254973 人，农村合作银行从业人员数量仍有 11580 人。这表明，不管是从涉农金融机构网点数量来看，还是从涉农金融机构从业人员数量来说，农村金融包容水平均有所提升，农村金融排斥现象得到有效缓解。

表4-13　　　　　主要涉农金融机构从业人员数量　　　　（单位：人）

年份	农村商业银行	农村信用社	农村合作银行
2011	155476	533999	70115
2012	220042	502829	55822
2013	284294	473874	48578
2014	373635	423992	32614
2015	464055	369369	25824
2016	558172	297083	13561
2017	602849	254973	11580

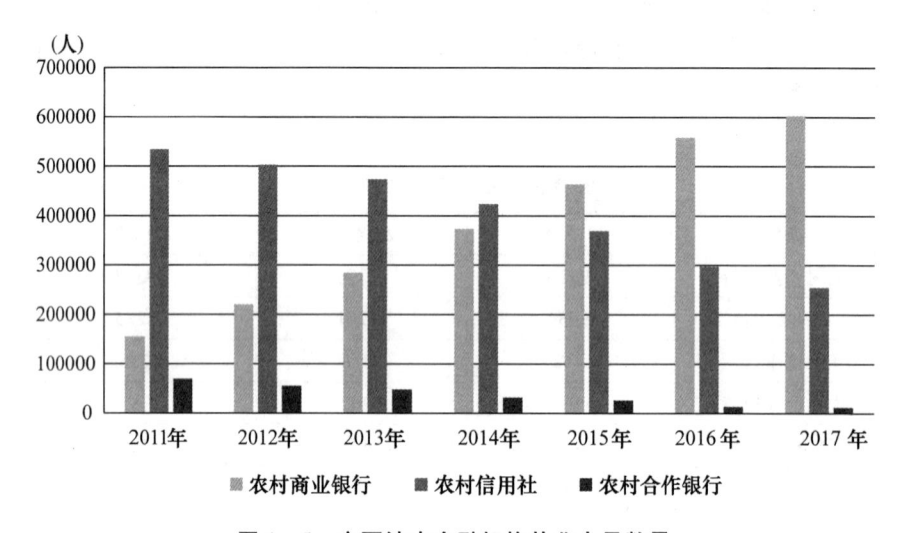

图4-5　主要涉农金融机构从业人员数量

2. 涉农贷款及占比

地区提供的金融服务的使用程度如何，如多少人获得，获得的数量是多少，能有效衡量金融服务程度，反映金融包容的使用效用性是否得到提升。中国人民银行公布的《中国农村金融服务报告（2018）》显示，2011—2018年在多个部门多项政策支持和广大金融机构的共同努力下，金融支持"三农"发展的力度持续加大，农村贷款和涉农贷款数量均有显著的提升。截至2018年年末，农村贷款余额由2011年的12.1万亿元增加到2018年的26.6万亿元；涉农贷款余款由2011年的14.6万亿元增加到2018年的32.7万亿元。虽然在总量增加的同时，农村贷款余额和涉农贷款余额增速在逐渐放缓,2018年年末,农村贷款余额同比增长6.1%,增速比上年末低3个百分点;涉农贷款余额同比增长5.7%,增速比上年末低3.9个百分点,但农村贷款占比和涉农贷款占比均维持在较为稳定的比例。具体数据及趋势可见表4-14和图4-6。

表4-14 农村贷款、涉农贷款余额、增速及占比

年份	农村贷款余额（万亿元）	农村贷款增速（%）	农村贷款占比（%）	涉农贷款余额（万亿元）	涉农贷款增速（%）	涉农贷款占比（%）
2011	12.1	23.9	20.9	14.6	24.1	25.1
2012	14.5	19.8	21.6	17.6	20.7	26.2
2013	17.3	18.9	22.6	20.9	18.5	27.3
2014	19.4	12.3	23.2	23.6	13.0	28.1
2015	21.6	11.1	22.8	26.4	11.7	27.8
2016	23.0	6.5	21.6	28.2	7.1	26.5
2017	25.1	9.1	20.9	31.0	9.6	25.8
2018	26.6	6.1	19.5	32.7	5.7	24.0

资料来源：中国人民银行《中国农村金融服务报告（2018）》。

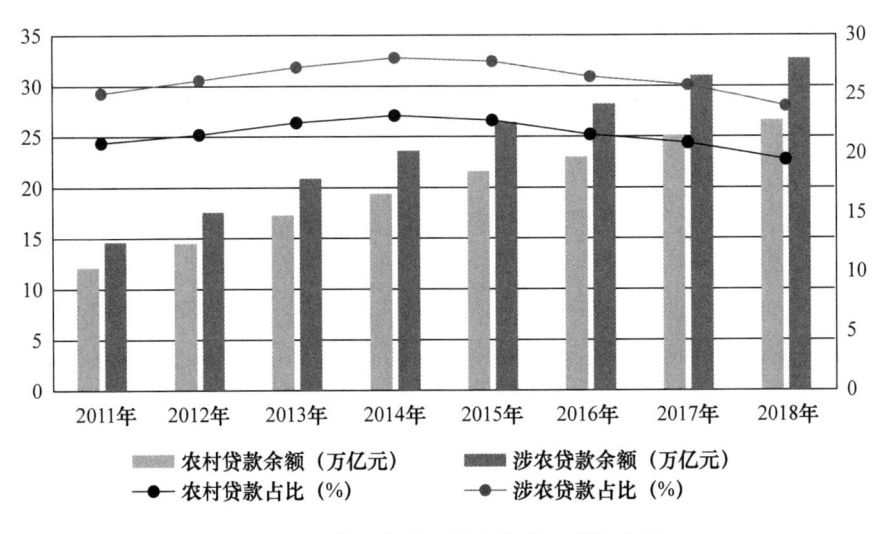

图4-6 农村贷款、涉农贷款余额及占比

3. 其他方面

除上述方面之外，还有一些方面也能够体现我国农村金融包容的提升和农村金融的发展、完善。以下简单列举几个方面。

农村地区银行机构的结算账户和非现金支付方面：①农村地区结算账户开户数量稳步增长。根据人民银行公布信息，截至 2018 年年末，我国农村地区累计开立单位银行结算账户 2174.83 万户，较上年增长 10.59%。农村地区累计开立个人银行结算账户 43.05 亿户，人均 4.44 户，较上年增长 8.55%。②银行卡数量持续增长。截至 2018 年年末，我国农村地区银行卡发行量 32.08 亿张。人均持卡量为 3.31 张。其中，借记卡 29.91 亿张，增长 11.13%；信用卡 2.02 亿张，增长 15.60%；借贷合一卡 1434.35 万张。但银行卡数量增幅有所下降。③支付增速放缓，网银支付基本持平、电话银行支付业务继续萎缩。截至 2018 年年末，手机银行开通数累计 6.70 亿户，增长 29.64%；发生手机银行支付业务笔数 93.87 亿笔、金额 52.21 万亿元，分别增长 3.04%、34.26%。农村地区网上银行开通数累计 6.12 亿户，增长 15.29%；2018 年发生网银支付业务笔数 102.08 亿笔，小幅增长，金额 147.46 万亿元，小幅下降。电话银行开通数累计 2.08 亿户，增长 9.57%；发生电话银行支付业务笔数 8081.11 万笔、金额 925.19 亿元，分别下降 17.44%、23.83%。

在农村地区支付清算系统覆盖方面：①人民银行支付系统覆盖面继续扩大。人民银行支付系统包括大额实时支付系统、小额批量支付系统和网上支付跨行清算系统。根据人民银行数据，截至 2018 年年末，农村地区接入人民银行大小额支付系统的银行网点 9.58 万个，代理银行网点 2.71 万个，合计 12.29 万个，覆盖比率为 97.05%，覆盖率较上年提升 0.26 个百分点。②农信银行支付清算系统业务保持高速增长。截至 2018 年年末，以参与者身份接入农信银行支付清算系统的银行网点 44758 个，基本覆盖农信社等合作金融机构营业网点。2018 年，农信银行支付清算系统办理支付清算业务 84.51 亿笔、金额 8.45 万亿元，分别增长 152.34%、26.58%，继续保持高速增长。

银行卡受理市场建设和助农取款服务方面：①农村特约商户总量持续增长。截至 2018 年年末，农村地区特约商户 554.02 万户，增长 5.26%。②ATM 数量增长乏力，交易笔数、金额均呈现小幅负增长。

截至2018年年末，农村地区ATM 38.04万台，增长0.82%，万人拥有数量3.93台；当年发生交易124.06亿笔、交易金额21.96万亿元，分别下降7.98%、4.73%；人均办理12.81笔/年。③POS机数量、交易笔数基本持平，交易金额有所下降。截至2018年年末，农村地区POS机715.62万台，增长0.58%，每万人拥有73.90台；当年发生交易25.14亿笔，微增2.29%，金额6.79万亿元，下降7.76%；人均办理2.60笔/年。④助农取款服务行政村全覆盖继续保持稳定，结构不断优化，总体业务量与上年基本持平。截至2018年年末，农村地区拥有助农取款服务点86.49万个（其中，加载电商功能的20.61万个），覆盖村级行政区52.2万个，村级行政区覆盖率达98.23%，村均拥有量为1.63个。2018年，农村地区助农取款服务点共办理支付业务合计4.63亿笔、金额3618.69亿元，与上年基本持平。

（二）农村金融排斥与包容的趋势对比

从英文的词源上看，金融包容与金融排斥两者正好是一对反义词。事实上，金融包容的提出就是为了破解"金融排斥"现象。对金融排斥的破解催生了金融包容的研究热潮。那么自我国引入金融包容概念并大力推广以来，农村金融排斥是否得到有效缓解？原来被排斥在金融体系之外的弱势群体的金融可得性和使用效用性是否得到提升？图4-7汇报了2006—2010年农村金融排斥指数与金融包容指数的变化趋势。从全国整体来看，2006—2010年，全国农村金融包容指数有上升趋势，从2006年的0.229上升至2009年的0.26和2010年的0.257。而相对应的，随着农村金融包容程度的提升，全国农村金融排斥水平整体呈现下降趋势，农村金融排斥指数由2006年的0.718，下降至2010年的0.664，金融排斥问题得到了一定的缓解。该趋势图说明，随着我国相继出台不少改革措施和政策，如调整放宽农村地区银行业金融机构准入政策、消除基础金融服务空白乡镇、基础金融服务"村村通"工程和出台《推进普惠金融发展规划（2016—2020年）》，将普惠金融上升到国家战略等，我国农村金融改革成效显著，改革已经朝着"包容性"的方向发展，这将有助于推动我国经济的包容性增长。

全国

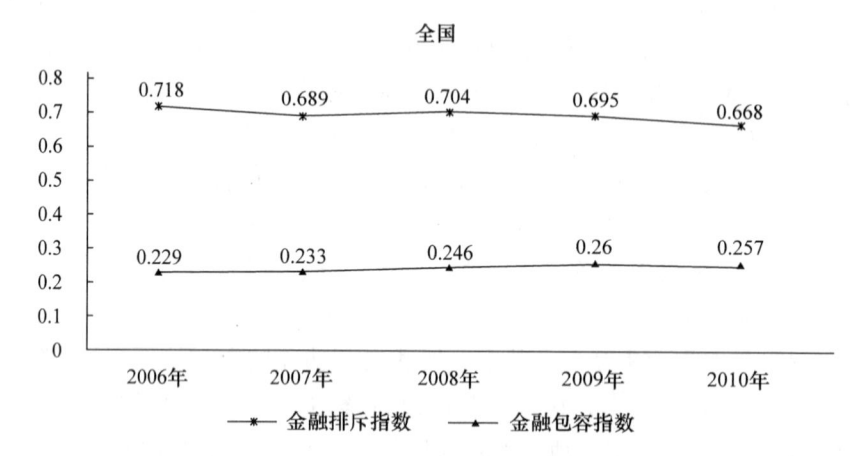

0.8　0.718　　0.689　　0.704　　0.695　　0.668
0.7
0.6
0.5
0.4
0.3　0.229　　0.233　　0.246　　0.26　　0.257
0.2
0.1
0
　　2006年　　2007年　　2008年　　2009年　　2010年
　　　　　—※—金融排斥指数　　—▲—金融包容指数

图4-7　全国农村金融排斥与包容的趋势对比

分地区来看，虽然东、中、西部地区农村金融包容指数均呈现不断提高、金融排斥指数不断减小的良好趋势，但是地区间的差异仍然存在。如图4-8至4-10所示，东部地区的农村金融包容水平在三大地区中最高且在逐年上升，而金融排斥指数在2006年高于平均水平，但之后不断下降，在2010年已经低于全国平均水平，即东部地区农村金融排斥正向金融包容转变，且在三大地区中趋势变化最为明显。这说明，虽然东部地区的经济发展水平和金融发展水平较高，但其城乡经济区域差异也较大，而随着东部地区依托有力资源，不断注重协调发展，推动金融改革和创新，其农村金融排斥水平正在不断下降。

图4-9汇报了中部地区农村金融排斥与包容的变化趋势图。可以发现，农村金融排斥水平降低、金融包容水平提升的趋势仍然存在。此外，中部地区的金融包容水平在三大地区中处于中等水平，但其金融排斥指数较高，在2006—2010年其金融排斥指数均高于全国平均水平。一个可能的解释是，中部地区的省市多为农业大省，例如：黑龙江、河南、湖南、安徽等，是我国的粮食产量大省和产业强省，但其配套的农村金融基础设施并不够发达，导致了传统农业难以得到有效的金融支持，因此金融排斥水平较高。当然，随着金融包容发展战略的不断推进，金融排斥现象正逐步得到缓解。

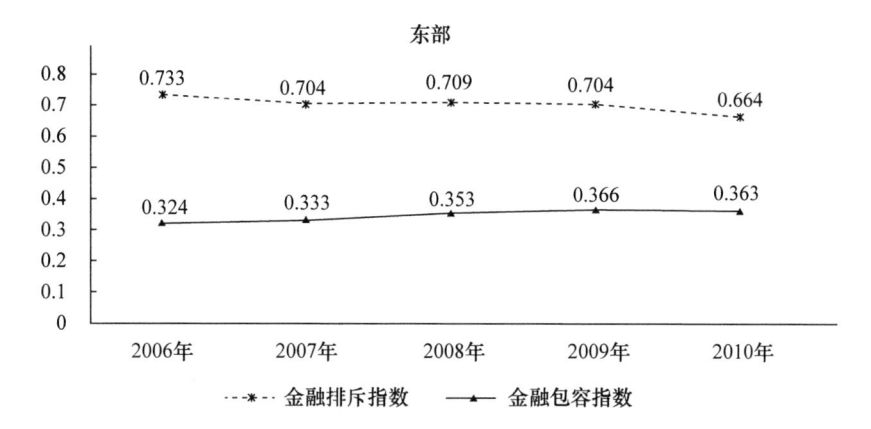

图 4-8　东部农村金融排斥与包容的趋势对比

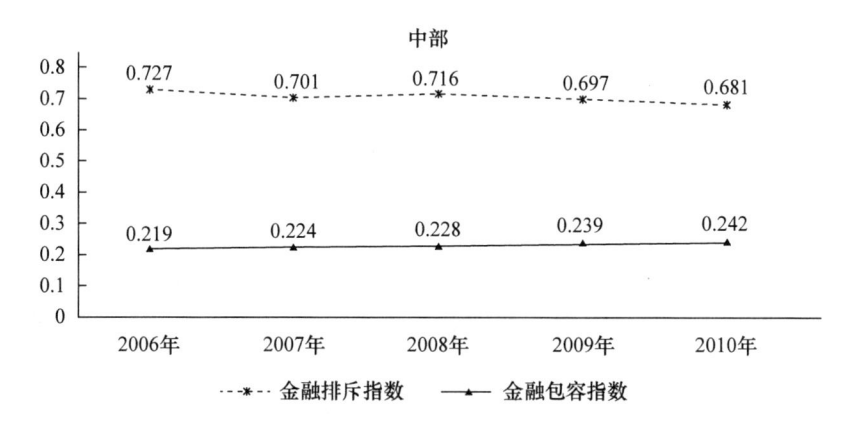

图 4-9　中部农村金融排斥与包容的趋势对比

图 4-10 汇报了西部地区农村金融排斥与包容的变动趋势。可以发现，西部地区的金融包容水平在三大地区中最低，且增长缓慢。2006—2010 年，西部地区金融包容水平均低于全国平均水平。如 2010 年西部地区金融包容指数为 0.171，远低于全国平均的 0.257。但值得注意的是，其金融排斥水平也较低，在样本年间，其金融排斥指数均小于全国平均指数。究其原因，笔者认为西部地区的经济水平较落后，金融机构和金融服务的发展水平较低，其金融包容水平自然要低于全国水平，但西部地区地广人稀的特征也决定了其金融排斥程度并不高。当然，随着西部大开发战略、"一带一路" 倡议等国家政策的不断推进，西部地区农村

金融排斥也正逐步向金融包容转变。

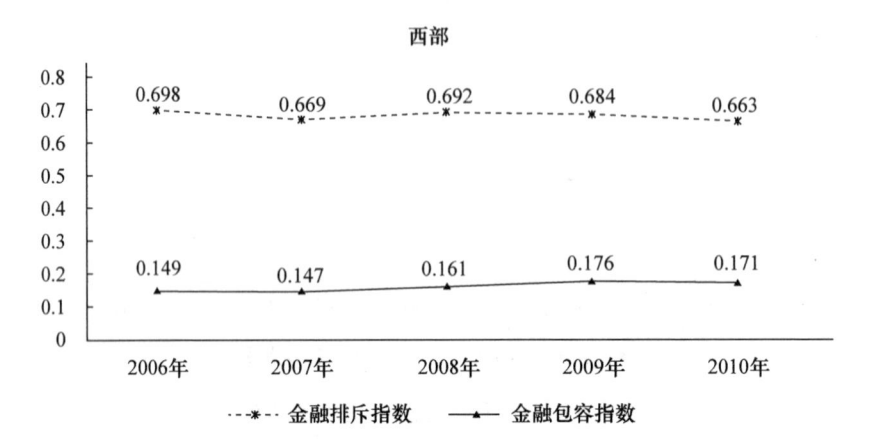

西部

年份	金融排斥指数	金融包容指数
2006年	0.698	0.149
2007年	0.669	0.147
2008年	0.692	0.161
2009年	0.684	0.176
2010年	0.663	0.171

图 4-10 西部农村金融排斥与包容的趋势对比

四 本章小结

金融排斥和金融包容的衡量问题是学者们争论的一个焦点。如何科学选择指标、采用何种测度方法评价现有金融排斥和金融包容发展水平成为亟待解决的问题。基于此，本章首先对国内外有关金融排斥和金融包容指数构建的文献进行综述，比较分析各类衡量指标和衡量方法的优势和缺点；其次，在比较优势的基础上，选取了合理科学的指标体系，构建了农村金融排斥指数和金融包容指数，对当前我国农村金融排斥水平和金融包容水平进行了综合测度与评价；最后，基于金融排斥与包容的测度和评价，本章还分析了农村金融排斥与包容的变动趋势。结论如下：我国农村金融排斥水平呈现出显著的地区差异性：东部地区基本上处于金融排斥的低水平状态，而中西部地区基本上处于金融排斥的高水平状态。而农村金融包容水平的测度进一步验证了上述观点，我国农村金融包容水平普遍较低，大部分地区处于一般包容或不包容阶段，且测度结果表现出明显的"东高中西低"特征，这一特征与地区经济发展程度有较高的契合性，充分体现了"经济决定金融"的基本理念。通过上述有关农村金融排斥和金融包容的测度，本章节基本验证了"我国东中西地区金融发展存在区域差异——东部地区金融发展程度要远远高于中西部地区"这一论点。但值得注意的是，随着国家金融包容发展战略的不断推进，农村金融排斥正逐步向金融包容转化，原被排斥在金融体系之外的弱势群体的金融可得性和使用效用性正逐步得到提升。

第五章　中国农户金融排斥和金融包容的状况分析

农户是农村的个体单元，是"三农"问题的最终落脚点，农户的金融排斥与包容不仅影响农户生产投资和生活消费的规模与结构，也深刻影响着农村金融市场的可持续发展。关于农户受到金融排斥与金融包容状况的考察分析是研究的一个重要微观视角，具有重要现实意义。本章分别利用2011年与2014年实地调查数据分析农户受金融排斥及农户金融包容的状况，进而对这两者的影响因素进行实证研究，力求全面反映中国农户受金融排斥与受金融包容的现状。

一　农户金融排斥状况分析

本节拟从以下两个方面分析农户受金融排斥的情况：一是从储蓄、信贷、保险三个方面对农户金融排斥的维度进行分析；二是将金融排斥程度具体分为不受排斥、受部分排斥、受严重排斥三种情况，具体分析金融排斥的程度。

（一）数据来源与样本介绍

本节数据来源于教育部人文社会科学青年项目"中国农村金融排斥：形成机理、区域差异与破解机制研究"，课题组成员于2011年7月至8月对我国部分省份开展了农村金融状况调查，本次调查共调研农户1606户，整理得到有效样本数为1547户，样本有效率达96.33%。调研地区包括东部的浙江和山东，中部的湖南、江西、安徽、山西，西部的甘肃和广西等8省29个县的92个乡（镇）。

(二) 农户金融排斥维度分析

我国农户主要受到储蓄、信贷和保险排斥，本节从储蓄、信贷、保险三个方面分析农户金融排斥各个维度的总体情况。借鉴国外学者 Kempson & Whyley（1999）的做法，从地理排斥、条件排斥、营销排斥、评估排斥、价格排斥和自我排斥六个维度对农户金融排斥的具体类型进行鉴定与分析（见表5-1）。

表5-1　农户金融排斥的类型、表现及形成原因

总体类型	具体类型	表现及形成原因
储蓄排斥	地理排斥	银行等金融机构网点数较少，距离网点较远
	营销排斥	银行等机构工作人员服务态度不好，没有对农户进行有效宣传；农户不适应金融机构提供的服务
	自我排斥	农户认为储蓄账户不安全；不会办理储蓄手续或运用储蓄账户
信贷排斥	地理排斥	银行网点少、距离银行网点较远导致办理贷款手续不方便
	自我排斥	农户认为银行一般不会提供贷款，愿选择从亲友等民间渠道借款
	价格排斥	农户需要贷款但没有向银行申请，原因是受到申请费用、时间以及较高的利息等显性成本和其他难以量化的隐性成本的限制
	条件排斥	申请贷款没有批准，原因是农户没有符合条件的抵押或担保
	评估排斥	申请贷款没有批准，原因是银行认为农户申请贷款项目风险过高
	营销排斥	银行等机构没有向农户做好信贷宣传工作；信贷产品设计单一，市场营销目标定位于高端，难以满足农户的多样化需求
保险排斥	地理排斥	网点少，农户距离保险机构网点较远
	自我排斥	农户认为不需要保险或者理赔程序复杂；不知道参与渠道，对产品不了解
	价格排斥	参保费用、保险产品价格过高
	营销排斥	保险机构工作人员或村干部缺乏对农户关于保险产品与服务方面的有效宣传；没有开发出适合农户的相关品种

如表5-2所示，受到储蓄排斥的农户共有822户，主要表现为营销排斥和地理排斥，占比分别为48.8%、39.4%，主要是因为金融机构出于利润最大化目标纷纷从农村地区撤并分支机构，造成网点数和工

表 5-2　　　　　　农户金融排斥维度情况　　　　（单位：户，%）

类型	储蓄 (822)		信贷 (1363)		保险 (957)	
	户数	比例	户数	比例	户数	比例
地理排斥	324	39.4	324	23.8	144	15.0
条件排斥	—	—	510	37.4	—	—
评估排斥	—	—	473	34.7	—	—
价格排斥	—	—	413	30.3	448	46.8
营销排斥	401	48.8	536	39.3	500	52.2
自我排斥	199	24.2	270	19.8	132	13.8

注：同一农户储蓄排斥可能存在多个维度，在计算时采取重复计算的方式，因此，受排斥户数不等于各维度排斥加总，表 5-4、表 5-5 同理。

作人员锐减、金融产品和服务供给不足的局面；自我排斥的农户占比为 24.2%，自我排斥产生的原因有两种情形，一是部分农户因年龄偏大、受教育程度较低，缺乏对金融机构及其服务的认识，例如，我们在调研中发现，银行规定低于一定金额的取款业务须由客户自己到 ATM 上操作完成，银行要求在办理手续时填写部分手续单子，年龄偏大、受教育程度较低的农户难以完成这些手续，致使农户不愿意再将剩余的钱存到金融机构，造成自我被动排斥；二是农户主动将自己排斥在外，例如，农户认为银行一般不会提供贷款，宁愿选择从亲友等民间渠道借款[①]。

受到信贷排斥的农户共有 1363 户，主要表现为营销排斥、条件排斥、评估排斥和价格排斥，占比分别为 39.3%、37.4%、34.7%、30.3%。其中，营销排斥主要表现在：一是农户不了解贷款知识、程序和政策所导致的信贷排斥，二是银行等金融机构没有向农户做好信贷宣

[①] 为了充分反映我国农户受金融排斥状况的全貌以及不同地区、不同类型与不同层次的农户受金融排斥状况的差异，本书调研地既有东部发达省份，如浙江省湖州市长兴县、吴兴县、安吉县、舟山市定海县、山东省滕州市；也有中部传统农区省份，如湖南省益阳市沅江市、株洲市株洲县、邵阳市洞口县、江西省赣州市于都县、吉安市永新县，安徽省阜阳市阜南县、临泉县、颍上县，山西省朔州市怀仁县、应县等；也有西部欠发达地区省份，如甘肃省庆阳市华池县、宁县、东城县、镇原县、合水县、崇倍县、镇宁县、西峰区，广西壮族自治区南宁市上林县、马山县、邕宁区、宾阳县、武鸣县、青秀区、横县、良庆区、隆安县等。调研地区既有国家百强县，如浙江省长兴县，也有国家级贫困县，如江西省永新县、于都县，安徽省临泉县、阜南县、颍上县，广西壮族自治区马山县、隆安县，甘肃省华池县、宁县、镇原县、合水县等。

传工作；条件排斥是因为农户没有符合条件的抵押或担保而申请不到贷款；评估排斥是指农户向银行申请贷款没有批准，原因是银行等机构认为农户申请的贷款项目、贷款用途风险过高；价格排斥主要是农户因受到申请费用、申请时间以及较高的利息等显性成本和其他难以量化的隐性成本的限制而没有向银行申请贷款。与农户在储蓄方面的金融排斥一样，这主要是因为金融机构出于利润最大化的目标纷纷从农村地区撤离，同时，农户自身缺乏合格的抵押或担保，以及面临的借贷利息、非利息成本过高。

受到保险排斥的农户共有957户，主要表现为营销排斥和价格排斥，占比分别为52.2%、46.8%；这一结果与农村保险市场现实情况较吻合，对于农业保险来说，其业务规模一直徘徊不前，"三高三低"（高风险、高成本、高赔付和低保额、低收费、低保障）的特性使其经营陷入恶性循环之中，而农村其他商业保险尚待开发；新农村社会养老保险和合作医疗保险是一个新生事物，全面覆盖仍需要一段时间；同时，农户总体收入水平较低，城乡收入差距逐渐拉大，有限收入只能满足基本生活需要，缺乏投保积极性，因此农村保险市场呈现出供需"双冷"的尴尬局面（郭颂平、张伟，2009；王凤山、王永文，2005）。在这里，供给方面的"冷"表现为营销排斥，需求方面的"冷"表现为价格排斥。

（三）农户金融排斥程度分析

为了分析我国农户受金融排斥程度，本节将储蓄、信贷、保险三方面的金融排斥程度具体分为不受排斥、受部分排斥、受严重排斥三种情况（见表5-3），并基于调研数据量化我国农户在储蓄、信贷、保险三方面的金融排斥程度。

表5-3　　　　　　　　农户受金融排斥程度划分

	不受排斥	受部分排斥	受严重排斥
储蓄	拥有储蓄账户且经常使用	拥有储蓄账户但很少使用	没有储蓄账户

续表

	不受排斥	受部分排斥	受严重排斥
信贷	从银行全额借到过钱	从银行借到钱但没有全额借到	有需求但没有考虑向银行借款或想借但没有满足
保险	社会、商业保险两者均参加	只参加了社会保险	没有参加任何保险

我国农户在信贷方面受排斥程度最为严重，储蓄排斥相对较轻，农户的信贷诉求很难通过正规金融机构得到满足。同时，农户金融排斥表现出一定的区域差异性，其中东部样本受排斥程度低于中西部样本（见表5-4、表5-5）。

储蓄方面我国农户金融排斥程度较高，受到储蓄排斥的农户比例为53.1%，其中受部分和受严重排斥的农户占比分别为31.5%、21.6%；从区域分布来看，东部农户受到严重储蓄排斥的比例为10.86%，远远低于中、西部地区的25.43%、29.67%，东、中、西部样本的储蓄排斥程度呈现递增趋势，这一定程度上说明东部样本农户收入水平高于中西部样本农户且东部地区金融机构网点数、金融服务深度都优于中西部地区；从不受储蓄排斥的比例来看，东部最大为55.74%，西部最小为38.62%。

表5-4　　　　　　　农户受金融排斥程度情况　　　　（单位：户，%）

	不受排斥		受部分排斥		受严重排斥		受排斥合计	
	户数	比例	户数	比例	户数	比例	户数	比例
储蓄	725	46.9	488	31.5	334	21.6	822	53.1
信贷	184	11.9	413	26.7	950	61.4	1363	88.1
保险	590	38.1	642	41.5	315	20.4	957	61.9

受到信贷排斥的农户比例高达88.1%，其中受部分排斥和受严重排斥的农户占比分别为26.7%、61.4%，不受排斥的农户占比仅为11.9%。从区域分布来看，东部农户受严重排斥的比例44.05%远远低于中、西部地区的70.07%、66.26%，中部略高于西部；从农户受部分信贷排斥的比例来看，东部要高于中西部；从农户不受排斥的比例来

看,东部地区最大,中部地区最小;可以看出,我国农户受到严重信贷排斥,信贷资源向城市非农部门过度倾斜,而农村地区信贷资源配置不足,大量农户不能享受到信贷服务,尤其是中部地区农户,信贷排斥程度比西部地区还严重。这一结果比原中国银监会网站公布的农户获取贷款的比例还要低。

表5-5　　　不同区域农户受金融排斥程度情况　　（单位:户,%）

		不受排斥		受部分排斥		受严重排斥	
		户数	比例	户数	比例	户数	比例
东部	储蓄	267	55.74	160	33.40	52	10.86
	信贷	96	20.04	172	35.91	211	44.05
	保险	248	51.77	187	39.04	44	9.19
中部	储蓄	363	44.16	250	30.41	209	25.43
	信贷	57	6.93	189	22.99	576	70.07
	保险	225	27.37	408	49.64	189	22.99
西部	储蓄	95	38.62	78	31.71	73	29.67
	信贷	31	12.60	52	21.14	163	66.26
	保险	117	47.56	47	19.11	82	33.33

受到保险排斥的农户比例为61.9%,其中受部分排斥和受严重排斥的比例分别为41.5%、20.4%,这说明目前国家正在试点的新农村医疗保险和农村养老保险虽一定程度上削弱了保险方面的金融排斥程度,但从调研结果来看,样本农户中仍受到较高程度的保险排斥;从区域分布来看,东部不受保险排斥比例最高,达到51.77%,而中部地区最低,只有27.37%;从受部分排斥比例来看,东、中部地区要远远大于西部地区,西部地区新农村医疗保险和农村养老保险推进慢于东、中部,正在试点的这两个险种在较大程度上降低了农户受到保险排斥的可能性。

(四) 农户金融排斥的影响因素分析

1. 影响因素的选取与说明

本节从农户户主个人特征、家庭经济财富特征、人力资本特征、社会资本特征、信息化程度和区域经济金融发展水平等方面分析影响农户金融排斥的因素，以下为对各个影响因素的说明。

（1）农户户主个人特征因素。农户户主个人特征一般包括性别、年龄、民族、受教育程度、政治面貌、职业和乐观度等几个方面。

①性别。一般而言，女性比男性具有更强的风险规避倾向（Jianakoplos & Bersek, 1998）。因而男性将更容易获得风险性金融产品和贷款的服务，女性则更容易获得无风险金融产品和商业保险的服务。我们将户主为男性的赋值为1，为女性的赋值为0。

②年龄。根据投资组合理论，随着年龄增加，农户会趋于厌恶风险，因此，年轻人将更容易获取风险性金融产品和贷款服务，而在选择无风险金融产品和保险服务对象时则正好相反。我们将农户户主年龄30岁以下的赋值为1，在30—40岁的赋值为2，在40—50岁的赋值为3，在50—60岁的赋值为4，60岁以上的赋值为5。

③民族。少数民族的农户可能受到更多金融排斥（Devlin, 2005：82），但种族平等观念的强调和相应实践的推行可能推动金融机构向他们提供金融产品和服务，减轻其金融排斥。我们将受访者是少数民族赋值为1，不是少数民族赋值为0。

④受教育程度。金融机构也更加愿意把受教育程度高的农户作为首选服务对象。我们将受教育程度划分为以下5个等级：不识字或识字很少赋值为1，小学文化水平赋值为2，初中文化水平赋值为3，高中文化水平赋值为4，大专及以上文化水平赋值为5。

⑤政治面貌。作为党员或者担任村干部的农户户主可能有更多途径获得金融产品或服务，也容易获取信息、取得金融机构的信赖，因而较少受到金融排斥，我们将具有党员身份赋值为1，不具党员身份赋值为0；担任村干部赋值为1，否则赋值为0。

⑥职业。户主的就业状态也是影响是否受到金融排斥的重要方面，将户主的职业赋值情况如下：无业时赋值为0，务农时赋值为1，本地或外地务工时赋值为2，种养大户或个体工商户赋值为3。

⑦乐观度。农户户主的主观心态和信念会影响到其家庭的金融排斥状况。我们用农户户主对当前生活的满意程度来衡量户主的乐观程度。当户主对当前生活不满意，即对未来生活表示悲观时，赋值为1；当户主对当前生活满意程度一般，即对未来生活既不悲观也不乐观时赋值为

2；当户主对当前生活较满意，即对未来生活乐观时赋值为3。

（2）农户家庭经济财富特征。我们用家庭年收入和务农收入来衡量具有流量性质的经济财富，用房产价值和经营耕地面积来衡量具有存量性质的经济财富，同时还考察了家庭支出额以及投资或消费倾向对农户金融排斥的影响。

①家庭收入。家庭年收入包括务农收入、外出打工收入以及其他非农收入等。务农收入是年收入的重要组成部分，务农收入越高，有可能受金融排斥程度降低，但也同时意味着受到的自然风险程度越高，受金融排斥程度也可能较高。

②耕地面积。耕地具有持续产生收入的能力，因而对于农户是一项长期稳定的资本。耕地面积越多，农户拥有资本量的水平也越高，但耕地面积越多也意味着农户受到较高的风险，包括自然风险和市场风险，因此，难以预期耕地面积对农户金融排斥状况的影响方向。

③家庭年支出。农户家庭支出对金融排斥的影响具有两面性，一方面，支出额越大，表明家庭负担越重，受金融排斥度越低；另一方面，调研过程中发现，越是家庭支出额大的农户家庭，越积极地去寻求金融服务。我们将家庭年支出额在0.5万元以下的赋值为1，在0.5万—1万元的赋值为2，1万—3万元的赋值为3，3万—5万元的赋值为4，5万元以上赋值为5。农户资金的用途能够反映其在投资和消费方面的选择偏好，如果农户越倾向于投资和扩大再生产而不是储蓄在银行机构，意味着该农户具有较强的扩大再生产和投资的倾向，理论上其受到的金融排斥程度将降低。本书将农户资金用途分为存在银行、用来消费、用来扩大生产和投资三种情况，分别赋值为1、2和3。

（3）农户人力资本特征。人的知识、技能和健康等人力资本的提高对经济增长的贡献远比物质资本更为重要。人力资本的提高，将改善个人对信息、知识、技术的获取、运用和转化能力，大大提高劳动生产率，提高个人收入，从而降低金融排斥。

①劳动力。我国农村是以户为单位的生产方式，因此农户家庭劳动力人数既能反映农户家庭农业作业的能力，也能反映家庭开辟非农收入的能力，因而比值越大受金融排斥可能性越小。根据赋值情况，该比值越高，意味着更高的人力资本水平。

②特殊技能。在农村，引入和提高农户的农业技术水平能够显著提

高其生产和发展能力，而非农生产技术也能够拓展农户增收的渠道，还能成为某些农户向企业家转型的重要方式。因而当农户家庭成员中具有特殊技能时，无论是农业生产技术还是非农生产技术，理论上都能减弱受金融排斥程度。本书将家庭成员具有特殊技能赋值为1，否则赋值为0，具有特殊技能意味着具备相对较高的人力资本水平。

（4）农户社会资本特征。社会资本作为个人的一种特殊资本，可以缓解贫困和提高收入，降低受金融排斥程度。

①家庭社会网络。本节用农户家庭是否有亲戚担任政府干部、是否有亲戚在金融机构工作两个指标来衡量家庭层面的社会网络，如果农户家庭有亲戚担任政府干部，其将拥有更大的社会网络、占有更多的资源，受到金融排斥的可能性也相应降低，将农户家庭有亲戚担任政府干部赋值为1，否则赋值为0；有亲戚在金融机构工作也是社会网络在家庭层面的重要体现，有亲戚在金融机构工作的农户可以更低的成本获得金融服务，因而理论上受金融排斥程度可以得到缓解。

②社区社会网络。农户对当地人际关系的满意程度一定程度上体现了村镇其他家庭对受访农户的互动效果，能够很好地反映社区层面的社会网络。本节用农户对社会公共机构工作人员的信任作为度量，具体问题设计是：你分别对金融机构、对当地司法执法效果和当地政府工作的满意度和信任程度如何？数值1到3分别代表不信任、有所信任、完全信任。

（5）农户信息化程度因素。通信、网络、电话等基础设施对金融排斥也有着重要的影响，FSA（2000）等研究均表明，信息程度能够降低金融排斥程度。这是由于金融服务主要依靠电话、网络等载体运行。本书用农户家庭是否有电话、是否连接网络来衡量农户家庭的信息化程度。同时，Leyshron（1993）提出，居民的交通便利性将直接影响到其受到的金融"接触"程度，因此本书用农户家庭是否拥有快捷交通工具来衡量农户的交通便利性。另外，当家庭中有成员在城市上学或者务工时，也有利于将先进的信息传播到农村家庭，一定程度上降低金融排斥程度。

（6）区域经济金融发展水平。农户所在当地的宏观环境对金融排斥也会产生一定的影响，包括经济发展水平、公共设施以及金融发展和服务水平等。由于难以调查到村镇的GDP及其增长情况，本节考察村镇主要收入来源来反映当地经济发展情况。用所在村到乡镇中心距离以及是否有公共交通工具来反映当地的公共设施情况；用当地银行网点数、是否有村镇银行等新型金融机构和金融知识宣传情况来反映当地金融发展和服务水平。理论上来说，只以务农为主的村镇农户受金融排斥的可能性更大，而以规模化农业生产或个体经营为主的村镇农户受金融排斥的可能性更小。本节将主要收入来源是务农的村镇赋值为1，本地或外地务工赋值为2，种养大户或个体工商户赋值为3。所在村镇到乡镇中心距离越远，受金融排斥的可能性越大；所在村镇拥有公共交通工具，当地受金融排斥的可能性降低。银行网点数越多、当地有村镇银行和农村小额贷款公司等新型金融机构，都反映了当地金融资源供给情况的增加，因此，对于有新型农村金融机构的地区，农户受到金融排斥的可能性将减小。本节用金融知识宣传情况反映当地金融机构的金融服务水平，包括储蓄宣传情况、贷款宣传情况以及保险宣传情况。很少宣传赋值为1，偶尔宣传赋值为2，经常宣传赋值为3。

基于以上分析，本节具体变量选取及描述如表5-6所示。

表5-6　　　　　　　　　　相关变量定义

变量类型		变量	变量名称	变量描述
被解释变量		储蓄排斥	Y1	不受排斥=0，受部分排斥=1，受严重排斥=2
		信贷排斥	Y2	不受排斥=0，受部分排斥=1，受严重排斥=2
		保险排斥	Y3	不受排斥=0，受部分排斥=1，受严重排斥=2
解释变量	户主个人特征	性别	male	男=1，女=0
		年龄	age	年龄（岁）
		民族	minority	汉族=0，少数民族=1
		受教育程度	education	以识字很少为参照组，小学为edu_1，初中为edu_2，高中为edu_3，大专及以上为edu_4
		政治面貌	ccp	非党员=0，党员=1
		村干部	village	否=0，是=1
		职业	career	以无业为参照组，务农为car_1，务工为car_2，种养大户或个体工商户为car_3

续表

变量类型		变量	变量名称	变量描述
被解释变量		储蓄排斥	Y1	不受排斥=0，受部分排斥=1，受严重排斥=2
		信贷排斥	Y2	不受排斥=0，受部分排斥=1，受严重排斥=2
		保险排斥	Y3	不受排斥=0，受部分排斥=1，受严重排斥=2
解释变量	农户主经济财富特征	家庭年收入	income	以1万元以下为参照组，1万—5万元为inc_1，5万—10万元为inc_2，10万元以上为inc_3
		务农收入	farm	家庭务农实际年收入（万）
		耕地面积	land	家庭经营的实际耕地面积（亩）
		家庭年支出	expend	以1万元以下为参照组，1万—3万元为exp_1，3万—5万元为exp_2，5万元以上为exp_3
		余钱利用偏好	preference	以偏好留存为参照组，偏好于消费为pre_1，偏好于投资为pre_2
	社会资本	干部	cadres	否=0，是=1
		有亲戚在银行工作	banker	否=0，是=1
		人际关系	relation	对人际关系满意程度：以不满意为参照组，一般为rel_1，满意为rel_2
		信任	trust_fin	对金融机构的信任度：以不信任为参照组，一般为trust_fin_1，信任为trust_fin_2
			trust_leg	对司法的信任度：以不信任为参照组，一般为trust_leg_1，信任为trust_leg_2
			trust_gov	对政府的信任度：以不信任为参照组，一般为trust_gov_1，信任为trust_gov_2
	人力资本	劳动力	labor_fam	家庭劳动力数与总人口数之比（%）
		特殊技能	skill	家庭成员是否有特殊技能：否=0，是=1（特殊技能主要指泥瓦匠、木工、裁缝等）
	区域经济金融状况	网点数	outlet	所在乡镇银行机构实际网点数（个）
		金融机构	ntfi	所在乡镇是否有新型农村金融机构：没有=0，有=1
		乡镇中心的距离	distance	到乡镇中心的距离（公里）
		公共交通	bus	是否有公共汽车到乡镇中心：没有=0，有=1
		储蓄宣传	adv_save	以没有宣传为参照组，偶尔有为adv_save_1，经常有为adv_save_2
		贷款宣传	adv_loan	以没有宣传为参照组，偶尔有为adv_loan_1，经常有为adv_loan_2
		保险宣传	adv_ins	以没有宣传为参照组，偶尔有为adv_ins_1，经常有为adv_ins_2
	地区变量	区域位置	region	按照通常的地区经济发展水平划分为东、中、西部，本书以西部为参照组，东部为east，中部为central

2. 计量模型与方法

根据我国农户受金融排斥状况分析，本节选择农户受金融排斥程度为被解释变量，相关影响因素为解释变量。由于农户受金融排斥程度是离散变量，表现出从不受排斥到受部分排斥再到受到严重排斥的有序变化，用有序 Probit 模型来处理是较为理想的分析工具。相应模型表示如下：

$$y* = X\beta + \varepsilon \quad (5-1)$$

其中：$y*$ 为不可观测的潜变量，X 和 β 分别是解释向量和估计参数向量，ε 为扰动项，ε 服从标准正态分布。同时定义：

$$\begin{cases} y = 0, y* \leqslant c_1, \\ y = 1, c_1 \leqslant y* \leqslant c_2, \\ y = 2, y* \geqslant c_2, \end{cases} \quad (5-2)$$

Y 为可观测到的有序分类变量"农户受金融排斥程度"，$c_j(j=1,2)$ 为按升序排列的农户受金融排斥程度的门槛值，从而可以计算得出 Y 取各值的相应概率：

$$P(Y=0 \mid X) = P(y* \leqslant c1 \mid X) = P(X\beta + \varepsilon \leqslant c1 \mid X) = \varphi(c1 - X\beta) \quad (5-3)$$

$$P(Y=1 \mid X) = P(c1 < y* \leqslant c2 \mid X) = \varphi(c2 - X\beta) - \varphi(c1 - X\beta) \quad (5-4)$$

$$P(Y=2 \mid X) = P(y* > c_2 \mid X) = 1 - \varphi(c_2 - X\beta) \quad (5-5)$$

3. 实证结果分析

本节分别给出了农户在储蓄、信贷、保险三方面排斥的影响因素回归结果（见表5-7、表5-8、表5-9）。此外，模型的对数似然比统计量、LR 统计量，对数似然比检验的显著性水平都较为理想，模型的整体拟合效果较好。

表 5-7　农户受储蓄排斥的影响因素实证结果

变量	回归结果		Y1=0 (0.4657)		Y1=1 (0.3653)		Y1=2 (0.1690)	
	系数	Z值	dy/dx	Z值	dy/dx	Z值	dy/dx	Z值
male	-0.9641**	-2.14	0.3305***	2.84	-0.0085	-0.15	-0.3220*	-1.86
age	-0.0088	-0.92	0.0035	0.92	-0.0013	-0.92	-0.0022	-0.92
age²	0.0157	1.61	-0.0062	-1.61	0.0023	1.60	0.0039	1.61
minority	-0.1667	-0.81	0.0664	0.81	-0.0275	-0.73	-0.0389	-0.88
edu_1	-0.2262	-1.28	0.0900	1.28	-0.0366	-1.17	-0.0534	-1.37
edu_2	-0.3157*	-1.83	0.1250**	1.84	-0.0462*	-1.82	-0.0788*	-1.84
edu_3	-0.2930*	-1.61	0.1165	1.62	-0.0472	-1.48	-0.0692*	-1.72
edu_4	-0.8496**	-2.07	0.3126**	2.53	-0.1773*	-1.95	-0.1353***	-4.00
ccp	-0.1056	-0.90	0.0421	0.90	-0.0164	-0.85	-0.0257	-0.94
village	-0.2098	-1.44	0.0835	1.44	-0.0349	-1.28	-0.0486	-1.57
car_1	-0.3621**	-1.99	0.1435**	2.00	-0.0555*	-1.90	-0.0880**	-2.06
car_2	-0.5202***	-2.79	0.2052***	2.85	-0.0823***	-2.63	-0.1229***	-2.97
car_3	-0.6173***	-3.18	0.2413***	3.34	-0.1126***	-2.80	-0.1287***	-3.91
inc_1	-0.2959**	-2.53	0.1168**	2.56	-0.0398***	-2.73	-0.0770**	-2.45
inc_2	-0.4811***	-3.22	0.1898***	3.31	-0.0850***	-2.82	-0.1047***	-3.76
inc_3	-1.0195***	-4.95	0.3702***	6.22	-0.2074***	-4.80	-0.1628***	-8.70
income	-0.0126	-0.72	0.0050	0.72	-0.0018	-0.72	-0.0032	-0.72

第五章 中国农户金融排斥和金融包容的状况分析

续表

变量	回归结果 系数	回归结果 Z值	Y1=0 (0.4657) dy/dx	Y1=0 (0.4657) Z值	Y1=1 (0.3653) dy/dx	Y1=1 (0.3653) Z值	Y1=2 (0.1690) dy/dx	Y1=2 (0.1690) Z值
land	0.0139***	2.57	-0.0055**	-2.57	0.0020**	2.52	0.0035**	2.57
exp_1	-0.2436***	-3.16	0.0966***	3.18	-0.0351***	-3.12	-0.0615***	-3.15
exp_2	-0.4814***	-4.24	0.1899***	4.36	-0.0852***	-3.66	-0.1046***	-4.95
exp_3	-0.2361	-1.14	0.0940	1.15	-0.0405	-1.00	-0.0534	-1.29
pre_1	0.2143***	2.93	-0.0847***	-2.95	0.0288***	3.10	0.0559***	2.83
pre_2	0.0015	0.02	-0.0006	-0.02	0.0002	0.02	0.0004	0.02
cadres	-0.1996**	-2.53	0.0794**	2.53	-0.0313**	-2.34	-0.0482***	-2.65
banker	0.0795	0.77	-0.0315	-0.78	0.0109	0.82	0.0206	0.75
rel_1	-0.3884***	-3.02	0.1538***	3.06	-0.0594***	-2.87	-0.0944***	-3.13
rel_2	-0.5382***	-4.08	0.2111***	4.18	-0.0740***	-4.20	-0.1371***	-4.02
trust_fin_1	-0.1796*	-1.80	0.0712*	1.81	-0.0251*	-1.86	-0.0461*	-1.77
trust_fin_2	-0.3760***	-3.25	0.1491***	3.29	-0.0627***	-2.89	-0.0864***	-3.57
trust_leg_1	0.0101	0.11	-0.0040	-0.11	0.0015	0.11	0.0025	0.11
trust_leg_2	0.1370	1.12	-0.0542	-1.12	0.0182	1.23	0.0360	1.07
trust_gov_1	-0.0226	-0.24	0.0090	0.24	-0.0033	-0.24	-0.0057	-0.24
trust_gov_2	0.1134	0.96	-0.0449	-0.96	0.0157	1.01	0.0293	0.94
labor_fam	-0.3498**	-2.33	0.1390**	2.33	-0.0508**	-2.29	-0.0882**	-2.32
skill	-0.1093	-1.62	0.0435	1.62	-0.0163	-1.57	-0.0272	-1.64

续表

变量	回归结果		Y1=0 (0.4657)		Y1=1 (0.3653)		Y1=2 (0.1690)	
	系数	Z值	dy/dx	Z值	dy/dx	Z值	dy/dx	Z值
outlet	-0.0341***	-2.83	0.0136***	2.83	-0.0050***	-2.77	-0.0086***	-2.82
ntfi	-0.3463***	-4.02	0.1374***	4.05	-0.0545***	-3.65	-0.0829***	-4.22
distance	-0.0023	-0.54	0.0009	0.54	-0.0003	-0.54	-0.0006	-0.54
bus	-0.0732	-1.03	0.0290	1.04	-0.0104	-1.06	-0.0187	-1.02
adv_save_1	-0.3200***	-4.27	0.1271***	4.30	-0.0515***	-3.80	-0.0756***	-4.54
adv_save_2	-0.6185***	-2.66	0.2380***	2.92	-0.1239**	-2.31	-0.1142***	-3.97
central	-0.2401**	-2.18	0.0952**	2.20	-0.0342**	-2.20	-0.0610**	-2.17
east	0.1217	1.02	-0.0482	-1.02	0.0169	1.07	0.0314	1.00

Number of obs = 1547 LR chi2 (43) = 445 - 8 Prob chi2 = 0
Log likelihood = -1401.1129 Pseudo R2 = 0.1375

注：(1) ***、**、*分别代表1%、5%、10%的显著水平；(2) 连续变量的边际效应是在解释变量的均值处计算的，虚拟变量的边际效应按照0到1计算；(3) 因变量右边小括号的数字为因变量取各值时的响应概率，其概率和为1；(4) Age^2 为农户实际年龄的平方。

表5-8 农户受信贷排斥的影响因素实证结果

变量	回归结果 系数	回归结果 Z值	Y2=0 (0.1058) dy/dx	Y2=0 (0.1058) Z值	Y2=1 (0.2505) dy/dx	Y2=1 (0.2505) Z值	Y2=2 (0.6436) dy/dx	Y2=2 (0.6436) Z值
male	0.0588	0.47	-0.0111	-0.45	-0.0110	-0.47	0.0221	0.46
age	-0.0061	-0.30	0.0011	0.30	0.0012	0.30	-0.0023	-0.30
age2	0.0001	0.45	0.0000	-0.45	0.0000	-0.45	0.0000	0.45
minority	0.0833	0.43	-0.0145	-0.45	-0.0161	-0.42	0.0306	0.44
edu_1	0.2398	1.27	-0.0401	-1.40	-0.0466	-1.25	0.0867	1.32
edu_2	0.1641	0.90	-0.0298	-0.90	-0.0312	-0.90	0.0610	0.90
edu_3	0.0015	0.01	-0.0003	-0.01	-0.0003	-0.01	0.0006	0.01
edu_4	-0.2576	-0.74	0.0548	0.65	0.0448	0.84	-0.0996	-0.72
ccp	-0.0039	-0.03	0.0007	0.03	0.0007	0.03	-0.0015	-0.03
village	-0.3579***	-2.60	0.0777**	2.24	0.0609***	3.02	-0.1386**	-2.55
car_1	-0.0877	-0.42	0.0162	0.42	0.0166	0.42	-0.0328	-0.42
car_2	-0.0943	-0.45	0.0175	0.44	0.0178	0.45	-0.0353	-0.44
car_3	-0.3618*	-1.67	0.0755	1.48	0.0634*	1.86	-0.1389*	-1.64
inc_1	-0.0080	-0.06	0.0015	0.06	0.0015	0.06	-0.0030	-0.06
inc_2	0.0379	0.23	-0.0068	-0.24	-0.0072	-0.23	0.0141	0.23
inc_3	-0.1638	-0.84	0.0325	0.78	0.0299	0.88	-0.0624	-0.82

续表

变量	回归结果		Y2=0 (0.1058)		Y2=1 (0.2505)		Y2=2 (0.6436)	
	系数	Z值	dy/dx	Z值	dy/dx	Z值	dy/dx	Z值
income	0.0404	1.38	-0.0074	-1.38	-0.0077	-1.37	0.0150	1.38
land	0.0049	0.77	-0.0009	-0.77	-0.0009	-0.77	0.0018	0.77
exp_1	-0.0261	-0.31	0.0048	0.31	0.0050	0.31	-0.0097	-0.31
exp_2	-0.2149*	-1.88	0.0426*	1.74	0.0392**	1.96	-0.0818*	-1.85
exp_3	0.0657	0.35	-0.0116	-0.37	-0.0126	-0.35	0.0242	0.36
pre_1	0.1719**	2.14	-0.0303**	-2.21	-0.0330**	-2.11	0.0633**	2.17
pre_2	-0.1871**	-2.16	0.0366**	2.02	0.0343**	2.23	-0.0710**	-2.13
cadres	-0.1474*	-1.91	0.0281*	1.83	0.0275*	1.94	-0.0556*	-1.89
banker	0.1024	1.03	-0.0179	-1.08	-0.0198	-1.02	0.0376	1.05
rel_1	0.0749	0.48	-0.0136	-0.48	-0.0143	-0.48	0.0278	0.48
rel_2	0.1255	0.80	-0.0230	-0.79	-0.0238	-0.80	0.0468	0.80
trust_fin_1	-0.1675	-1.45	0.0300	1.48	0.0320	1.45	-0.0620	-1.47
trust_fin_2	-0.3091**	-2.43	0.0621**	2.23	0.0556***	2.58	-0.1177**	-2.40
trust_leg_1	-0.0368	-0.37	0.0067	0.37	0.0070	0.37	-0.0137	-0.37
trust_leg_2	-0.0989	-0.78	0.0188	0.75	0.0185	0.80	-0.0373	-0.77
trust_gov_1	-0.2653**	-2.50	0.0487**	2.49	0.0500**	2.51	-0.0987**	-2.51
trust_gov_2	-0.4791***	-3.78	0.0996***	3.36	0.0834***	4.17	-0.1830***	-3.75
labor_fam	0.2195	1.34	-0.0402	-1.34	-0.0417	-1.34	0.0818	1.34

续表

变量	回归结果		Y2＝0 (0.1058)		Y2＝1 (0.2505)		Y2＝2 (0.6436)	
	系数	Z值	dy/dx	Z值	dy/dx	Z值	dy/dx	Z值
skill	0.0837	1.17	-0.0151	-1.18	-0.0160	-1.16	0.0311	1.17
outlet	-0.0130	-0.96	0.0024	0.96	0.0025	0.96	-0.0048	-0.96
ntfi	-0.1257	-1.44	0.0235	1.40	0.0236	1.45	-0.0472	-1.43
distance	0.0116**	2.43	-0.0021**	-2.42	-0.0022**	-2.41	0.0043**	2.43
bus	-0.0559	-0.73	0.0101	0.74	0.0107	0.72	-0.0207	-0.73
adv_loan_1	-0.2414***	-2.98	0.0469***	2.80	0.0444***	3.05	-0.0913***	-2.95
adv_loan_2	-0.3559***	-2.96	0.0769**	2.56	0.0608***	3.38	-0.1377***	-2.90
central	0.1446	1.23	-0.0266	-1.22	-0.0274	-1.23	0.0540	1.23
east	-0.0905	-0.70	0.0169	0.69	0.0170	0.71	-0.0339	-0.70

Number of obs ＝1547 LR chi2 (43) ＝296.69 Prob chi2 ＝0
Log likelihood ＝-1259.907 Pseudo R2 ＝0.1053

注：各说明与表5-7相同。

表 5-9 农户受保险排斥的影响因素实证结果

变量	回归结果		Y3 = 0 (0.3639)		Y3 = 1 (0.4618)		Y3 = 2 (0.1744)	
	系数	Z值	dy/dx	Z值	dy/dx	Z值	dy/dx	Z值
male	0.1438	1.25	-0.0550	-1.23	0.0201	1.08	0.0349	1.33
age	-0.0385**	-2.11	0.0145**	2.11	-0.0046**	-2.06	-0.0099**	-2.11
age2	0.0004**	2.10	-0.0001**	-2.10	0.0000**	2.05	0.0001**	2.10
minority	0.1915	0.97	-0.0693	-1.02	0.0160*	1.66	0.0533	0.90
edu_1	0.1258	0.74	-0.0466	-0.75	0.0131	0.85	0.0335	0.72
edu_2	0.2311	1.38	-0.0864	-1.39	0.0266	1.42	0.0598	1.38
edu_3	0.2057	1.17	-0.0758	-1.19	0.0207	1.41	0.0551	1.12
edu_4	0.3498	1.03	-0.1215	-1.14	0.0177**	2.22	0.1038	0.91
ccp	-0.2346**	-2.13	0.0851**	2.21	-0.0202***	-3.10	-0.0649**	-1.99
village	-0.2622*	-1.95	0.1013*	1.91	-0.0406*	-1.59	-0.0607**	-2.19
car_1	0.0684	0.38	-0.0256	-0.38	0.0079	0.39	0.0177	0.38
car_2	-0.0235	-0.13	0.0088	0.13	-0.0028	-0.13	-0.0060	-0.13
car_3	0.1281	0.67	-0.0474	-0.68	0.0133	0.77	0.0341	0.64
inc_1	0.1067	0.94	-0.0402	-0.93	0.0131	0.90	0.0271	0.95
inc_2	0.0921	0.64	-0.0342	-0.64	0.0099	0.70	0.0243	0.62
inc_3	-0.2928	-1.59	0.1135	1.55	-0.0467	-1.28	-0.0668*	-1.81

续表

变量	回归结果		Y3=0 (0.3639)		Y3=1 (0.4618)		Y3=2 (0.1744)	
	系数	Z值	dy/dx	Z值	dy/dx	Z值	dy/dx	Z值
income	0.0053	0.36	-0.0020	-0.36	0.0006	0.36	0.0014	0.36
land	0.0017	0.32	-0.0006	-0.32	0.0002	0.32	0.0004	0.32
exp_1	-0.2644***	-3.45	0.0990***	3.47	-0.0309***	-3.30	-0.0681***	-3.44
exp_2	-0.3471***	-3.20	0.1338***	3.15	-0.0533***	-2.6	-0.0805***	-3.57
exp_3	-0.1239	-0.68	0.0473	0.67	-0.0172	-0.59	-0.0302	-0.72
pre_1	-0.2129***	-3.03	0.0808***	3.01	-0.0279***	-2.69	-0.0529***	-3.13
pre_2	-0.3346***	-3.96	0.1288***	3.90	-0.0508***	-3.20	-0.0781***	-4.38
cadres	-0.0006	-0.01	0.0002	0.01	-0.0001	-0.01	-0.0001	-0.01
banker	0.0958	1.01	-0.0355	-1.02	0.0100	1.15	0.0254	0.98
rel_1	-0.2101	-1.63	0.0793	1.62	-0.0263	-1.54	-0.0530*	-1.66
rel_2	-0.3765***	-2.85	0.1402***	2.89	-0.0427***	-2.89	-0.0976***	-2.82
trust_fin_1	-0.2378**	-2.41	0.0883**	2.45	-0.0258**	-2.55	-0.0625**	-2.36
trust_fin_2	-0.4006***	-3.52	0.1539***	3.48	-0.0605***	-2.89	-0.0935***	-3.90
trust_leg_1	-0.1535*	-1.71	0.0579*	1.71	-0.0189*	-1.63	-0.0390*	-1.73
trust_leg_2	-0.1427	-1.20	0.0526	1.22	-0.0144	-1.43	-0.0382	-1.15
trust_gov_1	-0.2843***	-3.11	0.1065***	3.13	-0.0335***	-3.01	-0.0730***	-3.11
trust_gov_2	-0.1326	-1.17	0.0502	1.16	-0.0171	-1.08	-0.0332	-1.20
labor_fam	-0.1363	-0.95	0.0512	0.95	-0.0161	-0.94	-0.0350	-0.95

续表

变量	回归结果		Y3＝0 (0.3639)		Y3＝1 (0.4618)		Y3＝2 (0.1744)	
	系数	Z值	dy/dx	Z值	dy/dx	Z值	dy/dx	Z值
skill	-0.0460	-0.70	0.0173	0.70	-0.0055	-0.69	-0.0118***	-0.71
outlet	-0.0666***	-5.69	0.0250***	5.70	-0.0079***	-4.92	-0.0171***	-5.63
ntfi	-0.3748***	-4.48	0.1426***	4.45	-0.0513***	-3.77	-0.0912***	-4.71
distance	0.0028	0.69	-0.0010	-0.69	0.0003	0.69	0.0007	0.69
bus	-0.1232*	-1.79	0.0466*	1.78	-0.0156*	-1.67	-0.0310*	-1.83
adv_ins_1	0.0548	0.77	-0.0206	-0.77	0.0065	0.77	0.0141	0.77
adv_ins_2	-0.3096***	-3.40	0.1190***	3.34	-0.0460***	-2.79	-0.0730***	-3.71
central	0.3460***	3.19	-0.1298***	-3.21	0.0418***	3.02	0.0880***	3.22
east	-0.1065	-0.89	0.0402	0.89	-0.0134	-0.84	-0.0269	-0.91

Number of obs ＝1547 LR chi2 (43) ＝306.6 Prob chi2 ＝0
Log likelihood ＝ -1481.3809 Pseudo R2 ＝0.0938

注：各说明与表5-7相同。

(1) 农户受储蓄排斥的影响因素分析。①户主个人特征方面，在其他条件相同情况下，相对于女性户主，男性户主不受排斥的概率高33.05%，受部分排斥和严重排斥的概率分别低 0.85%、32.2%，表明男性受到储蓄排斥的概率小于女性。受教育程度各组中，初中组、高中组和大专以上组通过显著性检验，相对于识字很少组农户，初中组、高中组、大专以上组农户不受排斥的概率分别高 12.5%、11.65%、31.26%，受部分排斥的概率分别低 4.62%、4.72%、17.73%，受严重排斥的概率分别低 7.88%、6.92%、13.53%，受教育程度越高的农户运用储蓄账户来防范风险的意识越强；同时，文化程度越高的农户将更多的收入投资到下一代的教育上，其储蓄率会较高，相应地更不易受到储蓄排斥。职业方面，职业各组都通过了显著性检验；在其他条件相同的情况下，相对于无业户主，务农组、务工组、种养大户或个体工商户组不受储蓄排斥的概率分别高 14.35%、20.52%、24.13%，受部分排斥的概率分别低 5.55%、8.23%、11.26%；受严重排斥的概率分别低 8.8%、12.29%、12.87%；参与养殖业的农户更倾向于储蓄（董志勇等，2011）。可以看出，性别、职业和受教育程度三个方面对于农户受储蓄排斥程度有较大影响。

②家庭经济财富特征方面，家庭年收入各组都通过了显著性检验。在其他条件相同情况下，相对于1万元以下组，家庭年收入1万—5万元组、5万—10万元组、10万元以上组不受排斥的概率分别高 11.68%、18.98%、37.02%，受部分排斥概率分别低 3.98%、8.5%、20.74%，受严重排斥的概率分别低 7.7%、10.47%、16.28%；家庭年收入对于农户受储蓄排斥影响较大，家庭年收入越高的农户受到储蓄排斥的概率越低，收入增长对储蓄率有显著正向影响（Horioka & Wan，2007）。经营耕地面积越多的农户受到储蓄排斥的概率越高，在其他条件相同情况下，农户家庭经营耕地面积每增加1亩，其不受储蓄排斥的概率降低 0.55%，受部分和严重排斥的概率分别增加 0.2%、0.35%。这可能因为经营耕地越多意味着家庭主要依赖于务农，而务农收入相对较低且面临的风险较高。家庭年支出各组中，1万—3万元组和3万—5万元组通过了显著性检验；相对于1万元以下组，1万—3万元组和3万—5万元组不受排斥的概率分别高 9.66%、18.99%，受部分排斥概率分别低 3.51%、8.52%；受严重排斥的概率分别低 6.15%、10.46%；但是年支出5万元以上组没有通过显著性检验，可以看出家庭年支出过少和过多的农户都更易受到储蓄排斥。在其他条件相同的情况下，

余钱利用偏好于消费的农户不受排斥的概率比偏好留存的农户低8.47%，受部分排斥和严重排斥的概率分别高2.88%、5.59%。

③社会资本方面，是否有亲戚担任干部、对人际关系的满意度、对金融机构的信任度通过了显著性检验。在其他条件相同情况下，从没有亲戚担任干部变为有亲戚担任干部，农户不受排斥的概率增加7.94%，受部分排斥和受严重排斥的概率分别降低3.13%、4.82%。对人际关系满意度方面，相比不满意的农户，一般满意和很满意的农户不受排斥的概率分别高15.38%、21.11%，受到部分排斥的概率分别低5.94%、7.4%，受到严重排斥的概率分别低9.44%、13.71%；当地人际关系越好，越容易被金融机构认可和接纳，受到储蓄排斥的概率越低。对金融机构的信任度方面，相比不信任的农户，一般信任和很信任的农户不受排斥的概率分别高7.12%、14.91%，受部分排斥的概率分别低2.51%、6.27%，受严重排斥的概率分别低4.61%、8.64%；农户对金融机构信任度越高，相应地更有意愿进行储蓄。总体而言，农户社会资本水平越高，受到储蓄排斥的概率越小。

④人力资本方面，劳动力占家庭总人口的比例通过了显著性检验。在其他条件相同情况下，劳动力占家庭总人口的比例每提高一个百分点，农户不受排斥的概率提高0.139%，受部分排斥和受严重排斥的概率分别降低0.051%、0.088%。劳动力占比越高意味着家庭人口负担比越低，农户家庭收入来源越多，越有储蓄能力，相应地有更多储蓄。

⑤区域经济金融状况方面，所在乡镇银行网点数、是否有新型农村金融机构以及储蓄宣传都在1%水平上显著。在其他条件相同情况下，农户所在乡镇每增加一个银行网点、从没有新型农村金融机构变成有新型农村金融机构，农户不受排斥的概率分别提高1.36%、13.74%，受部分排斥的概率分别降低0.5%、5.45%，受严重排斥的概率分别降低0.86%、8.29%。相对于没有得到储蓄宣传的农户，偶尔得到宣传和经常得到宣传的农户不受排斥的概率分别高12.71%、23.8%，受到部分排斥的概率分别低5.15%、12.39%，受到严重排斥的概率分别低7.56%、11.42%。以上表明，农户所在乡镇银行网点越多，农户储蓄越便利，农户受到储蓄排斥的概率越低；新型农村机构增设网点则会明显降低农户受储蓄排斥的可能性，主要是因为新型农村金融机构定位于草根银行，更贴近农户，其业务范围主要在农村，需要积极地通过一些优惠措施动员农户到其网点存

款；金融机构对农户的储蓄宣传力度越大，农户对金融知识的了解程度越高，越能降低其自我排斥的概率，这也印证了中国金融教育发展基金会的发起，中国人民银行各地分支机构、中国邮政储蓄银行各分支机构、各省农村信用社分支机构等参与的"金惠工程"项目价值所在。

⑥从地区虚拟变量来看，中部组通过了显著性检验。在其他条件相同情况下，相对于西部组农户，中部组农户不受排斥的概率高9.52%，受部分排斥的概率和受严重排斥的概率分别低3.42%、6.1%，农户受储蓄排斥存在区域差异。这主要因为被调查的西部农村地区还存在不少的金融空白乡镇，农户得不到基本的金融服务。

(2) 农户受信贷排斥的影响因素分析。①户主个人特征方面，户主是否为村镇干部在1%的显著性水平上显著，在其他条件相同情况下，户主从非村干部转为村干部，农户受严重排斥的概率降低13.86%，受部分排斥和不受排斥的概率分别增加6.09%、7.77%。担任村镇干部的农户一般拥有较多的社会资本，在当地声望较高，家庭条件也相对较好，另外支农贷款也通常要通过村干部宣传，这也为其获取信贷资金提供了有利条件。户主为种养大户或个体工商户组在10%的显著性水平上显著，相对于无业户主，他们受严重排斥的概率低13.89%，受部分排斥和不受排斥的概率分别高6.34%、7.55%，而务农组和务工组农户受到信贷排斥的概率变化不大。原因在于种养大户或个体工商户申请贷款的目的更多是扩大生产或经营规模，能够创造相对稳定的还款现金流、风险相对较低，是银行青睐的贷款对象；与贷款的生活用途比较，银行更愿意发放以生产为目的的贷款；而务农与务工为主的农户一方面由于收入稳定性较差，不确定性大，银行为其提供贷款的意愿不强，另一方面，务工收入对借贷倾向具有明显的替代效应（刘锡良，2011），务工农户申请贷款的意愿也不强。

②家庭经济财富特征方面，家庭年支出3万—5万元组和余钱利用偏好通过了显著性检验。在其他条件相同情况下，相对于1万元以下组，3万—5万元组受到严重排斥的概率低8.18%，受部分排斥和不受排斥的概率则分别高3.92%、4.26%；但是1万—3万元组和5万元以上组没有通过显著性检验。在其他条件相同的情况下，相对于余钱利用偏好于留存的农户，偏好于消费的农户受严重排斥的概率高6.33%，受到部分排斥和不受排斥的概率分别低3.3%、3.03%；而偏好于投资的农户受到严重排斥的概率低7.1%，受到部分排斥和不

受排斥的概率分别低3.43%、3.66%；偏好于消费的人，还款缺少保障，银行更不愿给其提供信贷，而偏好于投资的人，其未来投资收益可以是银行的还款保障，偏好消费的农户更容易受到信贷排斥，而偏好于投资的农户受到信贷排斥的概率更小。

③社会资本方面，是否有亲戚担任干部、对金融机构很信任、对政府的信任度通过了显著性检验。在其他条件相同情况下，从没有亲戚担任干部转为有亲戚担任干部，农户受严重排斥的概率降低5.56%，受部分排斥和不受排斥的概率分别增加2.75%、2.81%。相对于对金融机构不信任农户，信任农户受到严重排斥的概率低11.77%，受到部分排斥和不受排斥的概率分别高5.56%、6.21%。相对于对政府工作不信任农户，一般信任和信任农户受到严重排斥的概率分别低9.87%、18.3%，受到部分排斥的概率分别高5%、8.34%，不受排斥的概率分别高4.87%、9.96%。以上表明，农户社会资本水平越高，受到信贷排斥的可能性就越低。这是因为农户所拥有的各种社会资本起着信号传递的作用，能降低金融机构与农户之间的信息不对称程度（童馨乐等，2011）。

④区域经济金融状况方面，到乡镇中心的距离和信贷宣传通过了显著性检验。在其他条件相同情况下，农户家到乡镇中心的距离每增加1千米，农户受严重排斥的概率将增加0.43%，受部分排斥和不受排斥的概率将分别降低0.22%、0.21%。相对于没有受到信贷宣传的农户，偶尔受到信贷宣传的农户和经常受到信贷宣传的农户受到严重排斥的概率分别低9.13%、13.77%，受到部分排斥的概率分别高4.44%、6.08%，不受排斥的概率分别高4.69%、7.69%。以上结果表明，农户到乡镇中心的距离越近，农户与金融机构的接触程度越高，信息对称程度越高，受到信贷排斥的概率越低；有相关人员对农户进行信贷宣传，农户对贷款知识、程序及政策等了解就越多，农户受到信贷排斥的可能性就越低。

（3）农户受保险排斥的影响因素分析。①户主个人特征方面，年龄、是否党员和是否村干部通过了显著性检验。在其他条件相同情况下，户主年龄每增加1岁、从非党员转为党员、从非村干部转为村干部，农户不受排斥的概率分别增加1.45%、8.51%、10.13%，受部分排斥的概率分别下降0.46%、2.02%、4.06%，受严重排斥的概率分别下降0.99%、6.49%、6.07%。年龄的增加会提高农户的风险厌恶程度，因而更愿意寻求保险服务，但是年龄平方的系数显著为正，户主年龄对其受到保险排斥呈现出先降后升的 U 形影响。这是因为年龄超过某个临界值后,保险机构为其提供保险的意愿降低;党员农户比一般农户对保险产品更了解,参与保险的积极性更高,更不容易受到保险排斥;村干部由于工作关系更容易接触金融产品,且村干部要带头参与新农村养老保险及新农村合作医疗保险,因而其受到保险排斥的可能性更低。

②家庭经济财富特征方面,家庭年支出 1 万—3 万元组和 3 万—5 万元组、余钱利用偏好通过了显著性检验。在其他条件相同情况下,相对于家庭年支出 1 万元以下组,1 万—3 万元组和 3 万—5 万元组不受排斥的概率分别高 9.9%、13.38%,受部分排斥的概率分别低 3.09%、5.33%,受严重排斥的概率分别低 6.81%、8.05%;但是 5 万元以上组没有通过显著性检验。在其他条件相同情况下,相对于余钱利用偏好留存的农户,偏好于消费和投资的农户不受排斥的概率分别高 8.08%、12.88%,受部分排斥的概率分别低 2.79%、5.08%,受严重排斥的概率分别低 5.29%、7.81%;余钱利用偏好于消费和投资的农户受到保险排斥的概率更低,这是因为保险产品本身既属于消费品范畴,也兼具投资功能。

③社会资本方面,对人际关系满意、对金融机构的信任度、对司法一般信任、对政府工作一般信任通过了显著性检验。在其他条件相同情况下,相对于对人际关系不满意农户,满意农户不受排斥的概率高 14.02%,受部分和受严重排斥的概率分别低 4.27%、9.76%;相对于对金融机构不信任农户,一般信任和信任农户不受排斥的概率高 8.83%、15.39%,受部分排斥的概率分别低 2.58%、6.05%,受严重排斥的概率分别低 6.25%、9.35%;相对于对政府工作不信任农户,一般信任农户不受排斥的概率高 10.65%,受部分和受严重排斥的概率分别低 3.35%、7.3%。可以看出,对司法信任和对政府工作信任的农户,没有比不信任农户受到保险排斥的概率低,而一般信任农户反而更不易受到保险排斥。整体上,社会资本水平越高的农户,其受到保险排斥的可能性越低。

④区域经济金融状况方面,乡镇银行网点数、是否有新型农村金融机构和农户家是否有公共汽车到乡镇中心通过了显著性检验。在其他条件相同情况下,农户所在乡镇银行网点数每增加 1 个、当地乡镇从没有新型农村金融机构变为有新型农村金融机构、农户家到乡镇中心从没有公共汽车变为有公共汽车,农户不受排斥的概率分别增加 2.5%、14.26%、4.66%,受部分排斥的概率分别降低 0.79%、5.13%、

1.56%，受严重排斥的概率分别降低1.71%、9.12%、3.1%。由于保险服务手续要通过银行来办理，因此乡镇银行网点数增加、当地有新型农村金融机构、有公共交通工具，保险业务开展的基础设施条件越完善，越有利于农户参加保险，农户受到保险排斥的概率越低。

⑤从区域虚拟变量来看，中部组通过了显著性检验。在其他条件相同情况下，相对于西部组农户，中部组农户不受排斥的概率低12.98%，受部分排斥和受严重排斥的概率分别高4.18%、8.8%。可以看出，中部农户受到保险排斥最严重，主要是因为配合中央财政保费补贴政策，西部开展了马铃薯、青稞、牦牛、藏羊、天然橡胶保险等试点［《中国农村金融服务报告（2010）》］，加之西部大开发的政策支持效应，西部农户相应地更不易受到保险排斥；中部地区农村家庭子女较多，养儿防老的观念根深蒂固，购买养老保险的积极性不高；东部地区市场经济程度较高，农户家庭收入水平较高，农民的投保能力也较强，且家庭规模的缩小与家庭成员社会风险增大之间的矛盾日益尖锐，农村家庭赡养的功能逐渐弱化（Williamson and Pampel，1993）。

二 农户金融包容状况分析

金融包容是解决当前城乡收入差距、削减贫困的重要途径。现有研究表明，提供给贫困及低收入人群的金融服务是扶贫的重要工具，获得储蓄、借贷、保险等金融服务有利于他们掌控日常收支，并在提高妇女权利、改善教育等居民福利方面发挥着重大作用。当前，我国正处于经济转型的重要时期，城乡收入差距、发展不均衡等问题日益凸显，农村金融发展滞后和农户受到较高金融排斥已经成为制约农村经济的关键因素，而农户又是农村金融中最重要的参与主体。因此，全面评价农户受金融包容基本状况才能准确地把握我国农户金融包容性发展水平的真实状况。为进一步研究金融包容对农户产生的微观福利效应，本部分通过于2014年1—2月开展的农户问卷调查研究对农户受金融包容基本状况进行定量分析，并进一步探究影响农户金融包容的因素。

（一）数据来源与样本介绍

考虑样本的代表性及操作的便利性，调查样本随机选取了包含湖南、江西、山东、安徽等19个课题组成员籍贯所在的农业生产或农村人口占比较大的省份,每省份再随机抽取40—50个农户样本,采用问卷填写结合访谈的方式,共计发放问卷867份,回收有效问卷790份,有效率达91.12%,有效样本分布如表5-10所示。

表5-10　　　　　　　　　有效样本分布

省份	有效样本数	所属区域
福建	40	东部
广东	40	东部
河北	40	东部
江苏	41	东部
山东	49	东部
浙江	38	东部
安徽	49	中部
河南	40	中部
湖北	40	中部
湖南	50	中部
江西	46	中部
山西	39	中部
甘肃	44	西部
广西	39	西部
内蒙古	37	西部
陕西	37	西部
四川	38	西部
吉林	42	东北
辽宁	41	东北
合计	790	

从农户的个人特征来看,以男性、中青年为主;党员和村镇干部所占比例均很小;学历为大专及以上的受访人有355人,占总体样本比例的44.94%,说明被调查的农户文化水平整体较高;务农的受访人所占比例并不高,仅17.97%,而务工和从事个体生产的受访人占比共计56.21%,表明大部分被调查农户不以从事农业生产为主要职业。

从农户的家庭整体特征来看,户均人口数为4.71人,而户均劳动力数为3.01人,说明农户家庭里平均有64%的成员在提供劳动力;家庭年收入为2万—6万元的占总体样本比例为38.10%,家庭年收入为6万—

10万元的占比22.78%，相对而言，家庭年收入15万元以上的受访人所占比例较小，仅12.66%，可知家庭年收入处于中等水平的农户占了大部分；户均务农收入仅0.73万元，表明务农收入并不是农户家庭收入的主要来源，这反映了受访者不以从事农业生产为主要职业的事实。

表 5-11 农户的基本特征

项目	选项	人数	占总体样本比例
性别	男	531	67.22%
	女	259	32.78%
年龄	30 岁及以下	340	43.04%
	30—45 岁（含）	246	31.14%
	45—60 岁（含）	189	23.92%
	60 岁以上	18	2.28%
政治面貌	中共党员	208	26.33%
	非党员	582	73.67%
是否村镇干部	是	55	6.96%
	否	735	93.04%
受教育程度	小学及以下	52	6.58%
	初中	206	26.08%
	高中	177	22.41%
	大专及以上	355	44.94%
主要从事职业	无业	204	25.82%
	务农	142	17.97%
	务工	335	42.41%
	个体工商户	109	13.80%
家庭年收入	2 万元以下	125	15.82%
	2 万—6 万元	301	38.10%
	6 万—10 万元	180	22.78%
	10 万—15 万元	84	10.63%
	15 万元以上	100	12.66%
家庭年支出	1 万元以下	70	8.86%
	1 万—3 万元	302	38.23%
	3 万—5 万元	250	31.65%
	5 万—8 万元	98	12.41%
	8 万元以上	70	8.86%
户均人口数（人）			4.71
户均劳动力数（人）			3.01

第五章 中国农户金融排斥和金融包容的状况分析　143

续表

项目	选项	人数	占总体样本比例
户均耕地面积（亩）			3.56
户均务农收入（万元）			0.73

（二）农户金融包容维度分析

由于目前国内对于金融包容的定义和衡量指标没有一个明确的标准，依据指标设计的科学性和数据的可得性，结合农村金融的特殊性，我们从渗透性、使用效用性、可负担性三个基本维度来分析被调查的农村地区农户金融包容状况，如表5-12所示。

表5-12　　　　　　　　农户金融包容维度测度

维度	项目	选项	样本比例	赋分	指标性质
渗透性	近3年金融机构数量和种类的变化 institution	有所减少	1.27%	0	正
		基本没变	44.81%	1	
		小幅增加	39.75%	2	
		大幅增加	14.18%	3	
	所在乡镇ATM机数量 ATM	无	17.47%	0	正
		1—2台	36.84%	1	
		3—4台	14.94%	2	
		5台及以上	30.76%	3	
	到最近的金融机构距离 distance	1000米以内	38.73%	1	负
		1000—3000米	32.41%	2	
		3000—5000米	15.19%	3	
		5000米以上	13.67%	4	
	到最近的ATM机距离 ATM-distance	1000米以内	35.06%	1	负
		1000—3000米	29.49%	2	
		3000—5000米	14.43%	3	
		5000米以上	21.01%	4	
	借款倾向 preference	非正规金融	47.09%	0	正
		两者都有	32.15%	1	
		正规金融	20.76%	2	

续表

维度	项目	选项	样本比例	赋分	指标性质
使用效用性	是否有储蓄行为 deposit1	否	1.14%	0	正
		是	98.86%	1	
	家庭在银行的储蓄存款金额 deposit2	无存款	12.91%	0	正
		2万元以下	22.41%	1	
		2万—5万元	26.84%	2	
		5万—10万元	19.49%	3	
		10万—20万元	8.61%	4	
		20万元以上	9.75%	5	
	贷款 loan	没有获得	71.14%	0	正
		部分获得	21.01%	1	
		全额获得	7.85%	2	
	是否有投资理财行为 investment	否	28.61%	0	正
		是	71.39%	1	
	是否购买过商业保险 insurance	否	47.72%	0	正
		是	52.28%	1	
	是否使用移动金融 mobile_banking	否	47.09%	0	正
		是	52.91%	1	
可负担性	贷款附加投入 loan_cost	不需要	59.24%	0	负
		需要	40.76%	1	
	对银行贷款利率的评价 interest_rate	不高	8.48%	0	负
		一般	38.10%	1	
		偏高	53.42%	2	

1. 渗透性

渗透性是指一个地区提供的金融服务在其使用者中的渗透程度，即使用者是否有接触或获得金融服务的渠道，它是金融包容的基础层。在分析实地调研数据的过程中，我们选取了5个指标来反映农村金融渗透性。近3年金融机构数量和种类的变化、所在乡镇 ATM 机数量、到最近的金融机构的距离以及到最近的 ATM 机距离4个指标是从金融机构设置的角度来体现农村金融的渗透性，其中前2个指标是农户金融包容性的正向指标，后2个指标则是逆向指标。借款倾向则是从农户主观的角度来反映农村金融的渗透性,当农户有借款需求时,如果倾向于从正规金融机构获得贷款的农户越多,说明农村金融在农户金融观念上的渗透越强;反之,如果倾向于从非正规金融途径(如亲友借贷、民间借贷等)获得资金帮助的农户越多,则说明农村金融的渗透性越弱。

2. 使用效用性

使用效用性是指一个地区提供的金融服务被使用者使用的程度,例如多少人获得金融服务,它是金融包容的核心层。本次调查涉及的金融服务主要有储蓄、贷款、投资理财、保险、移动金融等,以农户是否获得该金融服务作为指标来反映使用效用性。由于储蓄在农户的覆盖率达98.86%,各样本基本不存在差异,因此我们增加农户家庭在银行的储蓄金额来反映储蓄的使用效用性。这6个指标都是农户金融包容性的正向指标。

3. 可负担性

可负担性是指一个地区提供的金融服务被使用者获得和使用的成本,主要用于测度用户获取金融服务的价格是否在其可承受范围之内,它是金融包容的关键层。储蓄和信贷在农村金融服务中均占据主体地位,但由于储蓄属于金融机构的负债业务,金融机构为了完成储蓄指标占用资金,并不会向用户收取成本,即使有也只是很小的部分。而贷款则是用户向金融机构借用资金,为此用户需要承担一定的成本。所以本次调查我们仅以贷款所需成本来衡量农村金融的可负担性,包括获得贷款的附加投入(是否要送礼、请客)和对贷款利率的评价(是否偏高)2个指标。这2个指标是农户金融包容性的逆向指标。

由于各指标存在量纲的差异,首先应对数据进行量纲归一化处理:

$$X_{ij} = \begin{cases} \dfrac{x_{ij} - min_{ij}}{max_{ij} - min_{ij}}, & \text{当指标为正指标时} \\ \dfrac{max_{ij} - x_{ij}}{max_{ij} - min_{ij}}, & \text{当指标为逆指标时} \end{cases} \quad (5-6)$$

其中,i 表示第 i 个维度,j 表示第 j 个指标,X_{ij} 表示处理后的指标值，x_{ij} 表示实际的指标值，$\min_{ij}$ 表示该指标的最小值，$\max_{ij}$ 表示该指标的最大值。经过处理后可以保证指标值 X_{ij} 在 0 到 1。

然后，应确定每一个指标的权重，进而确定每一维度的权重，最终测算出农户金融包容性。在比较了各种主客观赋权法的基础上，我们将选用变异系数赋权法来确定各指标在维度中、各维度在测度指数中的权重。

则第 i 维度的农户金融包容性测度指数 $RFII\ i$ 可以表示为点（X_{i1}，X_{i2}，…，X_{in}）与最优值（1，1，…，1）之间的欧氏距离：

$$RFII_i = \frac{\sqrt{w_{i1}^2(1-X_{i1})^2 + w_{i2}^2(1-X_{i2})^2 + \cdots + w_{in}^2(1-X_{in})^2}}{\sqrt{w_{i1}^2 + w_{i2}^2 + \cdots + w_{in}^2}} \quad (5-7)$$

其中，w_{ij} 表示第 i 维度下第 j 个指标的权重。

合成各维度的农户金融包容性指数，可以得到复合维度农户金融包容性测度指数为：

$$RFII = 1 - \frac{\sqrt{w_1^2[Max(RFII_1)-RFII_1]^2 + w_2^2[Max(RFII_2)-RFII_2]^2 + \cdots + w_n^2[Max(RFII_n)-RFII_n]^2}}{\sqrt{w_1^2 + w_2^2 + \cdots + w_n^2}}$$

$$(5-8)$$

其中，w_i 表示第 i 维度的权重，$Max(RFII_i)$ 表示第 i 维度农户金融包容性指数的最优值。

（三）农户金融包容程度分析

我们根据以上分析，对 790 个调查问卷样本的金融包容程度进行测度，得到如表 5-13 的测度结果。

表 5-13   农户金融包容性分布

金融包容指数（RFII）	频率	包容水平
0.0—0.1	9.24%	低
0.1—0.2	24.18%	低
0.2—0.3	28.73%	低

续表

金融包容指数（RFII）	频率	包容水平
0.3—0.4	20.38%	中
0.4—0.5	9.87%	中
0.5—0.6	5.19%	高
0.6—0.7	2.03%	高
0.7—0.8	0.38%	高
0.8—0.9	0.00%	高
0.9—1.0	0.00%	高

测度结果显示，农户金融包容性最高的样本指数值为0.7234，最低的样本指数值为0.0043，样本平均包容指数为0.2722，标准差为0.1373。参照Sarma（2008），将RFII值在0.0—0.3定义为低包容水平，在0.3—0.5定义为中包容水平，在0.6—1.0定义为高包容水平，则样本农户包容性水平为低、中、高的比率分别为62.15%、30.25%、7.60%。由此可知，我国大部分农户的金融包容性处于一个比较低的水平，金融排斥问题突出。

（四）农户金融包容的影响因素分析

1. 影响因素的选取与说明

本研究选取受访者个人特征、家庭资源禀赋特征、信息化程度、社会资本和区域金融特征作为影响农户金融包容性的因素，以下为对各个影响因素的说明。

（1）受访者个人特征。在受访者个人特征方面主要选取了性别、年龄、政治面貌、受教育程度、主要从事职业、受访者是否为村镇干部6个变量。受访者的个人特征会影响到金融机构对其信用的评价，从而影响到受访者获得或使用金融服务的情况。性别和年龄主要反映了受访者的风险偏好，一般而言，女性比男性具有更强的风险规避倾向，年轻人比中老年人更偏好风险，因此，金融机构更愿意为男性和年轻人提供服务，预期受访者的性别对农户金融包容性影响的系数符号为正，年龄对农户金融包容性影响的系数符号为负。党员和村镇干部拥有更多的渠道接触来获得金融服务，且诚信度高不易违约，因此，预期这两个变量对农户金融包容性影响的系数符号为正。受访者的受教育程度越高,意味着受访者越容易接受和以低成本来使用金融服务,因此,预期受教育程度对农户金融包容性影响的系数符号为正。受访者主要从事职业反映了其家庭收入的来源和稳定性,也反映了其对金融服务的需求,因此,预期其对农户金融包容性影响的系数符号为正。

(2) 家庭资源禀赋特征。在家庭资源禀赋特征方面主要选取了家庭人口数、经营的耕地面积、年收入、务农年收入、年支出5个变量。一般来说,家庭人口越多,享受金融服务的资源和需求就越多,但同时金融机构也会将家人的风险偏好和信用违约情况作为参考因素,因此,无法预期该变量对农户金融包容性的影响。家庭经营的耕地面积越大,意味着其农业生产规模越大,对金融的需求越大,但同时面临的风险也越大,因此,无法预期它对农户金融包容性的影响。同理,也无法预期务农收入对农户金融包容性的影响。在其他条件不变的情况下,金融机构更倾向于满足家庭收入和支出较高农户的金融需求,其受金融排斥的可能性较小,因此,预期年收入和年支出对农户金融包容性影响的系数符号为正。

(3) 信息化程度。在信息化程度方面主要选取了受访人及家庭是否使用移动电话、是否连接互联网、是否有成员在外地上学或工作3个变量。农户的信息化程度越高,其接触使用金融产品和服务的渠道就越广,因此,预期这3个变量对农户金融包容性影响的系数符号为正。

(4) 社会资本。主要选取了受访人是否有家庭成员或亲戚担任村镇干部和受访人是否有家庭成员或亲戚在银行等金融机构工作2个变量。如果有家庭成员或亲戚在政府或金融机构工作,受访人一般会比较容易接触到金融机构并获取到金融服务信息,也更容易取得金融机构的信赖、以低成本获得金融服务,因此,预期这2个变量对农户金融包容性影响的系数符号为正。

(5) 区域金融特征。在区域金融特征方面主要选取了新型抵押担保方式、新型信贷模式、补贴性贷款、金融知识宣传4个变量。新型的金融服务,以及政府的补贴性政策,都会增加农户获得和使用金融服务的机会,而金融知识的宣传,也可以帮助农户更加了解金融服务,降低信息不对称程度,因此,预期这4个变量对农户金融包容性影响的系数符号为正。

表5-14介绍了研究选取的影响因素的变量定义、描述性统计与对农

户金融包容程度的预期影响方向。

表 5-14　变量定义、描述性统计与农户金融包容程度的预期方向

变量类型	变量名称	变量描述	平均值	标准差	预期方向
受访者个人特征	gender	性别（女=0，男=1）	0.6722	0.4697	+
	age	年龄（岁）	36.1835	12.2486	—
	ccp_member	政治面貌（非党员=0，党员=1）	0.2633	0.4407	+
	cadre	是否为村镇干部（否=0，是=1）	0.0696	0.2547	+
	education	受教育程度（小学及以下=1，初中=2，高中=3，大专及以上=4）	3.0570	0.9856	+
	career	主要从事职业（无业=0，务农=1，务工=2，个体工商户=3）	1.4418	1.0200	+
家庭资源禀赋特征	population	家庭人口数（人）	4.7051	1.4886	+/-
	land	家庭经营的耕地面积（亩）	3.5587	7.3084	+/-
	income	家庭年收入（2万元以下=1，2万-6万元=2，6万-10万元=3，10万-15万元=4，15万元以上=5）	2.6620	1.2306	+
	farm_income	家庭务农年收入（万元）	0.7268	0.1223	+/-
	expenditure	家庭年支出（1万元以下=1，1万-3万元=2，3万-5万元=3，5万-8万元=4，8万元以上=5）	2.7418	1.0724	+
信息化程度	mobilephone	是否使用移动电话（否=0，是=1）	0.9861	0.1173	+
	Internet	是否连接了互联网（否=0，是=1）	0.5987	0.4905	+
	field	是否有家庭成员在外地上学或工作（否=0，是=1）	0.3481	0.4767	+

续表

变量类型	变量名称	变量描述	平均值	标准差	预期方向
社会资本	village_cadre	是否有家庭成员或亲戚担任村镇干部（否=0，是=1）	0.1899	0.3925	+
	banker	是否有家庭成员或亲戚在银行工作（否=0，是=1）	0.7354	0.4414	+
区域金融特征	new_mortgage	所在乡镇是否有新型抵押担保方式（否=0，是=1）	0.6367	0.4813	+
	new_credit	所在乡镇是否有新型信贷模式（否=0，是=1）	0.5557	0.4972	+
	subsidy_loan	政府是否推行补贴性贷款（否=0，是=1）	0.2089	0.4068	+
	finance_publicity	所在乡镇金融知识的宣传（没有=0，次数不多=1，经常有=2）	0.4962	0.5823	+

2. 计量模型与方法

构建多元线性回归模型，探究影响因素变量对农户受金融包容程度造成的影响，对 RFII 进行下述转换，使其满足 OLS 回归的基本条件：

$$Y = ln\left(\frac{RFII}{1-RFII}\right) \quad (5-9)$$

回归模型设定如下：

$$Y = \beta_0 + \sum_{i=1}^{n} \beta_i X_i + \varepsilon \quad (5-10)$$

其中，X_i 为包括受访者个人特征、家庭资源禀赋特征、信息化程度、社会资本和区域金融特征在内的农村金融包容指数的影响因素变量，β_i 为各变量的系数，β_0 为常数项，ε 为随机误差项。

3. 实证结果分析

本研究采用逐步回归法剔除掉对被解释变量影响不大且可能引发多重

共线性的影响因素变量，回归结果如表5-15所示。可知经过逐步回归筛选后得到的7个变量与基准回归通过显著性检验的变量一致，且系数没有发生太大的变化，而显著性水平则有所提高。同时考虑到可能存在数据内生性问题，将家庭劳动力数作为工具变量，利用两阶段最小二乘回归模型（2SLS模型）进行估计，结果如下。

表5-15　　　　　农村金融包容影响因素的实证结果

变量	基准回归	逐步回归	2SLS模型
gender	-0.0880 (-1.49)	—	-0.0881 (-1.51)
age	-0.0030 (-1.04)	—	-0.0030 (-1.06)
ccp_member	0.0305 (0.44)	—	0.0308 (0.45)
cadre	0.1049 (0.85)	—	0.1045 (0.86)
education	0.0932*** (2.59)	0.1239*** (4.36)	0.0933*** (2.63)
career	-0.0059 (-0.21)	—	-0.0060 (-0.22)
population	-0.0492*** (-2.59)	-0.0489*** (-2.66)	-0.0472*** (-1.40)
land	-0.0117*** (-2.66)	-0.0101*** (-2.76)	-0.0117*** (-2.69)
income	0.0845*** (2.60)	0.1042*** (4.48)	0.0842*** (2.60)
farm_income	0.0220 (0.84)	—	0.0217 (0.81)
expenditure	0.0245 (0.65)	—	0.0242 (0.64)
mobilephone	0.3135 (1.36)	—	0.3138 (1.38)
Internet	0.1837*** (2.95)	0.2269*** (3.79)	0.1838*** (3.00)
field	-0.0326 (-0.53)	—	-0.0330 (-0.54)

续表

变量	基准回归	逐步回归	2SLS 模型
village_cadre	0.0558 (0.89)	—	0.0563 (0.90)
banker	0.0991 (1.34)	—	0.0990 (1.36)
new_mortgage	0.0142 (0.22)	—	0.0143 (0.22)
new_credit	0.1308** (1.99)	0.1752*** (3.17)	0.1307** (2.02)
subsidy_loan	0.0764 (1.10)	—	0.0755 (1.08)
finance_publicity	0.2609*** (5.37)	0.2553*** (5.38)	0.2613*** (5.42)
β_0	-1.9447*** (-6.05)	-1.8739*** (-14.34)	-1.9511*** (-5.91)
R^2	0.1866	0.1859	0.2072

注：***、** 分别表示在1%、5%的显著性水平。

①受访者个人特征方面，受教育程度通过了显著性检验，且与预期方向一致，受教育程度对农户金融包容性具有显著的正向影响，因为高学历的人具有更好的学习能力和新鲜事物的接受能力，不仅能够通过各种途径接触了解，而且能够迅速学会和使用金融服务，此外，他们的工作和收入也较稳定，能够负担成本并通过理财规划等措施将成本降低。年龄也与预期方向一致。在其他条件不变的情况下，年龄越大，农户受到金融排斥的可能性就越大，农户金融包容性就越小。政治面貌和村镇干部对农户金融包容性的正向影响，不仅是因为党员和村镇干部一般具有更多的社会资本，更是因为支农贷款等政策要通过他们参与宣传和执行。

②家庭资源禀赋特征方面，家庭人口数、经营耕地面积、年收入通过了显著性检验。家庭人口数和经营耕地面积对农户金融包容性具有显著的负向影响，说明金融机构在为农户提供金融服务时，更多地考虑了风险要素，而不是把规模需求放在第一位。具体而言，在其他条件不变的情况下，农户家庭每增加一位成员，农户金融包容性指数减少0.0472个单位；农户家庭经营的耕地面积每增加一亩，农户金融包容性指数减少0.0117

个单位。家庭年收入对农村金融包容具有显著正影响，务农收入也有正向影响但不显著，且年收入的系数要远大于务农收入的系数，可以认为促进农村金融包容的不是务农收入而是非务农收入。林毅夫等（1989）的研究表明非农收入倾向于增加农业的流动资金，同时它对农户的借贷倾向具有明显的替代效应。

③信息化程度方面，受访人连接互联网情况在1%的显著性水平上通过检验，对农户金融包容性产生了正向影响，在其他条件相同的情况下，农户从没有连接互联网到连接互联网，农户金融包容性指数增加0.1838个单位。虽然受访人使用移动电话对农户金融包容性的正向影响不显著，但刘海二（2013）等的研究表明，手机银行的低交易成本和手机渗透率的普及，使得手机银行拓展了交易边界。由此可见，发展移动金融和互联网金融，将是提高农村金融包容水平的有力途径。

④社会资本方面，虽然受访人是否有家庭成员或亲戚担任村镇干部和受访人是否有家庭成员或亲戚在银行等金融机构工作2个变量没有通过显著性检验，但二者皆与预期一致，会对农户金融包容性产生正向影响。这是因为农户所拥有的社会资本具有信号传递作用，能够降低金融机构与农户之间的信息不对称程度。

⑤区域金融特征方面，新型信贷模式和金融知识宣传通过了显著性检验。在其他条件相同的情况下，乡镇从没有新型信贷模式到有新型信贷模式，农户金融包容性指数将增加0.1307个单位。频繁的金融知识宣传，使得农户对储蓄、贷款等金融服务的程序、政策等了解得更多，降低了农户受到金融服务的自我排斥和营销排斥。

三 本章小结

本章分别利用2011年与2014年实地调查数据，选取农户金融排斥与包容状况这一重要微观视角进行考察分析；进而对这两者的影响因素进行实证研究，力求全面反映我国农户金融排斥与金融包容的现状。

本章第一节主要从维度和程度两个方面考察我国农户金融排斥状况。维度方面：我国农户在储蓄、信贷、保险三方面表现最为普遍的是营销排斥和价格排斥；程度方面：我国农户在储蓄、信贷、保险均受到金融排斥，信贷排斥最为严重，同时中西部样本金融排斥程度高于东部；影响因素方面：农户储蓄、信贷、保险三个方面排斥的因素既有共同因素也有不同的因素。

本章第二节分析了我国农户金融包容状况。研究发现我国农户金融包容性整体偏低，无论是从渗透性、使用效用性还是可负担性来看，金融排斥问题都较为突出。其次，从我国农户受金融包容的影响因素来看，反映农户个人特征的受教育程度、反映农户家庭资源禀赋特征的家庭年收入、反映农户信息化程度的连接互联网情况，以及反映区域金融特征的新型信贷模式和金融知识宣传对农户金融包容性具有显著的正向影响，这些因素应当成为提升农户受金融包容程度的政策切入点。

附录一　中国农村金融状况调查

您好！我们是湖南大学金融与统计学院教育部课题《中国农村金融排斥：形成机理、区域差异与破解机制研究》项目组成员，为了解我国广大农村金融发展情况与农户金融参与情况，课题组特向您展开这项调查，感谢您的参与。此次调查采用匿名形式，不会泄露您的个人信息，请您放心，再次感谢您！

调查地：＿＿＿＿县＿＿＿＿乡（镇）＿＿＿＿村

一　农户户主特征

1. 户主性别：＿＿＿＿；年龄：＿＿＿＿；民族：＿＿＿＿；政治面貌：＿＿＿＿，是否村干部：＿＿＿＿。

2. 受教育程度：
   A. 识字很少　　　　　　B. 小学
   C. 初中　　　　　　　　D. 高中
   E. 大专及以上

3. 主要从事的工作或职业：
   A. 务农　　　　　　　　B. 本地务工
   C. 个体工商户等　　　　D. 外地打工
   E. 无业

二　农户家庭特征

1. 您家共有_____口人。其中，劳动力人数：_____，男劳动力人数：_____

60 岁以上的老年人数：_____，不满 18 岁的未成年人数：_____。

2. 您家经营的耕地面积（亩）：_____

3. 您家的年收入大约为：

A. 1 万元以下　　　　　　B. 1 万—3 万元

C. 3 万—5 万元　　　　　　D. 5 万—10 万元

E. 10 万以上；其中，务农收入大约为_____。

4. 您家拥有什么生产性固定资产？

A. 收割机　　　　　　　　B. 拖拉机

C. 牛、马等　　　　　　　D. 其他，请填写_____

5. 您家的房产价值大致为：_____

6. 您家一年的支出大致为：

A. 5000 元以下　　　　　　B. 5000—1 万元

C. 1 万—3 万元　　　　　　D. 3 万—5 万元

E. 5 万元以上

7. 家庭的其他特点：

相关问题	A. 是	B. 否
是否安装电话		
是否连接了互联网		
是否拥有快捷的交通工具（如摩托车或汽车）		
是否有亲戚担任村干部或者政府干部		
是否有亲戚在银行工作		
是否有成员具有特殊技能（比如木匠、裁缝）		
是否有子女在外地上学或有成员在外地打工		
是否有自营工商业		

三 农户储蓄状况

1. 您家是否拥有银行账户（除农信社账户外，下同）：

   A. 没有　　　　　　　　　　B. 有

2. 没有银行账户的原因是：

   A. 没什么钱，不需要银行账户

   B. 利息太低，不愿意设立银行账户

   C. 需要银行账户，但没有去申请

3. 需要银行账户但没有去申请的原因：

   A. 银行网点少，距离太远

   B. 银行服务态度差

   C. 到银行需要排队太麻烦

   D. 不会运用银行账户或觉得银行账户不安全

   E. 觉得银行不愿意服务农民

4. 您家是否经常使用银行账户：

   A. 是　　　　　　　　　　　B. 否

5. 您家不经常使用银行账户的原因是：

   A. 银行网点少，距离远

   B. 排队存取钱或转账太麻烦

   C. 交易少，不需要

6. 办理银行账户的目的是：

   A. 用于存款储蓄　　　　　　B. 便于转账汇款

   C. 接受国家支农补贴　　　　D. 其他

7. 除了农村信用社以外，您家还拥有什么机构的银行账户：

   A. 农村商业银行或合作银行

   B. 邮储

   C. 农业银行

   D. 其他（请填写）：_____

8. 是否常有银行工作人员到你们村宣传储蓄产品或普及金融知识：

   A. 从来没有　　　　　　　　B. 偶尔有，但次数很少

   C. 经常有

四 农户借贷状况

1. 您及您的家庭在过去 5 年里是否有过借钱经历：

A. 有过　　　　　　　　　　B. 没有

平均每年大约借＿＿＿＿笔，每笔大约借多少钱＿＿＿＿。

（1）最多一次借了多少钱？

A. 1 万元以下　　　　　　　B. 1 万—3 万元

C. 3 万—10 万元　　　　　　D. 10 万元以上

借款期限是：

A. 6 个月　　　　　　　　　B. 1 年

C. 1—3 年　　　　　　　　 D. 3 年以上

借款用途（可多选）：

A. 农业生产　　　　　　　　B. 做生意

C. 盖房、婚嫁、上学等　　　D. 治病

E. 买家电或车　　　　　　　F. 其他

借款来源（可多选）：

A. 亲友　　　　　　　　　　B. 信用社

C. 邮储　　　　　　　　　　D. 农业银行

E. 民间金融（高利贷）

（2）您家有没有从银行借过钱：

A. 没借到　　　　　　　　　B. 借到，但数额小于申请额度

C. 全额借到

如果您从银行借到钱，借钱的方式是：

A. 抵押贷款　　　　　　　　B. 担保贷款

C. 多户联保　　　　　　　　D. 小额信用贷款

E. 其他

如果您从银行借钱，是否需要：

A 送礼　　　　　　　　　　B 请客

C 送回扣＿＿＿＿费用大概＿＿＿＿元/千元。

您觉得的银行借款利息：

A. 不高　　　　　　　　　　B. 一般

C. 偏高

不从银行借钱或者没有借到的原因是：

A. 银行一般不会借给我们

B. 利息、费用太高

C. 借钱程序太麻烦

D. 没有符合条件的抵押品做抵押

E. 找不到合适的人担保

（3）您家有没有从私人或民间借钱？

A. 有　　　　　　　　　B. 没有

从私人或民间借钱的原因是：

A. 利息低

B. 贷款手续简单且容易获得贷款

C. 期限灵活

D. 急用

从私人或民间借钱时合约的签订情况：

A. 无任何形式　　　　　B. 口头约定

C. 立字据

从私人或民间借钱的利息是：

A. 无息　　　　　　　　B. 低息

C. 高息

从私人或民间借钱是否需要担保或抵押：

A. 要　　　　　　　　　B. 不要

2. 您及您的家庭最近是否需要借钱：

A. 需要　　　　　　　　B. 不需要

您考虑过向银行借钱吗？

A. 考虑过　　　　　　　B. 没考虑过

没考虑向银行借钱的原因：

A. 银行一般不会为我们提供贷款

B. 利息、费用太高

C. 贷款程序太麻烦

D. 没有符合条件的抵押品做抵押

E. 没找到合适的人担保

3. 是否有银行人员到你们村进行贷款方面的宣传？
A. 从没来过　　　　　　　　B. 来过，次数不多
C. 来过多次

4. 如果家中有了多余的钱，会主要用来：
A. 扩大生产、投资　　　　　B. 用于消费
C. 先存起来再说

5. 家中是否向外借出过钱：
A. 有　　　　　　　　　　　B. 没有

主要借给：
A. 亲戚　　　　　　　　　　B. 朋友或熟人
C. 生意伙伴　　　　　　　　D. 其他

6. 借钱给别人的主要是为了：
A. 互相帮助　　　　　　　　B. 赚钱、盈利

7. 借钱给别人时，主要采取什么措施来保证还款？
A. 立字据　　　　　　　　　B. 找熟人担保
C. 有抵押　　　　　　　　　D. 没有什么措施

8. 借款人是否按期归还：
A. 按期归还　　　　　　　　B. 拖延一段时间才还
C. 拖欠不还　　　　　　　　D. 没确定还款日期

9. 是否亲身经历过欠账不还的情况：
A. 是　　　　　　　　　　　B. 否

10. 出现借款纠纷一般如何解决：
A. 找朋友调解　　　　　　　B. 付诸法律
C. 上门强行解决　　　　　　D. 不了了之
E. 找村委会调解

五　农户保险状况

1. 您及您的家人对保险产品的了解程度：
A. 一点都不了解　　　　　　B. 了解不多
C. 了解较多　　　　　　　　D. 了解很多

2. 您及您的家人是否需要保险：
A. 需要　　　　　　　　　　B. 不需要

3. 您家是否有人参与保险：

A. 有   B. 没有

4. 没有参加保险的原因是：

A. 保险费用过高   B. 对保险产品不了解，害怕受骗

C. 不知道参与保险的渠道或方式

D. 保险理赔网点离家较远

E. 理赔程序复杂

F. 其他

5. 你曾经参加过的保险类型：

A. 养老险   B. 医疗保险

C. 农业保险   D. 健康保险

E. 人寿险   F. 人身意外伤害险

G. 其他

6. 有保险人员来您村进行产品宣传吗？

A. 没有   B. 偶尔有，但次数很少

C. 经常有

六 当地情况及农户评价

1. 村民主要收入来源是：

A. 种地   B. 个人经营（包括农业养殖）

C. 本地打工   D. 外地打工

2. 所在乡镇银行网点数量：_____，是否有村镇银行或小额贷款公司：

A. 有   B. 没有

3. 您家到乡镇中心的距离（千米）：_____

4. 您家到乡镇中心是否有公共交通工具（比如班车、公交车）：

A. 有   B. 没有

5. 您对银行等机构提供的服务满意吗？

A. 不满意   B. 一般

C. 满意

6. 您对村里的生活氛围（生活环境）满意吗？

A. 不满意   B. 一般

C. 满意

7. 您对村里的人际关系满意吗？

A. 不满意　　　　　　　　B. 一般

C. 满意

8. 您对乡（镇）执法情况满意吗？

A. 不满意，执法不公平

B. 执法情况一般

C. 满意，执法公正公平

9. 您对村委或所在乡镇政府工作满意吗？

A. 不满意　　　　　　　　B. 一般

C. 满意，政府很好地为我们服务

附录二　中国农村地区金融包容状况调查

您好！我们是湖南大学金融与统计学院国家自然科学基金《中国农村金融包容：转换机理、程度测量与三维效应研究》项目组成员，为了解我国广大农村金融发展情况与农户金融参与情况，课题组特向您展开这项调查，感谢您的参与！此次调查采取匿名形式，不会泄露您的个人信息，请您放心。再次感谢您！

调查地点：＿＿＿＿省＿＿＿＿市＿＿＿＿县＿＿＿＿乡（镇）＿＿＿＿村

一　受访人特征

1. 性别：＿＿＿＿；年龄：＿＿＿＿；政治面貌：＿＿＿＿；是否村镇干部：＿＿＿＿。

2. 受教育程度：

A. 小学及以下　　　　　　B. 初中

C. 高中　　　　　　　　　D. 大专及以上

3. 主要从事的工作或职业：

A. 务农　　　　　　　　　B. 本地务工

C. 个体工商户　　　　　　D. 外地务工

E. 教师　　　　　　　　　F. 医生

G. 公务员　　　　　　　　H. 其他

二 受访人家庭特征

1. 您家共有_____口人。其中,劳动人口数:_____;男劳动力人数:_____。

60 岁以上的老年人数:_____;不满 18 岁的未成年人数:_____。

2. 您家经营的耕地面积大约为_____亩。

3. 您家的年收入大约为:

A. 2 万元以下　　　　　　B. 2 万—6 万元

C. 6 万—10 万元　　　　　D. 10 万—15 万元

E. 15 万元以上

其中,务农收入大约为_____元。

4. 您家一年的总支出大约为:

A. 1 万元以下　　　　　　B. 1 万—3 万元

C. 3 万—5 万元　　　　　D. 5 万—8 万元

E. 8 万元以上

其中,人情支出大约为_____元。

5. 家庭的其他特点:

相关问题	A. 是	B. 否
是否使用移动电话		
是否连接了互联网		
是否有家庭成员或亲戚担任村干部或政府干部		
是否有家庭成员或亲戚在银行工作		
是否有家庭成员在外地上学或打工		
是否自营工商业		

三 农村金融渗透性状况

1. 您所在的乡镇有多少个金融机构网点_____，具体是什么机构的网点？

   A. 农村信用社　　　　　　B. 邮政储蓄银行
   C. 农业银行　　　　　　　D. 村镇银行
   E. 保险公司　　　　　　　F. 贷款公司
   G. 其他_____（可多选）

2. 您家一共拥有多少个银行账户？

   A. 无　　　　　　　　　　B. 1 个
   C. 2 个　　　　　　　　　D. 3 个
   E. 4 个　　　　　　　　　F. 5 个及以上

3. 您的银行账户以什么形式体现？（可多选）

   A. 存折　　　　　　　　　B. 借记卡（即一般银行卡）
   C. 信用卡

4. 您平均每月使用多少次银行账户？

   A. 0 次　　　　　　　　　B. 1 次
   C. 2 次　　　　　　　　　D. 3 次
   E. 4 次　　　　　　　　　F. 5 次及以上

5. 您到最近的银行机构有多远？

   A. 1000 米以内　　　　　　B. 1000—3000 米
   C. 3000—5000 米　　　　　D. 5000 米以上

6. 据您所知，您所在的乡镇有多少台 ATM 机？

   A. 无　　　　　　　　　　B. 1 台
   C. 2 台　　　　　　　　　D. 3 台
   E. 4 台　　　　　　　　　F. 5 台及以上

7. 距离您家最近的 ATM 机有多远？

   A. 1000 米以内　　　　　　B. 1000—3000 米
   C. 3000—5000 米　　　　　D. 5000 米以上

8. 如果您家有借款需要，会倾向于选择哪些借款方式？（可多选）

   A. 亲友　　　　　　　　　B. 农村信用社
   C. 邮储　　　　　　　　　D. 农业银行等大型商业银行

E. 民间借贷

F. 新型金融机构（村镇银行、贷款公司、资金互助社）

9. 您家是否在最近 5 年内申请过银行贷款？

A. 没有　　　　　　　　　B. 有，但数额小于申请额度

C. 全额获得

10. 若未获得银行贷款，主要原因是什么？（可多选）

A. 银行一般不给贷　　　　B. 利息等相关费用太高

C. 贷款程序太复杂　　　　D. 没有符合条件的抵押品

E. 没有合适的担保人　　　F. 其他

11. 若获得贷款，贷款的方式是？（可多选）

A. 抵押贷款　　　　　　　B. 担保贷款

C. 小额信用贷款　　　　　D. 多户联保

E. 其他_____

12. 您家是否有投资理财行为？若有，请从以下选项中选择（可多选）。

A. 定期存款　　　　　　　B. 炒股

C. 债券　　　　　　　　　D. 银行理财产品

E. 黄金白银类　　　　　　F. 基金

G. 其他

13. 您家是否购买过除新型农村合作医疗（新农合）之外的保险产品？

A. 是　　　　　　　　　　B. 否

14. 若没有购买商业保险，主要原因是？（可多选）

A. 保险费用过高　　　　　B. 对保险产品不了解，担心受骗

C. 缺乏参与保险的渠道　　D. 保险理赔网点离家较远

E. 理赔程序复杂　　　　　F. 其他_____

四　移动金融

1. 您是否使用过移动金融？（请勾选：1. 手机银行 2. 网上银行 3. 电话银行）

A. 使用过　　　　　　　　B. 没使用过

2. 若您未使用过移动金融，原因是什么？（可多选）

A. 费用太昂贵　　　　　　　B. 担心信息和财产安全
C. 操作太复杂　　　　　　　D. 网速太慢
E. 运营商服务太差　　　　　G. 其他_____

3. 若您使用过移动金融，您平均多久使用一次？
A. 1 个星期　　　　　　　　B. 2—3 个星期
C. 1 个月　　　　　　　　　D. 1 个月以上

4. 您通过移动金融办理的业务包括（可多选）
A. 查询账户　　　　　　　　B. 转账汇款
C. 移动支付　　　　　　　　D. 投资理财
E. 偿还贷款　　　　　　　　F. 其他_____

5. 是什么原因促使您使用移动金融的？
A. 自己需要　　　　　　　　B. 亲朋介绍
C. 银行推销　　　　　　　　D. 套餐办理
E. 其他_____

6. 您会向您周围的人推荐移动金融吗？
A. 会　　　　　　　　　　　B. 不会

五　农村金融使用效用状况

1. 您的银行账户用途包括（可多选）
A. 储蓄　　　　　　　　　　B. 贷款
C. 转账汇款　　　　　　　　D. 专用账户（接收工资、补贴等）

2. 您转账汇款的方式包括（可多选）
A. ATM　　　　　　　　　　B. POS 机
C. 银行柜台　　　　　　　　D. 移动金融
G. 其他_____

3. 您家在银行的储蓄存款金额大约为
A. 无存款　　　　　　　　　B. 2 万元以下
C. 2 万—5 万元　　　　　　 D. 5 万—10 万元
E. 10 万—20 万元　　　　　 F. 20 万元以上

4. 您家近 3 年平均每年从正规金融机构获得贷款
A. 无　　　　　　　　　　　B. 1 万元以下
C. 1 万—5 万元　　　　　　 D. 5 万—10 万元

E. 10 万元以上

5. 若获得银行贷款，主要用于以下哪些方面？（可多选）

A. 农业生产（农具、肥料、种子等）

B. 经商

C. 非生产性用途（建房购房、婚嫁、上学、治病等）

D. 消费（购买家电、汽车等耐用品）

六　农村金融可负担性状况

1. 据您所知，贷款时是否需要？若需要，费用大概_____元/千元贷款。

A. 送礼　　　　　　　　　B. 请客

C. 送回扣　　　　　　　　D. 不需要

2. 您贷款的利率为_____，与基准利率相比上浮了_____。

3. 您觉得现在银行贷款利率怎样？

A. 不高　　　　　　　　　B. 一般

C. 偏高

4. 您每年平均需要支付多少保费？（请填写）

七　宏观影响因素

1. 在政府大力支持下，您所在乡镇出现了哪些新型抵押担保方式？

A. 林权　　　　　　　　　B. 渔权

C. 采矿权　　　　　　　　D. 仓单

E. 应收账款　　　　　　　F. 土地承包经营权

G. 农村房屋抵押　　　　　H. 其他_____（可多选）

2. 您所在乡镇的政府近几年推出哪些新型信贷模式？（可多选）

A. 农业大联保　　　　　　B. 企业担保

C. 基金担保　　　　　　　D. 保险公司担保

E. 其他_____

3. 您是否接受过政府推行的补贴型贷款？

A. 没有　　　　　　　　　B. 接受过，但不多

C. 接受过，很多

4. 您认为迫切需要的金融综合服务有哪些？
A. 存贷款　　　　　　　　B. 银行卡
C. 结算汇兑　　　　　　　D. 租赁
E. 投资顾问　　　　　　　F. 项目理财
G. 网上银行　　　　　　　H. 其他_____（可多选）

5. 是否有银行人员来进行贷款或其他金融知识的宣传？
A. 从来没有　　　　　　　B. 有，但次数不多
C. 来过多次

6. 您所在乡镇的金融机构数量和种类在最近三年有什么变化？
A. 基本没变　　　　　　　B. 小幅增加
C. 大幅增加　　　　　　　D. 有所减少

7. 您所在乡镇是否有农民专业合作社？
A. 有　　　　　　　　　　B. 没有
C. 不清楚

8. 您是否加入农民专业合作社？
A. 是　　　　　　　　　　B. 否

9. 您所在村（镇）是否是信用村（镇）？
A. 是　　　　　　　　　　B. 否
C. 不清楚

第六章 中国农村金融包容的影响因素研究

金融排斥与金融包容,正如同一枚硬币的两面,二者间可相互转化。因此,研究影响农村金融包容水平的因素,就是在探寻破解我国农村金融排斥的良策,既符合我国农村金融当前发展的实际需求,也能为推动我国农村金融包容性发展提供切实可行的理论依据。基于此,本章在对影响我国农村金融包容水平的因素进行理论分析的基础上,结合前文构建的农村金融包容指数,在国家和不同地域层面从需求引致、供给诱导、社会环境三个维度,建立农村金融包容影响因素的分析框架,并进行实证检验。

一 影响因素理论分析

(一) 需求引致方面

农户金融需求对农村金融包容具有显著的影响。其中,农户年龄结构、受教育水平以及民族特征等农户金融需求决定因素对农村金融包容水平具有重要影响。从年龄结构看,我国农村当前正面临着严峻的劳动力外流的问题,农村地区的老年人及儿童占比越高,劳动力外流问题越严重。一般而言,老年人(65岁以上)思想观念保守,投资意愿及风险承受能力较弱,且儿童(0—14岁)对金融产品和金融服务的需求有限(田霖、韩岩博,2019),因此具有更强的金融排斥倾向(Hogarth & O'Donnell,1997:62)。然而,也有学者实证表明,年龄结构对金融包容没有显著影响(FSA,2000)。因此,当前学界对于农户年龄结构是否影响农村金融包容还未有明确的定论。

从受教育程度看,教育程度也具有一定的解释度,受教育程度较低的人群更容易处于金融排斥的状态。这主要是由于教育程度往往与收入成正比,较低的受教育程度引起了低收入,而低收入与金融排斥呈正相关性

(Gardener et al.,2004)。此外，现有研究表明，个体金融知识水平也是影响金融包容性发展的一个重要因素（星焱，2015）。居住偏远的农村居民，受教育和金融知识水平的影响，很多人不懂得如何操作 ATM、EPOS 机，有些人甚至不懂得"信贷""汇率""通货膨胀"等基本经济词汇的含义（Ardic et al.,2011; Tilman et al.,2012; Atkinson & Messy,2013），这就会一定程度上抑制他们的有效金融需求，即使部分金融服务"唾手可得"，但仍然不能有效地对接和享用。因此，拥有较高的平均受教育水平的地区，特别是金融知识水平普遍较高的地区，其金融包容水平理论上也相应较高。

从民族差异看，少数民族聚集区大多地处较为偏远的经济不发达地区，金融发展水平较低，可能存在较为严重的地理排斥。此外，少数民族居民由于语言障碍及宗教信仰等因素的影响，可能不习惯接受或信任银行、证券、保险等金融机构，从而产生自我排斥，进而影响农村金融包容水平（王修华，2012）。

（二）供给诱导方面

地区金融供给量一定程度上决定了地区金融包容水平，而地区经济发展水平的显著差异造就了金融空间格局上的显著差异。金融机构具有逐利性，随着银行商业化、产权改革的推进，金融机构网点及其他金融资源更倾向于向经济发达地区聚集，呈现出大城市的金融集聚和边远农村的金融排斥状态（Yeung,2012）。而受区域金融资源溢出效应的影响，经济发达地区的农村金融供给水平也普遍高于经济欠发达地区，这将进一步导致区域之间农村金融包容水平的差异。由此可见，区位因素是影响农村金融包容水平的重要因素之一（王修华等，2016:55）。与此同时，地区金融包容水平与地区金融供给效率也具有显著的相关关系，现有研究表明，农村基础设施建设有利于拓宽金融服务渠道，提升金融可及性，以提高金融供给效率。可以知道，农户越容易获取金融信息和金融服务，其参与金融活动的意愿就越强烈。

实践经验表明，物理网点和本地金融服务仍然是农村居民获取金融服务的首选，其中最为主要的原因便是成本（French et al.,2013）。而随着交通基础设施的不断完善和出行方式的不断便捷，金融机构在偏远地区开设分支机构的成本以及偏远地区居民接触金融服务的成本将逐步降低，从而缩短农户与正规金融服务间的距离，推动包容性金融的发展。值得重视的是，在通过增加农村金融物理供给来提升农村金融包容水平的同时，农村金融机构的经营状况将受到一定程度的影响，仍需要解决其可持续发展问题。毋庸置疑，当前农村金融市场仍存在严重的信息不对称、抵押物缺乏、特质性成本与风险、非生产性借贷为主的四大基本问题，而由这四大问题引起的"市场失灵"和"负外部性"将直接遏制农村金融机构的发展，导致严重的金融排斥（周立，2007）。当然，农村低收入群体往往与高违约率挂钩，这将使得农村金融机构的不良贷款率相对较高（Sarma & Pais，2011），并对农村金融机构的经营产生不利影响。

（三）社会环境方面

农村社会经济环境与农村金融包容水平的关系密不可分（FSA，2000），具体可以从农村经济发展水平、社会发展水平与政策支持力度三个角度展开。从农村经济发展水平看，现有研究均认为农村居民收入水平、收入不平等状况与农村金融包容指数呈现出显著相关关系，其中居民收入越高的地方金融包容水平越高，收入不平等越明显的地方金融包容水平越低。从农村社会发展水平看，我国城乡二元结构由来已久，城市的基础设施发达、产业结构较为合理，而农村的基础设施落后、产业结构单一，使得金融机构在农村地区完善金融基础设施、增加金融产品供给的主动性和自发性不够，导致倡导机会均等与普惠发展的包容性金融在农村地区发展缓慢。因此，相比其他农村地区，新型城镇化建设水平较高、农村固定资产投资数额较大、农村产业结构较为优化的部分农村地区具有较高的金融包容水平。

除此之外，政策支持在发展包容性金融过程中具有重要作用。一方面，政府支持有助于解决市场失灵问题。农业发展的天然弱质性和较高风险使得金融机构对"三农"融资存在较为严重的风险顾虑，使得金融资源盲目倾斜于高利润、见效快的行业。政府对金融机构的引导与支持有助于形成共享与普惠的金融生态环境，减轻金融机构的风险顾虑，使金融资源在城乡之间合理配置，满足"三农"发展的融资需求。另一方面，政府支农补贴能够减少农户自身和借贷资金的投入，降低农业投资的杠杆率，在一定程度上减少农业发展的风险。政府支农补贴通常按照种、养殖规模按时支付，或在农户遭遇自然灾害时进行补偿，能够提高农户部分收入的稳定性，增强农户通过正规金融渠道融资投入农业发展的意愿。因此，政府对"三农"的财政支持能够协调农村金融供需均衡，逐步形成金融资源在农村中的自发配置与调节机制，促进农村包容性金融的可持续发展，提高农村金融包容水平。

二 实证研究设计

（一）数据来源

本章选取由《中国统计年鉴》《中国农村金融统计年鉴》《中国区域经济统计年鉴》《中国农村金融分布图集》、国家统计局官网、中国人民银行发布的各省《区域金融运行报告》和各省（市）统计年鉴以及中国经济与社会发展统计数据库发布的以 2006—2010 年为时间区间的全国 31 个省、直辖市、自治区农村金融包容面板数据集作为本章的测度样本，共计 155 条观测数据。

（二）变量选择

1. 被解释变量

本章节主要考察农村金融包容的影响因素，因此被解释变量为农村金融包容水平，采用农村金融包容指数作为包容水平的变量。测度指标选取方面，沿用本书第四章农村金融包容指数的构建方法，共包含 3 个维度 10 个指标（具体详见本书第四章）。且值得注意的是，在金融包容这一多维度概念中，渗透性、使用效用性、可负担性，是逐级递进的关系（王修华和关键，2014），机构设置、账户拥有是获取金融服务的前提基础，产品和服务获取及有效使用是金融包容的核心，使用时的成本可负担性是关键。

2. 解释变量

（1）需求引致因素。①年龄结构。年龄结构对金融产品普及有较大的影响。由于受到年龄和知识结构水平的限制，少年儿童及老年人口是金融服务过程中的弱势群体，其主动获取金融知识的意愿不足，金融知识十分匮乏，往往面临较为严重的金融排斥，限制了其获取金融服务的可能性。因此，农村地区年龄结构很可能对该地区的金融包容水平有较大的影响，本部分选取农村地区少年儿童（0—14 岁）和老年人口（65 岁以上）

所占比例作为年龄结构的代理变量。

②教育程度。FSA（2000）、ANZ（2004）等研究均发现，金融知识的拥有量（或受教育程度）将直接导致其受到金融排斥的程度，尤其是"自我排斥"。农村居民识字与否对农户接受外界信息能力强弱有显著影响，农户读写文字越熟练，越可以帮助居民更好地理解金融产品、学会使用金融产品，促使其享受到金融的便利，满足自己的金融需求。因此，农村居民中识字人数的多少很可能影响农村金融包容水平。据此分析，本指标选取该地区15岁及以上农村居民中识字人数占比来表示，体现了地区农村人口受教育的基本情况。

③民族差异。民族差异是影响农村金融包容水平的重要因素之一。我国少数民族地区一直是金融服务可获得性薄弱的区域，且由于受到自身独特的文化和教育的影响，可能不习惯接受或信任金融产品和银行、证券、保险等金融机构，存在自我排斥的现象，影响农村金融包容水平（王修华等，2012）。因此，采用二值虚拟变量作为民族差异的代理变量，少数民族聚居地区（西藏、新疆、青海、宁夏和广西）赋值为1，其他地区赋值为0。

（2）供给诱导因素。①地区要素。金融机构区位要素与金融包容水平密切相关。我国各地区经济发展水平存在一定差异，设于东部地区的金融机构，凭借东部地区的地理区位优势、区域内存在的溢出效应，往往使得农村金融包容程度较高，而设在西部地区的金融机构受限于当地经济条件，更容易将弱势群体排斥在金融体系之外，降低金融包容水平。因此，本指标将采用两个二值虚拟变量将全国样本划分为东、中、西部地区分样本，以探讨地区要素因素对农村金融包容水平的影响。

②交通便利度。农村金融机构网点一般都设置在乡镇中心，住在偏远地区的农民是否愿意去网点办理业务受出行便利度的影响。县级地区每百人民用汽车拥有量能在一定程度上反映县级地区的出行便利程度，地区拥有的民用汽车越多，居住在偏远地区的农民出行的便利程度可能越高，前往金融网点并获得相关服务的可能性越高，金融包容水平就可能越高。因此，本指标选取各地区县级地区每百人民用汽车拥有量作为交通便利程度的代理变量。

③金融机构经营状况。农村地区金融包容水平越高意味着农户越易获取银行信贷产品。但由于农村地区以农业生产为主，常常受到气象灾害、

农牧病灾害的影响，农户收入来源不稳定，且农村地区经济发展相对滞后，收入水平也较低，使得农户群体在更易获取信贷产品的同时也与高违约率挂钩，从而大大提升了农村金融机构的不良贷款率，银行经营状况下降。据此分析，本指标将选取农村金融机构的不良贷款率作为金融机构经营状况的代理变量。

（3）社会环境因素。①农村经济发展水平。农村地区经济发展水平与金融包容水平存在较大的相关性。在我国经济发展落后的农村地区，金融排斥现象严重。而农村地区的经济发展水平越高，意味着人均GDP和居民收入越高，借款者的还款能力更有保障，贷款者面临的风险更小，金融机构越倾向于提供金融产品与服务，金融包容水平也越高。因此，选取农村地区人均GDP作为农村经济发展水平的代理变量。

②城镇化率。城镇地区由于人口密集度和产业聚集度更高，金融服务供给的单位成本较低，金融包容水平较高。而农村地区的金融需求具有信息不对称严重、有效抵押物不足、农业特有风险较大和生产性借贷比例较高的特点，金融机构往往在经营和管理的重压之下被迫关闭，使得居住在农村和偏远地区的居民被排斥在金融体系之外。因此，本指标将采用城镇人口的占比作为代理变量。

③财政支农支出。农业的发展离不开财政政策的保障和资金的支持，而农业的收益不稳定导致金融机构无法确保盈利的可持续性，政府则需要给予金融机构一定的优惠政策促使金融机构在保证盈利可持续的情况下对农业提供金融服务；受生态环境恶化的影响，农业生产成本越来越高，政府对农村基础设施建设的投入也影响着农业生产条件。因此，政府对农业的扶持很可能影响金融机构的扶持意愿和农村的生产环境，从而影响农村金融包容水平。据此分析，本指标选取地方财政对农业、农村、农民的直接支持作为代理变量。

④产业结构。产业结构关系到经济金融的可持续健康发展，某一地区第二、第三产业产值与第一产业产值之比越高，当地的经济发展水平越高，金融业务开展阻力越小，从而本章预计第二产业与第三产业越发达，金融包容水平越高。因此，本指标选取农村地区第二、第三产业产值之和与第一产业产值之比作为代理变量。

⑤人均固定资产投资。投资是经济增长的动力源泉，农村地区经济增长和金融包容水平的提升离不开投资的支持。人均固定资产投资越高，意

味着对经济的拉动作用越强，居民生活水平的提高将进一步激发对金融产品与服务的需求，且金融机构也更加愿意提供金融服务，对金融包容水平的提升具有一定的影响。由此分析，该指标采用农村地区人均固定资产投资作为代理变量。

3. 描述性统计

表6-1汇报了相关变量的描述性统计。在样本时间范围内，农村金融包容指数的平均值为0.245，与数值0较为接近，农村金融包容水平仍然较低，渗透性、使用效用性和可负担性的平均值分别为0.243、0.149和0.424。进一步分析各解释变量。需求引致因素方面，少年儿童（0—14岁）和老年人口（65岁以上）所占比例的均值为3.523。一直以来，我国农村地区因经济发展相对滞后，就业机会较少，普遍存在家庭主要劳动力外出务工的现象，导致留守儿童和孤寡老人数量居多。农村居民每百个劳动力识字人数平均水平为0.16，最大值为0.218，农村地区居民受教育程度普遍偏低，金融素养的缺乏导致自我排斥现象凸显，影响着农村金融包容水平。供给诱导因素方面，各省份县级地区每百人民用汽车拥有量的平均值为4.869，而农村金融机构网点普遍分布在乡镇中心，交通便利程度越高则会增强居民前往金融机构网点办理业务的愿望，对农村金融包容水平产生影响。农村金融机构不良贷款率均值为3.115%，金融机构在向低收入农户群体倾斜的同时，也面临着生存的压力，其经营状况也直接影响着我国农村金融包容水平。社会环境因素方面，我国农村地区人均GDP（元）、城镇人口占比（%）、地方财政对三农的直接支持（万元）、第二、第三产业产值之和与第一产业产值之比（%）、农村地区人均固定资产投资（元）的均值分别为2.561、0.397、0.135、0.119和10.65。农村金融包容水平的提升离不开当地经济的快速增长、城乡二元结构优化、产业结构调整和当地财政的支持。

进一步对各解释变量与被解释变量在样本时间范围内的统计情况进行分析。选取31个省（市、自治区）各年份的平均值作为该年代替值，得到各解释变量与被解释变量之间的时间序列变化图，如图6-1所示。其中，交通便利度、农村经济发展水平、城镇化率、人均固定资产投资与农村金融包容指数之间表现出较为明显的同向变化趋势，与前文的阐述一致。产业结构与农村金融包容指数之间呈现出反向变化趋势。而财政支农支出则表现出较轻微的波动，其原因可能是财政对三农支持的资金在审

第六章　中国农村金融包容的影响因素研究　175

表6-1　相关变量描述性统计

变量名称	变量符号	变量含义	平均值	标准差	最小值	最大值
被解释变量						
农村金融包容指数	RFII	由上文计算得出	0.245	0.115	0.073	0.641
渗透性	RFII1	反映获得金融服务的渠道	0.243	0.169	0.038	0.752
使用效用性	RFII2	反映使用金融服务的程度	0.149	0.054	0.049	0.372
可负担性	RFII3	反映使用金融服务的成本	0.424	0.211	0	1
解释变量						
年龄结构	Age	少年儿童（0—14岁）和老年人口（65岁以上）所占比例（%）	3.523	0.234	2.852	4.009
受教育程度	Education	农村居民每百个劳动力中识字人数占比	0.160	0.026	0.102	0.218
民族差异	Mino	少数民族聚居地区（西藏、新疆、青海、宁夏和广西）赋值为1，其他地区赋值为0	0.161	0.369	0	1
地区要素	DE	DE = 1，DW = 0 为东部地区；	0.355	0.480	0	1
	DW	DE = 0，DW = 1 为西部地区；DE = 0，DW = 0 为中部地区	0.387	0.489	0	1
交通便利度	Transport	各省份县级地区每百人民用汽车拥有量	4.869	3.260	1.456	22.923
金融机构经营状况	Condition	农村地区金融机构不良贷款率（%）	3.115	0.590	2.192	4.594
农村经济发展水平	PGDP	农村地区人均GDP（元）	2.561	1.565	0.576	7.607
城镇化率	Urban	城镇人口占总人口比重（%）	0.397	0.158	0.104	0.889
财政支农支出	Expense	地方财政对农业、农村、农民的直接支持（万元）	0.135	0.152	0.004	1.326
产业结构	Industry	第二、第三产业产值之和与第一产业产值之比（%）	0.119	0.060	0.007	0.330
人均固定资产投资	Inv	农村地区人均固定资产投资（元）	10.65	1.203	7.780	13.265

批、监管、拨付和使用计划上还未形成完善的法定程序，财政支农资金在纵横交错的流动中出现了使用效率低下、使用效益难发挥的问题，导致财政支农资金在样本范围内存在较轻微的波动。

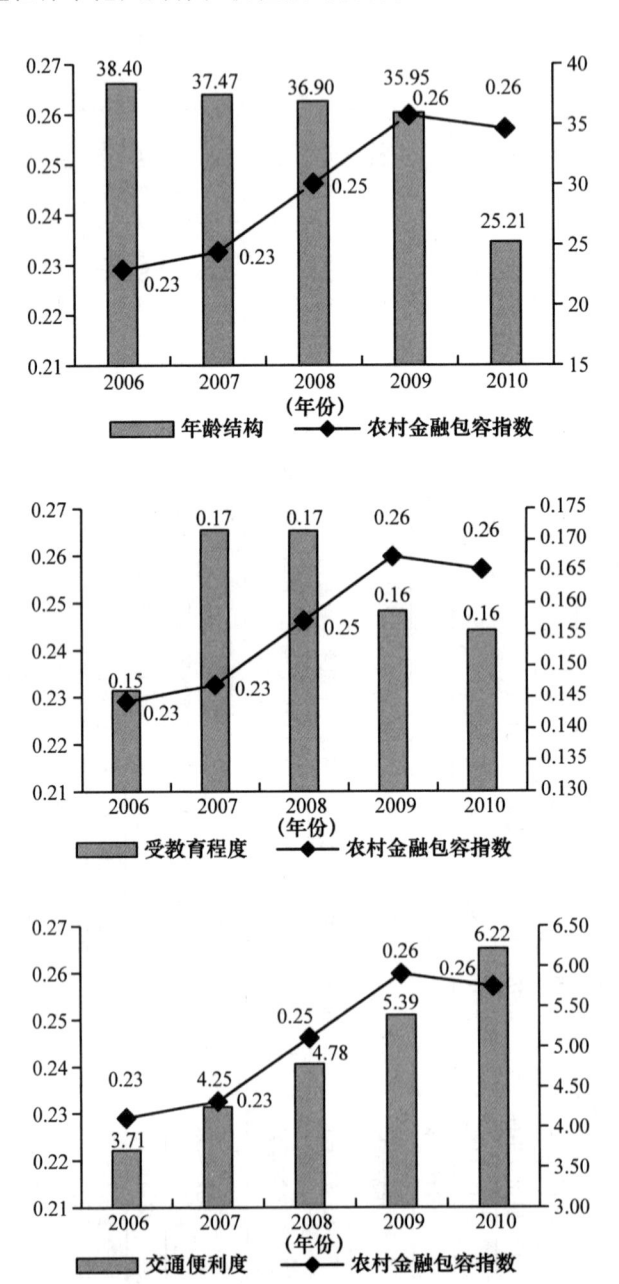

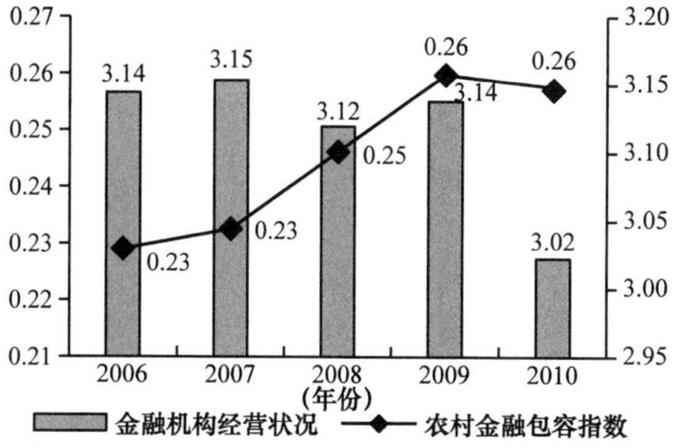
0.27
0.26
0.25
0.24
0.23
0.22
0.21
3.20
3.15
3.10
3.05
3.00
2.95
3.14
3.15
3.12
3.14
3.02
0.23
0.23
0.25
0.26
0.26
2006
2007
2008
2009
2010
(年份)
金融机构经营状况
农村金融包容指数

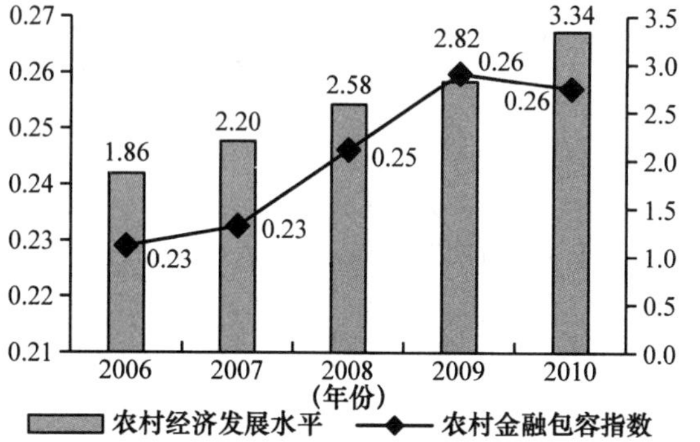
0.27
0.26
0.25
0.24
0.23
0.22
0.21
3.5
3.0
2.5
2.0
1.5
1.0
0.5
0.0
1.86
2.20
2.58
2.82
3.34
0.23
0.23
0.25
0.26
0.26
2006
2007
2008
2009
2010
(年份)
农村经济发展水平
农村金融包容指数

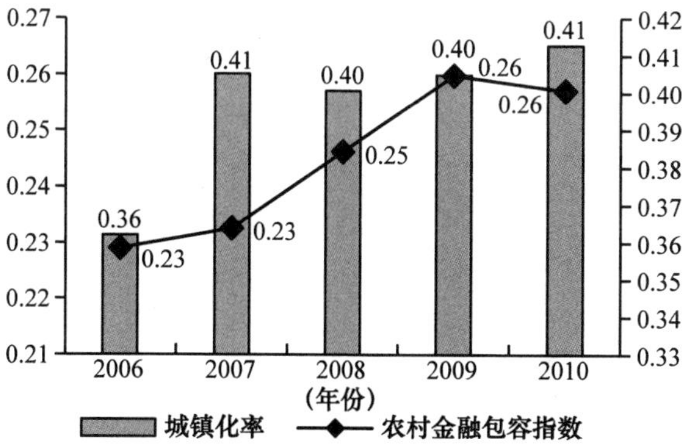
0.27
0.26
0.25
0.24
0.23
0.22
0.21
0.42
0.41
0.40
0.39
0.38
0.37
0.36
0.35
0.34
0.33
0.36
0.41
0.40
0.40
0.41
0.23
0.23
0.25
0.26
0.26
2006
2007
2008
2009
2010
(年份)
城镇化率
农村金融包容指数

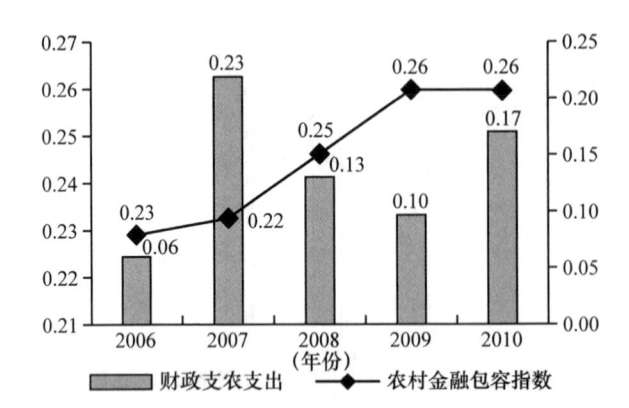

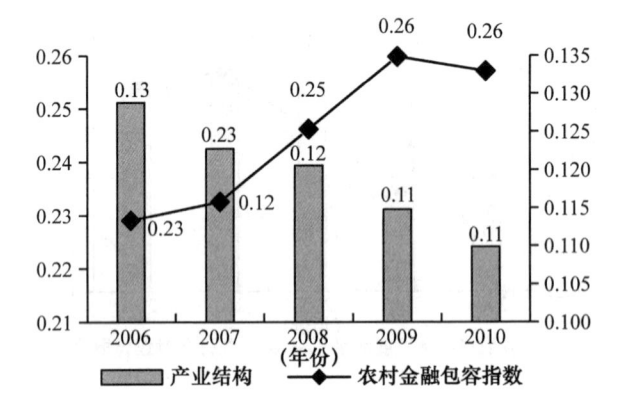

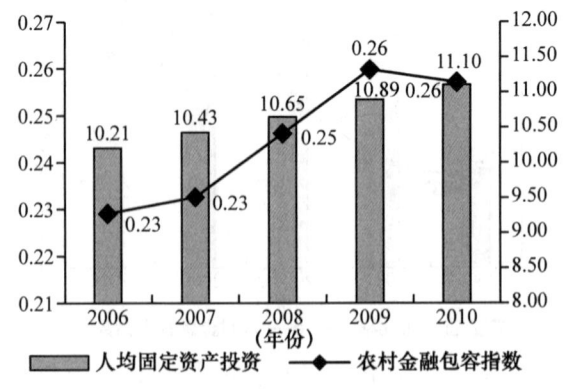

图 6-1 各解释变量与农村金融包容指数之间的时间变化关系

(三) 模型设定

本章节采用面板数据分析方法，从需求引致、供给诱导和社会环境三个角度对中国农村金融包容影响因素进行分析。其中，需求引致因素包括：年龄结构（Age）、受教育程度（Education）和民族差异（Mino）；供给诱导因素包括：地区要素（DE、DW）、交通便利度（Transport）与金融机构经营状况（Condition）；社会环境因素则包括：农村经济发展水平（PGDP）、城镇化率（Urban）、财政支农支出（Expense）、产业结构（Industry）和人均固定资产投资（Inv）。模型具体设定如下：

$$RFII_{it} = \beta_0 + \beta_1 Age_{it} + \beta_2 Education_{it} + \beta_3 Mino_{it} + \beta_4 DE_{it} + \beta_5 DW_{it} + \beta_6 Transport_{it} + \beta_7 Condition_{it} + \beta_8 PGDP_{it} + \beta_9 Urban_{it} + \beta_{10} Expense_{it} + \beta_{11} Industry_{it} + \beta_{12} Ln(Inv)_{it} + \lambda_i + \delta_t + \varepsilon_{it}$$

其中，下标 i 和 t 分别对应省份和年份，λ_i 和 δ_t 分别表示个体和时间固定效应，ε_{it} 为满足独立同分布且具有有限方差的随机扰动项，β_0 为估计所得的常数项，β_1 — β_{12} 为各变量的待估参数。由于该样本的农村金融包容指数在正值上大致连续分布，且较为集中在数值零附近，具有截尾特征，故采用 Tobit 模型进行实证分析。同时，为了保证实证结果的稳健性，将借鉴 Sarma & Pais（2011）的做法，对农村金融包容指数的分布区间进行扩展，得到 $Ln(\frac{RFII_{it}}{1-RFII_{it}})$，由于经过对数变换后的农村金融包容指数为全样本分布，故采用线性回归模型做稳健性检验。

三 实证结果分析

(一) 全国样本估计结果分析

表 6-2 汇报了全国样本的农村金融包容影响因素的回归结果，其中，第（1）列为以农村金融包容指数作为被解释变量的回归结果，第（2）—（4）列分别为以渗透性、使用效用性和可负担性作为被解释变量的回归结果。

表6-2　　　　　　　　农村金融包容影响因素的回归结果

	变量名	(1) RFII	(2) RFII1	(3) RFII2	(4) RFII3
需求引致	Age	0.0054 (0.0207)	0.0173 (0.0316)	-0.0321 (0.0195)	0.0436 (0.1015)
	Education	0.3081* (0.1778)	-0.2545 (0.2713)	0.0662 (0.1677)	2.8986*** (0.8718)
	Mino	-0.0809*** (0.0259)	-0.0428 (0.0395)	0.0130 (0.0244)	-0.4979*** (0.1268)
供给诱导	DE	0.2017*** (0.0746)	0.1452 (0.1138)	-0.0815 (0.0703)	1.0249*** (0.3657)
	DW	-0.0229 (0.0316)	-0.1163** (0.0482)	-0.0764** (0.0298)	0.7737*** (0.1548)
	Transport	0.0057* (0.0032)	0.0027 (0.0049)	0.0081*** (0.0030)	0.0270* (0.0158)
	Condition	0.0491** (0.0192)	0.0392 (0.0293)	-0.0195 (0.0181)	0.1548* (0.0940)
社会环境	PGDP	0.0019 (0.0076)	0.0035 (0.0117)	0.0011 (0.0072)	-0.0155 (0.0375)
	Urban	0.0517* (0.0281)	0.0038 (0.0430)	0.1429*** (0.0266)	0.0020 (0.1381)
	Expense	0.0096 (0.0122)	0.0264 (0.0187)	-0.0153 (0.0115)	-0.0394 (0.0600)
	Industry	0.6255*** (0.2025)	0.2161 (0.3091)	0.2310 (0.1910)	3.8758*** (0.9932)
	Ln(Inv)	0.0441*** (0.0101)	0.0454*** (0.0154)	-0.0253*** (0.0095)	0.2331*** (0.0494)
	时间固定效应	是	是	是	是
	省份固定效应	是	是	是	是
	常数项	-0.6024*** (0.1663)	-0.4402* (0.2539)	0.4492*** (0.1570)	-3.9421*** (0.8157)
	sigma_u	0 (0.0013)	0 (0.0021)	0 (0.0013)	0 (0.0067)

续表

变量名	(1) RFII	(2) RFII1	(3) RFII2	(4) RFII3
sigma_e	0.0172***	0.0262***	0.0162***	0.0842***
	(0.0009)	(0.0014)	(0.0009)	(0.0047)
样本量	155	155	155	155

注：***、**、*分别代表在1%、5%、10%的水平上显著，括号内数字为稳健标准误。

1. 需求引致因素方面

第（1）、第（4）列实证结果表明，除年龄结构因素外，受教育程度和民族差异也会对农村金融包容水平和可负担性产生影响。农村居民的受教育程度每提高1%，金融包容水平将上升0.003，这主要是因为教育水平通常与收入成正比，教育水平的提升有利于财富的积累，而收入与金融包容水平显著正相关，因此受教育程度与金融包容水平呈正相关，这也与Gardener et al.（2004）结论一致。此外，教育也将促进农村居民传统保守思想的改变，从而在经济活动中能够充分利用现有的金融服务，享受金融发展所带来的便利，提升农村金融包容水平。反映民族差异的变量结果显示，非少数民族聚居区金融包容水平更高，数值上比少数民族聚居地区高0.081。少数民族聚居区因为自身独特的宗教信仰和文化背景，可能对商业银行等金融机构存在一定的抵触心理，选择自我排斥于金融体系之外，导致金融包容水平较低。

2. 供给诱导因素方面

第（1）、第（4）列实证结果显示，金融机构区位要素、交通便利度和金融机构经营状况与金融包容水平和可负担性显著相关。第（2）列结果显示，金融机构区位要素与渗透性相关。第（3）列结果显示，金融机构区位要素和交通便利度均与使用效用性相关。设于东部地区的金融机构，凭借东部的地理区位优势，区域内存在溢出效应，包容水平显著高于中西部地区，而设在西部地区的金融机构限于经济发展，更易排斥当地居民，包容水平不高。交通便利系数显著为正，说明存在便利的交通条件，会缩短居民前往金融机构办理业务的时间。一方面降低了当地居民的时间成本，另一方面也为金融机构赢得更多的客户，增加往来业务量，间接地提升了当地居民接触金融、享受金融服务的机会，提升了包容水平。反映金融机构经营状况的不良贷款率指标与金融包容正向相关。农村金融包容水平越高，意味着金融机构会向更多的低收入群体提供金融服务，而低收入群体往往与高违约率挂钩，因此会提升金融机构的不良贷款率，这与 Sarma & Pais（2011）的研究是一致的。

3. 社会环境因素方面

第（1）列结果表明城镇化率、产业结构和人均固定资产投资与金融包容正相关。第（2）列结果表明人均固定资产投资与渗透性呈现正相关的关系。第（3）列结果表明城镇化率和人均固定资产投资与使用效用性显著相关，而第（4）列回归结果则表明产业结构和人均固定资产投资与可负担性显著正相关。城镇化建设有利于提升农村金融包容水平，城镇化率每提升1%，金融包容指数将上升0.0517，证实了新型城镇化建设这一政策的科学性与可持续性。这要求积极稳妥地推进新型城镇化建设，赋予农民享受社会福利均等化的待遇，努力淡化城乡二元经济结构，从根本上改善农村地区发展滞后的局面。本章使用样本地区第二、第三产业产值之和与第一产业产值之比作为产业结构的代理变量，回归结果表明该比值越大，金融包容程度越高，其原因可能是该比值越大，表明制造业与服务业越发达，经济发展水平越高，金融包容程度越高。相反，若该比值越小，则表明当地主要以农业生产为主，风险较大、预期收益较低，与金融资源天然逐利性与规避风险的特性相互矛盾，导致金融包容程度降低，这一实证结果说明了经济与金融发展的相互性。同理，人均固定资产投资越高，也表明农村地区经济发展水平越高，对应更高的金融包容水平，而第（3）列结果表明人均固定资产的系数显著为负，其原因可能是本章采用间接融资衡量使用效用性，而人均固定资产投资属于直接投资，二者之间存在此消彼长的关系。

（二）地区样本估计结果分析

1. 东部地区

表6-3汇报了东部地区农村金融包容影响因素的回归结果，其中，第（1）列为以农村金融包容指数作为被解释变量的回归结果，第（2）—（4）列分别为以渗透性、使用效用性和可负担性作为被解释变量的回归结果。实证结果表明，城镇化率、财政支农支出、产业结构和人均固定资产投资与农村金融包容水平显著正相关。我国东部地区因其优越的

地理位置和资源禀赋，一直是我国经济发展的领先区域，城镇化进程快、财政支持力度大、人民生活水平高，其产业结构的优化调整也推动了包括金融业在内的第三产业的繁荣发展，使得金融机构能够提供丰富的金融产品与服务，创造多样化的金融需求，形成良好的农村信用环境，金融包容水平不断提高。

表6-3　　东部地区农村金融包容影响因素的回归结果

		(1)	(2)	(3)	(4)
	变量名	$RFII$	$RFII1$	$RFII2$	$RFII3$
需求引致	Age	0.0206 (0.0373)	0.0569 (0.0648)	-0.0507 (0.0392)	-0.0435 (0.1210)
	$Education$	-0.2304 (0.4420)	-1.0210 (0.7669)	0.0494 (0.4637)	0.6633 (1.4316)
供给诱导	$Transport$	0.0020 (0.0066)	0.0095 (0.0114)	-0.0036 (0.0069)	-0.0212 (0.0213)
	$Condition$	0.0923 (0.0962)	0.2218 (0.1668)	-0.1179 (0.1009)	-0.1042 (0.3114)
社会环境	$PGDP$	-0.0111 (0.0182)	-0.0327 (0.0317)	0.0096 (0.0191)	0.0463 (0.0591)
	$Urban$	0.1034*** (0.0398)	0.0322 (0.0690)	0.2204*** (0.0417)	0.1514 (0.1289)
	$Expense$	0.0297* (0.0167)	0.0481* (0.0289)	-0.0022 (0.0175)	0.0295 (0.0540)
	$Industry$	1.8405*** (0.5406)	1.4473 (0.9380)	0.5028 (0.5672)	6.7265*** (1.7509)
	$Ln(Inv)$	0.1026*** (0.0227)	0.1736*** (0.0395)	-0.0267 (0.0239)	0.0760 (0.0737)
	时间固定效应	是	是	是	是
	省份固定效应	是	是	是	是
	常数项	-1.0202*** (0.3297)	-2.0371*** (0.5721)	0.7609** (0.3460)	0.1522 (1.0680)
	$sigma\_u$	0 (0.0025)	0 (0.0044)	0 (0.0027)	0 (0.0082)
	$sigma\_e$	0.0189*** (0.0018)	0.0327*** (0.0031)	0.0198*** (0.0019)	0.0611*** (0.0058)
	样本量	55	55	55	55

注：***、**、*分别代表在1%、5%、10%的水平上显著，括号内数字为稳健标准误。

2. 中部地区

表6-4汇报了中部地区农村金融包容影响因素的回归结果,其中,第(1)列为以农村金融包容指数作为被解释变量的回归结果,第(2)—(4)列分别为以渗透性、使用效用性和可负担性作为被解释变量的回归结果。第(1)列结果表明金融机构经营状况与金融包容水平显著正相关,金融机构的不良贷款率每上升1%,中部农村地区的金融包容程度将提升0.184。第(2)列结果表明城镇化率与渗透性显著相关,城镇化进程的加快使得城乡二元经济结构被淡化,农村地区经济发展滞后的局面得以改善,更多的农村居民可方便地享受金融服务,渗透性不断提高。第(3)列结果表明交通便利度、金融机构经营状况和城镇化率与使用效用性相关,农村地区民用汽车拥有量的增加、金融机构经营状况良好和城镇化进程的加快使得居民更愿意且能以更低的成本获得贷款,使用效用性增加,而第(4)列回归结果表明金融机构经营状况与可负担性相关。

表6-4 中部地区农村金融包容影响因素的回归结果

变量		(1) RFII	(2) RFII1	(3) RFII2	(4) RFII3
需求引致	Age	-0.0114 (0.0337)	0.0011 (0.0532)	-0.0069 (0.0244)	-0.0518 (0.2137)
	Education	-0.0904 (0.4777)	-0.3374 (0.7544)	-0.2071 (0.3460)	1.1194 (3.0321)
供给诱导	Transport	0.0022 (0.0086)	-0.0138 (0.0136)	0.0109* (0.0063)	0.0353 (0.0548)
	Condition	0.1840*** (0.0587)	0.1301 (0.0927)	-0.0791* (0.0425)	0.7268* (0.3725)
社会环境	PGDP	0.0391 (0.0500)	-0.0751 (0.0790)	0.0585 (0.0362)	0.5003 (0.3176)
	Urban	-0.0589 (0.0913)	-0.3971*** (0.1442)	0.1600** (0.0661)	0.9514 (0.5798)
	Expense	-0.0785 (0.0507)	0.0139 (0.0800)	-0.0533 (0.0367)	-0.4808 (0.3217)
	Industry	0.2022 (0.3964)	-0.1968 (0.6259)	0.4707 (0.2870)	1.6288 (2.5159)
	Ln(Inv)	0.0208 (0.0307)	-0.0230 (0.0484)	0.0217 (0.0222)	0.2471 (0.1946)
时间固定效应		是	是	是	是
省份固定效应		是	是	是	是

续表

变量	(1) *RFII*	(2) *RFII*1	(3) *RFII*2	(4) *RFII*3
常数项	-0.6011*	0.3980	0.0491	-5.9073***
	(0.3391)	(0.5355)	(0.2455)	(2.1524)
sigma_u	0	0	0	0
	(0.0019)	(0.0030)	(0.0014)	(0.0121)
sigma_e	0.0121***	0.0190***	0.0087***	0.0765***
	(0.0014)	(0.0021)	(0.0010)	(0.0086)
样本量	40	40	40	40

注：***、**、*分别代表在1%、5%、10%的水平上显著，括号内数字为稳健标准误。

3. 西部地区

表6-5汇报了西部地区农村金融包容影响因素的回归结果，其中，第（1）列为以农村金融包容指数作为被解释变量的回归结果，第（2）—（4）列分别为以渗透性、使用效用性和可负担性作为被解释变量的回归结果。第（1）列回归结果表明金融机构经营状况、城镇化率、产业结构和人均固定资产投资与金融包容显著相关。其中，城镇化率的系数显著为负，其原因可能是西部地区经济发展水平相对滞后，城镇化进程将进一步拉大居民的贫富差距，反而不利于金融包容水平的提升。第（2）列回归结果表明年龄结构、受教育程度、民族差异、交通便利度、金融机构经营状况、城镇化率和产业结构将影响渗透性。第（3）列结果表明年龄结构、交通便利度和人均固定资产投资与使用效用性相关，而第（4）列结果则表明受教育程度、民族差异、金融机构经营状况、产业结构和人均固定资产投资将影响可负担性。

表6-5　　西部地区农村金融包容影响因素的回归结果

		(1)	(2)	(3)	(4)
	变量	$RFII$	$RFII1$	$RFII2$	$RFII3$
需求引致	Age	-0.0271 (0.0257)	-0.0417* (0.0229)	-0.0533** (0.0253)	0.1008 (0.1904)
	$Education$	0.1587 (0.1811)	-0.3369** (0.1612)	0.0878 (0.1782)	3.1654** (1.3430)
	$Mino$	0.0249 (0.0245)	0.0737*** (0.0218)	0.0163 (0.0242)	-0.3633** (0.1820)
供给诱导	$Transport$	-0.0009 (0.0040)	-0.0068* (0.0036)	0.0157*** (0.0040)	0.0476 (0.0300)
	$Condition$	0.0422*** (0.0150)	0.0253* (0.0133)	-0.0109 (0.0147)	0.2037* (0.1110)
社会环境	$PGDP$	-0.0097 (0.0075)	-0.0004 (0.0067)	-0.0021 (0.0073)	-0.0659 (0.0554)
	$Urban$	-0.0937*** (0.0356)	-0.0719** (0.0317)	0.0178 (0.0351)	-0.4303 (0.2642)
	$Expense$	-0.0057 (0.0305)	-0.0075 (0.0271)	-0.0217 (0.0300)	-0.0709 (0.2259)
	$Industry$	0.6680*** (0.1893)	0.2833* (0.1685)	0.2337 (0.1863)	5.0314*** (1.4039)
	$Ln(Inv)$	0.0251*** (0.0097)	-0.0070 (0.0087)	-0.0197** (0.0096)	0.3206*** (0.0720)
	时间固定效应	是	是	是	是
	省份固定效应	是	是	是	是
	常数项	-0.2170 (0.1502)	0.2236* (0.1337)	0.3906*** (0.1480)	-4.3335*** (1.1135)
	sigma_u	0 (0.0014)	0 (0.0012)	0 (0.0013)	0 (0.0101)
	sigma_e	0.0105*** (0.0001)	0.0094*** (0.0009)	0.0103*** (0.0009)	0.0779*** (0.0071)
	样本量	60	60	60	60

注：***、**、*分别代表在1%、5%、10%的水平上显著，括号内数字为稳健标准误。

(三) 稳健性检验

1. 全国样本稳健性结果分析

为了保证实证结果的稳健性,本节将借鉴 Sarma & Pais (2011) 的做法,对农村金融包容指数的分布区间进行扩展,由于经过对数变换后的农村金融包容指数为全样本分布,故采用线性回归模型做稳健性检验。表6-6汇报了农村金融包容影响因素的稳健性回归结果。其中,第(1)列为以对数变换后的农村金融包容指数作为被解释变量的回归结果,第(2)—(4)列分别为以对数变换后的渗透性、使用效用性和可负担性作为被解释变量的回归结果,实证结果表明,即使改变被解释变量的测度方法也能得到与前文一致的结论。需求引致因素方面,第(1)、第(4)列实证结果均显示,除年龄结构因素外,实证结果都表现为显著,受教育程度和民族差异均会对农村金融包容水平和可负担性产生影响。供给诱导因素方面,第(1)列结果表明金融机构区位因素和经营状况将显著影响农村金融包容水平,而第(3)列结果则表明交通便利度将影响使用效用性。社会环境因素方面,产业结构和人均固定资产投资与金融包容显著相关,而第(3)列的结果表明城镇化率将影响使用效用性。

表6-6 农村金融包容影响因素稳健性的回归结果

	变量	(1) Trans_RFII	(2) Trans_RFII1	(3) Trans_RFII2	(4) Trans_RFII3
需求引致	Age	0.0362 (0.1450)	-0.0120 (0.1955)	-0.1976 (0.1576)	0.2268 (0.6010)
	Education	2.290* (1.2457)	-2.3005 (1.6800)	0.9142 (1.3544)	16.5242*** (5.2923)
	Mino	-0.6107*** (0.1812)	-0.2595 (0.2444)	0.1536 (0.1970)	-1.8532** (0.7738)
供给诱导	DE	1.8069*** (0.5226)	1.1107 (0.7048)	-0.1876 (0.5682)	4.6387** (2.1804)
	DW	-0.0737 (0.2212)	-1.5128*** (0.2984)	-0.5611** (0.2405)	2.7652*** (0.9434)
	Transport	0.0183 (0.0226)	-0.0056 (0.0305)	0.0407* (0.0246)	0.1109 (0.0996)
	Condition	0.3052** (0.1344)	0.2595 (0.1812)	-0.1319 (0.1461)	0.8199 (0.5892)

续表

变量		(1) Trans_RFII	(2) Trans_RFII1	(3) Trans_RFII2	(4) Trans_RFII3
社会环境	PGDP	-0.0433 (0.0536)	0.0265 (0.0722)	-0.0248 (0.0582)	-0.1284 (0.2308)
	Urban	0.0549 (0.1973)	-0.1217 (0.2660)	0.7576*** (0.2145)	0.8887 (0.8245)
	Expense	0.0209 (0.0857)	0.1629 (0.1156)	-0.1290 (0.0932)	-0.2050 (0.3578)
	Industry	4.5497*** (1.4192)	1.7126 (1.9141)	0.7889 (1.5431)	16.1719*** (5.9488)
	Ln(Inv)	0.3382*** (0.0706)	0.2068** (0.0953)	-0.1497* (0.0768)	0.7571** (0.3009)
时间固定效应		是	是	是	是
省份固定效应		是	是	是	是
常数项		-7.0704*** (1.1656)	-4.0705*** (1.5720)	0.1318 (1.2673)	-18.0339*** (4.9667)
样本量		155	155	155	151

注：***、**、*分别代表在1%、5%、10%的水平上显著，括号内数字为稳健标准误。

2. 地区样本稳健性结果分析

（1）东部地区。表6-7汇报了东部地区农村金融包容影响因素的稳健性回归结果。其中，第（1）列为以对数变换后的农村金融包容指数作为被解释变量的回归结果，第（2）—（4）列分别为以对数变换后的渗透性、使用效用性和可负担性作为被解释变量的回归结果。实证结果表明，即使改变被解释变量的测度方法也能得到与前文相一致的结论。第（1）列结果表明，城镇化率、产业结构和人均固定资产投资与农村金融包容显著正相关。此外，人均固定资产投资将影响渗透性，城镇化率将显著影响使用效用性，而产业结构将显著影响可负担性。

表6-7　　　东部地区农村金融包容影响因素的稳健性回归结果

变量		(1) Trans_RFII	(2) Trans_RFII1	(3) Trans_RFII2	(4) Trans_RFII3
需求引致	Age	0.0980 (0.2314)	0.2541 (0.3854)	-0.1941 (0.3032)	0.0270 (1.0349)
	Education	-0.7915 (2.7388)	-3.8537 (4.5609)	3.0225 (3.5882)	10.1221 (12.2478)
供给诱导	Transport	0.0100 (0.0408)	0.0432 (0.0679)	-0.0408 (0.0534)	-0.0036 (0.1824)
	Condition	0.4539 (0.5959)	0.9960 (0.9923)	-0.8813 (0.7806)	-0.4630 (2.6657)
社会环境	PGDP	-0.0871 (0.1130)	-0.1451 (0.1882)	0.0820 (0.1481)	-0.0140 (0.5055)
	Urban	0.4520* (0.2466)	0.1313 (0.4106)	1.1449*** (0.3230)	1.6493 (1.1027)
	Expense	0.1217 (0.1033)	0.2140 (0.1721)	-0.0505 (0.1354)	-0.0227 (0.4621)
	Industry	8.9845*** (3.3498)	6.3531 (5.5784)	0.3968 (4.3887)	34.2789** (14.9804)
	Ln(Inv)	0.5008*** (0.1410)	0.7804*** (0.2347)	-0.1124 (0.1847)	0.1784 (0.6304)
时间固定效应		是	是	是	是
省份固定效应		是	是	是	是
常数项		-7.1424*** (2.0433)	-11.4365*** (3.4026)	1.5507 (2.6769)	-2.8095 (9.1374)
样本量		55	55	55	55

注：***、**、*分别代表在1%、5%、10%的水平上显著，括号内数字为稳健标准误。

(2) 中部地区。表6-8汇报了中部地区农村金融包容影响因素的稳健性回归结果。其中，第(1)列为以对数变换后的农村金融包容指数作为被解释变量的回归结果，第(2)—(4)列分别为以对数变换后的渗透性、使用效用性和可负担性作为被解释变量的回归结果。实证结果表明，即使改变被解释变量的测度方法也能得到与前文相一致的结论。金融机构经营状况将显著影响农村金融包容程度，而第（2）、第（3）列结果表明，城镇化率分别与渗透性、使用效用性显著正相关。

表6-8 中部地区农村金融包容影响因素的稳健性回归结果

变量		(1) Trans_RFII	(2) Trans_RFII1	(3) Trans_RFII2	(4) Trans_RFII3
需求引致	Age	-0.0974 (0.2839)	-0.0975 (0.4113)	-0.0299 (0.2692)	-0.3898 (1.4732)
	Education	-1.6106 (4.0278)	-3.8700 (5.8340)	-2.4600 (3.8184)	3.3488 (22.4731)
供给诱导	Transport	0.0250 (0.0728)	-0.1083 (0.1055)	0.0166 (0.0690)	0.2331 (0.3960)
	Condition	1.1698** (0.4948)	0.8072 (0.7170)	-0.5789 (0.4691)	3.7513 (2.5588)
社会环境	PGDP	0.2404 (0.4218)	-0.0900 (0.6110)	0.6407 (0.3999)	2.2756 (2.2066)
	Urban	-0.5199 (0.7702)	-2.0883* (1.1156)	1.3072* (0.7301)	4.6963 (4.0196)
	Expense	-0.5799 (0.4274)	-0.0687 (0.6191)	-0.4295 (0.4052)	-2.0843 (2.2978)
	Industry	0.7407 (3.3422)	0.9916 (4.8409)	4.5935 (3.1684)	5.9352 (17.4638)
	Ln（Inv）	0.1245 (0.2585)	-0.0662 (0.3744)	0.2723 (0.2450)	0.8169 (1.3644)
	时间固定效应	是	是	是	是
	省份固定效应	是	是	是	是
	样本量	40	40	40	39

注：***、**、*分别代表在1%、5%、10%的水平上显著，括号内数字为稳健标准误。

（3）西部地区。表6-9汇报了西部地区农村金融包容影响因素的稳健性回归结果。其中，第（1）列为以对数变换后的农村金融包容指数作为被解释变量的回归结果，第（2）—（4）列分别为以对数变换后的渗透性、使用效用性和可负担性作为被解释变量的回归结果。实证结果表明，即使改变被解释变量的测度方法也能得到与前文相一致的结论。民族差异、金融机构经营状况、城镇化率、产业结构和人均固定资产投资与金融包容显著相关。受教育程度、民族差异和城镇化率与渗透性相关，年龄结构和交通便利度与使用效用性显著相关，而受教育程度、民族差异、金融机构经营状况、农村经济发展水平、产业结构和人均固定资产投资与可负担性显著相关。

表6-9 西部地区农村金融包容影响因素的稳健性回归结果

	变量	(1) Trans_ RFII	(2) Trans_ RFII1	(3) Trans_ RFII2	(4) Trans_ RFII3
需求引致	Age	-0.1558 (0.2974)	-0.4333 (0.3201)	-0.5208* (0.2956)	0.3252 (1.0665)
	Education	2.0468 (2.0974)	-3.8083* (2.2579)	0.9557 (2.0853)	22.1535*** (8.0467)
	Mino	-6.5503*** (1.8360)	-0.9331*** (0.3343)	0.8231 (1.8254)	-20.3928*** (6.7559)
供给诱导	Transport	-0.0289 (0.0468)	-0.0809 (0.0504)	0.1254*** (0.0465)	-0.0519 (0.1929)
	Condition	0.4309** (0.1734)	0.2532 (0.1866)	-0.1005 (0.1724)	1.2196* (0.6562)
社会环境	PGDP	-0.1069 (0.0865)	0.0002 (0.0931)	-0.0260 (0.0860)	-0.6495* (0.3362)
	Urban	-0.8806** (0.4127)	-0.7748* (0.4442)	0.2067 (0.4103)	-1.1635 (1.5520)
	Expense	-0.0936 (0.3527)	-0.0263 (0.3797)	-0.1768 (0.3507)	1.0850 (1.4244)
	Industry	7.3356*** (2.1927)	2.9050 (2.3604)	1.4041 (2.1800)	16.5348** (8.4248)
	Ln(Inv)	0.2587** (0.1125)	-0.0769 (0.1211)	-0.1679 (0.1119)	1.0348** (0.4216)

续表

变量	(1)	(2)	(3)	(4)
	Trans_RFII	Trans_RFII1	Trans_RFII2	Trans_RFII3
时间固定效应	是	是	是	是
省份固定效应	是	是	是	是
样本量	60	60	60	57

注：***、**、* 分别代表在1%、5%、10%的水平上显著，括号内数字为稳健标准误。

四 本章小结

本章从需求引致、供给诱导和社会环境三个角度出发，将年龄结构、受教育程度、民族差异、地区要素、交通便利度、金融机构经营状况、农村经济发展水平、城镇化率、财政支农支出、产业结构和人均固定资产投资对我国农村金融包容水平的总体影响进行了实证分析。结果表明，在需求引致因素方面，除年龄结构因素外，受教育程度和民族差异均会对农村金融包容水平产生影响，居民受教育程度越高和非少数民族聚集区对应更高的金融包容水平。在供给诱导因素方面，金融机构区位要素、交通便利度和金融机构经营状况与农村金融包容程度显著正相关，设于东部地区的金融机构凭借地区溢出效应使该地区金融包容水平更高，此外，更发达的交通和金融机构经营状况良好也对应着更高的金融包容水平。在社会环境因素方面，城镇化率、产业结构和人均固定资产投资与金融包容水平正相关。城镇化建设、制造业和服务业产值占比更高和人均固定资产投资越高也表明该地区金融包容水平更高。

分东、中、西部地区来看，需求引致、供给诱导和社会环境三个方面的因素对不同地区的农村金融包容水平的影响特征各有不同。东部地区，城镇化率、财政支农支出、产业结构和人均固定资产投资与农村金融包容水平显著正相关。中部地区，金融机构经营状况与金融包容水平显著正相关。西部地区，金融机构经营状况、城镇化率、产业结构和人均固定资产投资与金融包容显著相关。产业结构和人均固定资产投资对农村金融包容性水平的促进作用在东部地区和西部地区均显著，且这两者在东部地区的影响效应均明显强于西部地区。实证分析表明了本章选用的各解释变量对农村金融包容水平的影响都符合预期，为寻求提高我国农村整体金融包容水平的政策落脚点提供了实证依据。

第七章 中国农村金融包容的三维效应研究

金融发展过程中的二元性特征导致了金融部门在市场定位中逐步倾向于经济发达地区和中心城市,农村弱势群体遭受严重的金融排斥。金融包容旨在让经济体中每一位成员都能以负担起的成本,以公平、透明的方式接触、获取和有效使用金融产品和服务。但金融包容性发展是否缩小了城乡收入差距,促进了地区经济增长,改善了居民的福利水平,还需要规范的实证检验。鉴于此,本章将在前文的基础上,从宏观、中观和微观三个层面探讨金融包容性发展的三维效应,即收入分配效应、经济增长效应和居民福利效应。

一 中国农村金融包容的收入分配效应

城乡收入差距不断扩大造成社会不公,制约了城乡一体化发展和社会主义和谐社会的构建,已经成为影响国民经济全局发展的重大问题。金融是现代经济的核心,对城乡收入分配格局有重要的影响。金融包容体现了金融公平,强调全民平等地享受现代主流金融服务的理念,是对传统金融体系的反思和完善,对于收入分配的改善至关重要。但当前的中国金融包容性发展,尤其是农村金融的包容性发展,是否改善了农民收入状况,缩小了城乡收入差距,还需要规范的实证研究。基于此,本节将首先提出农村金融包容发展影响收入分配的多重机制,并利用省际面板数据,对农村金融包容性发展与城乡收入差距之间的关系进行深层探讨。

(一)机制分析

金融发展与收入分配从结构上均具有复杂性,不能简单地将其视为一个变量或要素。更重要的,农村金融包容性发展也不同于传统的金融发展，更重视弱势群体的公平性原则，同时具备多维度的特性。因此农村金融包容性发展对收入分配的影响必然多维而复杂，其中对影响机制的分析是必不可少的。研究农村金融包容性发展如何传导影响收入分配，重点在于研究农村金融包容三个维度下的多重影响机制，包括影响直接收入差距的生产要素机制，影响收入调节的劳动力转移机制和影响相对收入差距的成本调节机制。

1. 生产要素机制。设定生产函数形式为 $f(k,l) = a(k^\alpha l^{1-\alpha})^{1-v}$，其中 $1-v$ 表示 Lucas 幅度控制参数，代表各变量整体的投入与产出的比例，α 和 $1-\alpha$ 分别对应资本和劳动力的产出参数，产量满足规模递减规律。理论上，对于属于贷款类群的企业而言，当贷款参与费用降低时，农村金融包容的第一维度渗透性维度将获得增强。同时，农村金融包容的使用效用性维度下，银行机构设定的杠杆率限制了企业能够投入生产的最大资本量，使用效用性通过增加银行杠杆率，可提升投入生产的物质资本 k。此外，农村金融包容的第三维度可负担性强调弱势群体在享受到金融服务时所支付的成本，银行应对风险的监督成本往往会转嫁给借款者承担，可负担性的提升通过降低风险成本减少了对借款人的初始成本约束。因此，从理论上讲，农村金融包容的三个维度对生产要素提升均起到影响，农村金融包容通过放松约束条件，降低了对初始财富的要求，企业主能够投入生产的资本获得提升。同时，由于约束条件的降低，选择接受银行并能够享受到金融服务的经济人增多，原本只从事简单劳作的经济人也通过投入资本和劳动扩大生产，资本通过发挥规模效应提升了最终的总产出，进而提高了经济人的绝对收入水平。

农村金融包容性发展通过提升生产要素改善收入分配的影响机制如图 7-1 所示。渗透性维度的提升，使得接触金融成本下降，使用效用性维度的提升，使得金融对弱势群体的实际支持提升，可负担性的提升，导致金融机构降低对借款人风险约束。农村金融包容三个维度共同的影响，降低了对初始财富的约束，使得生产函数 $f(k,l) = a(k^\alpha l^{1-\alpha})^{1-v}$ 中投入要素 k 提升，进而提升产出。

2. 劳动力转移机制。人力资本被视为特殊的生产要素，由要素的分配理论可知，人力资本所有者理应获得对应的报酬，并且报酬的多少由其所做贡献决定。但由于人力资本的特殊性，其具备其他生产要素不具备的特点，如知识收入效应与溢出效应等。一方面，人力资本作为一种生产要

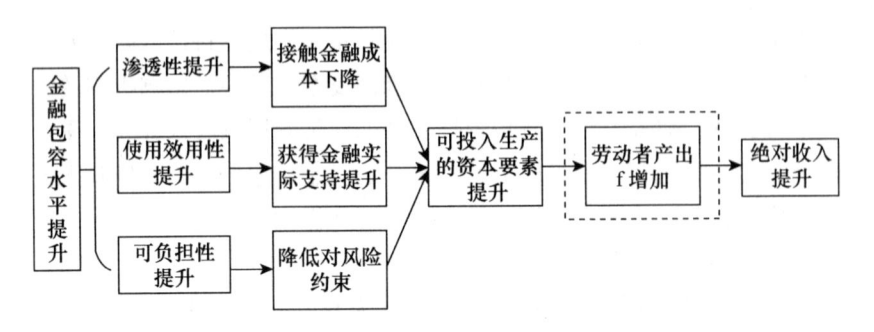

图 7-1　农村金融包容影响收入分配的生产要素机制

素，其投入水平直接与产出相关，人力资本的提升将提高产出，有助于提升收入水平；另一方面，人力资本提升带来的知识的提升使得人力资本投资分配更加平均，从而使不同人群的收入趋向于均等。具体表现在：在其他条件保持不变的情况下，人力资本投资所带来的高回报率将吸引大量的人对人力资本进行投资，使得人力资本在社会成员之间的分布更为均衡，从而减少收入差距，同时因行业特征、禀赋、制度、区域特征、制度等因素所导致的收入差异对居民收入差距的影响将会减弱，进而更易出现跨区域、行业等的劳动力转移情况，从而缩小收入差距。

农村金融包容在其中发挥了促进作用，金融包容性提升减弱了由金融市场不完善引起的个人仅能通过所拥有的原始财富来对人力资本进行投资的先决条件（Arora，2012），增加了弱势群体投资人力资本的机会。人力资本的提升有助于实现个人的跨部门和跨区域流动，由落后部门转向先进部门，由落后地区流向发达地区，由落后产业转向新型产业，最终有利于缓解收入不平等。刘易斯在其二元经济模型中提到，农业中的剩余劳动力不断被城市中扩张的工业部门所吸收，借此减轻经济中农业与工业之间，城市与农村之间的多种结构失衡状况。虽然劳动力自由转移的假定并不完全符合我国现实，但不可否认的是劳动力转移的确有效地缓解收入不平等状况，只是存在一定的转移成本。而包容性金融为低收入人群提供贷款支持，使用效用性得到增强，降低了劳动力转移的成本。因此使用效用性的提升有助于通过人力资本效应，促进弱势群体向先进生产部门、行业、地区转移，缓解部门间、行业间、地区间的收入不平等，从而改善收入分配。

p_i、$(1-\pi_i)^v - (1-\pi_{i-1})^v$ 组成的三组向量，分别代表收入水平（X）、人口份额（P）以及位次（R）。简便起见，令 $\omega_i = p_i + (1-\pi_i)^v - (1-\pi_{i-1})^v$，则 S 基尼系数的变动量表示为：

$$\Delta G_v = \sum_{i=1}^{k} \frac{x_{1i}}{\sum_{i=1}^{k} x_{1i}p_{1i}} \cdot \omega_{vi}(R_1,P_1) - \sum_{i=1}^{k} \frac{x_{0i}}{\sum_{i=1}^{k} x_{0i}p_{0i}} \cdot \omega_{vi}(R_0,P_0) \quad (7-3)$$

$$= \sum_{i=1}^{k} \left(\frac{x_{1i}}{\sum_{i=1}^{k} x_{1i}p_{0i}} - \frac{x_{0i}}{\sum_{i=1}^{k} x_{0i}p_{0i}} \right) \cdot \omega_{vi}(R_0,P_0) + \sum_{i=1}^{k} \frac{x_{1i}}{\sum_{i=1}^{k} x_{1i}p_{0i}} \cdot$$

$$[\omega_{vi}(R_1,P_0) - \omega_{vi}(R_0,P_0)] + \sum_{i=1}^{k} \left[\frac{x_{1i}}{\sum_{i=1}^{k} x_{1i}p_{1i}} \cdot \right.$$

$$\left. \omega_{vi}(R_1,P_1) - \frac{x_{1i}}{\sum_{i=1}^{k} x_{1i}p_{0i}} \cdot \omega_{vi}(R_1,P_0) \right]$$

$$= M_1 + M_2 + M_3 \quad (7-4)$$

M_1、M_2、M_3 即 S 基尼系数的分解因子——收入变动、位次变动、人口流动，分别代表了城乡间收入的绝对变化、非均衡增长引起的相对变化，以及人口流动对收入差距的影响，意即城乡收入差距的变动是由这三种效应引起的。本文利用 Matlab 软件编程计算了各省份 2006—2010 年 S 基尼系数及其分解因子。

（2）核心解释变量。农村金融包容指数（RFII），根据第四章测算得到。

（3）其他控制变量。在模型中加入了有可能影响各地区城乡居民收入差距的控制变量，具体如下：

①城镇化率（UR）。在我国城乡二元经济中，一方面城乡期望收入差距引发农村劳动力资源的流动，致使要素报酬趋于均等化，从而缩小了城乡收入差距；但另一方面，由于城乡户籍制度的限制，城镇化的过程往往又伴随着农村精英人士流失，则农村收入必然相对下降，因而又会扩大城乡收入差距。为了控制城镇化的影响，本部分在回归中加入城镇化比例变量（UR），具体指标采用城镇人口占总人口比重来衡量。

②产业结构（IS）。产业因素方面，随着产业结构的变化，边际生产

（二）实证研究设计

1. 变量选取与模型设定

（1）被解释变量。收入差距的度量上，国内很多学者选用城镇居民人均可支配收入与农村居民人均纯收入的比值来衡量城乡收入差距，但该方法忽视了城乡人口比重的变化，仅凭简单比值作为衡量标准，因此并不科学；还有部分学者基于 Shorrocks（1980）的研究，通过计算城乡收入差距的泰尔指数度量收入分配的不平等，该方法虽考虑了人口比重的变动因素，但计算方法上仅限于对城乡收入比赋予人口比重的权重，没有充分考虑人口流动的影响；Clarke & Xu（2003）、Liang（2006）等学者采用基尼系数来测度收入不平等，但现阶段在中国相关统计资料中无法完整地找到该指标数值，并且基尼系数会因计算方法不同产生不同的结果。这方面罗楚亮（2011）的研究是很有意义的，他们基于抽样调查的结果，对潜在的估计偏差予以修正。然而，若要完整地反映我国一时期内各省份城乡收入差距状况，反复持续的微观调查显然是不现实的。Jenkins & Kerm（2006）关注收入的非均衡变化，创建了 S 基尼系数，该指标满足转移敏感性公理，且具有可分解性，便于对引发收入分配不平等的内部原因进行解析，更为科学，因此本部分选用 S 基尼系数作为衡量城乡收入差距的指标（王修华和关键，2014），并从收入变动、位次变动、人口流动三个层面反映城乡收入差距的变动。

根据 Jenkins & Kerm 关于 S 基尼系数的测算，假设所有收入数据被分为 k 组，分别用 x_i、p_i 和 φ_i 表示第 i 组的人均收入、人口份额和收入份额，不妨假定 $x_1 \leqslant x_2 \leqslant \cdots \leqslant x_k$，令 π_i 表示收入按从低到高排序后第 i 组的累计人口份额，即 $\pi_i = p_1 + p_2 + \cdots + p_i$，v 是外生参数，通常取 2、4、6，则 S 基尼系数可表示为：

$$G_v = 1 + \sum_{i=1}^{k} \frac{\varphi_i}{p_i} [(1 - \pi_i)^v - (1 - \pi_{i-1})^v] \quad (7-1)$$

$$= \sum_{i=1}^{k} \frac{x_i}{\sum_{i=1}^{k} x_i p_i} [p_i + (1 - \pi_i)^v - (1 - \pi_{i-1})^v] \quad (7-2)$$

通过公式（7-2）可以明显看出 S 基尼系数的计算值取决于由 x_i、

地位，限于所处的弱势地区、部门，只能取得基础性的金融服务，对于融资类的服务获得难度大，支付成本往往很高。

均衡调节机制主要是对应于农村金融包容的第三个维度，即可负担性维度。相较于渗透性、使用效用性，可负担性维度的层级更高。在渗透性维度、使用效用性维度保证了弱势群体实际获得金融支持的水平之后，该维度强调弱势群体在享受到金融服务时所支付的成本是可负担的。所以从这个角度而言，农村金融包容通过降低金融服务所支付的成本提升收入水平，弱势群体可以获得同样的服务，并且支付成本在一个合理的区间内，更多穷人得以获取信贷支持及金融服务，从而加快资本积累的渗透进程，实现金融获得的公平性，同时增加劳动力市场对于低技能工人的需求，这将会更有利于我国低收入人群收入水平的提高，收入的增长更为均衡，从而优化收入分配结构，改善分配结果。

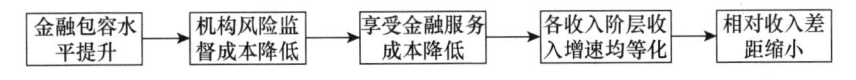

金融包容水平提升 → 机构风险监督成本降低 → 享受金融服务成本降低 → 各收入阶层收入增速均等化 → 相对收入差距缩小

图 7-3 农村金融包容影响收入分配的均衡调节机制

图 7-3 总结了农村金融包容水平（主要是可负担性维度）提升影响收入分配的成本调节机制。由于弱势群体天生具备的高风险特性，对于申请融资服务的客户，金融机构需支付一定的监督成本进行监督，而这个成本是相对较高的。通常的做法是将风险转嫁到定价上，通过风险溢价的方式保证业务的可持续性。但风险溢价的定价很难保证合理，过低的溢价难以保证金融机构的效益，不满足金融机构经营的商业可持续性；过高的风险溢价提高了金融服务的获得门槛，从价格上排斥了很多弱势群体，这也是金融排斥的主要表现形式。金融包容性发展则通过协调金融机构的风险和盈利特性，一方面保证金融机构的商业可持续性，又以适当的成本对弱势群体提供服务。通过降低金融服务的门槛，让低收入群体能够以较低的成本获得金融支持，通过消除不同部门、行业、地区间的二元性差异，使得各收入阶层都享有"均等式"的甚至"亲贫式"的增长，弱势群体依赖于资金支持，可以迅速凭借资本的边际效应提升收入水平，获得比优势群体更高的收入增长，从而减小与优势群体的相对收入差距，从位次上改善收入分配。

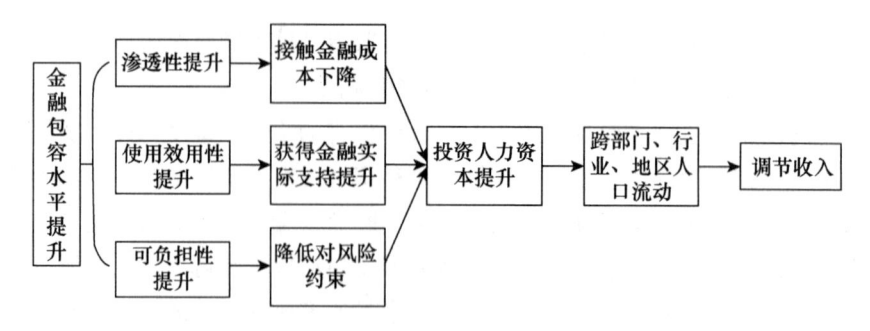

图 7-2　农村金融包容影响收入分配的劳动力转移机制

图 7-2 显示了农村金融包容的劳动力转移机制。渗透性维度的提升，降低接触金融成本；使用效用性维度提升，提升了金融机构对弱势群体的实际支持；可负担性提升，降低了对借款人监督成本的约束。对个体而言，可以借助金融包容实现对人力资本的投资，金融包容性发展通过人力资本效应促进部门、行业、地区间的人口流动，对收入分配产生调节影响，有助于缓解部门间、行业间、地区间的收入不平等，改善收入分配。

3. 均衡调节机制。在我国，城乡的二元化是金融发展的显著特征。作为同时具有转型背景与二元经济结构的发展中国家，我国总体的金融资源有限，相对于城市金融，农村金融的发展比较滞后。自 20 世纪 90 年代以来，国有银行的市场化运作，使农村网点大量撤并，现存农村金融机构主要是农村信用社、农村商业银行、邮储银行和农业发展银行，四大国有商业银行、股份制银行少有机构网点设在农村地区，在城市早已普及的 ATM 在农村却难以寻得。城乡间的金融资源配置极度不平衡，用于农村金融发展的资金不断外流。即使金融机构能够提供服务也多限于吸收存款，贷款成本较高并且难以获得，更多成本低廉的金融服务集中于城市地区。在这种金融的运行方式下，必然使得城乡收入差距不断拉大。

不仅城乡之间，我国区域间金融发展同样呈现出非平衡发展特点。东部沿海地区在金融发展水平上优于中西部地区，其资金效率更高，金融扩张速度更快，融资环境更为宽松，金融资源更为充足，金融服务更为完善，更加有利于配置闲散资金，激发经济体活力，发挥金融资源的杠杆效应刺激经济增长。这种差异性使得各地区间的经济发展差距加大，并借由劳动边际产出对居民收入产生一定影响，进而加大地区间的收入差距。因此对于弱势群体而言，即使具备享受金融服务的机会，也限于自身的弱势效率较低的农业部门的生产要素会逐步转移到效率更高的非农业生产部门，直至两部门的边际生产效率相等。由于不同地区之间、城乡之间产业升级的速度不同，也就存在着整个产业结构发展不平衡的问题，而这又会导致劳动力就业机构产生差异，从而使得居民收入差距发生变化（毕先萍和简新华，2002）。本部分将产业结构（IS）纳入模型中，并将其定义为第二、第三产业总产值占各省生产总值的比例。

③教育因素（EDU）。Gregorio（2002）和Teulings（2008）在其研究中探讨了教育与收入不平等间的关系，认为教育水平的提高有助于缓解收入的不平等。本研究认为城乡教育水平的差距对城乡收入差距有着重要的影响，考虑到数据的可获得性，选取教育经费投入占地方财政支出比重（EDU）这一指标，从教育投入层面衡量各省份的教育发展水平。指标的值越高，表示该省份的教育发展水平越高。

④财政支出水平（GEB）。财政支出水平一定程度上反映了政府部门对社会各方面投入的支持程度，对城市的投入水平越高，有可能加大城乡收入差距，而相反，若对农村地区的投入有所增加，越能缩小城乡收入差距。本节选取财政支出占GDP的比重这一指标衡量。

⑤对外开放程度（FDI）。已有研究表明，随着经济全球化进程的推进，地区经济发展的差异越来越受到其对外开放水平的影响，地区开放程度越高，就越能够享受全球化红利，并带动其居民收入水平的上涨。此外，沿海地区与内陆地区对外开放程度差别巨大，控制地区对外开放程度有利于本节的研究，该指标用各省外商直接投资与GDP比值衡量。

⑥经济发展水平（LnPgdp）。在决定收入的因素中，地区GDP占据很强的比重。而地区人均GDP的差异会导致人均收入的差异，因此加入人均GDP（PGDP）作为控制变量，考察控制地区GDP对城乡收入差距的影响。各变量的具体指标选择见表7-1。

表7-1　　　　　　　　　变量定义

变量类型	变量名称	变量号	变量含义
被解释变量	城乡收入差距	GAP_{it}	S基尼系数
核心解释变量	农村金融包容水平变动	$RFII_{it}$	农村金融包容指数

续表

变量类型	变量名称	变量号	变量含义
控制变量	城镇化率	UR_{it}	城镇人口占总人口的比例
	产业结构	IS_{it}	第二、第三产业生产总值占全部产业生产总值的比例
	教育因素	EDU_{it}	教育经费投入占地方财政支出的比例
	财政支出水平	GEB_{it}	财政支出/GDP
	对外开放程度	FDI_{it}	外商直接投资/GDP
	经济发展水平	$LnPgdp_{it}$	人均 GDP 取自然对数值

（4）面板数据模型。为研究金融包容发展的收入分配效应，本文将选取以上被解释变量、核心解释变量和控制变量，构建如下面板固定效应模型：

$$GAP_{it} = \beta_0 + \beta_1 RFII_{it} + \beta_2 UR_{it} + \beta_3 IS_{it} + \beta_4 EDU_{it} + \beta_5 IS_{it} + \beta_6 FDI_{it} + \beta_7 LnPgdp_{it} + \mu_i + \lambda_t + \varepsilon_{it} \qquad (7-5)$$

其中，β_0 表示常数项，ε_{it} 表示随机误差项，GAP_{it} 表示城乡收入差距，$RFII_{it}$ 为金融包容水平，μ_i 为省份固定效应，λ_t 为时间固定效应，其余指标依次为城镇化率、产业结构、教育因素、财政支出水平、对外开放程度、经济发展水平。

2. 样本选择与数据来源

首先，由于金融包容指数子指标数据可得性的限制，作者选取我国 31 个省、区、市（不含港澳台地区）为研究对象。其次，金融包容于 2005 年才由联合国正式提出，并于当年引入中国，因此度量农村金融包容指数应于 2006 年开始，其数据来源为银监会网站发布的农村金融分布图集。其余实证数据来源于 2007—2011 年的《中国金融年鉴》《中国统计年鉴》以及各省、区、市对应年份统计年鉴，经整理共得到 155 条面板数据观测值。

（三）实证结果分析

1. 基准回归

（1）农村金融包容与城乡收入差距。本部分首先采用面板固定效应模型对全样本进行回归，同时，考虑到模型异方差的存在，本部分汇报了稳健标准误。表7-2列示了逐步回归的实证结果，其中，第（1）列是在没有控制其他因素的情况下，直接将农村金融包容对城乡收入差距回归的基本结果。第（2）列在第（1）列的基础上加入了城镇化率、产业结构、教育因素、财政支出水平、对外开放程度、地区经济发展水平等控制变量，回归结果显示农村金融包容发展对城乡收入差距的影响始终为负，且均通过了5%的显著性检验，这说明农村金融包容性发展水平的提升能够缩小城乡收入差距。在其他控制变量中，除城镇化率和对外开放程度的促进效果不明显，产业结构、教育因素、财政支出水平和地区经济发展水平均通过了显著性检验，这说明第二、第三产业的发展将显著改善城乡收入差距；随着地区人均受教育水平的提高，城乡收入差距会缩小，这与理论分析相一致，当农村居民人力资本提升至符合技术部门的要求时，这部分人群会转移至城市技术部门，从而获得更高收入，对于仅仅获得短期培训的农村劳动力，则会因为人力资本的提升而提高在非技术生产部门的劳动力生产率，从而获得更高的收入；而财政支出水平和地区经济发展水平的提升也将有利于缩小城乡收入差距。

表7-2　　　　　农村金融包容对城乡收入差距的回归结果

变量名称	被解释变量：基尼系数				
	（1）	（2）	（3）	（4）	（5）
总指数	-0.241*** (0.076)	-0.137** (0.076)			
第一维度			-0.151** (0.070)		
第二维度				-0.092** (0.044)	
第三维度					0.055*** (0.013)
城镇化率		-0.044 (0.137)	-0.127 (0.135)	-0.093 (0.136)	-0.007 (0.132)
产业结构		0.930*** (0.163)	0.808*** (0.161)	0.869*** (0.163)	0.923*** (0.156)

续表

变量名称	被解释变量：基尼系数				
	(1)	(2)	(3)	(4)	(5)
教育因素		0.370***	0.377***	0.363***	0.366***
		(0.119)	(0.119)	(0.120)	(0.116)
财政支出水平		-0.082*	-0.073*	-0.067	-0.104**
		(0.042)	(0.041)	(0.042)	(0.041)
对外开放程度		0.026	0.029	0.027	0.023
		(0.034)	(0.034)	(0.034)	(0.033)
经济发展水平		-0.059***	-0.039**	-0.051***	-0.042***
		(0.016)	(0.016)	(0.016)	(0.015)
常数项		0.201	0.195	0.214	0.020
		(0.130)	(0.129)	(0.133)	(0.134)
N	155	155	155	155	155

注：***、**、*分别表示在1%、5%、10%的统计显著性水平上通过检验，括号内为标准差。

进一步，在农村金融包容性发展的三个维度中，金融机构渗透性、金融服务使用效用性、金融服务可负担性与城乡收入差距又具有何种关系呢？为回答这个问题，测度出不同维度的农村金融包容性发展与城乡收入差距的关系，识别出不同维度的影响效应，作者将各维度金融包容指标分别纳入回归方程。

表7-2第（3）—（5）列汇报了农村金融包容发展三个维度在固定效应模型下的结果。可以发现，金融机构渗透性、金融服务使用效用性和可负担性皆通过了5%的显著性检验，对缩小城乡收入差距有显著影响。金融机构渗透性的系数为负，说明金融渗透性改善了居民的金融可得性，使得农村居民也能够获得同城镇居民一样的金融资源，缩小了城乡收入差距。金融服务使用效用性的系数为负，说明随着信贷、保险、债券、股票融资等金融质量和水平的提升，城乡收入差距有所缩小。可负担性维度系数显著为正，这意味着降低金融服务成本能够缩小城乡居民收入差距。以上结论基本与现实情况一致，随着农村金融包容发展的不断推进，金融门槛随之降低，这使原先被排斥在金融服务之外的长尾群体能获得金融服务。而这部分长尾群体能通过资产配置、风险管理、理财投资等渠道提升收入水平，进而缩小与城镇居民的收入差距。

(2) 农村金融包容与城乡收入差距分解。农村金融包容发展能显著降低城乡收入差距，那城乡收入变动来自哪里？为此，本部分将 S 基尼系数的变动分解为收入变动（M_1）、位次变动（M_2）和人口流动（M_3）三种效应，以测度农村金融包容发展的收入分配效应，探讨农村金融包容发展降低城乡收入差距的来源。表 7 - 3 汇报了农村金融包容对城乡收入差距变动的回归结果。结果显示，农村金融包容发展显著地影响着收入变动和位次变动，作用方向均为负，即随着农村金融包容水平的提高，将显著地通过这两种效应缩小城乡收入差距。对人口流动的影响则不显著。回归（5）中的因变量为 S 基尼系数的变动量 ΔG_v，即三种效应的累加（$M_1 + M_2 + M_3$）。由于第三列中人口流动影响不显著，在回归（4）中剔除人口流动因素，测度前两种效应的综合影响，发现农村金融包容的影响作用仍然显著。

表 7 - 3　　农村金融包容对城乡收入差距变动的回归结果

变量名称	(1) M_1	(2) M_2	(3) M_3	(4) $M_1 + M_2$	(5) $M_1 + M_2 + M_3$
总指数	-0.020*	-0.002*	0.014	-0.022**	-0.008
	(0.047)	(0.029)	(0.039)	(0.057)	(0.059)
城镇化率	-0.076	-0.005	-0.010	-0.081	-0.092
	(0.085)	(0.052)	(0.070)	(0.103)	(0.106)
产业结构	-0.144	-0.048	0.128	-0.192	-0.063
	(0.101)	(0.062)	(0.083)	(0.122)	(0.127)
教育因素	0.107	0.048	-0.012	0.154*	0.142
	(0.074)	(0.045)	(0.060)	(0.089)	(0.092)
财政支出水平	0.073***	0.005	0.006	0.078**	0.084**
	(0.026)	(0.016)	(0.021)	(0.032)	(0.033)
对外开放程度	-0.005	0.003	0.015	-0.001	0.014
	(0.021)	(0.013)	(0.017)	(0.026)	(0.027)
经济发展水平	-0.009	0.003	-0.007	-0.006	-0.013
	(0.010)	(0.006)	(0.008)	(0.012)	(0.012)
常数项	0.221***	0.009	-0.038	0.230**	0.192*
	(0.080)	(0.049)	(0.066)	(0.097)	(0.101)
N	155	155	155	155	155

注：***、**、* 分别表示在 1%、5%、10% 的统计显著性水平上通过检验，括号内为标准差。

2. 稳健性检验与进一步分析

至此，我们已经证实了农村金融包容性发展的收入分配效应，并考察了农村金融包容性发展中三个维度对收入分配效应的异质性。为进一步验证上文实证结果的可靠性，本部分将进行稳健性检验。我们首先考虑了模型的内生性问题，采用工具变量法对实证结果进行稳健性分析。接着通过替换被解释变量和核心解释变量的方法验证农村金融包容性发展具有收入分配效应这一结果的稳健。最后，从地域拆分的角度对实证结果进行进一步分析。

（1）模型内生性问题。内生性通常由模型遗漏变量、变量测量误差、解释变量与被解释变量互为因果、样本选择偏误等问题引起。本实验研究对象为中国地区31个省份，包括了东中西部所有经济水平层级的省份，因此，不存在样本选择偏误而导致的内生性问题。但城乡收入差距变动与农村金融包容性发展之间可能存在互为因果的关系，此外由于影响城乡收入差距变动的因素较多，不能全面考虑和控制，以及农村金融包容性发展水平的测量误差等问题都会使研究模型存在严重的内生性问题。因此，本文拟将特定区域内除自身以外的农村金融包容性发展水平的平均值作为农村金融包容性发展水平（RFII）的工具变量①，采用面板数据工具变量法进行实证研究，力求解决模型的内生性问题。

采用面板数据工具变量法的原因如下：一是面板数据能在一定程度上解决遗漏变量（个体异质性）问题，同时在实际操作过程中面板工具变量法将对模型进行变换（如离差变换或一阶差分法FD等）以解决其他遗漏变量问题；二是工具变量法可以有效解决测量误差、遗漏变量、互为因果等内生性问题。可以发现，在一个特定区域内，将除X_1省以外的农村金融包容性发展水平的平均值作为工具变量，必然对X_1省的农村金融包容性发展有显著影响，但并不会对该省的城乡收入差距有直接的显著影

---

① 以甘肃省为例，甘肃所在地区为西部，因此，甘肃省农村金融包容性发展水平的工具变量为西部除甘肃省以外的其他西部11省份农村金融包容性发展水平的平均值。可以发现，其他西部11省份农村金融包容性发展水平的平均值必将和甘肃省农村金融包容性发展水平有很强的相关性，但对甘肃省的城乡收入差距不会有直接的影响。之所以将工具变量的选取划定东中西区域而不将其区域放至全国，是考虑到全国地区有上海、北京等高水平的金融包容地区，将直接影响工具变量选取的准确性。东部、中部地区省份农村金融包容性发展水平的工具变量选取同上。

响，而初步 OLS 回归验证了这个结果。此外，工具变量的设定需要满足外生性和相关性条件，因此，单纯的 OLS 还不能证明该工具变量的好坏，还需进行不可识别和弱工具变量检验。通过进行 2SLS 回归，可以发现，不可识别检验显示，Anderson canon. corr. LM 统计量的 P 值为 0.0000，强烈拒绝不可识别的原假设，工具变量与内生变量相关。弱工具变量检验显示，Cragg-Donald Wald F 统计量远远大于 10，表明除 X_1 省以外的农村金融包容性发展水平的平均值在 1% 的显著水平下不是弱工具变量。

表 7-4 报告了农村金融包容性发展及其三个维度基于工具变量法的回归结果。在第（1）—（4）列的回归结果中，除工具变量外，所有回归均控制了前文出现的控制变量。从第（1）列农村金融包容回归的结果可以看出，使用工具变量后，农村金融包容依然显著缩小了城乡收入差距，发挥着明显的收入分配效应。第（2）—（4）列分别对应的是金融机构渗透性、金融服务使用效用性和金融成本可负担性三个维度的回归结果。通过结果可以发现，前文结果依然稳健。

表 7-4 基于工具变量（IV）的回归结果

变量名称	被解释变量：基尼系数			
	（1）	（2）	（3）	（4）
总指数	-0.115 *** (0.036)			
第一维度		-0.262 ** (0.111)		
第二维度			-0.158 ** (0.068)	
第三维度				0.061 *** (0.022)
城镇化率	-0.099 (0.144)	-0.152 (0.137)	-0.132 (0.139)	0.002 (0.135)
产业结构	0.861 *** (0.172)	0.764 *** (0.166)	0.768 *** (0.170)	0.929 *** (0.157)
教育因素	0.362 *** (0.120)	0.388 *** (0.120)	0.338 *** (0.123)	0.366 *** (0.116)

续表

变量名称	被解释变量：基尼系数			
	(1)	(2)	(3)	(4)
财政支出水平	-0.065	-0.078*	-0.038	-0.108**
	(0.045)	(0.042)	(0.045)	(0.043)
对外开放程度	0.027	0.031	0.029	0.023
	(0.035)	(0.034)	(0.035)	(0.033)
经济发展水平	-0.049***	-0.032*	-0.029	-0.041***
	(0.017)	(0.017)	(0.018)	(0.015)
常数项	0.214	0.183	0.121	-0.001
	(0.131)	(0.130)	(0.139)	(0.147)
N	155	155	155	155

注：***、**、*分别表示在1%、5%、10%的统计显著性水平上通过检验，括号内为标准差。

（2）替代变量的稳健性分析。本文模型的因变量为S基尼系数，自变量为农村金融包容指数，其他变量均为控制变量。为防止使用单一变量导致研究结果有偏和模型变量测量误差导致的结论不稳健，本节将采用替代变量法对实证结果进行稳健性检验。一方面，收入差距的度量上，国内外很多学者选用农村居民人均纯收入与城镇居民人均可支配收入的比值来衡量城乡收入差距；另一方面，国内外对农村金融包容性发展水平的测度方法除较权威的变异系数法之外，还有主成分分析法和因子分析法。因此，本节将选用城乡收入比（农村居民人均纯收入/城镇居民人均可支配收入）和全国31个省份2006—2011年农村金融包容水平的综合打分，分别作为本节被解释变量城乡收入差距和核心解释变量金融包容性发展水平的替代变量，并按照前文的实证方法进行估计，检验结果见表7-5，其中第（1）—（4）列为替代被解释变量的回归结果，第（5）—（6）为替代解释变量的回归结果。结果表明，不管是将S基尼系数替换成城乡收入比，还是将农村金融包容指数替换为综合得分，农村金融包容性发展均有利于缩小城乡收入差距，收入分配效应依然显著，本部分的实证结果稳健。

表7-5 替代变量的稳健性检验结果

变量名称	被解释变量：城乡收入比				被解释变量：基尼系数	
	（1）	（2）	（3）	（4）	（5）	（6）IV
总指数	-0.101** (0.043)					
第一维度		-0.029* (0.043)				
第二维度			-0.016* (0.025)			
第三维度				0.038*** (0.008)		
主成分指数					-0.112** (0.104)	-0.315** (0.123)
城镇化率	0.367*** (0.076)	0.407*** (0.077)	0.394*** (0.076)	0.365*** (0.074)	-0.092 (0.224)	-0.088 (0.136)
产业结构	-0.062 (0.101)	0.000 (0.101)	-0.023 (0.101)	-0.050 (0.097)	0.820** (0.310)	0.734*** (0.170)
教育因素	-0.236*** (0.077)	-0.216*** (0.077)	-0.222*** (0.078)	-0.224*** (0.075)	0.361*** (0.124)	0.359*** (0.120)
财政支出水平	0.036 (0.026)	0.025 (0.026)	0.027 (0.027)	0.049* (0.026)	-0.061 (0.122)	-0.052 (0.042)
对外开放程度	-0.002 (0.023)	-0.006 (0.023)	-0.004 (0.023)	-0.002 (0.022)	0.025 (0.021)	0.020 (0.035)
经济发展水平	0.028*** (0.009)	0.019* (0.010)	0.023** (0.010)	0.014 (0.009)	-0.041 (0.030)	-0.025 (0.018)
常数项	-0.023 (0.080)	-0.024 (0.081)	-0.039 (0.083)	0.109 (0.084)	0.169 (0.210)	0.089 (0.140)
N	155	155	155	155	155	155

注：***、**、*分别表示在1％、5％、10％的统计显著性水平上通过检验，括号内为标准差。

（3）地域的稳健性分析。改革开放四十年来，各地区的经济发展水平稳步提升，但东、中、西部的发展程度仍具有显著差异，其劳动者收入分配不均现象出现偏差。那在持续推进普惠金融这一国家战略下，东、中、西部的收入分配不均这一现象是否会随之而改变呢？这一问题值得深入讨论研究。故作者在这一部分将样本划分为东、中、西部三个子样本，分析农村金融包容性发展对不同区域城乡居民收入差距影响的异质性。

表7-6报告了东、中、西部的估计结果。从总体上说，农村金融包容性发展在中、西部地区仍具有收入分配效应，而对东部地区的作用则并不显著。从三个维度角度出发，可以发现不管是东部、中部还是西部，金融成本可负担性的收入分配效应均显著为正，这表明降低金融服务成本均能有效缩小三个地区的城乡收入差距；而对于金融机构渗透性，其并未对西部地区的城乡收入差距缩小产生明显的促进作用；与此同时，观察金融服务使用效用性维度可以发现，中部和西部地区的城乡收入差距均能因为效用性的提升而缩小。从地区比较角度出发，我们发现总体农村金融包容性发展的收入分配效应在西部地区最明显。对西部农村地区而言，金融使用效用性维度的系数绝对值最大，而金融机构渗透性维度不显著，意味着当前金融包容发展缩小西部地区的城乡收入差距重点在金融使用效用性，但应着重解决金融可触达问题，进一步发挥金融渗透性的收入分配效应。对中部农村地区而言，金融渗透性的收入分配效应最为明显，金融使用效用性次之，金融可负担性最小，因此优化金融成本可负担性，对缩小城乡收入差距仍大有可为；而对东部地区而言，金融使用效用性维度的系数不显著，相对来说，东部地区农村金融包容较为发达，机构网点和服务人员较多，当地居民在相对水平上能够获得更多的金融服务，但如何进一步创新机制，营造良好的金融生态环境，提升金融使用效用性的收入分配效应，值得关注。

表7-6 地域划分的稳健性检验结果

变量名称	地域	被解释变量：基尼系数			
		(1)	(2)	(3)	(4)
总指数	东部	-0.097 (0.113)			
	中部	-0.776*** (0.054)			
	西部	-0.861*** (0.025)			

续表

变量名称	地域	被解释变量：基尼系数			
		（1）	（2）	（3）	（4）
第一维度	东部		-0.169* (0.099)		
	中部		-1.310** (0.586)		
	西部		0.110 (0.635)		
第二维度	东部			0.059 (0.068)	
	中部			-0.511* (0.298)	
	西部			-0.388** (0.161)	
第三维度	东部				0.031* (0.018)
	中部				0.108*** (0.024)
	西部				0.050** (0.024)
N	东部	55	55	55	55
	中部	40	40	40	40
	西部	60	60	60	60

注：***、**、* 分别表示在1%、5%、10%的统计显著性水平上通过检验，括号内为标准差。

（四）结论

农村金融包容性发展是否改善了农村居民收入状况，缩小了城乡收入差距，还需要规范的实证研究。为此，本部分首先通过测算 S 基尼系数衡量城乡收入差距，并通过数学恒等变换进一步将收入差距的变动分解为：收入变动、位次变动、人口流动三种效应。其次通过面板固定效应回归模型和面板工具变量法，探究了农村金融包容水平与城乡收入差距及三种效应之间的关系。具体结论如下：

1. 维度层面。农村金融包容性发展能显著缩小城乡居民收入差距，而通过解决内生性问题和替代核心解释变量检验后发现，该结论仍然稳健。通过分解收入差距可以发现，引起收入差距内部变动的三种效应中，收入变动起到主要影响作用。通过农村金融包容性发展缩小城乡收入差距，最重要的是提高农民的纯收入，然后改变城乡居民收入增速的非均衡性。通过人口流动效应影响收入分配的结果则不明显。考虑到影响人口流动因素很多且复杂，去除人口流动效应后，农村金融包容性发展缩小城乡收入差距的作用仍显著。从维度层面来说，金融机构渗透性、金融服务使用效用性和金融成本可负担性三维度皆通过了显著性检验，都有效缩小城乡收入差距。

2. 地域差异层面。总体农村金融包容性发展的收入分配效应在西部地区最明显。对西部农村地区而言，金融使用效用性维度的系数绝对值最大，而金融机构渗透性维度不显著，意味着当前农村金融包容发展缩小西部地区的城乡收入差距重点在金融使用效用性，但应着重解决金融可触达问题。对中部农村地区而言，金融渗透性的收入分配效应最为明显，金融使用效用性次之，金融可负担性最小，因此优化金融成本可负担性，对缩小城乡收入差距仍大有可为；而对东部农村地区而言，金融使用效用性维度的系数不显著，如何进一步创新机制，营造良好的金融生态环境，提升金融使用效用性的收入分配效应，值得进一步关注。

二　中国农村金融包容的经济增长效应

党的十九大报告提出，我国经济已由高速增长阶段转向高质量发展阶段，正处在转变发展方式、优化经济结构、转换增长动力的攻关期，建设现代化经济体系是跨越关口的迫切要求和我国发展的战略目标。金融是现代经济的血脉，血脉通，增长才有利。但当前金融发展，尤其是农村金融包容发展，是否有利于农村经济高质量发展，如何促进农村经济高质量发展，仍缺乏规范的实证研究。鉴于此，本节将着重探讨农村金融影响农村经济发展的主要路径，并利用省级层面数据，实证检验农村金融包容发展对农村经济增长的影响。

（一）机制分析

经济发展的关键是要素配置，而农村金融包容性发展系统的一个核心功能就是金融资源的优化配置，其具有全覆盖、全公平、全透明等特点。随着农村金融包容性发展，低收入居民、家庭及小微企业等"长尾"群体将能公平地、低成本地享受金融服务与产品，并运用金融工具进行风险管理和风险控制，提升人均产出。农村金融包容性发展将通过提升需求和供给主体的创新、信息收集等能力、优化资源配置、改善农村实体经济发展环境等影响社会产出水平。因此，结合上文农村金融包容性的发展状况、动态特征，本文认为农村金融包容影响农村经济发展的主要路径包含以下方面（具体见图7-4）。

1. 金融服务机制

农村金融市场效率在很大程度上取决于农村金融服务的获得，而这正是农村金融包容所强调的核心层。农村金融包容向低收入家庭和中小微企业提供储蓄、贷款、保险等基本金融服务，能增加居民和企业对金融服务的可得性。此外，随着农村金融包容性的发展，异质、丰富的金融产品将应运而生，以满足农村经济发展过程中各类情境所需要的消费、投资，提高农村金融市场的效率，释放出新的生产力和经济活力。而随着农村金融包容性地理层面的全覆盖，金融服务模式的创新，将加剧农村金融业的竞争，从而产生"鲶鱼效应"，提高农村金融资源配置的效率，拓宽农村居民的投融资渠道和选择，满足农村居民的金融需求。目前，金融包容的服务对象主要为低收入群体或小微企业，而这部分群体大多集中在农村地区。农村地区的经济结构以第一和第二产业为主，快速的投资增长和资本支出使得居民个人、家庭和小微企业亟须金融产品支撑，金融服务可得性决定了再生产是否能顺利进行。因此，此时农村金融包容性发展主要通过扩大再生产来影响经济发展。而对于那些经济结构以第三产业为主的农村地区，消费、理财性质的金融产品需求占据首位，因此，此时包含异质、丰富的金融产品的农村金融包容性发展对消费的促进作用较大。

2. 交易成本机制

金融服务可负担性是农村金融包容所强调的关键层。众所周知，交易成本几乎决定了生产者利润和消费者剩余，是决定市场效率的关键因素。因此，一个地区的金融服务不仅要可以使用，而且要在可负担的前提下使

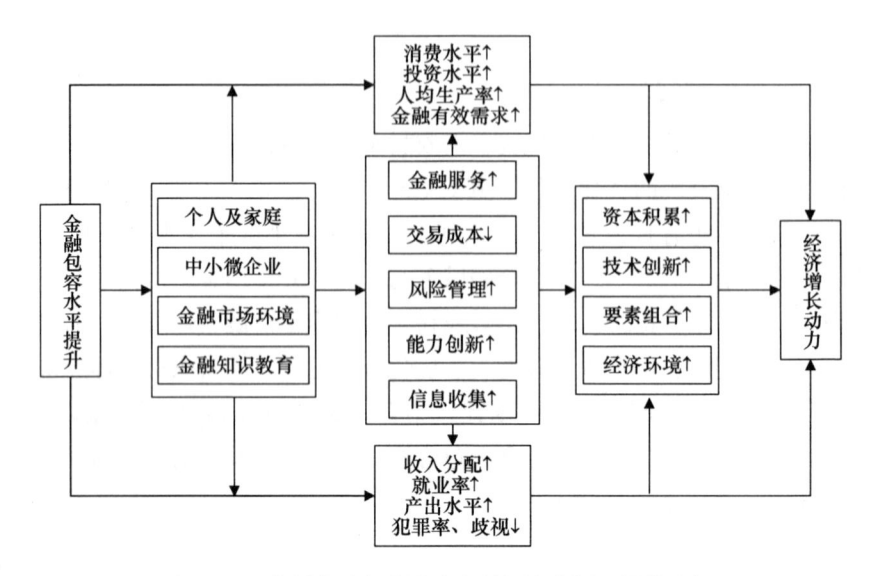

```
                        ┌─ 消费水平↑ ─┐
                        │  投资水平↑  │
                        │  人均生产率↑│
                        │  金融有效需求↑│
                        └─────────────┘
┌────┐   ┌──────────┐   ┌──────────┐   ┌──────────┐   ┌────┐
│金融│   │个人及家庭│   │金融服务↑ │   │资本积累↑ │   │经济│
│包容│   │中小微企业│   │交易成本↓ │   │技术创新↑ │   │增长│
│水平│→  │金融市场环境│→│风险管理↑ │→ │要素组合↑ │→ │动力│
│提升│   │金融知识教育│ │能力创新↑ │   │经济环境↑ │   │    │
└────┘   └──────────┘   │信息收集↑ │   └──────────┘   └────┘
                        └──────────┘
                        ┌─ 收入分配↑ ─┐
                        │  就业率↑    │
                        │  产出水平↑  │
                        │  犯罪率、歧视↓│
                        └─────────────┘
```

图7-4 农村金融包容影响农村经济资源配置的路径

用。如果金融服务价格过高，交易成本过高，居民、家庭和企业将负担不起，导致金融服务使用程度不高，资源配置难以优化，经济规模效应难以显现。平均而言，农村金融包容性发展水平高的地区，如上海、北京等，农村金融市场存在较多的买方和卖方，交易概率高、成交量大且稳定，因此，存在效果明显的规模经济和范围经济。而农村金融包容性发展水平低的地区，投资组合难以形成，产品间成本协同节约能力难以聚集。因此，过高的交易成本导致许多交易无法像在正常金融市场上一样进行交易，各类资源难以进行有效配置，要素资本化无法实现。

3. 风险管理机制

居民、家庭和企业面临着诸多风险事件，社会结构变化和社会保障体系的不完善，使得农村金融包容对居民、家庭和企业应对风险事件来说显得尤为重要。首先，农村金融包容完善了金融的风险分担机制，能帮助"长尾"群体平等享受金融产品和服务，借助金融的风险管理功能，通过支付、储蓄、信贷、证券、保险等系列金融工具及组合，进行事前风险预防、事中风险管理与事后风险应对，保障了生产的连贯性和可持续性，最终演变为社会生产力。毋庸置疑，在农村金融包容性发展水平低的地区，居民、家庭和企业难以通过正规金融市场获取金融服务，他们就会采用非金融手段或非正规金融手段应对风险事件，如变卖资产、缩减支出、适龄未成年人辍学、民间借贷等。而这些非金融手段或非正规金融手段会降低居民、家庭和企业的内生发展动力，导致其缺乏足够的资本进行再投资和再生产。其次，生产和交易过程中存在严重的不确定性（即风险），金融机构为减少此类现象带来的严重后果并增强流动性配置，往往采用其独特拥有的预期收益信号系统对当期的现金流进行平滑，最终增强了整个经济系统的运行效率。

4. 能力创新机制

金融的可获得、低成本和高效率能够实现产业整合，发展高新技术。技术创新具有高度不确定性，容易导致开拓型企业家无法获得持续稳定的资金支持，优质项目的成功率降低。而农村金融包容性发展恰恰能提供可获得的、低成本的、异质且丰富的金融产品与服务。金融机构能够通过设计相应的产品，甄别投资项目，使资金投向生产率高的项目，促使企业家投资于风险更高但更具生产性的技术，一定程度上提升了优质项目的成功概率，促进了技术创新，改善了人均生产率。此外，农村金融包容性的发展将促进各农村金融机构之间的竞争，促进金融机构本身运营制度的创新、金融服务模式的创新以及新型金融工具和业务的创新。这样不仅可以避免出现某家金融机构一家独大的状况，而且还可以促进金融资源配置的效率，满足广大农村居民的金融需求，促进要素组合。

5. 信息收集机制

我国农村金融市场结构属于银行主导型，因此，当农村金融需求主体需要资金时，商业银行等金融机构仍是其首要选择。但在商业银行主导型的农村金融市场下，银行体系往往将关注的重点放在需求者的现有资源禀赋上而忽略了其成长性。究其原因，农村银行体系在金融市场中收集了大量的借款人信息，为实现利润最大化，其往往据此与具有资源禀赋的需求者建立长期稳定的关系，并以此显著减少信息不对称所引起的过高信息溢价，这对于农村新企业或中小微企业尤为关键。而农村金融包容性的发展将使得新小微企业在建立之初就与银行等金融机构信息互通，随着时间越长，"柠檬市场"困境将不复存在，优质企业优质要素将互相组合，并释放出发展潜力。此外，农村金融包容的公开透明，将使得全民平等地收集投资、消费、融资、技术、环境等信息，改善收入、生计、教育、健康等状况，以提升"长尾"群体的人力资本、社会资本等，降低犯罪率、改善农村经济社会发展的环境。

(二) 实证研究设计

1. 变量选取与模型设定

（1）被解释变量。农村经济增长变动（$LnPGDP$），本节采用最为常用的农村人均 GDP 自然对数值表示，农村 GDP = 农林牧渔生产总值 + 乡镇企业增加值。

（2）核心解释变量。农村金融包容指数（$RFII$），根据第四章测算得到。

（3）其他控制变量。随着社会变迁，影响农村经济增长的因素增多，参考 Honohan（2008）的做法，作者还考虑了有可能影响农村地区经济增长的其他控制变量，具体如下：

①城镇化率（UR）。我国城乡二元经济中，城镇化发展容易引发地区劳动和人力资源的流动，影响地区居民收入和经济活力。为了控制城镇化影响，本部分在模型中加入城镇化增长变量，用城镇人口占总人口比重表示。

②产业结构（IS）。产业因素方面，随着产业结构的变化，边际生产效率较低的农业部门的生产要素会逐步转移到效率更高的非农业生产部门，直至两部门的边际生产效率相等。而不同地区之间产业升级的速度不同，将导致产业结构发展不平衡，使得经济发展受到影响。因此，本部分将产业结构变化纳入模型中，用第二、第三产业占比来表示。

③教育因素（EDU）。地方教育水平的差距对农村地区收入和经济有着重要影响，考虑到数据可得性，此处选取地区教育经费投入占地方财政支出比重来表示教育因素的变化。

④对外开放程度（FDI）。随着经济全球化，地区经济的发展越来越受到其对外开放水平的影响，沿海地区和内陆地区对外开放程度差别巨大，因此控制地区对外开放程度有利于接下来的研究，该指标用外商直接投资衡量。

⑤城乡收入分配结构（CI）。城乡收入分配结构不均衡容易造成社会不公，制约城乡一体化发展和社会主义和谐社会的构建，已经成了影响国民经济全局发展的重大问题，因此必须考虑城乡收入分配结构因素的影响。作者以农村与城镇居民可支配收入之比作为替代变量。各变量的具体指标选择见表 7-7。

表7-7　　　　　　　　　　　　　变量定义

变量类型	变量名称	变量符号	变量含义
被解释变量	农村经济增长变动	$LnPGDP_{it}$	农村人均GDP自然对数值
核心解释变量	农村金融包容水平变动	$RFII_{it}$	农村金融包容指数
控制变量	劳动力投入变动	$LnLABOR_{it}$	劳动力人数自然对数值
	城镇化率	UR_{it}	城镇人口占总人口的比例
	产业结构	IS_{it}	第二、第三产业生产总值占全部产业生产总值的比例
	教育因素	EDU_{it}	教育经费投入占地方财政支出的比例
	对外开放程度	FDI_{it}	外商直接投资/GDP
	城乡收入分配结构	CI_{it}	农村居民人均可支配收入/城镇居民人均可支配收入

（4）面板数据模型。金融是实体经济的血脉，金融供应是否充足、覆盖是否广泛直接关系到实体经济的持续健康和有序发展。农村金融包容性发展的核心内涵强调的是金融服务渠道宽度和金融服务对象范围。因此，有必要运用不同时期、不同地区的数据，勾勒出农村金融包容水平与经济增长的关系。

在经济增长相关研究中，生产函数是被广泛运用的研究框架。作者参考 Levine & King（1993）研究金融发展与经济增长关系时的做法，在传统柯布—道格拉斯生产函数的基础上，加入农村金融包容指数，用其变动情况作为农村金融包容水平程度的替代变量，构建如下计量模型：

$$Y = F(A, F, K, L) = AF^{\alpha}K^{\beta}L^{\gamma} \quad (7-6)$$

对两边取自然对数，得到：

$$LnY = LnA + LnF + LnK + LnL \quad (7-7)$$

农村经济增长变动用 LnY 表示，假定技术进步 LnA 不变，农村金融包容水平变动 LnF 用当年农村金融包容指数 $RFII_{it}$ 来替代，LnK 反映农村地区资本投入变动，由于一个地区的资本投入变动与所在地区的金融发展水平高度相关，为避免出现多重共线性，作者将主要考察农村金融包容性发展水平的效应，而将资本变动反映在农村金融包容性发展水平中。LnL反映劳动力投入变动，采用劳动力人数的自然对数衡量。而随着社会变迁，影响农村经济增长的因素增多，本节在考虑以上计量模型的基础上，还选取了导致地区经济增长差异的控制变量，并构建出如下面板固定效应模型：

$$LnPGDP_{it} = \beta_0 + \beta_1 RFII_{it} + \beta_2 LnLABOR_{it} + \beta_3 UR_{it} + \beta_4 IS_{it} \\ + \beta_5 EDU_{it} + \beta_6 FDI_{it} + \beta_7 CI_{it} + \mu_i + \lambda_t + \varepsilon_{it} \quad (7-8)$$

其中，β_0表示常数项，ε_{it}表示随机误差项，$LnPGDP_{it}$表示农村经济增长变动，$RFII_{it}$为农村金融包容水平，μ_i为省份固定效应，λ_t为时间固定效应，其余指标依次为劳动力投入水平、城镇化率、产业结构、教育因素、对外开放程度、城乡收入分配结构。

2. 样本选择与数据来源

首先，由于农村金融包容指数子指标数据可得性的限制，作者选取我国31个省、区、市（不含港澳台地区）为研究对象。其次，金融包容于2005年才由联合国正式提出，并于当年引入中国，因此度量农村金融包容指数应于2006年开始，其数据来源为银监会网站发布的农村金融分布图集。其余实证数据来源于2007—2011年的《中国金融年鉴》《中国统计年鉴》以及各省、区、市对应年份统计年鉴，农村GDP指标计算所用数据来源于《中国农业统计资料》，经整理共得到155条面板数据观测值。

（三）实证分析结果

1. 基准回归

本部分首先采用面板固定效应模型对全样本进行回归，同时，考虑到模型异方差的存在，本部分汇报了稳健标准误。表7-8列示了逐步回归的实证结果，其中，第（1）列是在没有控制其他因素的情况下，直接将农村金融包容对农村经济增长变动回归的基本结果。第（2）列在第（1）列的基础上加入了劳动力投入、城镇化率、产业结构、教育因素、对外开放程度、城乡收入分配结构等控制变量，回归结果显示农村金融包容发展对农村经济增长的影响始终为正，且均通过了1%的显著性检验，这说明农村金融包容发展显著地促进了农村地区经济增长。在控制变量中，对外开放程度、城乡收入分配、劳动力投入变动、城市化水平、产业结构和教育因素均通过了显著性检验,说明劳动力投入对经济增长有显著的促进作用,而城市化水平的提升、第二、第三产业的发展以及教育的投入也将显著促进地区经济的增长,这与相关文献中的分析结论一致。

表7-8 农村金融包容对农村经济增长的回归结果

变量名称	被解释变量:农村经济增长				
	(1)	(2)	(3)	(4)	(5)
总指数	6.501*** (1.373)	1.336*** (0.249)			
第一维度			1.236** (0.529)		
第二维度				0.466*** (0.163)	
第三维度					-0.230 (0.069)
劳动力投入		0.018*** (0.005)	0.018*** (0.005)	0.020*** (0.005)	0.017*** (0.006)
城镇化率		0.078*** (0.008)	0.085*** (0.008)	0.082*** (0.009)	0.082*** (0.008)
产业结构		0.057*** (0.012)	0.056*** (0.012)	0.055*** (0.012)	0.059*** (0.012)
教育因素		0.021*** (0.004)	0.024*** (0.004)	0.023*** (0.004)	0.021*** (0.004)
对外开放程度		-0.002* (0.001)	-0.002** (0.001)	-0.002* (0.001)	-0.002** (0.001)
城乡收入分配结构		2.750** (1.156)	2.809** (1.141)	2.448** (1.187)	3.214** (1.177)
常数项	8.869*** (0.238)	-0.407 (0.914)	-0.657 (0.991)	-0.193 (0.972)	-0.805 (0.933)
N	155	155	155	155	155

注:***、**、*分别表示在1%、5%、10%的统计显著性水平上通过检验,括号内为稳健标准差。

进一步,在农村金融包容性发展的三个维度中,金融机构渗透性、金融服务使用效用性、金融服务可负担性与农村地区经济增长又具有何种关系呢?是否会显著影响农村地区的经济发展水平呢?为回答这个问题,测度出不同维度与农村地区经济增长的关系,识别出不同维度的影响效应,并将各维度金融包容得分值分别纳入回归方程,令第一、第二、第三维度包容指数计算值 $RFI1$、$RFI2$、$RFI3$ 分别代表各维度金融包容程度。

表 7-8 第(3)—(5)列报告了农村金融包容性发展中三个维度在固定效应模型下的回归结果。除金融服务可负担性对经济发展的影响不显著以外,金融机构渗透性和金融服务使用效用性皆通过了 1% 的显著性检验,对农村地区经济发展有显著影响。渗透性和使用效用性维度的符号为正,说明随着金融机构向周边地区不断延伸,以及信贷、保险、债券、股票融资等金融质量和水平的提升,农村金融包容性发展将显著促进农村地区经济增长。可负担性维度系数为负,虽然不显著,但仍意味着降低金融服务的成本,农村金融包容性发展将显著激发地区经济的活力,带动地区经济的发展。至于金融可负担性对经济增长的作用不显著,作者认为,以下原因可能导致了这个结果的出现:第一,虽然金融机构渗透性、金融服务使用效用性和可负担性增加,但地区和人口经济机会的获得也会影响农村金融包容性发展的增长效应,其中既包括宏观层面的区域经济机会也包括微观层面的个体经济机会。农村金融包容性发展虽然能改善居民金融的可获得性和可负担性,但金融可获得性和可负担性增加能产生预期增长效应的前提是,个体或地区的经济机会具备相应的金融承载能力,毕竟在信贷需求内生的情况下,外部冲击的金融匹配能够加快经济发展的速度,进而导致农村经济发展水平会随着金融的发展而提升;相反,在经济机会超过信贷内需和外部冲击的情况后,外部冲击的金融匹配便很难再撬动其发展动力,进而导致金融发展的增长效应降低。第二,由于金融市场存在"门槛效应"及低收入群体自身禀赋特征,金融可负担性增加并不一定能直接有效地改变该地区在生活、生产过程中的信贷约束。因为金融机构不是慈善机构,金融包容也不是普及优惠,不是公共扶持,是强调在市场规则下,参与主体机会的平等,即弱势群体也有平等获得金融资源的权利和机会,而不是违背市场规律进行金融资源再配置。第三,部分地区金融机构可能为了追逐利润最大化,产生了"使命漂移"。虽然当地金融机构的可负担性增加,但金融机构反而将当地的金融资源转移至可以谋求利润更

多的地区，充当"抽血机"的角色，导致居民的使用效应性不仅没有增加，反而需要承担更多的金融成本，无法促进地区经济的活力，使得农村金融包容性发展的增长效应不明显甚至为负（王修华、赵亚雄，2019）。

2. 稳健性检验与进一步分析

至此，我们已经证实了农村金融包容性发展具有增长效应，并考察了农村金融包容性发展中三个维度对农村地区经济发展作用的异质性。为进一步验证上文实证结果的可靠性，本部分将进行稳健性检验。我们首先考虑了模型的内生性问题，采用工具变量法对实证结果进行稳健性分析。接着通过替换核心解释变量的方法验证农村金融包容性发展具有增长效应这一结果的稳健性。最后从地域拆分的角度对实证结果进行进一步分析。

（1）模型内生性问题。内生性通常由模型遗漏变量、变量测量误差、解释变量与被解释变量互为因果、样本选择偏误等问题引起。本文研究对象为中国地区31个省（市），包括了东中西部所有经济水平层级的省份，因此，不存在样本选择偏误而导致的内生性问题。但农村地区经济增长变动与农村金融包容性发展之间可能存在互为因果的关系，此外由于影响农村经济增长变动的因素较多，不能全面考虑和控制，以及农村金融包容性发展水平的测量误差等问题都会使得研究模型存在严重的内生性问题。同时，通过 Mackinnon 内生性检验显示，$p = 0.9084$，强烈拒绝"不存在内生性问题"的原假设，内生性问题显著存在。因此，本节拟将特定区域内除自身以外的农村金融包容性发展水平的平均值作为农村金融包容性发展水平（RFII）的工具变量[①]，采用面板数据工具变量法进行实证研究，力求解决模型的内生性问题。具体原因请参见第一节工具变量选择部分。

表7-9报告了农村金融包容性发展及其三维度基于工具变量法的回归结果。在（1）—（4）列的回归结果中，除工具变量外，所有回归均控制了前文出现的控制变量。从第（1）列农村金融包容回归的结果可以看出，使用工具变量后，农村金融包容依然显著发挥了增长效应。第

---

① 以甘肃省为例，甘肃所在地区为西部，因此，甘肃省农村金融包容性发展水平的工具变量为西部除甘肃省以外的其他西部11省份农村金融包容性发展水平的平均值。可以发现，其他西部11省份农村金融包容性发展水平的平均值必将和甘肃省农村金融包容性发展水平有很强的相关性，但对甘肃省的农村经济增长变动不会有直接的影响。之所以将工具变量的选取划定东中西区域而不将区域放至全国，是考虑到有上海、北京等高水平的金融包容地区，将直接影响工具变量选取的准确性。东部、中部地区省份农村金融包容性发展水平的工具变量选取同上。

（2）—（4）列分别对应的是金融机构渗透性、金融服务使用效用性和金融成本可负担性三个维度的回归结果。通过结果可以发现，前文结果依然稳健，值得注意的是，金融成本可负担性显著为负，这说明此部分的结果更加稳健，金融成本的降低能有效地促进地区经济增长。

表7-9 基于工具变量（IV）的回归结果

变量名称	被解释变量：农村经济增长			
	（1）	（2）	（3）	（4）
总指数	3.430*** (0.796)			
第一维度		2.532* (1.448)		
第二维度			1.640*** (0.484)	
第三维度				-1.378*** (0.500)
劳动力投入	0.018 (0.019)	0.018 (0.018)	0.024 (0.020)	0.006 (0.030)
城镇化率	0.063*** (0.008)	0.083*** (0.006)	0.068*** (0.008)	0.052*** (0.015)
产业结构	0.060*** (0.009)	0.056*** (0.008)	0.054*** (0.009)	0.080*** (0.016)
教育因素	0.016*** (0.006)	0.024*** (0.005)	0.020*** (0.006)	0.002 (0.012)
对外开放程度	-0.001 (0.002)	-0.002 (0.001)	-0.000 (0.002)	-0.002 (0.002)
城乡收入分配结构	2.510*** (0.836)	2.710*** (0.782)	1.302 (0.992)	4.761*** (1.447)
常数项	-0.114 (0.716)	-0.724 (0.663)	0.815 (0.851)	-1.858 (1.182)
N	155	155	155	155

注：***、**、*分别表示在1%、5%、10%的统计显著性水平上通过检验，括号内为稳健标准差。

(2)替代变量的稳健性分析。本文模型的自变量只有农村金融包容指数,其他变量均为控制变量。为防止使用单一自变量导致研究结果有偏和模型变量测量误差导致的结论不稳健,本文将采用替代变量对实证结果进行稳健性检验。国内外对农村金融包容性发展水平的测度方法除较权威的变异系数法之外,还有主成分分析法和因子分析法。因此,本节将对全国31个省份2006—2010年的农村金融包容水平进行综合打分,作为本文核心解释变量农村金融包容性发展水平的替代变量,并按照前文的面板固定效应模型和面板工具变量法进行估计,检验结果见表7-10。结果表明,将农村金融包容指数替换为综合得分之后,不管是采用面板固定效应模型,还是采用面板工具变量法进行估计,其增长效应都依然显著,本文的实证结果稳健。

表7-10 替代变量的稳健性检验结果

变量名称	被解释变量:农村经济增长	
	(1)	(2) IV
总指数	1.594***	3.559***
	(0.528)	(0.741)
劳动力投入	0.019***	0.020
	(0.004)	(0.018)
城镇化率	0.078***	0.066***
	(0.009)	(0.007)
产业结构	0.053***	0.050***
	(0.012)	(0.008)
教育因素	0.022***	0.019***
	(0.004)	(0.006)
对外开放程度	-0.001*	-0.000
	(0.001)	(0.001)
城乡收入分配结构	2.208*	1.350
	(1.198)	(0.858)
常数项	0.275	1.348*
	(0.996)	(0.788)
N	155	155

注:***、**、*分别表示在1%、5%、10%的统计显著性水平上通过检验,括号内为稳健标准差。

(3) 地域的稳健性分析。改革开放以来，我国整体经济发展水平逐步提升，在西部大开发、中部崛起、"一带一路"倡议等国家政策的推论下，我国整体经济水平的提高更是突飞猛进。并且，随着经济的发展，国家对于中西部地区有着更多政策上的优惠和便利，利用行政手段对市场行为进行干预，促进农村金融包容性发展，使更多金融资源向中西部农村地区倾斜，以促进农村经济的发展，实现共同富裕。那么，此种政府干预行为是否有效呢？本部分将样本划分为东、中、西三个子样本，既检验政府干预行为的效用性，又检验农村金融包容性发展增长效应的稳健性。

表7-11报告了分东、中、西部的估计结果。从总体上说，不管采用何种估计方法，这些估计结果与表7-8基本一致，农村金融包容性发展仍具有增长效应。从三个维度角度出发，可以发现不管是东部、中部，还是西部，金融成本可负担性的增长效应仍具有不确定性，与此同时，中部和西部的金融机构渗透性也不具有增长效应。而毋庸置疑的是，随着金融服务使用效用性的增加，农村地区经济发展状况都将得到改善。从地区比较角度出发，我们发现总体农村金融包容性发展的增长效应在中部地区最明显，西部地区和东部地区农村金融包容性发展的增长效应虽不及中部，但仍存在明显的促进作用。相对来说，东部农村地区金融包容较为发达，机构网点和服务人员较多，在相对水平上能够获得更多的金融服务，渗透性的进一步发展，将难以显现明确的增长效应，反倒是优化金融成本可负担性大有可为。所以，在东部农村地区应进一步营造良好的金融环境，降低金融服务的成本。西部农村地区经过政策倾斜和引导开发，经济发展已经有所改善，但根据金融机构渗透性维度可以看出，一味地增加金融机构覆盖面，并不能显著促进地区经济的发展，反而可能带来负向作用。因此，在西部地区发展农村金融包容更应该注重居民金融服务使用效用性，即提高金融服务的质量和水平。

（四）结论

"大道之行也，天下为公。"与"共享、公平"一脉相承的农村金融包容是否影响农村地区经济的发展，如何影响农村地区经济的发展，学界并没有给出全面的回答。为此，作者运用不同的实证方法检验了农村金融包容的增长效应。结论如下：

表 7-11　　　　　　　　　地域划分的稳健性检验结果

变量名称	区域	被解释变量：农村经济增长			
		(1)	(2)	(3)	(4)
总指数	东部	0.863** (0.359)			
	中部	2.512*** (0.599)			
	西部	0.268*** (0.589)			
第一维度	东部		0.319 (0.988)		
	中部		1.790 (1.633)		
	西部		-2.751 (2.371)		
第二维度	东部			0.363*** (0.202)	
	中部			1.370** (0.514)	
	西部			0.193*** (0.411)	
第三维度	东部				0.333 (0.086)
	中部				0.193 (0.126)
	西部				0.084 (0.070)
N	东部	55	55	55	55
	中部	40	40	40	40
	西部	60	60	60	60

注：***、**、*分别表示在1%、5%、10%的统计显著性水平上通过检验，括号内为稳健标准差。

1. 维度层面

农村金融包容性发展对农村地区经济增长存在明显的促进作用，而通过解决内生性问题和替代核心解释变量检验后发现，该结论仍然稳健。从维度层面来说，除金融成本可负担性这一维度对农村地区经济发展的影响不确定以外，金融机构渗透性和金融服务使用效用性两维度皆通过了1%的显著性检验，对农村地区经济发展有显著影响。从控制变量角度来说，对外开放程度、城乡收入分配、劳动力投入变动、城市化水平、产业结构和教育因素均通过了显著性检验，说明劳动力投入对农村经济增长有显著的促进作用，而城市化水平的提升、第二、第三产业的发展以及教育的投入也将显著促进地区经济的增长，这与相关文献中的分析结论一致。

2. 地域差异层面

农村金融包容性发展的增长效应在中部地区最明显，西部地区和东部地区农村金融包容性发展的增长效应虽不及中部，但仍存在明显的促进作用。不管是从全样本还是从地区样本出发，可以发现，当前金融成本可负担性并未对地区经济发展产生明显的促进作用；而且中部和西部的金融机构渗透性也不具有增长效应。毋庸置疑的是，不管是东部、中部，还是西部，随着金融服务使用效用性的增加，地区经济发展状况都将得到改善。

三 中国农村金融包容的福利改善效应

提高社会成员生活水平和生活质量是社会发展的最终目标。金融产品和服务作为一种社会公共资源，每个人生来就被赋予平等享用的权利，然而无论是在发达国家，还是在发展中国家，金融排斥现象普遍存在，尤其是农村金融排斥。农村金融包容发展有效消除或降低了农村金融排斥，扩大了金融服务和金融产品覆盖面，完善了金融体系。但农村金融包容性发展是否改善了农村居民经济福利，还需要规范的实证检验。基于此，本节首先详细分析了农村金融包容发展影响经济福利的作用机制，其次利用省际面板数据，对农村金融包容性发展与农村居民经济福利之间的关系进行了实证检验。

（一）机制分析

农村金融包容性发展作为以农村所有阶层和群体为对象的金融服务体

系，具有资金融通、资源配置、风险管理等功能，不仅能够增加农村居民收入、提高农村居民消费，而且当农村居民基本生存的需求得到满足后，农村金融包容性发展所提供的资金支持还可帮助农村居民满足安全、社交、尊重和自我实现需求，提升生活质量。农村金融包容性发展既可通过储蓄、信贷、保险、理财等金融服务实现改善农村居民经济福利的直接影响，也可以通过农村经济增长效应和门槛降低效应，作用于居民收入、消费及生活质量间接影响农村居民经济福利。

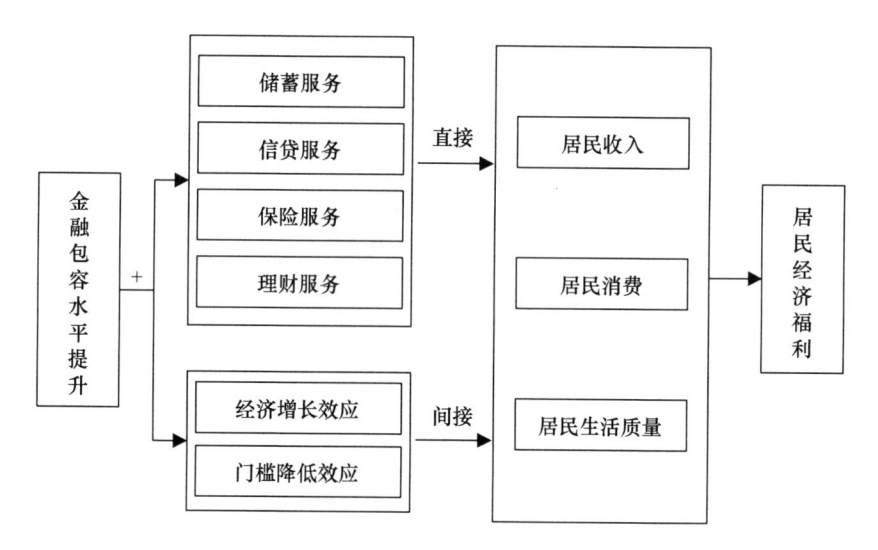

图 7-5　农村金融包容性发展影响农村居民经济福利的机制

1. 直接机制

（1）储蓄服务。储蓄服务作为金融服务的重要功能构成，对提高农村居民的经济福利水平具有重要作用。首先，储蓄可以使农村居民获得可靠的利息收入，帮助农村居民进行财富积累，进而通过其他理财方式实现资产增值以达到预期收入；其次，储蓄能够平滑消费，抵御收入和支出不确定性所带来的风险，帮助农村居民维持正常的生活水平，降低脆弱性；最后，储蓄作为金融机构重要的资源，是金融机构开展其他金融服务的基础，通过农村居民储蓄金融机构实现财务的可持续运作，从而更好地为农村居民提供金融服务，实现良性循环。

（2）信贷服务。信贷服务作为金融机构的一项基础业务，能够有效改善农村居民的经济福利。首先，信贷服务能够满足农村居民的资金需求，当农村居民存在调整产业结构、改善生产条件、保障基建设施、学习高新技术等生产性投资时，信贷服务可解决其资金短缺问题，帮助其提高生产效率、实现产业转移，增加经营性收入。其次，信贷服务能够为农村居民当期的"大额刚性支出"提供信贷支持，有效缓解农村居民面临的流动性约束，降低储蓄压力，释放被压抑的消费需求，进而提高农村居民的消费水平。最后，信贷服务作为金融机构的主营业务，其利息收入是金融机构的主要收入来源，因此为不断占领市场吸引客户，金融机构将不断丰富信贷产品种类、优化支付方式和完善信用体系，大大提高农村居民使用金融服务的便利性和安全性，改善农村居民生活质量。

（3）保险服务。保险服务对于农村居民经济福利的改善，主要体现在以下几个方面：首先，保险服务能够形成农村居民的持久性收入；以寿险为代表的人身保险强制参保人定期缴纳保险金，达到一定条件后返还给农村居民形成未来可预期的持久性收入，对农村居民未来的消费及生活提供保障；其次，在投保标的触发赔付条件时，如农村居民突发重大疾病或财产受到损坏，需要承担大额的支出时，保险服务能够提供一定的资金补偿，以前期投入的保费支出平滑当期的巨额支出；最后，保险服务通过收取保费接收投保人所转移的风险，调节其对风险的心理预期，减少农村居民因面对风险所产生的忧虑与不安，给予其财产和人身一定的保障，提高农村居民的幸福感。

（4）理财服务。随着农村金融的发展，金融产品种类在不断增多、金融服务范围在不断扩大，投资理财成为农村居民接触金融服务的重要途径。首先，不断发展的农村金融体系将促进农村居民树立投资理财观念，拓宽其投资渠道，分散投资降低风险，实现资产的保值增值，增加居民的财产性收入。其次，农村金融市场化程度的提高，促使金融系统的价格发现功能得到进一步完善，农村居民可以通过参与资本市场的交易，购买优质股票、债券、基金等方式，对资金进行有效的管理，并获取投资回报以改善经济福利。与此同时，急需资金的农村企业在资本市场解决了融资需求，获取了运营所需资金，企业规模将不断扩大，劳动力需求也随之增加，这将有利于提升就业水平，改善农村居民工资性收入。

2. 间接机制

（1）经济增长效应。大量的文献表明，农村金融发展与农村经济增长之间存在着相互影响相互促进的关系。金融所具有的资金融通、资源配置、公司控制、风险管理及专业化分工与交易的功能，可以不断拓宽通往农村经济增长的路径，实现资本积累和技术创新，从而促进农村经济增长，提升农村居民经济福利水平。

持续稳定的经济增长能通过多种途径改善农村居民经济福利。首先，劳动力的需求在一定程度上由经济增长的规模和速度决定。随着贸易、投资、消费的扩张，经济增长能够促进项目的增加、刺激企业的发展，增加对劳动力的需求量，从而为农村居民创造更多的就业岗位和机会，降低失业率。就业率的提高不仅能为农村居民带来工资性收入、提高消费能力、改善生活质量，而且能够通过收入再分配的方式缩小贫富差距、提高农村居民的幸福感。其次，持续稳定的经济增长由生产要素数量扩张和生产要素质量提高共同影响。随着知识经济和信息革命的兴起，除传统的劳动、资本、土地等生产要素外，人才、知识、信息、创新、技术、管理等新兴生产要素也对经济发展起到了重要作用。这些具有资本化特点的新兴要素，一方面可以通过评估作为资本投资入股，另一方面可按照同股同酬原则按要素参与企业利润的分配，新兴要素对经济发展的贡献率越大，要素所有者的收入分配比例越高。在当今经济全球化、信息透明化的大环境中，新兴要素的重要性越来越突出，农村居民也因此获得除传统要素以外的要素投入收益，从而改善自身和家庭的福利状况。最后，从国家宏观调控角度来看，经济增长为提升农村居民经济福利提供了物质基础。在国民经济总量保持稳定增长的情况下，政府能够更加有效地配置资源，以充裕的资金保障基础设施建设、扩大义务教育范围、完善社会保障体系和医疗资源建设。农村居民的生活质量将因此得到提高，且有助于实现社会公平分配。

（2）门槛降低效应。金融机构作为非福利性质机构，以追求盈利最大化为经营目标，因此其在有偿的条件下才会提供金融服务，即金融服务是具有门槛的，而且门槛值越大，通过金融服务获取的回报就越大。由于初始金融资源禀赋不足导致资本积累有限，低收入贫困阶层（尤其是农村偏远地区居民）负担不起金融服务的高昂成本或是缺少抵押品而无法满足金融服务的条件，从而被排斥在金融体系之外，无法享受金融服务带来的财富性收入，而高收入富裕阶层（以城镇居民为代表），由于自身在资本积累的优势，可通过投资高收益率的金融产品实现资本增值，因此出现"富人越富穷人越穷"的"马太效应"，居民收入差距被不断拉大，影响整体福利水平，这就是金融发展的门槛效应。融资门槛和人力资本门槛是影响我国农村居民经济福利的主要门槛效应。

①融资门槛。对于高收入者而言，稳定的工作、固定的收入、可抵押的财产、良好的信誉使他们容易从金融机构获取资金支持。对于低收入者而言，以农民为例，受自然条件和市场需求影响、具有弱质性的农业不能为其带来稳定的收入；不符合抵押担保条件的住房和土地不能作为抵押品去申请贷款；自身信用意识薄弱、对金融服务理解不到位导致农民将贷款挪为他用或不按时还款；农户贷款金额小、成本高、利润低、手续多、管理复杂；金融机构自身存在信贷风险责任约束机制，不得不在信贷政策上对农民贷款更加谨慎；诸如此类的原因令趋利的金融机构在向低收入者贷款时缺乏积极性，金融机构更偏好于向高收入者提供信贷服务。对于中小企业而言，主要有两条融资途径。其一是向银行类金融机构贷款，其二是在资本市场上融资。我国金融市场虽取得了较快的发展，但仍然存在许多问题使中小企业融资难。第一，金融结构失衡。我国约60%的金融资源被银行占据，且因为所有制方面的限制，致使四大国有商业银行近乎垄断信贷资源。这种垄断地位，一方面，令国有银行缺乏改革动力、效率低下，且出于收益和风险的综合考虑，国有银行更偏好为国有企业融资；另一方面，非国有银行发展滞后，不具有话语权，无法满足非国有经济，尤其是中小企业的融资需求。第二，资本市场门槛过高。主板市场定位大型企业，上市条件严苛，大部分中小企业达不到上市标准；创业板市场专为中小企业特别是高新技术企业服务，是对主板市场的有效补充，上市条件与主板市场相比较为宽松，但筹资成本较高，劳动密集型涉农中小企业无法负担该费用；以新三板市场为代表的场外交易市场由各个政府部门主办，市场定位不明确。中小企业自身不健全的产权制度、财管制度，淡薄的履约意识、诚信观念等因素，也影响了融资企业或金融机构信贷投放的信心。

②人力资本门槛。人力资本理论认为，人力资源是一切资源中最重要的资源，其对国民经济的长期作用大于物质资本，而教育是提高人力资本最主要的方式，教育能够培养出具有较高生产率的劳动力，教育水平越高，劳动力的生产率越高，其工资水平也就越高。此外，人力资本的积累，将促使居民革新思想观念、主动学习高新技术，并重视下一代的知识教育，从而形成良性循环。然而人力资本投资存在一定的财富门槛，即居民需要一定的经济投入才能获得教育或培训。富裕阶层由于财富积累可以

轻松跨越门槛进行人力资本投资,而贫穷阶层因初始财富较低达不到最低门槛要求,且在存在融资门槛的情况下,不能通过外部融资获得资金支持来进行人力资本投资,即不能通过教育提高自身的文化水平和职业技术,从而使得二者之间的工资报酬存在差异,不利于居民整体经济福利的提升。推进农村金融包容性发展的有效途径之一就是通过降低金融服务的门槛,以更低的成本、更简单的流程,使更多的低收入者和小微企业能够享受到金融服务,获得资金支持进行物资资本投资或人力资本投资,从而提高农村居民收益,改善居民福利。

(二) 实证研究设计

1. 变量选取与模型设定

(1) 被解释变量。国内外有关农村居民福利的衡量主要涵盖三种方法:一是将农民的消费支出用来衡量农村居民福利(Magrabi et al., 1975; Mogues, 2011);二是基于阿玛蒂亚森的可行能力框架,运用模糊数学等数理经济学方法构建福利指数(Oni & Adepoju, 2011);三是运用数理方法综合构建居民福利指数(余谦、高萍,2011)。因此,本部分综合以上三种方法,在考虑全面性、可比性、可操作性、适当性、科学性原则及数据的可得性的基础上,从收入水平、支出水平、生活质量水平维度选取了9个指标来衡量农村居民福利,并采用主成分分析法构造农村居民福利指数,具体指标如表7-12所示。

表7-12　　　　　　　　农村居民福利指数各维度指标

维度	统计指标	指标性质
收入水平	农村居民人均纯收入（元）	正
支出水平	财政支农支出占 GDP 比重（%）	正
	农村居民人均消费支出（元）	正
生活质量水平	教育支出占财政支出比重（%）	正
	每万人卫生室数（个）	正
	卫生厕所普及率（%）	正
	养老保险参保人数占比（%）	正
	每万人乡镇文化站（个）	正
	自然灾害生活救助占农村 GDP 比重（%）	正

①收入水平。收入水平是一个很重要的维度，在过去很长一段时间里有许多学者将其作为衡量农村居民福利水平的单一指标，在很大程度上决定了农村居民福利水平的高低。收入水平包含农村居民人均纯收入一个指标，反映的是农村居民可用来自由支配的那部分收入，即从各渠道获得的总收入扣除缴纳的所得税、社会保障费等各项费用支出后，用于最终消费支出和其他非义务性支出的收入。人均收入越高，农村居民福利水平越高，是经济福利的正向指标。

②支出水平。支出水平亦是衡量农村居民福利的重要维度，支出结构是否合理，较低层次与较高层次支出的比重大小，在一定程度上能够反映农村居民福利水平的高低。本部分选用了财政支农支出占GDP比重和农村居民人均消费支出指标直接反映农村居民的消费水平。居住也是人类生存的基本需求，同人民生活息息相关，住房面积在一定程度上能够反映居民生活条件的舒适度及福利水平，但由于数据缺失过多，本部分未选用该指标。

③生活质量水平。生活质量水平是指一个国家或地区在一定的历史发展阶段和一定的社会环境下，人们的物质生活和精神生活各方面所能享受到的平均程度，包含文化教育、医疗卫生、社会保障、基础设施、环境保护等方面，能够反映居民福利水平。文化教育是提高人民生活质量的重要手段，是个体获取社会资源和改善生活福利的有效途径，本节采用财政性教育经费支出占财政支出比重指标来反映社会在教育方面的投入状况；健康是人民生活质量的集中体现，以人为本，对生命的关爱是人民生活水平提高的重要体现，本部分采用每万人拥有农村卫生室数量反映社会提供的医疗资源，以及卫生厕所普及率反映家庭生活质量水平；社会保障是生活质量稳定提高的重要保证，健全完善的社会保障制度是社会所有成员生活水平提高的保证。本节选取了养老保险参保人数占比作为反映社会保障覆盖率的指标，该比率越高说明社会保障越好，农村居民的生活质量也越好；社区服务设施数作为基础设施建设的代表，是经济福利水平的重要体现，本部分采用每万人乡镇文化站数，反映一个地区的基础设施建设；伴随着经济增长，资源的过度开发和环境的肆意破坏已经成为影响可持续发展的重要因素，因而越来越多的学者将环境保护也作为生活质量的重要衡量指标。基于数据的可获得性，本节用自然灾害生活救助占农村GDP比重指标来体现社会对于环境保护的重视，该指标值越高，说明社会对于环

境保护的重视程度越高，农村居民的福利水平越好。

（2）核心解释变量。农村金融包容指数（$RFII$），根据第四章测算得到。

（3）其他控制变量。在模型中加入了有可能影响各农村地区居民福利水平的控制变量，具体如下：

①农村经济发展水平（$LnPgdp$）。在决定收入的因素中，地区 GDP 占据很强的比重，经济发展水平较高的地区，其福利水平较高。因此，农村地区人均 GDP 的差异会导致农村居民福利的差异，本部分在此处加入农村人均 GDP（$PGDP$）作为控制变量，控制地区 GDP 对农村居民福利的影响，农村人均 GDP＝农林牧渔生产总值＋乡镇企业增加值。

②城镇化率（UR）。在我国城乡二元经济中，一方面城乡期望收入差距引发农村劳动力资源的流动，致使要素报酬趋于均等化，从而提升了农村居民福利水平；但另一方面，由于城乡户籍制度的限制，城镇化的过程往往又伴随着农村精英人士的流失，导致农村居民福利有所下降。为了控制城镇化的影响，本部分在回归中加入城镇化比例变量（UR），具体指标采用城镇人口占总人口比重来衡量。

③产业结构（IS）。产业因素方面，随着产业结构的变化，边际生产效率较低的农业部门的生产要素会逐步转移到效率更高的非农业生产部门，直至两部门的边际生产效率相等。由于不同地区之间、城乡之间产业升级的速度不同，也就存在着整个产业结构发展不平衡的问题，而这又会导致劳动力就业机构产生差异，从而使得居民福利水平发生变化。本部分将产业结构纳入模型中，并将其定义为第二、第三产业总产值占各省生产总值的比例。

④对外开放程度（FDI）。已有研究表明，随着经济全球化进程的推进，地区经济发展的差异越来越受到其对外开放水平的影响，地区开放程度越高，就越能够享受到全球化红利，并带动其居民收入水平的上涨。此外，沿海地区与内陆地区对外开放程度差异巨大，控制地区对外开放程度有利于本节的研究，该指标用各省份外商直接投资与 GDP 比值衡量。

⑤城乡收入分配结构（CI）。城乡收入分配结构不均衡将造成社会不公，制约城乡一体化发展和社会主义和谐社会的构建，已经成为影响国民经济全局发展的重大问题，因此必须考虑城乡收入分配结构因素，作者以农村与城镇居民可支配收入之比作为替代变量。各变量的具体指标选择见表 7-13。

表7-13　　　　　　　　　　变量定义

变量类型	变量名称	变量号	变量含义
被解释变量	农村居民福利水平	Wel_{it}	农村居民福利指数
核心解释变量	农村金融包容水平	$RFII_{it}$	农村金融包容指数
控制变量	农村经济发展水平	$LnPgdp_{it}$	农村人均GDP取自然对数值
	城镇化率	UR_{it}	城镇人口占总人口的比例
	产业结构	IS_{it}	第二、第三产业生产总值占全部产业生产总值的比例
	对外开放程度	FDI_{it}	外商直接投资/GDP
	城乡收入分配结构	CI_{it}	农村居民人均可支配收入/城镇居民人均可支配收入

（4）面板数据模型。为研究农村金融包容发展的福利效应，本节将选取以上被解释变量、核心解释变量和控制变量，构建如下面板固定效应模型：

$$Wel_{it} = \beta_0 + \beta_1 RFII_{it} + \beta_2 LnPgdp_{it} + \beta_3 UR_{it} + \beta_4 IS_{it} \\ + \beta_5 FDI_{it} + \beta_6 CI_{it} + \mu_i + \lambda_t + \varepsilon_{it} \quad (7-9)$$

其中，β_0表示常数项，ε_{it}表示随机误差项，Wel_{it}表示农村居民福利水平，$RFII_{it}$为农村金融包容水平，μ_i为省份固定效应，λ_t为时间固定效应，其余指标依次为农村经济发展水平、城镇化率、产业结构、对外开放程度、城乡收入分配结构。

2. 样本选择与数据来源

首先，由于农村金融包容指数子指标数据可得性的限制，笔者选取我国31个省、区、市（不含港澳台地区）为研究对象。其次，金融包容于2005年才由联合国正式提出，并于当年引入中国，因此度量农村金融包容指数应于2006年开始，其数据来源为原中国银监会网站发布的农村金融分布图集。实证数据来源于2007—2011年的《中国金融年鉴》《中国统计年鉴》以及各省、区、市对应年份统计年鉴，农村GDP指标计算所用数据来源于《中国农业统计资料》，经整理共得到155条面板数据观测值。

(三) 实证结果分析

1. 基准回归

本部分首先采用面板固定效应模型对全样本进行回归，同时，考虑到模型异方差的存在，本部分汇报了稳健标准误。表7-14列示了逐步回归的实证结果，其中，第（1）列是在没有控制其他因素的情况下，直接将农村金融包容对农村居民福利回归的基本结果。第（2）列在第（1）列的基础上加入了农村经济发展水平、城镇化率、产业结构、对外开放程度、城乡收入分配结构等控制变量，回归结果显示农村金融包容发展对农村居民福利的影响始终为正，且均通过了1%的显著性检验，这说明农村金融包容发展显著地提升了农村居民福利。在控制变量中，农村经济发展水平的作用显著为正，对外开放程度和城乡收入分配的作用效果不明显，这表明经济发展水平的提升能有效提升农村居民福利水平，而对外开放程度和城乡收入差距的变化并不会显著提升农村居民的福利水平。

表7-14　　农村金融包容对农村居民福利的回归结果

变量名称	被解释变量：农村居民福利				
	（1）	（2）	（3）	（4）	（5）
总指数	36.070*** (5.857)	12.933*** (4.442)			
第一维度			26.705*** (3.576)		
第二维度				6.817*** (1.716)	
第三维度					-1.242* (0.689)
经济发展水平		2.689*** (0.846)	1.995*** (0.405)	2.501*** (0.752)	3.462*** (1.059)
城镇化率		0.072 (0.057)	0.088** (0.038)	0.054 (0.052)	0.036 (0.078)
产业结构		-0.115** (0.049)	-0.075** (0.032)	-0.112*** (0.040)	-0.183*** (0.061)

续表

变量名称	被解释变量：农村居民福利				
	（1）	（2）	（3）	（4）	（5）
对外开放程度		0.005 (0.010)	-0.002 (0.006)	0.008 (0.011)	0.006 (0.014)
城乡收入分配结构		2.174 (4.119)	1.177 (2.567)	-1.438 (5.068)	0.121 (6.119)
常数项		-24.609*** (3.568)	-23.139*** (2.544)	-19.629*** (3.014)	-21.201*** (3.330)
N	155	155	155	155	155

注：***、**、* 分别表示在1%、5%、10%的统计显著性水平上通过检验，括号内为稳健标准差。

进一步，在农村金融包容性发展的三个维度中，金融机构渗透性、金融服务使用效用性、金融服务可负担性与农村居民福利水平又具有何种关系呢？为回答这个问题，测度出不同维度的农村金融包容性发展与农村居民福利水平的关系，识别出不同维度的影响效应，作者将各维度金融包容指标分别纳入回归方程。

表7-14第（3）—（5）列汇报了农村金融包容发展三个维度在固定效应模型下的结果。可以发现，金融机构渗透性和金融服务使用效用性皆通过了1%的显著性检验，金融成本可负担性的显著性虽有所减小，但仍通过了10%的显著性检验，这表明农村金融包容发展对提升居民福利水平有显著影响。金融机构渗透性的系数显著为正，且系数最大，这说明在提升农村居民福利水平方面，金融渗透性的作用最为明显。至于原因，这很可能是因为金融机构渗透性的提升，极大地改善了农村居民获取金融服务的便利性和可得性。金融服务使用效用性的系数也显著为正，说明随着信贷、保险、债券、股票融资等金融服务质量和水平的提升，农村居民福利水平也得到了相应的改善。金融成本可负担性维度系数显著为负，这意味着降低金融服务成本能够有效提升农村居民福利水平。以上结论基本与现实情况一致，随着农村金融包容发展的不断推进，金融门槛随之降低，这使原先被排斥在金融服务之外的长尾群体能获得金融服务，一方面降低了农村居民的融资成本，另一方面也使得农村居民能通过资产配置、风险管理、理财投资等渠道提升收入水平，从而提升农村居民的福利

水平。

2. 稳健性检验与进一步分析

至此，我们已经证实了农村金融包容性发展的福利效应，并考察了农村金融包容性发展中三个维度对农村居民福利效应的异质性。为进一步验证上文实证结果的可靠性，本部分将进行稳健性检验。我们首先考虑了模型的内生性问题，采用工具变量法对实证结果进行稳健性分析。接着通过替换被解释变量的方法验证农村金融包容性发展具有福利效应这一结果的稳健性。最后从地域拆分的角度对实证结果进行进一步分析。

（1）模型内生性问题。内生性问题通常由模型遗漏变量、变量测量误差、解释变量与被解释变量互为因果、样本选择偏误等问题引起。本部分研究对象为中国31个省份，含括了东中西部所有经济水平层级的省份，因此，不存在样本选择偏误而导致的内生性问题。但农村居民福利与农村金融包容性发展之间可能存在互为因果的关系，此外由于影响农村居民福利的因素较多，不能全面考虑和控制，以及农村金融包容性发展水平的测量误差等问题都会使得研究模型存在严重的内生性问题。因此，本节拟将特定区域内除自身以外的农村金融包容性发展水平的平均值作为农村金融包容性发展水平（$RFII$）的工具变量①，采用面板数据工具变量法进行实证研究，力求解决模型的内生性问题。具体原因请参见前文。

表7-15报告了农村金融包容性发展及其三个维度基于工具变量法的回归结果。在（1）—（4）列的回归结果中，除工具变量外，所有回归均控制了前文出现的控制变量。从第（1）列农村金融包容回归的结果可以看出，使用工具变量后，农村金融包容依然显著提升了农村居民福利水平，发挥着明显的福利效应。第（2）—（4）列分别对应的是金融机构渗透性、金融服务使用效用性和金融成本可负担性三个维度的回归结果。通过结果可以发现，前文结果依然稳健。

---

① 以甘肃省为例，甘肃所在地区为西部，因此，甘肃省金融包容性发展水平的工具变量为西部除甘肃省以外的其他西部11省份金融包容性发展水平的平均值。可以发现，其他西部11省份金融包容性发展水平的平均值必将和甘肃省金融包容性发展水平有很强的相关性，但对甘肃省的居民福利不会有直接的影响。之所以将工具变量的选取划定东中西区域而不将其区域放至全国，是考虑到有上海、北京等高水平的金融包容地区，将直接影响工具变量选取的准确性。东部、中部地区省份金融包容性发展水平的工具变量选取同上。

表7-15　　　　　　　　基于工具变量（IV）的回归结果

变量名称	被解释变量：农村居民福利			
	(1)	(2)	(3)	(4)
总指数	26.325***			
	(2.833)			
第一维度		42.289***		
		(2.289)		
第二维度			20.330***	
			(2.139)	
第三维度				-2.923***
				(0.591)
经济发展水平	1.795***	1.086***	0.417	3.341***
	(0.364)	(0.269)	(0.515)	(0.318)
城镇化率	0.101***	0.113***	0.073*	0.025
	(0.030)	(0.022)	(0.037)	(0.030)
产业结构	-0.052	-0.017	0.014	-0.192***
	(0.040)	(0.029)	(0.051)	(0.038)
对外开放程度	0.004	-0.005	0.015	0.008
	(0.009)	(0.007)	(0.011)	(0.009)
城乡收入分配结构	2.329	0.681	-8.302***	-2.455
	(2.147)	(1.610)	(2.931)	(2.355)
常数项	-24.895***	-22.443***	-10.306***	-16.966***
	(2.783)	(2.087)	(3.826)	(3.187)
N	155	155	155	155

注：***、**、* 分别表示在1%、5%、10%的统计显著性水平上通过检验，括号内为稳健标准差。

（2）替代变量的稳健性分析。本节模型的自变量只有农村金融包容指数，其他变量均为控制变量。为防止使用单一自变量导致研究结果有偏和模型变量测量误差导致的结论不稳健，本节将采用替代变量对实证结果进行稳健性检验。国内外对金融包容性发展水平的测度方法除较权威的变异系数法之外，还有主成分分析法和因子分析法。因此，本节将对全国31个省份2006—2010年的农村金融包容水平进行综合打分，作为本节核心解释变量农村金融包容性发展水平的替代变量,并按照前文的面板固定效应模型和面板工具变量法进行估计,检验结果见表7-16。结果表明,将农村金融包容指数替换为综合得分之后,不管是采用面板固定效应模型,还是采用面板工具变量法进行估计,其福利效应都依然显著,证明本文的实证结果稳健。

表7-16　　　　　　　　替代变量的稳健性检验结果

变量名称	被解释变量:农村居民福利	
	(1)	(2) IV
总指数	23.533***	34.254***
	(2.343)	(1.718)
经济发展水平	1.429***	0.462*
	(0.330)	(0.271)
城镇化率	0.072**	0.085***
	(0.026)	(0.021)
产业结构	-0.081***	-0.038
	(0.029)	(0.028)
对外开放程度	0.005	0.006
	(0.005)	(0.006)
城乡收入分配结构	-3.127	-5.475***
	(2.855)	(1.581)
常数项	-12.256***	-6.754***
	(2.195)	(2.178)
N	155	155

注:***、**、*分别表示在1%、5%、10%的统计显著性水平上通过检验,括号内为稳健标准差。

(3)地域的稳健性分析。随着经济的发展,国家对于中西部地区有着更多政策上的优惠和便利,利用行政手段对市场行为进行干预,促进农村金融包容性发展,使更多金融资源向中西部地区倾斜。那么,此种政府干预行为是否有效?农村金融包容发展是否会不同程度提升居民福利水平呢?本部分将样本划分为东、中、西三个子样本,既检验政府干预行为的效用性,又检验农村金融包容性发展具有福利效应的稳健性。

表 7-17 报告了分东、中、西部的估计结果。从农村金融包容整体发展来说，除西部地区外，不管采用何种估计方法，这些估计结果与表 7-14 基本一致，农村金融包容性发展仍具有福利效应。至于西部农村地区金融包容发展为何未提升农村居民福利水平，作者认为很可能与西部地广人稀、金融包容推进成本高等原因有关，农村居民仍未显著获益于农村金融包容发展。从三个维度角度出发，虽然农村金融包容三维度的福利效应仍不显著，但可以发现不管是东部、中部，还是西部，金融机构渗透性的福利效应最大，金融服务使用效用性次之，金融成本可负担性最小。从地区比较角度出发，我们发现总体金融包容性发展的福利效应在中部农村地区最明显，东部农村地区金融包容性发展的福利效应虽不及中部，但仍存在明显的促进作用。相对来说，东部农村地区金融包容较为发达，机构网点和服务人员较多，在相对水平上能够获得更多的金融服务，因此金融机构渗透性的提升，将显现出更强的福利效应。而对于金融服务使用效用性，中部则表现出更明显的福利效应，不难理解，随着金融包容的持续推进，中部地区的金融排斥现象得到有效解决，在已有金融机构渗透性较高的基础上，相对东部和西部，中部农村居民福利水平的提升更加获益于金融服务使用效用性的提升。

表 7-17　　　　　　　　地域划分的稳健性检验结果

变量名称	区域	被解释变量：农村居民福利			
		(1)	(2)	(3)	(4)
总指数	东部	5.661*** (2.362)			
	中部	7.487** (2.407)			
	西部	0.086 (2.218)			
第一维度	东部		19.994*** (3.779)		
	中部		18.498* (9.329)		
	西部		6.541 (5.645)		

续表

变量名称	区域	被解释变量：农村居民福利			
		（1）	（2）	（3）	（4）
第二维度	东部			3.773 * (1.819)	
	中部			5.242 ** (2.012)	
	西部			0.113 (0.782)	
第三维度	东部				-1.602 ** (0.670)
	中部				-0.460 * (0.211)
	西部				-0.096 (0.220)
N	东部	121	121	121	121
	中部	88	88	88	88
	西部	132	132	132	132

注：***、**、* 分别表示在1%、5%、10%的统计显著性水平上通过检验，括号内为稳健标准差。

（四）结论

农村金融包容性发展是否提升了农村居民福利水平，还需要规范的实证研究。为此，本部分首先通过收入水平、支出水平、生活质量水平三个维度9个指标构建了农村居民综合福利指数。其次通过面板固定效应回归模型和面板工具变量法，探究了农村金融包容水平与农村居民福利水平之间的关系。具体结论如下：

1. 维度层面。农村金融包容性发展对农村居民福利水平提升存在明显的促进作用，而通过解决内生性问题和替代核心解释变量检验后发现，该结论仍然稳健。从维度层面来说，金融机构渗透性、金融服务使用效用性和金融成本可负担性三个维度皆通过了1%的显著性检验，对提升农村居民福利效用水平有显著影响。从控制变量角度来说，农村经济发展水平的作用显著为正，这表明经济发展水平的提高能有效提升居民福利，这再一次验证了经济增长的"涓滴效应",而对外开放程度和城乡收入分配的系数不显著,表明对外开放程度和城乡收入差距的变化并不会显著提升农村居民的福利水平。

2. 地域差异层面。总体金融包容性发展的福利效应在中部农村地区最明显,东部地区农村金融包容性发展的福利效应虽不及中部,但仍存在明显的促进作用,遗憾的是,金融包容性发展并未显著提升西部农村居民的福利水平。从维度来看,东部农村地区金融包容较为发达,机构网点和服务人员较多,在相对水平上能够获得更多的金融服务,因此金融机构渗透性的提升,将显现出更强的福利效应。而对于金融服务使用效用性,中部则表现出更明显的福利效应,不难理解,随着金融包容的持续推进,中部地区的农村金融排斥现象得到有效解决,在已有金融机构渗透性较高的基础上,相对东部和西部,中部农村居民福利水平的提升更加获益于金融服务使用效用性的提升。

四 本章小结

本章采用 2006—2010 年 31 个省、市、区的面板数据,通过构建面板固定效应模型,研究了农村金融包容发展的三维效应,即宏观层面的收入分配效应、中观层面的经济增长效应和微观层面的居民福利效应,研究结果表明,农村金融包容发展的三维效应明显存在。首先,本章从宏观层面测算 S 基尼系数以衡量城乡收入差距,并通过数学恒等变换进一步将收入差距的变动分解为:收入变动、位次变动、人口流动三种效应,发现农村金融包容性发展能显著缩小城乡居民收入差距,而且引起收入差距内部变动的三种效应中,收入变动起到主要影响作用。其次,本章节借鉴了传统生产函数框架,从中观层面探讨了农村金融包容发展与农村经济增长之间的关系,发现农村金融包容性发展对农村地区经济增长存在明显的促进作用,但值得注意的是,金融成本可负担性这一维度对地区经济发展的作用并不明显。最后,本章通过收入水平、支出水平、生活质量水平三个维度 9 个指标构建了农村居民综合福利指数,从微观层面研究了农村金融包容发展与农村居民福利之间的关系,发现农村金融包容性发展明显提升了农村居民福利水平,但该效应在西部地区并不明显。以上结论在通过解决内生性问题和替代核心解释变量检验后均稳健。

第八章 农村金融排斥破解的国际经验

如何化解金融排斥、实现金融包容,是世界各国面临的共同难题。我国作为世界上最大的发展中国家,金融排斥问题显得更加深刻,化解金融排斥的难度较大。当前,国际上出现了许多破解金融排斥的成功经验,总结这些成功案例的实践经验,有利于为中国破解农村金融排斥提供思路。基于此,本章通过对欧盟、英国和印度破解金融排斥的具体案例进行分析,梳理不同国家及地区金融排斥的成因、影响及破解策略,力图为我国破解农村金融排斥问题提供参考。

一 欧盟成员国金融排斥水平及破解经验

欧盟(European Union)是当今全球最大的货币经济联盟,在推进欧洲经济一体化乃至世界经济一体化进程中起到了巨大的作用,其缓释和破解金融排斥的国家战略和具体的政策措施,对研究和破解中国农村金融排斥问题具有积极的借鉴意义。

(一)欧盟成员国金融排斥的基本现状

欧盟成员国金融排斥的现状是:金融排斥差异化严重、人群特征明显。此外,考虑到数据可得性的原因,本节的分析不包括 2007 年起加入欧盟的保加利亚和罗马尼亚,仅以 25 个欧盟成员国(EU 25)的金融排斥数据为基础,来阐述欧盟成员国的金融排斥现状。

1. 欧盟成员国金融排斥差异化严重

欧盟用来评估成员国金融排斥程度的数据来自 2003 年年底完成的"欧洲晴雨表调查 60.2"(Eurobarometer Survey 60.2,涉及 EU 15 的调研数据)和"欧洲晴雨表 2003.5"(Eurobarometer 2003.5,涉及 EU 10 的调研数据)。基于此数据,我们将 25 个成员国(EU 25)划分为两组,一组为2004年之前的欧盟15国（EU 15）；另一组为在2004年5月1日加入欧盟的10个国家（EU 10）。

表8-1　　　　　EU15和EU10国家的总体金融排斥状况

区域	无转账服务成年人比例	无银行账户成年人比例	无信用卡成年人比例	无小额贷款成年人比例	无储蓄产品成年人比例	完全排斥成年人比例
EU 15	18%	10%	40%	82%	30%	7%
EU 10	53%	47%	72%	89%	54%	34%

数据来源：Eurobarometer Survey 60.2 和 Eurobarometer 2003.5。

由表8-1可知，EU 15国家中一小部分的成年人受到了金融排斥的影响——10%的成年人没有银行账户，30%的成年人没有银行储蓄，82%的成年人没有使用过银行的小额信贷产品，尽管这其中包含了为数不多的拒绝使用信贷产品的主动排斥者。另外，从未使用过任何一种基本金融产品的成年人比例是非常低的，占成年人总数的7%左右；相比之下，EU 10国家的情况则不容乐观，大约有34%的新成员国成年国民遭受完全金融排斥，47%的成年人没有银行账户，54%的成年人没有银行储蓄，72%的成年人不能享受到消费信用贷款（信用卡）的便利。究其原因，先加入欧盟的国家综合实力往往比后加入欧盟的国家综合实力更强，二者间的经济鸿沟，是呈现出金融排斥差异化的重要原因。

表8-2　　　　　EU 25金融排斥状况描述性统计分析结果

类别	个数	范围	最小值	最大值	均值	标准差	方差
无转账服务	25	76	2	78	31.56	22.08	487.34
无银行账户	25	60	2	62	21.44	17.78	316.26
无信用卡	25	72	14	86	52.20	23.00	525.75
无小额贷款	25	29	65	94	82.24	9.04	81.77
无储蓄产品	25	69	7	76	36	19.04	362.50
完全金融排斥	25	47	1	48	14.96	14.15	200.29
基尼系数	24	14	25	38	31.44	4.59	21.054
人均GDP	25	180	43	223	95.12	39.46	1.557E3

第八章　农村金融排斥破解的国际经验　　245

从表8-2所呈现的描述性统计分析数据同样可以看出各欧盟成员国金融排斥状况差异性较大①。欧盟成员国遭受完全金融排斥的成年人比例最低的国家为1%，最高的国家达到48%；对于其他遭受部分金融产品排斥的情况同样有类似的结论②，例如，最大值、最小值及方差数据显示，欧盟成员国中没有能享受到转账、银行账户、信用卡、储蓄产品服务的成年人比例均表现出了较大的差异性。因此，由完全金融排斥数据所描述的金融排斥程度严重的成员国，很大程度上会在诸如银行转账服务、消费信用贷款、小额贷款和储蓄产品等细分金融产品中遭受到主流金融市场的排斥。

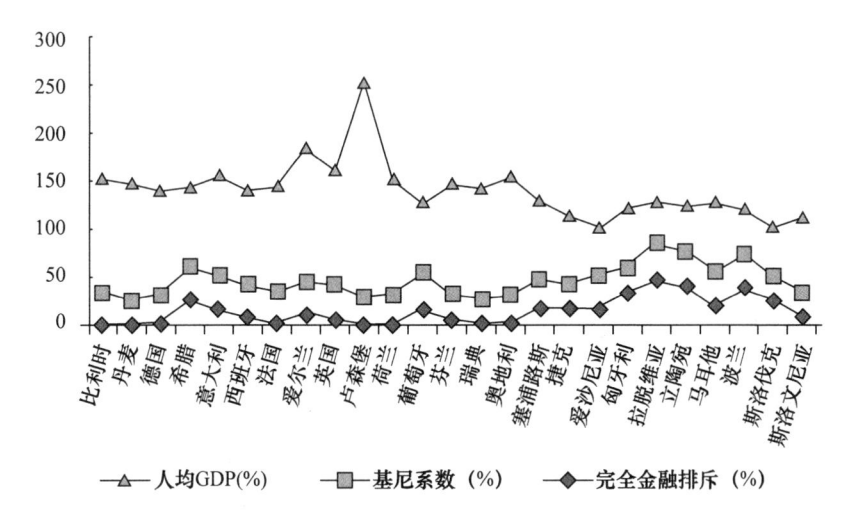

图8-1　欧盟成员国金融排斥水平、人均GDP、基尼系数折线图

此外，观察EU 25国的完全金融排斥人群占比、人均GDP和基尼系数相对水平可知，欧盟成员国的金融排斥程度与国家的富裕程度（用人

---

① 表8-2中最大值、最小值及均值数据为从不同角度表现金融排斥度的人群权重数据。例如，表中数据78表示遭受银行转账服务排斥程度最高的成员国有78%的成年人未能享受银行转账服务。

② 由Eurobarometer Survey 60.2和Eurobarometer 2003.5调研数据表可知卢森堡、荷兰、丹麦、比利时四国遭受完全金融排斥的成年人比例低至1%，而拉脱维亚和波兰的相应数据则分别高达48%和40%；欧盟成员国中没有能享受到转账服务的成年人的比例从荷兰的2%到希腊的78%，其他转账类金融服务排斥度较高的国家为拉脱维亚（65%）、立陶宛（65%）、波兰（58%）、斯洛文尼亚（48%）、斯洛伐克（48%）；EU 15中交易账户排斥度较高的国家还有西班牙（42%）、爱尔兰（41%）、意大利（26%）和葡萄牙（20%）。

均 GDP 测度）和社会公平程度（用基尼系数测度）存在显著的相关性，这也揭示了一国的强盛与否，会直接影响到本国的金融排斥水平，因为相对富裕的、收入分配相对公平的国家遭受金融排斥的程度往往较低。

为进一步了解欧盟成员国（EU 25）间金融排斥状况的差异情况，我们选取无转账服务、无银行账户、无信用卡、无小额贷款、无储蓄产品及完全金融排斥共 6 类人群占比数据作为因变量，对 25 个欧盟成员国的金融排斥水平进行聚类分析，结果如图 8-2 所示。

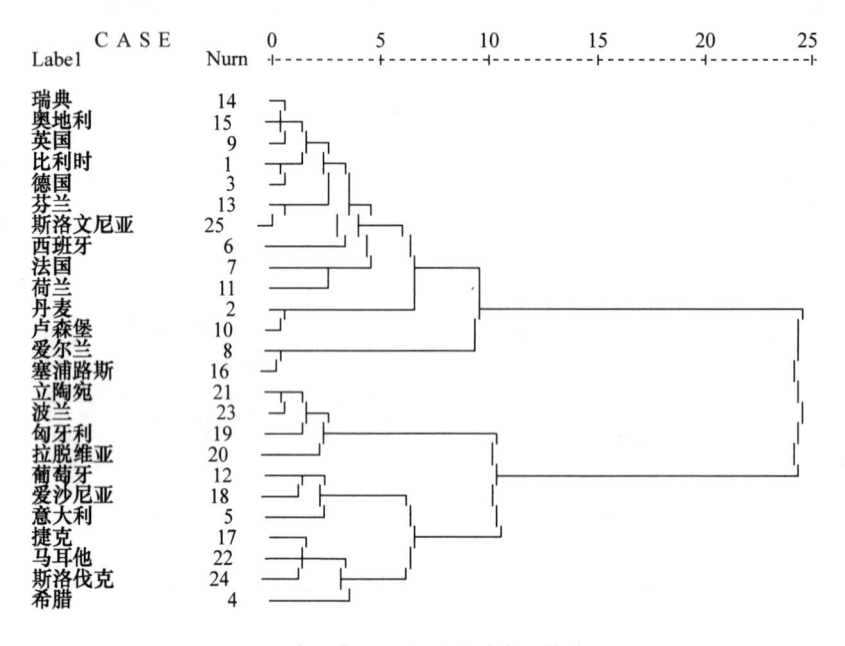

图 8-2 欧盟成员国金融排斥水平聚类树形图

可以发现，欧盟 25 个成员国被划分为 3 类国家，从第一类至第三类金融排斥水平逐渐变大。表 8-3 聚类结果显示，在 EU 15 国家中仅有意大利和希腊属于第二类金融排斥水平居中的国家，其他 EU 15 国家的金融排斥水平均属于较低的第一类国家。另外在 EU 10 国家中塞浦路斯表现了较低的金融排斥度，而立陶宛、波兰、匈牙利、拉脱维亚则表现为较高的金融排斥水平，其余 EU 10 国家金融排斥水平居中。依据各类国家所具有的基本特征，我们发现 EU 25 国家整体上的金融排斥水平表现了明显的差异性，且可以得出如下结论：在人均收入水平相对较高和收入分配相对公平的国家，例如荷兰、丹麦、瑞典、卢森堡等国，金融排斥水平一般较低。而对于正处于转轨经济发展过程中的国家或经济发展水平相对落后、贫富差距较大的国家，例如波兰、拉脱维亚、立陶宛等国，其金融排斥程度往往较高，这也与上文描述性统计分析所得出的结论相一致。

表8-3　　　　　EU 25 国家金融排斥水平聚类分析结果

类别	群集成员
第一类	瑞典、奥地利、英国、比利时、德国、芬兰、斯洛文尼亚、西班牙、法国、荷兰、丹麦、卢森堡、爱尔兰、塞浦路斯
第二类	葡萄牙、爱沙尼亚、意大利、捷克、马耳他、斯洛伐克、希腊
第三类	立陶宛、波兰、匈牙利、拉脱维亚

2. 欧盟成员国金融排斥人群特征明显

欧洲已有的研究表明金融排斥与低收入水平密切相关，任何影响收入水平和经济状况的因素诸如失业、家庭状况、身体状况、年龄、受教育水平、民族成分、职业类别甚至社交圈子等都会成为金融排斥的影响因素。遭受金融排斥的人群尽管不能完全与低收入人群画上等号，但显然二者有很强的相关性。一个显然的例子是，国民生活富足的荷兰、挪威等国甚至从不把金融排斥当作其政府所应考虑的问题（本章所引数据也足以证明这一点）。他们认为除非其国民属于自我排斥类型或者从事危害国家经济安全的非法活动，否则不会有诸如无法获得银行账户、适宜的个人信贷与储蓄产品服务等金融排斥现象的发生。

我们从欧洲晴雨表的调查数据分析发现的结论与学者们先前的研究结论有较强的一致性。女性相对于男性而言更容易遭受金融排斥；年轻人（18—25岁）和老年人（65岁以上）更容易成为遭遇金融排斥的人群，这点在 EU 10 国家中表现得尤为明显；独身一人和单亲家庭的人群相对于有完整家庭和同伴关照的人群更容易遭受金融排斥；教育水平和个人收入与金融排斥水平密切相关，较低的受教育程度和较低的个人收入水平更容易使个人及其家庭陷入金融排斥的境地；在 EU 10 国家中，退休的或因残疾等原因没有能力去工作的人群面临较高的金融排斥程度。

诸多研究表明，生活在乡村地区的人群在使用正规金融机构所提供的金融产品和金融服务时受到相当程度的排斥。欧洲晴雨表调查数据显示，在 EU 10 国家中，居住在城镇和居住在乡村的人群遭受金融排斥的程度存在差异，这印证了前文的结论。然而 EU 15 国家的调查数据却未能体现这一点。由此我们可以初步推断，经济发展水平较低的经济体往往会面临较高的农村金融排斥程度，而在整体经济发展水平较高的国家则不存在这种显著性差异。

需要着重指出的是，个人所处的经济环境和个人性格特征会影响到其使用金融产品和服务的难易程度。实证研究表明遭受金融排斥的人群集中在某些社区。生活在落后的地区的人群更容易遭受金融排斥，就像 EU 10 国家的调查数据所体现的那样，分布在农村地区的金融分支机构数量相对缺乏，农村地区的金融排斥程度远大于城镇。这一特征在经济发展水平不高的国家表现得更为明显。由此也不难理解，如果一个人的朋友和家人属于金融排斥程度较高的人群，那么其自身也往往具有较高的金融排斥程度。

（二）欧盟成员国金融排斥的成因及影响

欧盟成员国已有的关于金融排斥成因的研究结论大致可以归为三个因素：社会因素、供给因素及需求因素，而欧盟成员国金融排斥产生的影响可从个人层面及社会层面进行论述。具体如下所述。

1. 欧盟成员国金融排斥的成因

（1）社会因素。20 世纪 90 年代以来，欧盟劳动力市场的变化在增加了就业灵活性的同时也造成了就业岗位以及收入的不稳定等问题，一些欧盟成员国出现的青年劳动力就业难问题便是现实中的例子；收入分配不公造成了更多的低收入人群，更多的人难以享受主流金融机构所提供的金融服务；税收与收入比例不合理，部分贫困人群依然面临不公正的税收待遇；金融市场自由化程度的提高增加了金融机构的种类、数量和金融产品复杂性；为了打击恐怖组织，欧洲各国纷纷加强了对洗钱行为的监管，而部分低收入人群也因此难以获得基本的金融服务；人口结构的变化也会对社会的金融排斥水平构成影响，如不断上升的离婚率和不断增加的年轻"啃老一族"会使金融排斥水平出现上升。

（2）供给因素。金融业风险评估手段和风险定价技术日新月异，银行等金融机构基于"三性平衡"的经营原则将更多的低收入人群排斥在金融服务的标准之外，拒绝为有不良信用记录的人群、工作不稳定的人群开户；设计的金融产品重点针对高收入人群，不能满足更多人的金融需求，例如低收入人群信贷需求往往具有小额、短期、频繁的特点，然而大部分主流金融机构所提供的信贷产品无法满足这些要求；金融产品不够"亲民"，客户对金融产品使用的基本知识不够了解，金融机构提供的金融产品存在技术门槛；同时一些金融机构制定的较高的手续费标准超出了部分低收入人群的承受能力。

（3）需求因素。由于个人心理和文化传统的原因，一些人群，诸如社会中的部分老人、移民和低收入人群，将在银行开户、使用银行的金融产品看作年轻人和富人的行为。另外他们往往从心理上认为使用银行账户会使他们失去对金钱的控制力，同时也认为自己达不到使用银行信贷产品要满足的基本条件，即使申请银行信贷也会遭到拒绝，从而形成"自我排斥"。据统计，在意大利、法国和西班牙，16%的成年人曾经在申请银行信贷时遭受拒绝，6%的成年人认为自己即使申请也会遭到拒绝而选择"自我排斥"。部分人群因为恐惧信用卡透支之类的信贷产品会更加恶化自己的经济状况，从而拒绝使用无抵押贷款之类的信贷产品；有一些人则因为恐惧高昂的利息与交易费用而拒绝使用无抵押信贷产品。老年人的知识更新跟不上金融信息技术的快速发展同样会导致金融排斥问题的产生。宗教信仰也会对金融排斥产生影响，如伊斯兰教徒往往对商业银行的信贷产品有心理抵触情绪。

2. 欧盟成员国金融排斥的影响

（1）个人层面。银行开户和转账业务、信贷产品、储蓄产品等不同金融服务关键领域的排斥会对遭受金融排斥的人群产生一些具体的影响。从银行开户和转账业务来看，没有银行交易账户的人群会在日常社会经济生活中遇到很多困难，例如无法以个人的名义签发支票、无法以电子支付的方式完成结算等。从信贷产品来看，当低收入人群无法从正规金融机构得到贷款时往往会转向非正规金融机构进行贷款甚至借入高利贷，这会抬高融资成本，使其经济地位更加边缘化。借助于自己社交网络的"关系型融资"也是部分人群的一种重要融资方式，然而很多案例已经证明，这种融资方式多数时候会引发债务纠纷，影响朋友之间以及家族成员之间的关系和睦。最后，从储蓄产品来看，没有储蓄的人群无法应对生活中的非预期性支出，甚至连其基本小额金融需求都无法得到满足。拒绝储蓄而持有现金资产的人群不但无法得到银行储蓄的利息收益，还有遗失资产风险。

（2）社会层面。金融排斥可以通过影响个人筹集、分配、使用货币资金的方式直接或间接地产生经济及社会效应。一方面，金融排斥会直接引致或恶化低收入人群、弱势群体的经济状况，降低其参与经济活动、分享社会福利和经济发展成果的能力，加重该部分人群的社会排斥程度，引起两极分化甚至影响社会稳定；另一方面，金融排斥会间接地改变个人的消费习惯和个人投资活动所具有的生命周期特征，影响个人的经济行为方式和生活质量并最终影响人与人、人与社区、人与社会的关系。

（三）欧盟成员国破解金融排斥的经验

欧盟强调市场与政策兼行的策略，极大缓解了各成员国间的金融排斥现象，主要经验如下所述。

1. 应对金融排斥的市场策略

（1）欧盟成员国视低收入人群为重要客户。面对金融排斥的诸多不良影响，欧盟成员国的许多主流商业性金融机构已经在积极探索和实施针对经济不发达地区和低收入人群的金融服务方案，包括开发新的金融产品、创造新的营销模式等。英国、德国、意大利、荷兰等欧盟国家开发了一种简易、低成本的银行交易账户以满足低收入人群的金融需求。众多金融机构加强与政府和非营利性组织的合作，降低服务成本和准入门槛，提升金融产品可接触性；同时加强金融知识教育，鼓励原来不愿意使用金融产品的人接受金融服务。另外，许多金融机构将服务潜在的边缘客户提升为银行的社会责任并定期对外公布企业社会责任报告。这已经成为许多欧盟成员国金融机构的一种重要的营销策略和对外沟通的方式。

（2）欧盟成员国成立为低收入人群服务的金融机构。为降低金融排斥程度，提高社会金融包容度，欧盟成员国成立了包括信用联盟、储蓄银行、合作性金融机构在内的兼具社会和商业利益导向的多种金融机构。这些金融机构在欧盟成员国的经济不发达地区分布有大量的网点，依靠专业的管理和差异性、包容性的金融服务理念，与商业利益导向的金融机构展开市场竞争、共享市场份额，为促进经济不发达地区的经济增长以及满足低收入人群的基本金融服务需求提供了良好的金融支持。

2. 推动金融包容的政府政策

（1）欧盟和各成员国政府作为政策制定者推动相关部门开展对欧盟

成员国范围内金融排斥状况的调查研究，成立专家组开展课题研究并编制国家金融排斥研究报告。在掌握金融排斥状况第一手资料的前提下表达构建包容性金融体系的政策意向。

（2）政府作为立法者直接颁布推动包容性金融体系建设的法律法规以确保人们的基本金融需求得以满足。例如，颁布相关金融法规以保障合法成年公民拥有基本银行账户用于基本的交易结算的权利；规定监管主体的法定责任，制定破解金融排斥、构建普惠性金融体系的具体蓝图；直接推行相关法规确保人们的合理信贷需求得以满足；将接受低收入人群的小额储蓄、考察借款申请者的偿债能力和成立专门的针对低收入人群高违约风险的偿债基金确定为银行等金融机构的法定义务。

（3）政府通过实施具体的财政及金融政策推动包容性的金融体系的构建。通过以减税为代表的财政政策和相机抉择的货币政策刺激等经济政策手段实行对金融机构的直接政策支持，以尽快降低金融服务限制性门槛，减少金融排斥人群；欧盟成员国政府为了鼓励大众群体进行储蓄、借贷，纷纷成立了各种地方性的金融机构。在德国和西班牙，市政机构为便利市民储蓄而专门成立的地方性银行已经有了近百年的历史。

二 英国金融排斥水平及破解经验

英国是最早高度重视金融排斥的国家，在其金融市场高度发达的同时，伴随着不同程度的金融排斥问题。英国关于金融排斥的调查研究在深度和广度上都处于世界前列，政府也开展了一系列卓有成效的实践。英国金融排斥破解经验对于解决我国当前的金融排斥问题具有一定的借鉴意义。

（一）英国金融排斥的基本现状

英国金融排斥的现状是：金融排斥涉及的领域广、地区集中、人群特征明显、金融排斥程度整体趋缓。详述如下。

1. 英国金融排斥涉及领域广

世界银行认为银行账户、信贷、储蓄和保险是社会上所有人都应该能接触到的基本金融服务。但英国在这些领域存在着不同程度的排斥现象，且在保险领域最为严重。根据英国金融服务局在1998年的调查发现，英国26%的家庭没有家庭财产保险，87%的家庭没有抵押还款保护保险，91%的家庭没有医疗保险，93%的家庭没有个人意外险，40%的居民没有参与人寿保险。并且，信贷领域和储蓄领域的排斥程度也较高。英国政府2002年的一项调查表明，26%的家庭没有信贷业务。据英国银行业协会2002年的调查显示，超过30%的居民没有储蓄产品。而在银行账户领域，英国工作和养老金部2002年实施的"家庭资源调查"显示，8%的家庭没有任何形式的银行账户。

除上述案例外，我们还归纳了多个官方和非官方组织对英国金融排斥的调查结果，如表8-4所示。由于调查抽样的样本不同，调查结果比例上存在一定的差异，但能反映出英国金融排斥的覆盖范围相当广。

表8-4　　　　　不同机构关于英国金融排斥状况的调查结果

调查机构	英国金融排斥基本状况
英国公平交易办公室（OFT, 1999）	在600万低收入人群中，200万人没有活期账户，350万人没有使用任何形式的信贷，200万人缺乏家庭保险，300万人没有长或短期的储蓄产品，400万—500万人在过去5年内没有人寿保险产品，250万人在过去14个月内没有收到过金融机构的产品销售合同。
英国金融服务局（FSA, 2000）	大约有150万个（7%）家庭没有主流金融产品，400万个（19%）家庭只有一种或两种金融产品。
英国银行家协会（BBA, 2002）	20%—25%居民（约600万）没有家庭保险，1/4成年人没有购买养老保险或者其雇主没有提供养老金福利，超过30%居民没有储蓄或者投资产品，5%左右成年人没有银行账户。
英国洛锡安区反贫困联盟（LAPA, 2002）	有790万人被贷款机构拒绝而无法获得贷款，150万居民没有获得主流金融服务，1/5居民极少使用金融服务，1/10居民只拥有一项金融产品，1/10居民只拥有两项金融产品。
英国工作与养老金部（DWP, 2002/3）	12%的家庭、14%的居民没有银行交易账户。27%的家庭、37%的居民没有任何储蓄。
欧盟委员会（EC, 2008）	15%的居民没有银行交易账户，6%的人被银行边缘化，30%的人口没有信贷交易，22%的家庭没有任何储蓄。
世界银行（WB, 2011）	对于被调查的15岁以上的居民来说，97%的人拥有正规金融机构的账户，88%拥有借记卡，52%拥有信用卡。
世界银行（WB, 2017）	对于被调查的15岁以上的居民来说，96%的人拥有正规金融机构的账户，91%拥有借记卡，65%拥有信用卡。

资料来源：见文后参考文献。

2. 英国金融排斥的人群特征明显

居民特征主要包括家庭背景、婚姻状况、就业情况、受教育程度、种族、性别、收入等。

家庭状况对金融排斥有一定的影响,图 8 – 3 显示了不同家庭类型的金融排斥情况。英国工作和养老金部(Department of Work and Pensions)在 2002/2003 年度实施的"家庭资源调查"显示,在无银行账户的家庭中,单身人士家庭占 52%,其次是单亲家庭占 19%,已婚夫妻并且无小孩的家庭占 18%,已婚夫妻有小孩家庭占 11%,单身人士家庭受金融排斥的现象最为明显,超过家庭总数量的一半,已婚夫妻家庭的金融排斥程度要比单身人士家庭金融排斥程度轻。这可能因为,家庭为居民提供了抵御外部风险的屏障,可能有提高居民承担风险的能力,所以已婚居民是金融机构提供金融服务的首选对象。

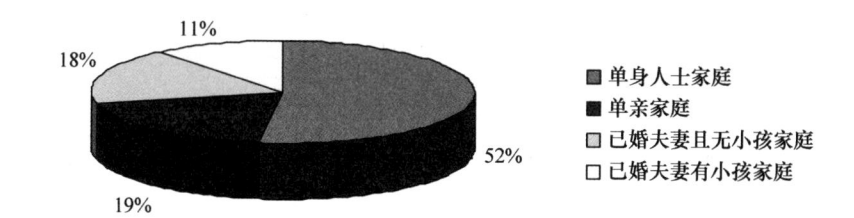

图 8 – 3　金融排斥针对不同家庭类型的分布情况

数据来源:Family Resource Survey (2002/2003),2004。

金融排斥现象在不同的就业状况中表现不同。工作情况较好的人群意味着有较高的收入和较强的还款能力,金融排斥程度也较低,反之,越差的就业情况受到金融排斥的程度也越高。如图 8 – 4 所示,在金融排斥的人群中,超过 40% 的人群无工作,近 30% 的人群是退休人员,两者数量达到金融排斥人群总量的 70%。

金融排斥在不同的种族中表现不同。在少数民族聚居区,金融排斥情况更加严重。由于宗教信仰、文化以及对金融机构缺乏信任,少数民族对金融产品认识较少,不愿意接受金融服务,金融排斥情况严重。如图 8 – 5 所示,少数民族无银行账户的比例比白人平均要多一倍以上。

年龄也是一个受争议的指标,金融排斥在不同的年龄结构中表现不同。一般认为,处在年龄两端的群体,即年龄小和年龄大的人群更易受到

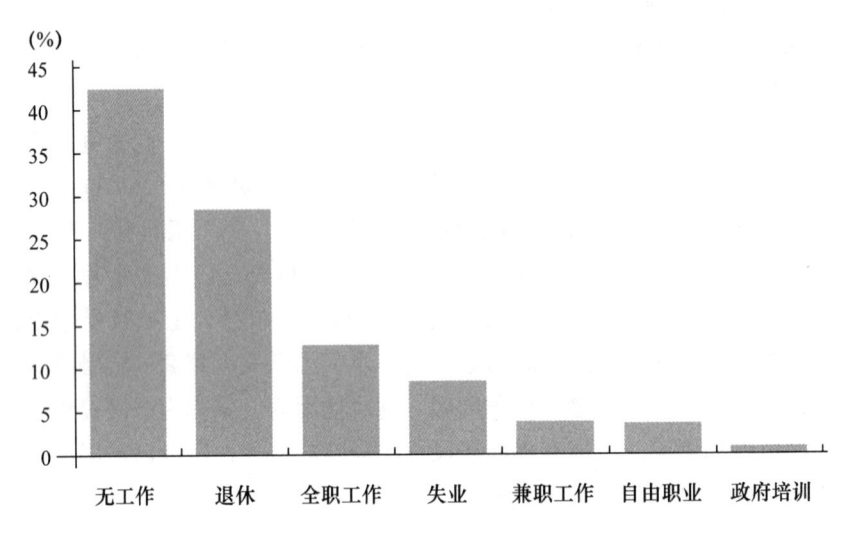

图 8-4　金融排斥针对不同人群就业情况的分布情况

数据来源：Family Resource Survey (2002/2003)，2004。

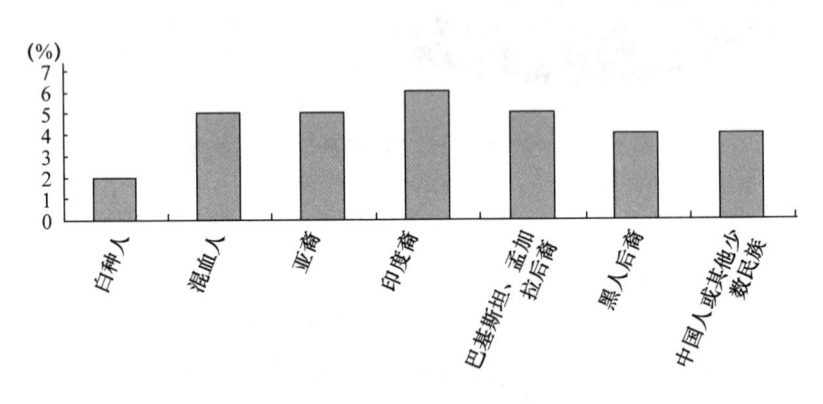

图 8-5　金融排斥针对不同民族的分布情况

数据来源：Family Resource Survey (2010/2011)，2012。

金融排斥。如图 8-6 所示，英国 16—24 岁的年龄阶段受完全金融排斥情况最为严重，达到了 8%，远高于平均水平一倍，25—34 岁的年龄阶段受完全金融排斥的比例为 5%，同样高于平均水平。85 岁以上的老年人金融排斥程度也较高，其他年龄阶段受到金融排斥的影响较轻。

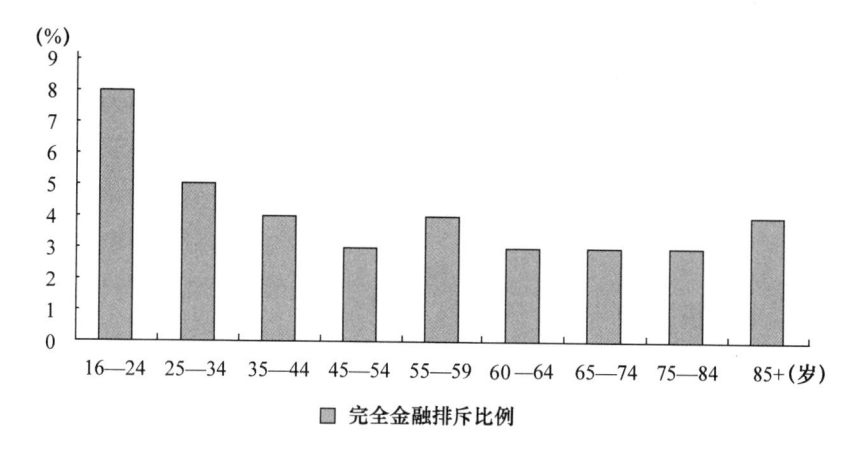

图 8-6　金融排斥针对不同年龄结构的分布情况

数据来源：Family Resource Survey (2010/2011), 2012。

金融排斥在不同教育程度的群体中表现不同。教育程度往往与收入状况成正比，因此较低的受教育程度引起了低收入，而低收入与金融排斥呈正相关性（Gardener et al, 2004）。此外，教育水平的差异影响着一个人的学习能力和对金融产品的主观排斥程度，受教育水平低的人群常常不懂得使用金融产品的基本知识，从而受金融排斥的概率更高。如图 8-7 所示，没有使用金融产品的家庭中，有 93% 的户主在 16 岁以前就结束了教育。

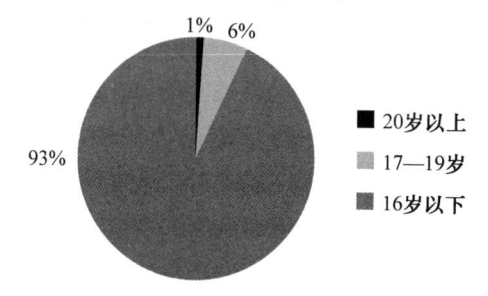

图 8-7　金融排斥针对不同人群受教育水平的分布情况

数据来源：Family Resource Survey (1995/1996), 1998。

许多研究文献认为，性别对于是否使用银行服务有显著的影响，妇女更有可能被金融排斥（Hogarth & O'Donnell, 1997）；然而英国金融服务机构却认为，从本质上而言，性别并不是金融排斥的一个预测指标（FSA，2000）。英国的情况就表明了这一点。根据 FRS2010－2011 年的数据显示，女性受到金融排斥的比例为 4%，男性受到金融排斥的比例反而高出一个百分点，达到 5%。这可能是因为近年来女性地位提高，男女在接受教育、参加工作等方面受到更加公平的待遇。

3. 英国金融排斥具有地区集中性

英国由英格兰、苏格兰、威尔士以及爱尔兰岛东北部的北爱尔兰和一些小岛组成，不同地区的金融排斥情况差异较大，但是金融排斥地区比较集中。如图 8-8 所示，北部的苏格兰金融排斥程度最高，主要以格拉斯哥为中心；威尔士受金融排斥的地区主要集中在南部；而英格兰金融排斥较高的地区主要集中在米德尔斯堡、布拉德斯德、利物浦、曼彻斯特、伯明翰以及伦敦东部和东南地区。家庭的金融活动参与情况可以在一定程度上反映金融排斥群体在地理上的集中程度，金融参与程度低的家庭中，有 68% 的群体居住在金融排斥最严重的前 10% 的地区，有 25% 的群体居住在金融排斥最严重的前 3% 的地区。总的来说，造成这些地区金融排斥的原因主要有两个：

一是这些地区基本上属于文化多元化的地区，生活着大量的少数民族，少数民族由于宗教信仰、文化差异等原因对金融机构缺乏信任，不愿意接受金融服务或者在心理上认为自己达不到金融机构的要求，主动地排斥金融产品。例如，2001 年的人口普查显示，伦敦市区及其自治市的人口中，10% 是印度、孟加拉或巴基斯坦后裔，5% 为非洲黑人后裔，5% 为加勒比海黑人后裔，3% 为混血人种，还有大约 1% 为华人，并且 58.2% 的人口信奉基督教。2003 年的人口普查显示，5.5% 的格拉斯哥市人口属"少数民族群"，其中包括巴基斯坦裔、印度裔、华裔和来自非洲和加勒比海地区的族群。根据 2001 年的统计，伯明翰有 29.7% 的人口不是白种人，有许多从加勒比地区、南亚和爱尔兰来的移民，是牙买加以外牙买加黑人基督教徒最多的地区。

二是由于这些城市生活成本较高，许多居民居住在公租房中，居住环境的恶劣加剧居民的脆弱性，使居民容易受到金融排斥。英国工作和养老金部 1995/1996 年度做的关于"家庭资源调查"显示，没有金融产品的家庭中，有 70% 居住在政府的公租房中。

4. 英国金融排斥整体趋势放缓

虽然英国金融排斥现象严重，涉及金融的各个领域，但是通过政府在

第八章　农村金融排斥破解的国际经验

解决金融排斥问题上的积极探索和金融机构的全力配合，金融排斥程度得到明显有效的改善。最根本的改善可以体现在家庭拥有银行账户的比例上。银行账户是进行金融活动的基础，是进行储蓄、贷款、转账、支付等其他一切金融活动的前提。所以，可以通过银行账户的普及情况来反映近年来英国在应对金融排斥上取得的进展。

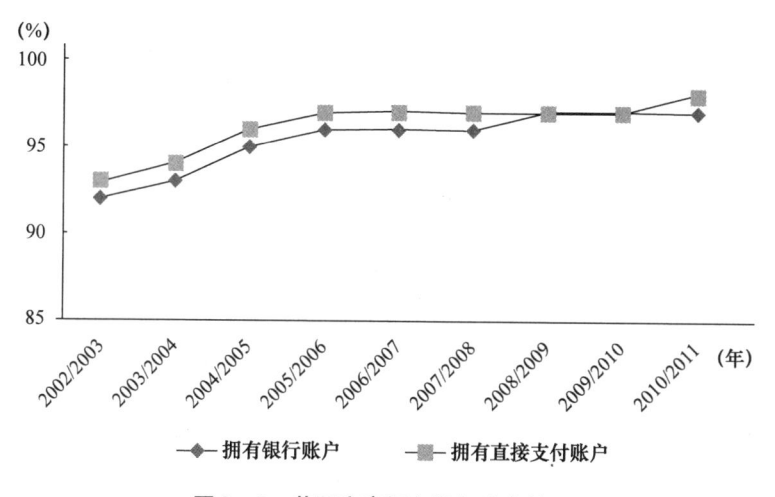

图 8-8　英国家庭拥有银行账户情况

数据来源：Family Resource Survey (2010/2011)，2012。

从图 8-8 可以看出，近年来英国家庭拥有银行账户的比例逐年上升，2002 年至 2003 年，92% 的家庭至少有一个成员拥有直接支付的银行账户，而在 2010 年至 2011 年，这一比例上升到 97%，提升了 5 个百分点。银行账户的超高覆盖率为家庭成员享受金融服务提供了保障。

从世界银行 2018 年发布的 Global Findex database 数据库中，我们也可以看到，与 2011 年相比，近年来英国金融排斥程度整体减轻，如表 8-5 所示。

表 8-5　　　　　英国借记卡与金融账户拥有情况（%）

调查年度	拥有借记卡的成年人比例	拥有金融账户的成年人比例
2011	88	97
2014	96	99
2017	91	96

数据来源：the world bank global Findex database (2018)。

(二)英国金融排斥的成因及影响

根据已有研究结论,可将英国金融排斥成因归类为四个因素:历史因素、社会因素、供给因素及需求因素。而关于英国金融排斥产生的影响,可从个人层面和社会层面来论述。具体如下所述。

1. 英国金融排斥的成因

(1) 历史因素。第一,英国"全球霸主"地位的丧失使得其内外部环境变差。经历了第二次世界大战以后,英国开始走向衰落,经济、政治等方面被美国超越,"世界工厂""日不落"帝国的地位丧失,在一定程度上开始依附于美国,在全球所处的地位由主动变为被动,外部宏观环境变差,国内经济、社会、政治体系的发展受到较大程度影响。第二,政治遗留因素导致社会贫富差距不断增加。20世纪90年代,撒切尔主义得到了一定的修正,但是其盛行并追求的"自由资本主义"的惯性依然存在,这导致社会财富仍进一步朝高收入人群聚集,加剧了社会的两极分化,从而导致社会低收入人群的进一步增加。

(2) 社会因素。第一,失业人口的不断增加加剧了社会的不稳定。由于全球化的发展、产业的转移,导致英国劳动力市场对熟练以及半熟练工人的需求下降,失业人口不断增加,20世纪90年代以来最高月份失业率高达13%,对低收入家庭及社会稳定的影响相当致命。第二,低收入人口收入持续下降。国内经济发展的停滞,工资水平的不断下降,进一步降低了家庭的收入,从而导致了国内贫困人口的增加,根据英国官方统计来看,1979年到1990年,最穷1/10的人口的收入下降了17%,这使得低收入人群更难拥有银行账户、保险等金融服务。第三,信贷立法的缺失,金融机构缺乏有效的金融监管,利率上限的存在以及借贷过程的不透明,进一步增加低收入人群借贷的难度。第四,金融业的"科技化"加剧了对低收入人群的排斥。20世纪90年代以来,英国金融服务业处于全球领先地位,并率先进入改革,其管制不断放松。信息化、全球化的不断发展,导致其金融行业竞争日益激烈,金融机构进入了"为质量而战的竞争中",在扩大金融服务机构种类与金融产品和服务范围、提高金融包容性的同时,将那些贫困的、处于劣势的群体分离出去,客观上加剧了已有的金融排斥并产生新的排斥。

(3) 供给因素。第一,金融机构提供给低收入人群的金融产品及服务更少，对其的信任程度降低。金融产品的复杂性和定价的精确性不断增加，使得更广泛的客户得到种类更多的金融产品与服务，但与此同时，精确的定价机制及信用评估机制加剧了金融排斥，例如英国低收入人群、生活在衰败社区的人和那些支付记录比较差的人，在信用评估上会受到英国金融机构的排斥。第二，金融机构对于客户以及市场的细分更加精确，销售渠道逐渐减少。随着现代市场营销技术以及收集和处理客户信息数据的能力提高，金融服务机构能够更加有选择地瞄准有价值的富裕客户。与此同时，适合容易受排斥人群的金融产品和通道不断减少，例如，BBA (2003) 指出，互联网银行的兴起实际上就是对没有互联网以及电脑人群的歧视。第三，金融机构往往偏向于以家庭为单位的客户群体。由于已婚夫妇家庭对于外部风险的抵御能力更强，因此金融机构对于单身人士的排斥极为严重，英国工作和养老金部在2002/2003年度的"家庭资源调查"显示，在无账户的家庭数量中，单身家庭占52%［Family Resource Survey (2010/2011), 2012］。第四，收入不稳定的人群更易遭金融机构排斥。对于就业状况较差的年轻人，或是年龄偏小及偏大的那部分人群，收入往往较低且不稳定，资金供给不足，因而易遭受金融排斥，调查显示，在金融排斥的人群中，40%的人群无工作，30%的人群为退休且年龄较大的群体［Family Resource Survey (2010/2011), 2012］。

(4) 需求因素。第一，文化多元化使得部分人群降低对金融产品的需求。英国金融排斥严重地区多属于文化多元化的地区，国内生活着大量的移民及少数民族，由于宗教信仰、文化差异不同，而对金融机构缺乏信任，从而不愿意接受金融服务或者在心理上认为自己达不到金融机构的要求，主动排斥金融产品，例如，在金融排斥较为严重的伦敦市区及自治市的人口中，印度、孟加拉、非洲黑人后裔居多；第二，教育水平的差异往往影响一个人的学习能力和对金融产品的主观排斥程度。受教育水平低的人群常常不懂得使用基本的金融知识，调查显示，在英国没有金融产品的家庭中，有93%的户主16岁之前就停止了教育［Family Resource Survey (2010/2011), 2012］。

2. 英国金融排斥的影响

(1) 个人层面。第一，被排斥人群的日常生活与就业极易遭受影响。从银行账户和储蓄来看，在英国，如果没有银行账户，那么就意味着家庭必须用现金进行交易和支付，但是这使得货币管理更加复杂，成本提高，安全性低而且耗费时间,同时还难以获得短期信贷便利和其他根据申请人是否有银行便利来提供的金融产品。例如,如果没有银行账户就很难进行收付,造成雇主支付工资时的一些不便,对于就业有一定的负面影响,而在英国在金融排斥的人群中,超过40%的人群为失业人员〔Family Resource Survey（2010/2011）,2012〕。第二,金融排斥会加剧低收入人群的财务负担。从信贷产品来看,短期信贷产品、信用卡等消费者信贷产品在一定程度上可以平滑家庭预算的峰谷,并且在一定程度上可以帮助消费者购买房产、汽车等日常消费耐用品,但是,对于被金融排斥的人群而言,由于无法从银行获得短期信贷,则必须去诸如高利贷等成本较高的金融公司借贷,这在一定程度上加剧了被排斥人群的财务负担。第三,金融排斥会进一步加剧低收入人群的脆弱性。从保险产品来看,在一定程度上,保险可以规避一个家庭的绝大多数风险,而保险产品被排斥会明显提高一个家庭的焦虑感,对于因本身收入较低无力购买保险的被排斥社会群体,他们面临风险却没有得到相应的保险保护,从而导致这些群体的脆弱性提高。例如,随着国家福利的不断下降,未购买养老保险群体的老年时期贫困可能性提高,而在英国,近20%—25%的居民（约600万人）没有家庭保险,1/4的成年人没有购买养老保险或者其雇主没有提供养老金福利,这进一步加剧了英国低收入家庭的脆弱性（BBA,2002）。

（2）社会层面。金融排斥会导致一个地区经济发展的落后。当一个地区的金融排斥不断加剧时,该地区的金融机构会选择撤离,或者减少该地区金融服务产品,而随着该种状况的不断增加,会进一步遏制该地区中小企业的投资及发展,从而进一步抑制该地区的经济发展,而滞后的经济发展则会反过来加剧该地区的金融排斥,最终形成恶性循环。更富裕的地区因受到更好的金融服务而更加繁荣,衰落的地区则由于金融服务缺乏而更加贫穷甚至更加衰落,可能出现一种金融排斥与两极分化程度提高的不良循环。

（三）英国破解金融排斥的经验

英国破解金融排斥的主要经验是:明确政府在缓解金融排斥中的角色定位,成立各种包容基金促进金融包容,支持信用社和社区发展金融机构,加强立法建设,对金融机构进行有效监管,增加金融教育投入;鼓励金融机构增加基本金融服务供给;鼓励其他非营利性组织积极创新,推行储蓄和贷款计划以及涵盖租金的保险计划。

1. 政府在缓解金融排斥中的角色定位

（1）成立包容基金破解金融排斥。英国高度重视金融排斥问题，并把解决金融排斥作为国家经济发展的重要战略问题。英国在苏格兰、威尔士和北爱尔兰成立社会排斥部、相关的政策行动小组（Policy Action Team 14）、金融包容行动组（Financial inclusion Task force），专门研究和处理社会排斥问题，强调拓宽金融服务（HM Treasury，1999）。这些小组的调查研究者和政策制定者与金融服务局共同协作，研究社会排斥和金融排斥的原因和结果，并且强调金融教育对金融服务发展的重要性。

2004年，英国财政部公布了关于"促进金融包容"的报告后，英国政府在2005年成立了金融包容工作小组，来监测在处理金融排斥政策上的进步。该工作小组已经在其职权范围内监督信用社和第三方借贷者，试图使他们对低收入社区的影响最大化。2005年10月，英国财政部宣布成立了1.2亿欧元的"金融包容基金"（Financial Inclusion Fund）用来处理关于货币咨询、基本银行服务和信贷服务等方面的金融排斥问题，包括3600万欧元的"成长基金"（Growth Fund）专门为信用合作社和社区发展金融机构（Community Development Finance Institutions）提供支持。成长基金2006年4月成立并开始运行，主要目的是扩大在低收入社区的贷款，使受金融排斥的借款人从次级抵押贷款公司转移到信用合作社和社区发展金融机构。成长基金在促进金融包容方面成效显著。到2007年12月，成长基金成立只有一年多，已有48000笔贷款通过成长基金分发到受排斥人群，社区金融机构中89%的贷款由信用社提供。由于该基金成效显著，在2007年3月，英国政府进一步提供了600万欧元支持贷款服务不足的地区，投资于工作人员和志愿者的技能训练以及项目建设来支持信用合作社提供更全面的服务，包括提供活期存款账户。此外，2007年12月，英国政府提出金融包容基金将会注入另外3800万欧元资金，来促进信用社和社区发展银行为贫困地区提供金融服务。2005年，英国政府推出"儿童信托基金"，主要目标是为儿童发展储蓄和资产，保证不同背景的儿童都有一定的资产。在每个小孩出生时，由政府出资成立一个统一的账户，政府一次性支付250英镑，贫困家庭的儿童获得500英镑，等到小孩长到7岁，政府会继续加赠，并且政府允许亲属每年存1200英镑到孩子免税的储蓄计划账户上，小孩长到18岁可以获得基金提供的资金。"儿童信托基金"是一项针对每一个儿童的普惠制的金融项目,出生在贫困家庭的儿童也享受到这项服务,从而防止金融排斥在代际间的传播。英国政府还设立"社会基金",为需要社会帮助的人提供无息贷款、应急支出、社区护理津贴等,服务对象一般是失业者或者接受救济的人,贷款直接通过扣除福利收回。近年来,政府对"社会基金"进行了若干改革变化,包括提高社会基金申请人贷款的额度、降低贷款利率、简化无息贷款的申请程序和提高透明度,增加社会基金的资金量。

(2) 支持信用社和社区金融机构发展以应对金融排斥。信用社是英国历史上最悠久的非营利性借贷人。英国财政部和金融服务局在1997年起就开始着力解决低收入群体的金融排斥问题。英国政府部门解决金融排斥的组织策略之一就是通过信用社解决金融服务的供给问题。英国财政部于1998年7月成立了信用合作社特别工作组(Credit Unions Taskforce),并指出信用社在治理金融排斥问题的比较优势:对低收入群体成员的开放性、社员自治精神和对储蓄价值的理解,以及能够提供低成本的信贷产品。在政府的支持下,信用社鼓励小额储蓄,并把它看成是获得其他金融服务的基础。由于地方政府的拨款与政策支持,英国信用社发展非常迅速。1998年进行的一项国家调查表明,87%的社区信用社是在地方政府的支持下建立起来的。信用社从1986的94家发展到2000年的大约700家,其中大部分信用社都分布在低收入地区。为了保证信用社的长期持续发展,加强其独立性,使其更好地为破解金融排斥做贡献,英国政府改变了信用社的最高利率上限水平,扩展社区投资税减免计划,通过增加收入来弥补管理成本和坏账损失,并且鼓励投资人将资金存入信用社,这些措施有利于提升信用社的盈利能力和综合地位。信用社大部分贷款是短期个人贷款,Hayton(2005)等人的调查表明,信用社58%的贷款少于1000欧元,表明信用社多为穷人提供金融服务。信用社为弱势社区提供金融需要,并且为恢复当地经济提供了一种方式,在减少金融排斥上发挥着举足轻重的作用。社区发展金融机构与信用社相类似,主要服务于偏僻的社区,以低收入人群为主要服务对象。社区金融机构在贷款方面提供优惠,包括提供低成本贷款、不要求贷款人必须在该金融机构有存款。而且,社区金融机构并不要求为贷款提供抵押品,为低收入人群贷款提供了方便。

(3) 加强立法建设,对金融机构进行有效监管。英国政府通过直接立法确定获得银行账户、交易银行账户、支付服务以及获得贷款的条件,对申请人的信贷资料进行审查，并且建立完善的监管机构和结算程序。1996年，英国政府实施信贷立法改革，取消利率上限，防止利率上限的存在使得消费者成本转移并且导致借贷缺乏透明度，同时允许信用社扩大其普通债券（信用社成员延伸到特定地区的员工或居民）发行量，增加会员和资产水平的上限（放宽对成员的股权及贷款的限制）。

（4）增加教育投入，积极引导参与金融活动。为了消除受排斥人群的自卑心理，帮助他们掌握基本的金融知识和金融交易技能，英国政府加强金融教育方面的投入，成立了"终身金融技能"（Financial Skills for life）和"社区金融和主动学习"（Community Finance and Learning Initiative）的培训项目。英国银行业协会在金融教育方面也尝试了许多的方案，包括在信用社等多家金融机构提供金融培训资料和录像，银行设立免费的货币咨询机构，比如公民咨询局、消费者信用咨询服务和独立咨询中心。在BBA和一系列银行的支持下，英国成立了"个人理财教育集团"，主要是加强所有英国在校学生在个人投资和长期证券方面的教育。它通过网站提供课程教育，还发起培训老师的项目。从2000年起，英国的学校课程进行了调整，在小孩5岁起就开始了个人金融教育，有效减轻金融排斥在代际间的传播。

2. 鼓励银行和邮局向所有人提供"基本银行账户"

邮局在缓解金融排斥上发挥着重要的作用。邮局在英国有19000家分支机构，这些机构几乎遍及英国最衰落的社区和偏远的农村地区，没有银行账户和建筑协会账户的人可以到邮局获得服务，包括养老金和国家福利的兑现、通过邮政汇票支付账单。2000年3月的财政预算报告中，英国财政部号召银行和邮局向所有人提供"基本银行账户"，同时要求用一个统一的银行服务系统来解决金融排斥。在英国银行协会的支持下，英国的零售银行和政府形成伙伴关系来应对金融排斥，银行致力于为每一个居民提供金融服务。从2003年春开始，英国进行社会保障支付改革，所有的福利和税收都必须通过银行系统支付，英国政府向银行施压，要求其提供可以在邮局使用的银行账户。有12家银行和建筑协会马上响应政府号召，同意从2003年4月起基本银行账户可以在邮局使用，这12家银行为阿比国民银行、安联-莱塞斯特银行、爱尔兰银行、巴克莱银行、哈利法克斯银行、汇丰银行、第一信托银行劳埃德银行、澳大利亚国家集团、国家银行、合作银行、苏格兰皇家银行集团。到2003年12月，同意提供基本银行账户并可在邮局使用的银行增加到16家。在银行和政府的积极配合下，基本银行业务开展迅速，大部分基本银行账户是在2000年10月才开户的，到2001年年底，这一数字就上升到350万。2003年4月起，基本银行账户拥有者可以免费从邮局取款。2005年9月底，基本银行账户上升到600万左右，其中40%（230万）可以在邮局或者是银行的分支机构使用。

3. 鼓励其他非营利性组织的积极创新

（1）推行"储蓄和贷款"计划。建筑协会（building society），也叫房屋信贷互助会，是以互助组织的形式成立的金融机构，提供银行业以及相关金融服务，尤其是按揭贷款。储蓄和贷款计划，依托于住房协会、建筑协会和银行伙伴关系形成，主要针对租用社会住房的人群，租户可以在一个高额补贴的利率条件下，借贷多倍于他们储蓄的资金，借贷利率常常比英格兰银行公布的基准利率高1%。住户通过房东将钱存在建筑协会，从而取得从建筑协会贷款的资格，由房东存入的一笔钱作为担保。虽然每个住户都有一个存款账户，但是所有的存款由租户提供，担保存款可以看成一个单一的账户。这意味着租户可以得到一个更高的存款利率，并且贷款利率可以得到大量的补贴。

（2）推行"涵盖租金的保险"计划。为了减少没有保险的低收入家庭数量，英国的政策行动小组（PAT14）针对公租房租户推广了"涵盖租金的保险"计划（insurance with rent），该计划大约由地方当局在30年以前建立，主要是为了分散风险，提供更低水平的保险。地方当局与房屋协会作为私人保险公司的中介，管理和收集保险费，保险费一般与到期的租金一起交付，甚至可以是按周支付，这样就减少了支付保险费的压力。作为回报，保险公司通常会支付一定的佣金给房屋协会或出租人作为管理成本，如果还有剩余，可以用来提高财产的安全性，这降低了盗窃和保险理赔的水平，从长远角度来看有利于降低保险费。受金融排斥的人群中有70%的人居住在政府的公租房中，这部分人群在遭遇到偷窃时将会更加脆弱，而高昂的保险费对他们来说通常无法支付，"涵盖租金的保险"计划提供了一种让家庭财产更加安全有效的解决方式。最近的调查结果表明，1999年大约一半的地方当局和建筑协会采纳了这项计划。英国保险业协会在推动该计划时发挥了积极主动的作用，这项计划使得三方都获得好处，保险公司获得更多的业务，住户以每周支付的年度保险方式获得更便宜的保险，住房提供者避免偷窃时遭遇的财产损失。

三 印度金融排斥水平及破解经验

印度是发展中国家农村金融改革启动最早、成效最大的国家之一，与中国同属世界上两个最大的发展中国家，在农村人口、资源条件、经济发展阶段上有很大的相似性，了解其农村金融排斥及破解的经验教训，对推动我国农村金融向纵深改革具有重要的参考意义。

（一）印度金融排斥的基本现状

印度金融排斥的现状是人群特征明显、地区集中。详述如下。

1. 印度金融排斥的人群特征明显

印度农村中不同人群获取金融服务有较大差异。现有研究表明，农村金融排斥程度与个人的收入状况密切相关，影响农户收入状况的因素诸如土地、性别、经济、身体状况、年龄和受教育水平等成为农村金融排斥的诱导因素。在农村，金融排斥的对象主要包括边缘农户、无地农户、承租人和妇女等低收入群体。

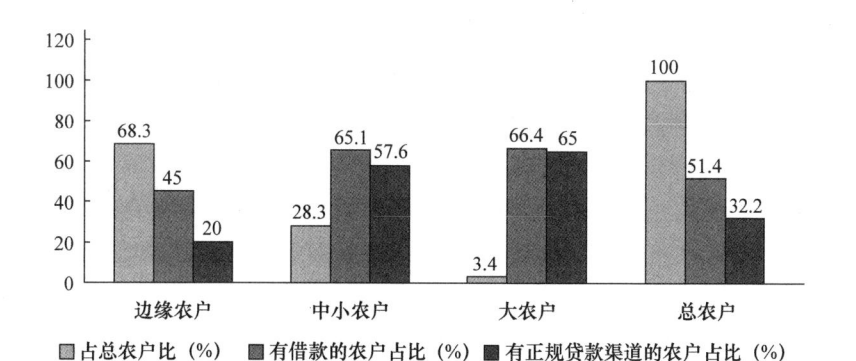

类别	占总农户比(%)	有借款的农户占比(%)	有正规贷款渠道的农户占比(%)
边缘农户	68.3	45	20
中小农户	28.3	65.1	57.6
大农户	3.4	66.4	65
总农户	100	51.4	32.2

图 8-9 2010 年印度各类农户获取金融服务情况①

数据来源：印度储备银行（RBI）统计数据库和印度人口普查（Census of India）统计数据库。

---

① 注：边缘农户指拥有土地少于或等于 1 英亩的农户；中小农户指所有土地在 1 至 4 英亩的农户；大农户指所有土地在 4 英亩及以上的农户。

在印度,土地是农户收入的主要来源,代表着一个家庭的经济情况。如图 8-9 所示,边缘农户是印度农户的主要组成部分,占比高达到 68.3%,其中 45% 有过借款经历,但仅有 20% 的农户的贷款来自正规金融机构,这低出全国平均水平 12.5 个百分点,他们是金融排斥的主要对象。中小农户获取信贷资源的情况相对较好,65.1% 的农户有过借款经验,57.6% 的农户从正规金融机构获取过贷款,高出全国平均水平 6.2 个百分点。大农户受金融排斥的影响最小,从正规金融获取贷款的比例高达 65%,高出全国平均水平 32.8 个百分点。综上所述,经济情况最差的边缘农户的金融排斥情况也最为严重。

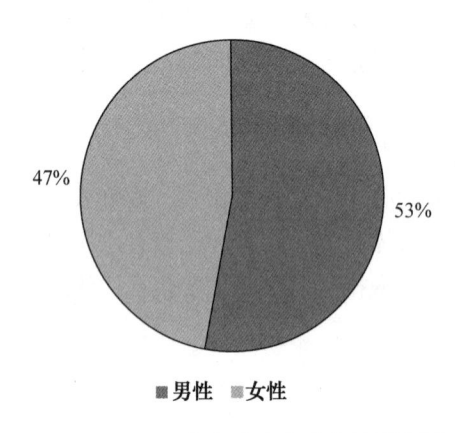

图 8-10 2017 年印度个人账户性别比例

数据来源:世界银行 Global Findex database 数据库。

此外,图 8-10 统计数据显示,印度女性相对于男性更容易受到金融排斥的影响。2017 年女性办理个人账户占总账户的 47%,而男性的个人账户占比 53%。

2. 印度金融排斥具有地区集中性

印度幅员辽阔,农村金融排斥程度的区域差异性较大。如图 8-11 所示,印度农村金融排斥最为严重的地区在西部和北部地区。其中,西部地区每万农户拥有的银行分支机构数仅有 1.48 个,平均每户存款账户 0.83 个,贷款账户 0.11 个,北部地区这三项的数据分别为 1.62 个、1.03 个和 0.12 个。这些地区居住着全国 66% 的边缘农户,有 64% 的农户完全受到金融排斥。在南部地区,农户获取的金融服务远远优于西部和北部,是印度农村金融较为包容的地方。各地区农村受排斥程度与经济发展水平紧密相关,西部和北部地区是印度经济发展水平较低的地区,农村金融排斥现象也较为严重。

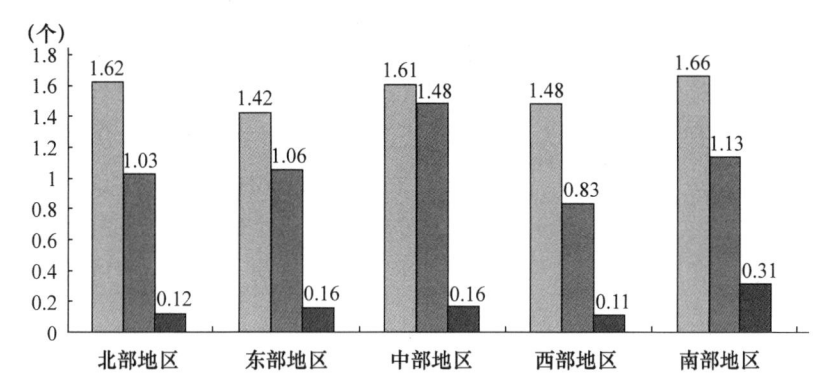

图 8-11 2011 年印度农村各地区获取金融服务比例图

数据来源:印度储备银行(RBI)统计数据库和印度人口普查(Census of India)统计数据库。

(二)印度金融排斥的成因及影响

印度农村金融排斥的主要成因可以分为三类:历史因素、社会因素及供需因素,金融排斥产生的影响可以从个人层面和社会层面来论述,具体如下所述。

1. 印度金融排斥的成因

(1)历史因素。印度在独立之前作为英国的殖民地,经济体系崩溃,人民生活贫困,农村金融服务体系根本无从谈起。1969 年,在印度主要的银行国有化推广之时,农村金融排斥问题十分严重。同年,印度国家银行实施加速分支银行建设政策,在农村地区设立了 629 家分支银行,农村分支银行总数达到了 1832 家,占全国的银行分支机构的 22.2%,但此时依然有 617 个城镇没有任何商业银行的分支机构,其中 444 个城镇没有金融机构愿意提供服务,这些城镇周围的农村地区完全没有金融机构服务。在农业信贷方面,1965 年农业贷款仅占总贷款的 0.2%,贷款不可得加重了印度农业发展落后态势,而滞后的农业发展反过来影响贷款的可得性,形成恶性循环。农村金融服务的早期缺失导致印度农村金融发展的起点相对薄弱。

（2）社会因素。首先，印度种姓制度依然流行，低阶层人群受到各种社会歧视，其中首陀罗和"贱民"最受歧视，是其他种姓人群不愿意接触的群体。这些低阶层的人群大部分居住在农村，他们财产少，收入低，只有少量甚至没有土地，很难获取金融服务；其次，获取正规的金融信贷服务，需要一个人的身份证明文件，并提供土地抵押，一些收入低的贫困农户不具备这些文件，而且他们也没有土地可供抵押，另外大部分农村妇女也没有土地所有权。而无须抵押的小额贷款，需求者众多，被有"势力"的农户优先占有，使得更需要贷款的贫困农户的需求得不到满足；最后，行为经济学研究表明，因为信贷条款难以理解、各种证件和条件使许多人在申请正规金融服务时感觉不适，这使一些文化程度较低的农户更倾向于选择非正规金融获取资金。

（3）供需因素。印度农村金融服务的需求和供给之间的差距较大，导致大量的农村人口受到正规金融机构的排斥。由于农民收入较低，信贷需求往往具有小额、短期、频繁的特点，并且拖欠贷款现象也较严重，形成恶劣的农村金融环境，这使得在市场机制的运行下，以盈利为目的金融机构更偏好在风险低收益高的地区（如城市）开展业务，而不愿为风险高成本高的地区（如农村）提供服务。即使是在政府政策的强制实施下，商业金融机构也会优先考虑自身的利益，尽量向农村提供更少的金融服务。除了存在供应方面的不足，需求疲软也是农村银行普及率较低的一个重要原因，因为投资机会的缺乏导致一些落后农村地区金融需求较低。此外，宗教信仰也对农村金融排斥产生消极影响，如农村中的伊斯兰教徒往往对银行提供的信贷服务有抵触心理情绪。

2. 印度金融排斥的影响

（1）个人层面。金融排斥严重影响农户的日常生活，加重他们的财务负担，限制他们的发展潜力。被正规金融服务所排斥的农户往往是最贫困也是最需要金融服务的群体，金融排斥削弱了这些低收入农户的抗风险能力，如2010年，占绝大多数农村人口的边缘农户中仅有9%能通过正规金融途径获取资金支持。储蓄可以帮助农户妥善的储存生活盈余、合理规划储蓄金，信贷可以平滑家庭收支的峰谷、平滑生产生活的巨大波动。而绝大多数的边缘农户无法通过正规渠道获取这些服务，当生活生产无以为继时就不得不从主流金融机构以外的经营者那里获取贷款，如36%的边缘农户通过代价十分高昂的高利贷、非可持续性的"关系型融资"获取所需资金，这给他们生产生活造成极大负担。因此当农户无法获取金融服务时，他们也就失去了发展机会，导致农户逐渐由被动排斥转变为主动排斥。

（2）社会层面。农村金融排斥不仅影响农户本身，并且广泛的影响着整个农村和印度。农村金融排斥直接影响农户的消费行为和个人理财的生命周期，从而影响个人的经济行为方式和生活质量，致使农户之间、农户与农村、农户与社会之间的资金纽带难以持续。另外，金融机构因为低经济增长、社会问题和环境衰落等原因在农村撤并金融服务网点。由于缺少金融服务，小企业起步和内部投资得不到资金支持，使得农村地区的商业发展缓慢，而富裕的城市会因为获得了更多的金融服务而变得更加繁荣，衰落的农村则因为缺乏金融服务会更加贫穷，进而出现农村金融排斥与城乡两极分化的恶性循环，不利于印度经济的可持续发展。

（三）印度破解金融排斥的经验

印度破解金融排斥的主要经验是：明确政府对农村金融发展的大力扶持，强调金融机构积极创新农村金融服务形式，积极致力于加强农户的金融知识教育。

1. 政府大力扶植农村金融的发展

（1）扩展农村金融服务覆盖面。印度政府在《印度储备银行法案》《银行国有化法案》《地区农村银行法案》和《国家农业农村发展银行法案》等相关法案中，对金融机构在农村地区设立机构网点提出了要求。如1969年的《银行国有化法案》明确规定，每家商业银行至少要在所在地区的农村开设一家分支机构；1975年的《地区农村银行法案》规定地区农村银行的经营目的是"满足农村地区至今为止仍受到忽视的那部分人的专门需要"。1994年政府推行农村金融的"领头银行"计划，规定每一地区必须有一个领头银行负责优先发展行业，对国家规定的包括农业在内的行业提供金融支持。2010年2月，政府在年度预算中提出，要让银行在所有超过2000人口的村庄提供基本的金融服务，并公布了7.3万个银行尚未覆盖的居住区，要求商业银行在其中选取计划覆盖的区域。

（2）促使信贷资源向农村转移。在银行分支机构向农村拓展的同时，印度政府还新增了很多信贷渠道让资金能到达更多农户的手中。如《地区农村银行法案》制定了"优先发展行业贷款"制度，要求商业银行必须将全部贷款的18%投向农业及农业相关产业。1979年实行的农村综合发展计划，通过向农户提供软贷款（高达50%的资本补贴）来促进农户自就业，在这一计划实施的近20年间，共向5500万农户提供了约2000亿卢比（1元人民币约合6.6卢比）的信贷资金，使计划内农户的16%—18%摆脱了贫困线。由于农村综合发展计划的贷款回收率仅在25%—33%，1999年，印度中央政府通过实施农村青年培训及自就业计划，取代了综合发展计划。2006年，成立了以前央行行长和总理经济顾问委员会主席兰加拉詹为首的金融包容委员会。2008年，设立了资金规模分别为50亿卢比的金融包容基金和金融包容技术基金，该基金不仅提供咨询和培训服务，而且对小额信贷机构进行投资。

（3）开展包容性的金融活动。为了使低收入群体能获取银行基本金融服务，2005年，印度储备银行要求各家银行为低收入群体提供一个简易账户，这类账户没有或只有很小的存款余额要求，并且以最低的标准进行收费，这提高了金融服务在低收入群体中的覆盖率。为了方便低收入群体进行信贷融资，印度储备银行还要求银行推广最高额度为2.5万卢比的"通用信用卡"（GCC），至2009年共有1500万低收入者开通了此卡。为了避免城乡低收入群体在银行开户上遇到困难，对开立每年储蓄余额在5万卢比以内、信贷额度在10万卢比以内的账户，设立了"了解你的客户"（KYC）这道程序以简化开户流程。

（4）健全农村金融监督保障体系。印度具有农村金融监管职能的主要机构包括印度储备银行和全国农业和农村开发银行，前者是所有农村金融机构的融资、监管和协调机构，每年通过定期、中期和年度报告公布各农村金融机构的经营状况、存在问题和改革建议等，后者协助各类农村金融机构明确其权利和义务，并建立技术、监督和评估小组为其提供服务。针对农村信贷的高风险性，印度政府还建立了存款和信贷保险公司，为正规金融机构提供的农村贷款提供保险。此外，由于农村贫困人口及流动人口缺乏身份认证，导致政府财政补贴和金融资助不到位，为此印度政府新推出了包含照片、指纹和虹膜信息的身份证。

2. 金融机构积极创新金融服务形式

（1）推行农村微型金融运作模式。20世纪80年代末，由于印度政府通过提高国有正规金融机构在农村地区的覆盖率来扩张农村信贷的计划失败，农村金融体系出现危机，印度农业和农村发展银行开始探索新型农村金融信贷模式，推出自助小组（SHGs）和微型金融机构（MFIs）两种运行模式。其中，自助小组是由一些面临资金缺乏问题且自愿相互帮助的穷人组织而形成的。小组通过内部储蓄为成员提供贷款，其中贷款目的、金额、利率和还款计划由小组成员共同决定。当自助小组发展到能够满足银行的要求时，银行可以向自助小组发放贷款，这被称为自助小组—银行联结。虽然银行向自助小组提供贷款无须抵押，但由于自助小组能通过小组成员对借款成员施加道德压力来保证贷款的合理运用和偿还，自助小组的偿还率比个人的偿还率要好。随后，印度储备银行在全国积极推广自助小组—银行联结项目，要求所有商业银行把其作为发展战略的一部分。2010年，与银行信贷联结的自助小组数量达到860万个，累计获得银行贷款约20万亿卢比，共使约5000万贫穷家庭获得了正规银行的小额信贷。微型金融机构主要包括非政府组织微型金融机构、合作社微型金融机构和非银行金融公司等，通过融通银行和自助小组及农户之间的资金供需，满足农村基本信贷需求。

（2）设立小额信贷、业务代表和手机银行。印度小额贷款是由非政府组织和互助组织发起的新型信贷模式。为了让小额贷款利率维持在合理水平，使穷人能够公平享有贷款权利，国有银行取消了对贷款利率超过22%的信贷机构的资金支持。此外，印度国家银行也开设了两个专门办理小额贷款业务的分行网点，为互助小组和其他小额信贷机构提供低息（10%）贷款。截至2010年3月，全国约有800家小额信贷机构，总客户数达到了2260万，业务规模为1850亿卢比。2006年，印度储备银行允许银行可以把信誉好、资金处理能力高和技术方案实施能力强的人员（如退休的银行职员、教师、政府雇员、商店主、电话亭经营主、保险公司业务员和邮递员等）作为银行业务代表（BC），来处理银行贷款申请、吸收小额存款、发放小额贷款和销售基金、养老金等金融产品。银行业务代表是银行为没有分行和ATM的地区提供金融服务的一种模式，这种模式大幅提升了农村地区的金融服务效率。手机银行在印度得到了长足的发展，2009年用户数目达到5000万左右。2010年，由印度10家银行投资成立的印度国家支付公司推出了全天候允许个人间相互转账的手机银行支付系统，并于2012年下半年推出了自己的支付系统。此外，网上银行用户数量也非常可观，在2009年达到8100万。利用现代科技的新型金融服务方式为缓解农村金融排斥提供了新的思路。

3. 致力于加强农户金融知识教育

针对农村金融市场信息不对称的情况，提高农户的金融知识是缓解农村金融排斥的一种有效途径。为此，印度储备银行启动了"金融教育普及工程"（Project Financial Literacy），建立能提供13种语言版本的"金融教育网"，旨在向各类目标群体普及中央银行和商业银行的常识。同时，储备银行与各邦政府合作，将金融课程纳入学校教育大纲，在学校开设金融课程。此外，还要求每家牵头银行在所试点地区的每个县成立金融教育辅导中心，提供免费咨询服务，以提升农户在银行、理财、改善个人财务状况等方面的意识。目前，印度各邦已建立起154个免费的金融教育辅导中心，传播了各类金融产品和服务的知识，减轻了农户接触金融服务时的自我排斥程度。

四　国外破解金融排斥经验的启示

结合上文的分析及各国破解金融排斥的经验，我们认为破解中国金融排斥问题，一是应加强政府引导市场配置的决定性作用，二是应处理好金融机构盈利诉求与社会责任的关系，三是应提高农户金融意识。

（1）加强政府引导市场配置的决定性作用。金融排斥被认为是金融市场不完全竞争和信息不对称的市场失灵的表现，具有很强的外部性，政府的合理干预是必要的。具体来说，一方面，政府应当倡导建立包容性的金融体系，保障社会各个经济主体金融权利的平等。完善的金融体系应当普遍惠及一切需要金融服务的社会群体，尤其应当惠及被传统金融体系所忽视的农村贫困群体。就当前情况而言，为了防止金融机构以商业利益为出发点抛弃潜在的低收入边缘客户，应建立相应的激励政策以及完善机构撤并的相关条例。规定在农村地区的所有银行业金融机构在保证资金安全的前提下，必须将一定比例的新增存款投放到当地。这样将金融公平与金融效率结合考虑的制度设计在提高当地存贷比的同时，将有效遏制农村资金的持续外流。另一方面，要为民间资本进入金融领域特别是农村金融服务领域提供更为宽广的政策空间，充分发挥市场机制在破解我国农村金融排斥上的决定性作用。应借助《国务院关于鼓励和引导民间投资健康发展的若干建议》条例推行的东风，鼓励和引导民间资金在中西部地区积极组建和参股村镇银行、小额贷款公司等具有包容性质的新型金融机构，让金融供给不足的农村地区得到相应的金融服务，力争使不同层次的服务对象都能得到与其需求和能力相适应的金融服务，促进金融服务和金融需求的有效对接。着力推动金融服务供给由国家外生主导模式向民间内生成长模式转变，充分发挥民营资本和各类新型农村金融机构在缓解农村金融排斥困境中的作用。

（2）处理好金融机构盈利诉求与社会责任的关系。由于我国的金融排斥主要是"供给诱导性"的金融排斥，是金融机构从利益最大化的经营目标出发而进行成本收益权衡后做出的理性决策。要进一步落实和完善差异性的税收政策，例如针对广大农民实施涉农贷款优惠政策、定向费用补贴、增量奖励等正向激励政策。要在对各类农村金融机构的监管上，成立专门的机构对金融排斥状况进行系统的研究，建立全国金融包容数据库，有效地对金融排斥水平进行动态监测，对各金融机构推行金融包容情况进行考核，对各地区金融排斥状况进行评价。在提供金融包容服务上，应加强各部门的沟通合作，完善大中型金融机构与小型金融机构之间的对接机制；完善金融机构与专业合作组织、担保机构之间的合作机制；完善金融机构的新型信贷机制。

（3）提高农户金融意识。农户作为农村金融包容实施的配合者，也是农村金融包容的受益者，有义务也有责任提升自身金融意识，为建立包容性的农村金融体系奠定良好的基础。目前，我国农村金融知识传播的正规渠道较少，农户对农村金融机构及其新业务缺乏了解，金融观念淡薄。对此政府应发挥培育农户金融意识的职能，普及农村金融教育，将金融知识纳入国民教育体系，建立对农村借款人的综合培训制度；新闻媒体应加大对金融的宣传力度，让农户了解金融新业务、新工具和新政策，掌握金融知识，树立金融法制意识和信用观念；农村金融机构应承担普及农村金融知识的责任，灵活采取多种宣传手段，如摆摊宣传、设点讲解、散发传单、农村板报、集中授课和免费咨询等，提高农户的金融意识。

五　本章小结

本章通过运用具体数据及案例，深入剖析了欧盟成员国、英国和印度等国家金融排斥的现状特点、影响及成因和破解路径，为我国破解金融排斥提供了相关对策。具体如下：第一，各国金融排斥主要集中于银行账户、储蓄、信贷及保险四个领域，且各国金融排斥差异明显，对于正处于转轨经济发展过程中的国家或经济发展水平相对落后、贫富差距较大的国家表现较为明显，人均收入水平相对较高和收入分配相对公平的国家则反之。第二，造成金融排斥的原因主要为历史因素、社会因素、供给及需求等因素，其中，历史因素为英国和印度两国独有，社会因素及供需因素为三者共存，供需因素在造成金融排斥的原因中是重要因素。第三，金融排斥的产生会对个人的日常经济生活、就业、发展潜力及抗风险能力造成不利影响。更为严重的是，金融排斥会导致所在地区的经济发展停滞、城乡两极分化等严重后果。第四，通过总结欧盟25个成员国、英国及印度破解金融排斥的经验，我们认为中国应该从"加强政府引导市场配置的决定性作用""处理好金融机构盈利诉求与社会责任的关系""提高农户金融意识"三个方面来破解中国金融排斥问题。

第九章　农村金融排斥向包容转化的基本模式

在金融排斥向金融包容转化的过程中，许多国家和地区进行了有益的探索，形成了许多可复制、可推广的成熟模式。本章总结凝练了乡村银行、社区银行、合作银行、手机银行、网络银行、代理银行等六种基本模式，对各模式的运作机理进行了比较分析，得出许多有益的启示。

一　乡村银行模式

乡村银行最早起源于孟加拉国格莱珉银行，是一种以改变贫困人口经济与社会地位为主要目标，通过特殊的制度安排为贫困人口提供金融服务的金融机构。乡村银行与传统银行的不同之处在于，他们倾向于认为穷人是有良好信誉的，如果有适当的金融制度安排，农户可以高效率地运用借贷资金创造出良好的经济效益。

（一）乡村银行模式的比较优势

乡村银行具有地缘、信息成本、信贷机制灵活三大优势，通过与农户一对一交流，消除信息不对称问题，"上门"提供金融服务，开展一种无抵押、无担保的小额信贷，有效解决贫困地区金融机构覆盖率低、竞争不充分、金融服务缺乏等金融排斥问题。

（1）具有明显的地缘优势。相对于城市发达地区，农村偏远及贫困地区金融机构较少，农村经济发展资金匮乏。而乡村银行立足于农村地区，服务对象为农户，其业务能够填补正规金融机构没有涉足的领域，可以有效地填补农村金融服务的空白。

（2）信息获取成本相对较低。乡村银行机构设立在乡镇以下的农村地区，通常十分熟悉本地农户的情况，在收集客户信息方面比大银行更具有优势，最容易了解到农户的生活、生产以及经营状况和信用水平，从而能缓解信息不对称导致的交易成本较高问题。

（3）信贷机制相对灵活。乡村银行具有较为灵活的信贷机制，主要体现在以下两个方面：一是贷款利率定价机制灵活。乡村银行在贷款时，根据农户的资信程度实行差别利率，灵活浮动；二是贷款决策灵活。农户贷款一般具有"短、平、快"的特点，乡村银行在贷款决策上着重考察农户的信用、产品的市场前景和第一还款来源，管理环节少、决策时间短、审批效率高、灵活性高。

（二）乡村银行模式的典型探索

格莱珉银行创建于20世纪70年代中期，是世界金融史上第一个属于穷人的"草根银行"。目前，格莱珉银行的成功模式已经在全球100多个国家得到复制和推广，帮助了数百万贫困人口成功脱贫。

（1）格莱珉银行发展历程。格莱珉银行的发展可分为三个阶段，分别为起步阶段（1976—1983年）、第一代格莱珉银行（1983—2000年）和第二代格莱珉银行（2001年至今）。

①起步阶段。1976年8月，尤努斯在孟加拉Chittagong大学周边农村选择了42名家庭劳动妇女开展小额信贷试验，并取得了成功。1977年，在尤努斯的号召下孟加拉农业银行和中央银行决定为小额信贷推广提供资金支持，并划拨25个银行网点开展小额信贷试点。1983年，孟加拉国政府批准了《特别格莱珉银行法令》，格莱珉银行由小额贷款项目试点转变成为独立的专门为穷人服务的银行，成为全球第一家乡村银行。

②第一代格莱珉银行。自1983年成立以来，格莱珉银行逐步完善了借贷流程，构建了第一代格莱珉银行模式。在第一代格莱珉银行的框架下，借款人在申请贷款时不需要提供抵押品，而是由借款人组成贷款小组共担风险，并且格莱珉银行要求借款人进行组内存款，形成小组基金，以进一步达到分担风险和促进借款人财富积累的目的。格莱珉银行的贷款每日或每周分期还款，贷款利率高于银行同期利率，低于高利贷利率，整个小组实行统一贷款上限，借款人在还清上一次贷款后，可申请更大规模的贷款。

③第二代格莱珉银行。2000年后，管理者对第一代格莱珉银行进行改革，推出了第二代格莱珉银行模式。第二代格莱珉银行模式创新性地提

出"灵活贷款"安排、贷款保险体系等一系列措施,并以个人贷款模式取代了小组贷款的做法。同时,为了拓宽资金渠道,第二代格莱珉银行还创新了多种产品。2002 年,格莱珉银行实行新储蓄规则,首次向非会员开放存款,推出了针对会员和非会员的 GPS 养老金计划、七年翻番计划、月度收入计划等。2004 年,格莱珉银行的储蓄余额首次超过未偿还贷款额,成为一个真正意义上的金融机构。经过反复探索、创新与实践,格莱珉银行最终成功地从原本贷款产品单一、运作过程呆板的"第一代"顺利过渡到了"第二代"。

(2)格莱珉银行运作特征。①管理架构。尤努斯教授将格莱珉银行的架构描述为建立在"循环中的循环":最大的循环是总部;最小的循环是小组。格莱珉银行的管理架构总体上包含小组、中心、支行办事处、区域办事处、大区办事处、总部六个循环。每个大循环试图将责任转交给内属的下一个小循环,并监督每个小循环的运作。在紧急情况下,较高级别的循环将直接负责保释较低级别的循环。

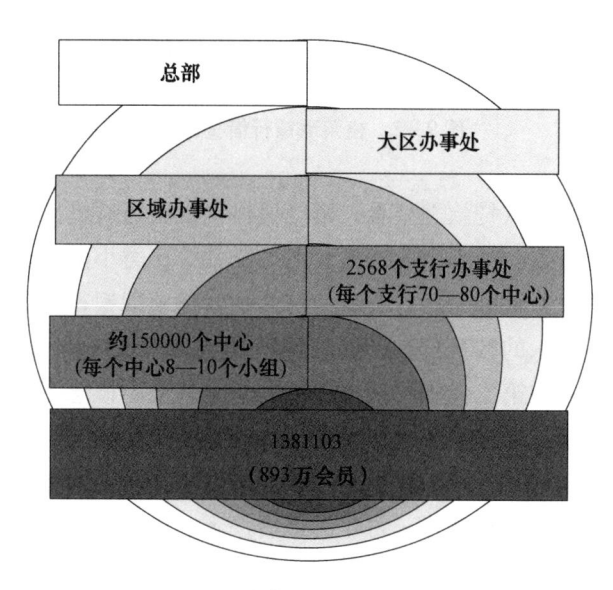

图 9-1 格莱珉银行的基本架构

②借贷流程。借款人向银行提出贷款申请,并按照一定的规则自行组成一个贷款小组。银行相应分行的负责人或者该乡村中心管理人员对这个借款小组进行一周时间的专项培训。小组成员在培训完成后要参加口试考

试，考试通过后银行对认可的小组所申报的不同贷款项目进行考察，通过本次考察的小组，组内全部成员都能获得银行贷款，且不要求抵押担保。在改革后的"第二代格莱珉银行"模式下，虽然仍保留了贷款小组，但银行不再对组内的所有成员发放相同期限、金额和其他限制条件的贷款，而是根据每个成员各自的条件和需求，提供具有不同期限、不同额度、不同还款方式的贷款，提高了贷款的适配率和资金使用效率。

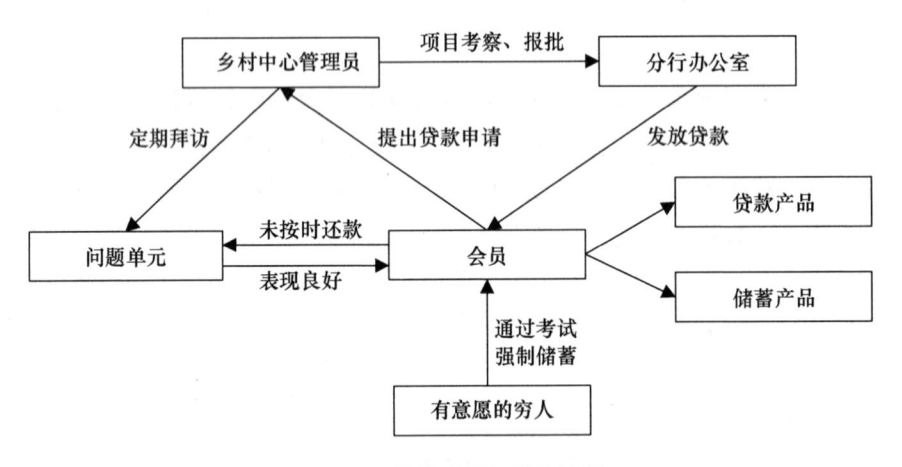

图 9-2　格莱珉银行借贷流程

③主要业务。从贷款类型看，第二代格莱珉银行共推出基本贷款、住房贷款、教育贷款、微小企业贷款、乞丐贷款等 5 类小微贷款产品。其中最主要的贷款产品被称为基本贷款。与第一代格莱珉银行不同的是，除了住房贷款和新引入的教育贷款外，其他所有贷款都被并入基本贷款项下。从储蓄产品看，在第二代格莱珉银行中，小组基金的概念不再使用，而是采用强制性储蓄，引进养老金储蓄计划。这是一个合约式的存款安排，借款人被要求定期向一个账户存入固定数额的款项。从保险服务看，主要包含贷款保险和生命保险项目。每年的最后一天，借款人需要将至当天为止的银行贷款本息总余额的 2.5 个百分点作为保险金，存进自己的贷款保险储蓄账户。当借款者不幸死亡，他尚未还清的贷款额都由保险基金承担，同时银行还会根据借款者入会的时间，每年向亡者家属支付相对应金额的人寿保险赔付金，这样既减轻了亡者家属的还贷压力，也使亡者家属能获得这项保险基金中的全部储蓄额，为穷人谋利。

(三) 乡村银行模式的启示

一是乡村银行是以信用为基础的小额信贷，让人们重新审视了贫困人群的信用价值。针对贫困人群缺乏可作担保抵押的资产，金融机构要突破传统物权担保的授信模式，充分运用农户联保、家族联保，创新个人信用担保模式，推行乡村银行无担保、无抵押的小额贷款，努力满足贫困人群的信贷需求。二是小额信贷应灵活设置还款方式。对于农户，由于收入的不确定性和理财意识不强，其资金规划能力比较差，采取一次到期还本的方式，往往会造成较大的资金压力，增加还款风险。因此，可以参照乡村银行的灵活还款模式，打破到期一次还本付息或按月按季还款的传统模式。三是小额信贷应完善贷款管理，重视社会资本价值，提高信贷风险防控的有效性。参照乡村银行联保贷款模式，发挥社会资本的社会规范作用，强化借款人自我约束机制，督促借款人用好贷款，提高贷款的使用效益，降低违约风险。

二 社区银行模式

社区银行的概念来源于美国，主要指在一定社区范围内按照市场化原则自主设立、独立经营资产规模较小且主要服务于社区内中小企业和居民的中小商业银行。这里的"社区"并不是一个严格界定的地理概念，它既可以指一个省、一个市或一个县，也可以指城市或乡村居民的聚居区域。最早的社区银行可以追溯到1867年在美国成立的Lykens Valley银行，由当地市民集资组建，服务区域仅限于哈里斯堡、森堡和波茨维尔三个城市，经营范围只有储蓄、兑现和简易结算。随着经济的发展，社区银行提供金融服务的内容日趋广泛，组织形式也不断变化，但其服务于社区的初衷却始终没有改变。一方面，社区银行始终以社区居民的金融需求为己任，拾遗补缺，为社区繁荣、地方经济振兴做出巨大贡献；另一方面，社区银行在促进区域经济平衡发展上也发挥了关键作用，在农村地区更是具有举足轻重的地位。

(一) 社区银行模式的比较优势

基于草根亲民性、决策灵活性及关系型信贷的比较优势，社区银行在提升金融包容性发展方面发挥着重要作用。

（1）草根亲民性有利于提升金融覆盖面。社区银行的内生性决定了其必然具有的草根亲民性。按照金融地理学的观点，社区银行在网点布局方面的特点能够使金融服务向城乡多延伸一千米，缩短了大多数社区居民到达营业网点的物理距离，使得大多数居民可以在自家门口享受到金融服务。社区银行的网点延伸到主要的社区、乡镇及村落之中，扎根于基层，因此，社区银行的存在本身就能够很好地填补主流商业银行从弱势地区撤离网点之后留下的金融服务空白，拓宽金融服务的覆盖广度。而且，社区银行主要是由来自当地的社会资本发起设立的，这些社会资本就是依托当地经济发展起来的，与当地经济融合共生成长，社区银行的资金运用也集中在当地，且大多一线员工也来源于当地，导致了社区银行实现了真正意义上的草根亲民性，从而更容易获得社区居民的认同感和归属感，增加了社区银行的覆盖深度。

（2）决策灵活性契合居民个性化金融产品需求。相对于大型商业银行提供的标准化的金融产品，社区银行提供的个性化的金融产品更契合居民的需求。社区银行的内部组织结构简单、管理链条短以及经营管理都集中在本地，因而在经营成本以及获取居民信息成本上存在优势，在一定程度上可以缓解个性化服务的成本约束。社区银行将所有的资源都集中于这一局限的目标市场，具有金融产品开发以及金融业务决策上的绝对自主权，从金融产品开发到投放市场再到产品效果信息反馈，整个过程可以在较短的时间完成，而且可以根据外部市场环境的变化，灵活迅速地调整经营业务以适应市场的变化。社区银行机构规模小，信息传递快，业务手续简化，管理和决策效率较高，经营成本较低，为社区居民量身定制个性化的金融服务，在金融产品创新方面具有更强的灵活性，能有效提高金融产品和服务的深度和广度，更有效地满足其金融需求。

（3）关系型信贷优势能填补社区主体融资缺口。伯格和尤德尔认为小银行在发放关系型信贷方面具有优势，提出"小银行优势"（Small Bank Advantage）假说。关系型信贷是依据"软信息"作出决策的贷款，而"软信息"是关于潜在借款客户的相关信息，是不容易观察、证实和向别人传递的信息。社区银行相较于其他银行最突出的一个特点就是其能够利用软信息开展关系型信贷。这是因为，社区银行的业务开展限定于相对狭窄的社区范围内，信息在小范围内的传递相对较快，通常与当地居民进行的是"面对面"的人际社会交往，这种频繁长期的互动，天然形成的熟人社会关系网使得社区银行较易收集居民真实而丰富的软信息，这些软信息在很大程度上可以替代财务信息以及合格的抵押品等硬信息，从而减少授信过程中的信息不对称问题，降低信息收集成本。因而，社区银行的关系型信贷降低了社区经济主体因无力提供财务信息和合格抵押品所产生的融资缺口。

（二）社区银行模式的典型探索

美国安快银行（以下简称安快银行）于1953年成立于美国俄勒冈州的坎宁威尔小镇，最初是专门为伐木工人提供兑换薪水服务的小型社区银行，该银行以最富有创造力、致力于为顾客提供优质服务、深度融入社区而著称，网点支行各具特色。从2007年起，安快银行连续进入《福布斯》"美国100家最让人愿意工作企业"的年度排行榜。2010年，在《福布斯》杂志"最佳银行"排名中位列第19名。也被美国独立社区银行家协会评为"顶级社区银行先锋"。

（1）安快银行发展历程。安快银行的发展历程可分为三个阶段，分别为探索起步阶段、迅速发展阶段和稳步成熟阶段。

①探索起步阶段。1953年，安快银行成立于美国俄勒冈州的坎宁威尔小镇，最初只有6名员工，是专门为伐木工人提供薪水兑换服务的小型社区银行。1972年，安快银行总部从坎宁威尔搬到了俄勒冈州罗斯堡市。1994年，雷戴维斯出任安快银行总裁和CEO，为银行制定了新的发展策略和方向，确立了"致力于差异化服务"和"专注于社区"的竞争策略，以突破性、超越传统银行业思维模式的理念设计出装修独特、环境舒适、服务温馨的营业网点，通过网点转型带动战略转型，为安快银行的发展带来了新的生机。

②迅速发展阶段。从1995年起，安快银行进行经营模式的创新突破，成立了首家以零售为主导的旗舰店，这标志着其进入了迅速发展的阶段。1996年，安快银行宣布进行新型银行改革，设立了四家新门店。1998年，安快银行实现发展史上的新突破，在纳斯达克顺利上市并首次公开发行。2003年，新一代门店在俄勒冈州波特兰市的Pearl小区设立，该门店成功地成为客户社会生活的中心枢纽，实现了真正意义上的"社区中心"，安快银行规模迅速扩大，并开启了网点转型之路。

③稳步成熟阶段。2004年，安快银行创建了志愿者联结网络，要求员工每年用40个小时与青年、教育类组织和社团组织进行合作。2006年，安快银行加强深入互动，扩大经营规模，收购了塞拉利昂西部银行，成了萨克拉门托地区最大的社区银行。2007年，安快银行在波特兰市西南部的滨水区设立了创新实验室。2011年开始，安快银行开始探索发展的新渠道，将创意风格延伸到了社交媒体，在Facebook和Twitter中发布的内容重点围绕社区展开，为地方企业和消费者服务提供帮助。到2015年年末，安快银行已经拥有407家分行，全职雇员超过4990人，总资产超过230亿美元，在全美银行中排名第55位。安快银行从农村走来，经过数十年的变迁，规模迅速扩张，已经成为俄勒冈州最大的银行，但该银行仍然坚持最初的社区银行定位，服务于社区的居民和中小企业。安快银行现已被誉为美国最佳社区银行代表。

(2) 安快银行运作特征。①服务理念。安快银行始终将以农为本作为自身的服务理念。作为一家社区银行，安快银行聚焦于某些特定的社区，通过设立社区活动区、社区文化墙、社区公告栏、电子阅读桌等，融入人们的日常生活，成为社区不可缺少的一分子。此外，安快银行的职员被定位为社区的一员，他们须融入社区生活，定期充当社区义工。

②组织结构。安快银行的组织管理结构是典型的扁平化组织结构。管理层结构分为三层，最高决策机构是股东大会，下设董事会和监事会，董事会下设总经理，包括各职能部门和各分支网点。而董事会下除总经理外，又分设六个委员会，分别是审计和合规委员会、财政和资本委员会、薪酬委员会、企业风险和信用委员会、执行委员会以及治理委员会。

安快银行的组织结构稳定，各职能部门分工明确。一方面，这种扁平化的组织结构便于有效地进行管理与监督，为其银行资产规模和网点布局的迅速扩张奠定了基础。另一方面，扁平化的组织结构能更好地体现安快银行注重与员工沟通的企业文化。这个组织结构能避免由于层级较多而妨碍员工与高层交流的问题，并且也能避免因为问题传送过程中的失真产生的误解，能让员工直接将自己的建议与问题及时反馈，有利于银行集思广益调整发展策略。

③门店模式。为客户营造一个便捷、舒适、愉悦的金融消费环境是安

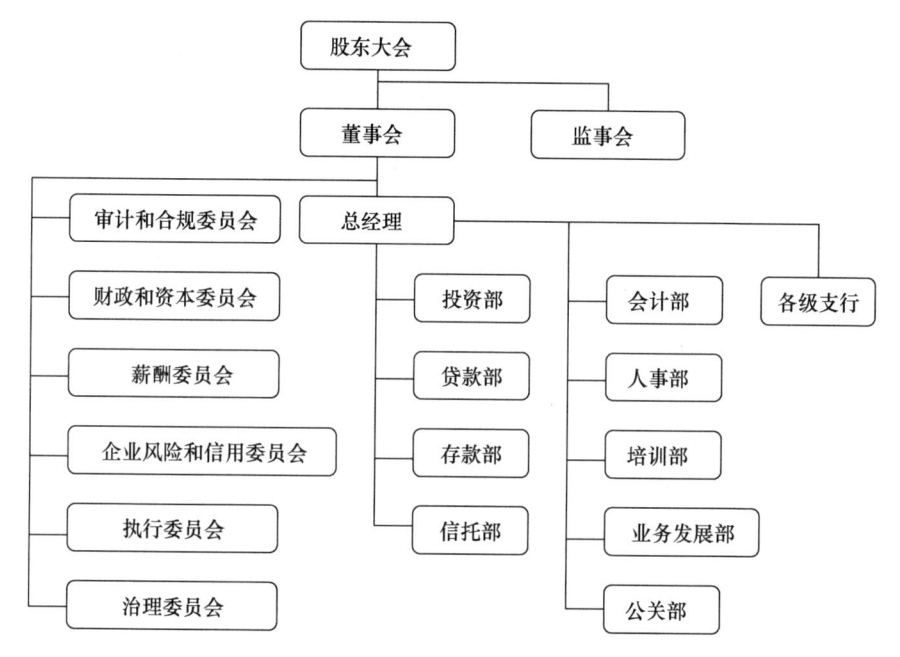

第九章 农村金融排斥向包容转化的基本模式

```
                    股东大会
                       │
            ┌──────────┴──────────┐
          董事会                 监事会
            │
    ┌───────┼─────────┐
审计和合规委员会    总经理
    │                  │
财政和资本委员会    ┌──┼──┬──────┬──────┐
    │            投资部  会计部  各级支行
薪酬委员会       贷款部  人事部
    │            存款部  培训部
企业风险和信用委员会  信托部  业务发展部
    │                          公关部
执行委员会
    │
治理委员会
```

图 9-3 安快银行管理层结构

快银行的经营哲学。在此基础上，安快银行创造了独特的"门店"概念①，将所有的分支机构统称为门店而非传统的分支行。更重要的是，安快银行门店概念的背后是商业模式的转变，其充分借鉴零售商的经营理念，将金融产品陈列于门店内，通过陈列产品提升产品的可获得性及吸引力，促使顾客购买相关产品与服务。此外，与目前多数银行通过广布自助设备、发展电子银行来减少顾客通过实体网点获取金融服务不同，安快银行鼓励顾客参观实体门店，通过训练有素的门店销售人员为顾客提供详尽的金融咨询，并鼓励顾客浏览、体验相关金融产品与服务，从而最终达成金融交易。

④借贷流程。相比其他大型银行，安快银行的经营活动集中在某一地区，个人或中小企业通过成为安快银行的社员，便能办理存贷款等业务。一方面，由于基层组织结构单一，全能店员具有较大权限，因而安快银行

---

① 安快银行创造了独特的"门店"概念，将所有的分支机构称为门店。门店一般分为"旗舰店（Flagship Store）"和"社区店（Neighborhood Store）"两种。

能很快审核是否为某个客户提供信贷;另一方面,由于地区优势,安快银行对客户的征信要求和贷款条件可以适当放宽,从而能为客户提供更好更贴心的差异化服务,增加顾客对银行的忠诚度。安快银行信贷决策链条短,反应快,方便实行差异化经营,有利于提高效率。

⑤盈利模式。安快银行将盈利点主要放在零售银行业务上,明确"差异型"的市场定位战略,在业务区域的确定、业务品种的投放上与大银行形成互补而非竞争之势。一是经营地域定位。对于城市门店来说,专注于所在城市的金融业务,避免与国有商业银行进行同质竞争;对于农村门店来说,主动填补大银行退出后留下的空白,谋求发展。二是产品定位。对中小企业要能提供各种贷款、汇票承兑与贴现、担保、代理等;对个人客户能提供不同种类的楼宇按揭和消费贷款、较低收费的支票、信用卡和借记卡服务以及电子银行和一些投资产品等方面的金融服务。

⑥品牌建设。安快银行高度关注品牌构建,投入大量资源打造安快银行这一品牌,包括战略设计、市场营销、销售规划等,并基于社区的事件营销以及通过面向客户的渠道传递来拓展品牌知名度。这种独特的视觉、门店效果以及互动的品牌展示将安快银行打造成一家富有创造力、客户友好型的金融服务及产品提供商。而正是通过这种品牌知名度的构建,安快银行获得更多客户的认可,并提升了客户对安快银行金融服务及产品的忠诚度。

⑦风险控制。安快银行风险控制体系由内到外分为三个层级:包括由银行信息管理系统组成的第一层级,由董事会和高管层组成的第二层级,以及外部监管机构组成的第三层级。第一、第二层级共同构成了有效的内部风险控制机制,第三层级提高了外部风险控制的效率。

第一层级是银行信息管理系统,是控制风险的最基本环节,负责对风险进行实时监测,第一时间集中汇总贷款、交易等数据,运用不同模型分析数据,得出分析报告,从而监控风险。在第二层级,董事会和高管层的有效监督是风险控制不可或缺的要素。董事会负责审批限额政策,确认银行的风险承受能力,并通过稽核部门监控银行的风险活动。高管层则负责审批每个部门的政策程序手册,并确保风险管理基础设施和内部监控落实到位。内部稽查则通过行政上的独立性,向董事会汇报评估和审核意见。审计部门根据金融交易数据对银行风险进行审计评估。外部监管部门是社区银行风险控制体系第三层级的重要组成部分,主要由货币监理署

（OCC）、联邦储备管理委员会（FRB）、联邦存款保险机构（FDIC）、消费者金融保护局（CFPB）四大联邦级别金融监管机构和其协调组织——联邦金融机构检查委员会（FFIEC），以及各州政府银行厅（SBD）等多部门组成。各监管机构根据自身监管专业领域及银行的牌照归属对银行进行分类监管，监管机构的协调统一和多样化的监管手段提高了外部风险控制的效率。

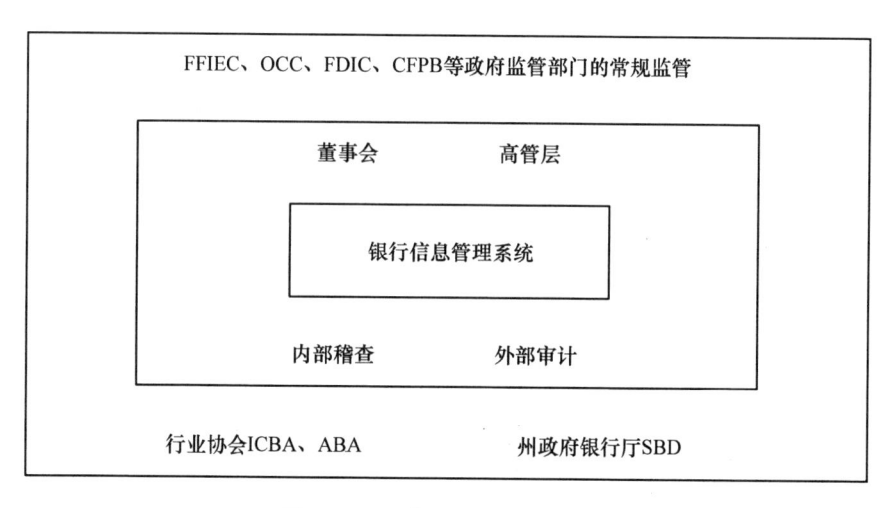

```
┌─────────────────────────────────────────────────────┐
│   FFIEC、OCC、FDIC、CFPB等政府监管部门的常规监管      │
│   ┌─────────────────────────────────────────────┐  │
│   │     董事会          高管层                   │  │
│   │   ┌─────────────────────────────┐           │  │
│   │   │      银行信息管理系统         │           │  │
│   │   └─────────────────────────────┘           │  │
│   │     内部稽查        外部审计                 │  │
│   └─────────────────────────────────────────────┘  │
│   行业协会ICBA、ABA        州政府银行厅SBD           │
└─────────────────────────────────────────────────────┘
```

图 9-4　安快银行风险控制体系

（三）社区银行模式的启示

当前，我国尚处于对社区银行模式的探索阶段，虽有部分准社区银行产生，但却未能出现一家真正意义上完全符合社区银行经营理念的银行出现，与社区银行模式理念相近的机构为村镇银行。总结国外社区银行发展的经验，结合国内社区银行的发展情况，我们发现竞争力不足、市场定位存在偏差、业务风险高是当前我国社区银行模式亟待化解的现实难题。我国应从模式本身及模式外部环境两个层面同时着力。

从自身层面来看，农村社区银行要始终坚持求异性战略，避免与传统农村金融机构同质化竞争；充分发挥农村社区银行最突出的软信息优势开展关系型信贷；综合考虑农村社区银行金融业务的特殊性，培育与之相匹配的人才体系；注重内部风险管理，实现农村社区银行的稳健发展。从外部层面来看，由于农村社区银行承担着提升农村金融包容性的社会责任，完善的政府配套措施不可或缺；基于风险控制与商业性发展的双重考虑，监管部门要对农村社区银行实行审慎灵活的差异化监管；为了缓解涉农贷款难问题以及分散农村社区银行面临的风险，应大力发展农业保险。

三 合作银行模式

合作银行是指由私人和团体组织的互助性集体金融机构，其主要目的是使其成员能取得低息贷款。合作银行是合作金融制度下的一种模式，其资金来源于其成员交纳的股金和存款，有的还吸收其他团体和个人的存款。合作银行服务对象是小规模的种养户、涉农小企业等，规模更大的农业生产经营主体不属于合作金融组织所服务的对象，它们的金融服务需求可寻求商业银行来满足。合作银行对于促进金融包容的作用显著，一方面，合作银行模式通过风险管理模式，有效降低了农村金融供给成本；另一方面，合作银行模式通过创新治理机制，有效提升了成员行的经营效率，促进了农村金融供给，增强了农村金融体系的包容性。

（一）合作银行模式的比较优势

合作银行模式有效降低金融供给成本，在拓展金融可得性、缓解居民融资及促进经济金融权利方面发挥了重要功能。

（1）拓展了农村金融服务可得性。具体表现在两个方面：一是提升了本地小微群体的实际信贷可得性。合作银行或合作金融组织的存在可以有效降低存贷利差，降低金融服务的成本，进而促进本地区的金融包容程度。二是拓宽了本地小微群体的投资渠道。在风险可控的基础之上，合作金融组织的为成员投资提供了新的渠道，提高了农村资金的本地投资收益。

（2）缓解了农村小微群体信贷约束。一是通过创新风险管理手段有效化解了信息不对称。合作银行组织较为封闭，将具体业务镶嵌在成员之间的经济、社会关系网之中，以此来筛选和监督借款者。二是充分实现了产权激励机制，关注组织的运营风险，特别是贷款风险等。同时，也将权利、风险和收益匹配起来。三是合作金融制所设计的贷款合约也与其信息优势相配套，采取小额度、联保等方式来控制信贷风险，这也有效降低了合作金融组织的运营风险，促进了金融包容。

（3）降低了农村金融服务供给成本。合作银行通过压缩存贷利差实现资金供给成本的大幅降低。第一，合作银行股东分红采取有限回报的原则，有效避免了资本的无限逐利性；第二，合作银行对所雇用的管理人员发放的薪酬处于较为合理的水平。第三，大部分合作金融组织运行成本较低。

（4）促进了农户经济金融发展权利。一是表现为一定地域范围内金融风险可控，进而有效规避了农村金融风险带给农户的负面冲击。并且降低了农村小微群体获取金融服务的价格。二是提升了农户参与农村金融市场的积极性和参与程度，相关规则制度在很大程度上由参与合作金融组织同时也是合作金融组织受益者的会员制定。因此，该模式较高程度地落实了农民自我发展权利，至少是在保障了农户获取基本金融服务的金融权利。

（二）合作银行模式的典型探索

荷兰合作银行是国际间合作银行模式发展的典型案例，其坚持以"经营、服务、管理"为三大支柱，在实现自身稳健经营和综合化、国际化发展的同时，建立了中央合作银行与成员行之间以服务为中心，统分结合的两级法人体制，有效实现了分工协作、顺畅联动。

（1）荷兰合作银行发展历程。荷兰合作银行成立于1898年。其发展经历了三个时期：初创期，商业化转型期，国际化及综合经营期。

①初创期（1898—1960年）。荷兰合作银行是19世纪中叶欧洲合作制浪潮的产物。成立初衷是对农民给予金融支持，使农民远离高利贷者。在产生初期，荷兰合作银行管理人员和工作人员均由当地农民会员兼任，无报酬，服务对象仅限于社员，与我国50年代初期农村信用社情况基本相同。这种状况一直持续至20世纪60年代。

②商业化转型期（1960—1978年）。1960年前后，荷兰合作银行推行了商业化改革。动力主要来自几方面：一是经济结构的变化；二是农业产业结构的调整；三是监管模式的改变；四是巴塞尔协议的实施。改革主要包含以下几个方面的内容：一是摒弃传统的"信贷站"模式，将其改制为真正意义上的银行网点。二是参照现代企业制度、《巴塞尔资本协议》和国际会计准则的要求，搭建商业银行的组织架构。三是在坚持服务"三农"的市场定位的基础上，将业务范围由农业信贷扩展至中小企

业融资和个人零售业务领域。四是构建了中央合作银行与成员行之间分工协作的产业模式。

③国际化及综合经营期（1978年至今）。20世纪90年代起，荷兰合作银行加快推进国际化进程和实施综合化经营。目前，已在29个国家设立了分支机构，遍布629个地区，并建立了租赁、资产管理、与房屋按揭相关的房地产融资、保险等各类子公司。截至2016年年底，荷兰合作银行集团有境内分行103家，其中支行475个、境外分行382家、参控股的金融公司19个。

（2）荷兰合作银行运作特征。①经营理念。首先，合作银行总行不得进行行政干预，只能为成员行提供业务服务项目，成员行权可根据自己的需求进行选择。其次，严格遵照市场原则，不可随意调动成员行的资金，最大限度地节省其管理与经营成本。最后，成员行对于不同类型的客户进行个性化服务，与客户建立长期合作关系。

②基本原则。每一家成员行都具有独立法人资格，并遵循以下六个基本原则：一是合作组织设立目标的服务性。合作组织将主要任务定位于为成员行提供有效服务，而非代替政府实行监管职能。二是具有完善的现代公司治理体系。治理模式主要为四级治理结构，公司治理机制的正常运作不受行政化干预的影响。三是经营区域范围具有局限性。严格限定经营区域，未经批准不得进行跨区域经营行为。四是成员行业务及管理具有独立性。各成员行是自治的，中央合作银行的作用是提供服务。五是成员行资本金来源的特殊性。第六，在成员行之间引入外部审计和交叉担保机制。交叉担保机制可以有效避免风险集聚，成员行之间的外部审计制度可以规避不合规信贷。

③组织结构。中央合作银行是由成员行入股组建的股份制银行。各成员行均为独立法人机构，并通过出资成为中央合作银行的股东，形成一种自下而上的所有权关系。各成员行在中央合作银行的股权份额按其经营规模确定，并相应行使表决权。成员行有义务以上年资产总额占全部成员行资产总额的比例认购新股。各方面一致认为，中央合作银行和成员行是一种"上股下合"的产权模式，即中央合作银行是股份制银行，成员行被视为合作制金融机构。

中央合作银行主要由三个主要机构负责内部管理。一是非执行董事会。由地方银行的会员代表选出，主要负责与各成员行的合作事宜，并对执行董事会的行为进行监督。二是执行董事会,由非执行董事会选聘,主要负责荷兰合作银行的战略发展,其履职情况向非执行董事会报告。三是执行管理层,负责制订商业计划,执行董事会战略。同时,中央合作银行还建立一个名为中央委员会的特殊机构,由各成员行的会员委员会选举产生。

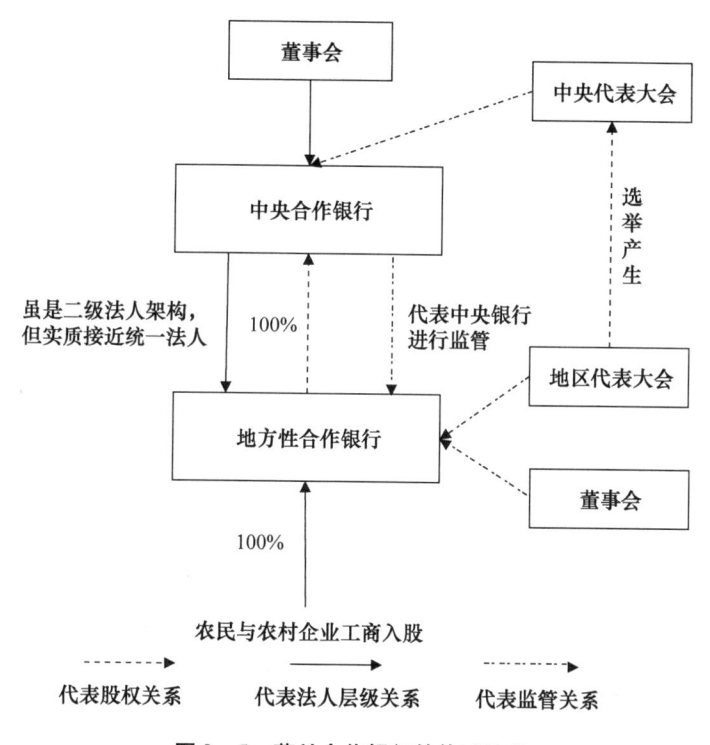

图 9-5 荷兰合作银行的体系结构

④主要模式。一是农村发展基金模式。其贷款额有所不同,但每位客户的金额在 20 万至 200 万美元。该模式通过贸易融资获得负担得起的融资。贸易融资通常的贷款期限为 3 个月至 12 个月。农村基金也提供担保。担保有助于项目合作伙伴在其他地方(通常来自商业银行)获得贷款,使他们能够为其产品的采购和加工提供资金,以便能够以更好的价格和条件进行销售。农村基金通过授予部分贷款本身或(部分)保证银行贷款与当地银行分担信贷风险。对于固定资产融资农村基金提供 1 年至 5 年中长期贷款。他们只为机器等创收资产提供融资。

二是可持续农业担保基金(SAGF)模式。该模式是为委托人提供部分信贷担保，金额从 50 万到 150 万美元不等，客户直接向 SAGF 支付平均为合约金额 2% 的费用以换取担保，以与已设立的国际买家签订的未来销售合同作为抵押品，并由 SAGF 贷款担保提供保证，当地金融机构为企业提供流动资金融资。这种年度融资允许生产者用于购买、加工和出口他们的产品。在本季节结束时，根据销售合同的条件，国际买家汇出购买商品的款项。最后，当地金融机构从这笔款项中扣除本金和利息，并将剩余部分汇给客户。

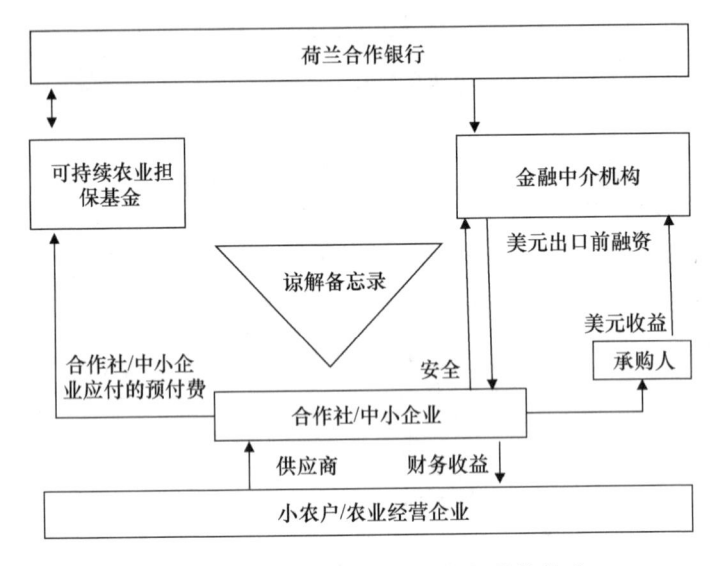

图 9-6 荷兰合作银行 SAGF 担保结构模式

⑤主要业务。荷兰合作银行集团依托国内分行（合作金融平台）开展传统银行与保险业务，为各类涉农生产加工、销售及流通企业提供金融服务。

第一，始终以农业贷款为主营业务。荷兰合作银行农业和食品工业的信贷服务不仅仅依托荷兰合作银行各分行和子公司。一些信贷条件不满足荷兰合作银行标准的农业和食品企业，可以向荷兰合作银行基金会或拉博农村基金会申请融资贷款。

第二，保险与农贷形成相互促进的关系。有关保险公司在良好的银保合作模式下，业务范围由最初的农业信用保险扩展至综合保险公司。保险公司主要负责产品开发，而荷兰合作银行通过保险代理和经纪两大管道，与保险公司共享客户资源和分销渠道，成功将25%的银行客户转化为保险客户。

第三，资产管理是主营业务的有效补充。荷兰合作银行于20世纪90年代分阶段全资收购了欧洲久负盛名的资产管理公司Robeco集团，将资产广泛配置于全球股票市场、固定收益票据和对冲基金，为银行高端客户提供理财服务，帮助客户分享全球经济增长，实现稳健投资回报。

第四，租赁融资业务是新兴拓展领域。Landen租赁融资公司是荷兰合作银行于1969年设立的下属公司，主营大型农业机具、车辆和大型办公设备的租赁融资以及相关贸易融资业务。

⑥风险控制。一是明确总部和成员行的经营边界。按照"安全至上，规避风险"的总体原则，将复杂产品和大客户业务一律收归总行直接经营，将有限程度的跨区经营权限收归总行管理。二是建立严格的监督机制。总部从事审计和合规管理的人数近500人（员工总数不超过5万人），并且聘任外部审计等中介机构对成员行进行监督，同时制定了严厉的惩罚措施。在清晰规范的制度框架下，成员行充分发挥自主经营的优势，以很高的效率争取并保有了荷兰85%的农村客户和40%的中小企业客户。

（三）合作银行模式的启示

首先，合作金融组织更能体现金融普惠理念，是实现普惠金融的基础。合作金融组织具有组织上的群众性、管理上的民主性以及经营上的灵活性。组织上的群众性意味着金融组织可以有效地集中起农村闲余资金，管理上的民主性允许社员更多参与运营决策，经营上的灵活性允许根据农户实际需求灵活开发金融产品。其次，合作金融的组织和业务形式具有动态性与多样性。未来我国合作金融体系的发展道路也应该遵循这一思路，可以从以下几个方面发力：一是继续推进农民专业合作社内部资金互助试点，设立主办部门以及建设相当规模的资金池；二是继续推进乡村社区农民的资金互助试点，明确相关规章制度与监管机制；三是立足于发展"三位一体"新型农村合作经济，加快建设新型农村合作金融的步伐。最后，坚持以服务为中心的两级法人体制模式为我国省联社体制改革提供有益启示。荷兰合作银行统分结合的两级法人体制，既尊重了成员行的自主权，又提高了工作积极性，实现了规模效应，强化了金融风险防控。当前，联合银行模式被认为是省联社体制改革的主要模式，是一种分步实施从现有的省联社平滑地过渡为省级农村合作银行的模式，但依旧存在诸多缺点，而荷兰合作银行模式为破解上述难题提供了有益思路。

四 手机银行模式

手机银行，也称移动银行，是指利用手机来完成各种金融服务交易，包括查询、转账、借贷、理财、存取款以及各种消费支付等。手机银行的出现得益于信息通信技术和互联网的迅猛发展，只要用户的手机有信号、能够上网，便能在任何时间任何地点通过手机银行享受多种金融服务，方便、快捷且成本低廉。与传统银行服务相比，手机银行凭借不受时空限制和低成本的优势，在拓展金融服务的人群，提高金融服务可得性和覆盖面方面发挥越来越重要的作用。

（一）手机银行模式的比较优势

（1）提高金融服务覆盖率。手机银行借助手机、移动通信和分布广泛的代理商网络可将金融服务扩展每一个角落和每一个居民，居民足不出户就能及时享受到正规金融服务，有效地提高农村金融服务覆盖率，促进包容性金融体系的建设。

（2）降低金融服务成本。手机银行业务可大大降低金融服务的交易成本。首先，手机银行具有投入成本与经营管理成本低、网络渠道快的优势，可以帮助银行解决网点铺设成本高和开展小额交易成本高两大难题。世界银行扶贫协商小组（CGAP）的一项调查显示：建立银行网点的成本是运用手机及第三方中介成本的30倍，用手机替代传统银行服务能够使银行运营成本降低50%左右。其次，手机银行费用相对低廉，可有效降低客户获得金融服务的成本。此外，手机具有随身携带和易于操作的优势，不仅解决方便性和及时性的问题，还能节约客户的时间与交通成本。

（3）拓宽金融服务渠道。手机银行作为一种新的服务方式，发挥了移动通信"随时随地"的特征，使客户实现在"任何时间、任何地点"办理银行业务的可能，可以显著拓宽金融服务渠道。与传统的银行网点相比，客户仅需一部手机就可获得比其他金融服务渠道更全面、方便、快捷的金融服务。特别是对于一些偏远地区和低收入人群，通过手机银行业务，可以在家或手机银行业务代理商处轻松办理查询、存取款、汇兑、领取政府补贴、贷款偿还等一系列金融业务，有效提高了金融包容水平。

(二) 手机银行模式的典型探索

手机银行模式的典型代表应为肯尼亚的 M-PESA 手机银行。M-PESA 在肯尼亚当地语言中的含义为"手机现金",也可以称为"手机银行"或"移动钱包"。M-PESA 推出以来,受到肯尼亚人的大力追捧,后又被周边国家效仿,一时间成为发展中国家发展普惠金融的创新途径。

(1) M-PESA 手机银行发展历程。M-PESA 起源于 2005 年 10 月英国国际开发署(DFID)、英国电信公司沃达丰公司(Vodafone)及其肯尼亚附属公司 Safaricom 与肯尼亚政府合作的移动电子货币系统项目。该项目旨在建立便利贫困人群小额贷款偿付的系统,以达到减少贫困的目的,是手机移动支付在发展中国家的首次实践。

2007 年 3 月,沃达丰在肯尼亚的分支机构 Safaricom 正式推出了 M-PESA 手机银行业务,通过代理商网点来为用户提供快捷方便的现金存取款、汇款和手机充值等服务。其推出伊始仅能办理较少的基本业务,但凭借其自身的快速、安全的优势得以迅速发展。

2010 年,M-PESA 推出了超市付款服务,用户可以通过使用 M-PESA 的账户在超市进行支付,这大大提升了用户的购物体验。2011 年,M-PESA 推出了国际汇款业务,与 VISA、西联汇款等达成合作关系,M-PESA 的用户可以免费接收到来自多个国家和地区的汇款。2012 年,M-PESA 与肯尼亚权益银行和钻石信托银行达成合作,M-PESA 的用户可以在合作银行的 ATM 机上直接取款。此后,M-PESA 又相继完善了多种实用的功能,如保险购买、机票预定、跨应用转账等多种功能。

表 9-1　　　　　　　　M-PESA 重要业务功能拓展的过程

年份	拓展的主要功能
2007	存款、取款、汇款及手机充值等基本功能
2010	超市付款服务,用户可以使用其 M-PESA 账户在超市进行付款,获得全新购物体验
2011	与 VISA 合作,用户可通过其 M-PESA 账户向国际预付费 VISA 卡转账;与西联汇款(Western Union)结成联盟,用户可以接收来自 45 个国家和地区的国际汇款
2012	与 Equity Bank 和 Diamond Trust Bank 合作,M-PESA 用户可以在合作银行的 ATM 机上取款

（2）M-PESA 手机银行运作特征。①运营体系。M-PESA 的运营主要由独立于商业银行金融体系之外的代理商网点营销系统、手机客户端应用系统和交易后台处理系统三大系统组成。其中，代理商网点营销系统负责为客户提供完成注册、现金存取等服务；手机客户端应用系统有客户完成注册、操作；交易后台处理系统保证在线处理客户的各种问题和交易的顺利完成。以小型店铺为例，M-PESA 的运营分为三个流程。首先，小型店铺和 Safaricom 签约并注册成为 M-PESA 的代理商，形成类似于银行网点的线下机构。然后，有汇款转账需求的客户在各个代理商网点简单的录入基本信息，免费注册 M-PESA，并在自己的手机上控制该账户。最后，客户在代理商处实现电子货币和纸币的转换，并且实现异地转账功能。

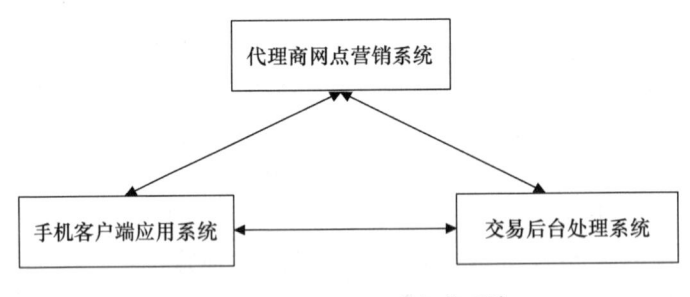

图 9-7　M-PESA 三大运营系统

②代理网点的组织。M-PESA 的代理机构包括三类：一是具有一个或多个肯尼亚实体经营网点的授权经销商；二是具有实体分布网络的其他零售商，如加油站、超市等；三是精选的部分银行和小微金融机构。代理网点的管理组织体系包括三类。第一类是分组、分层管理模式，每个网点组必须分布在三个区域位置，进而减少分布的不平衡，每个组有一个主机构，其他附属机构归主机构管理；第二类是分组汇集模式，该模式与第一种类似，该模式下的网点和汇总网点没有隶属关系；第三类是超级代理模式，一个银行网点作为超级代理，对代理商网点进行代理，和网点机构、Safaricom 运营商进行现金和 M-PESA 电子虚拟货币交易，但不能服务 M-PESA 一般客户。

③营销激励。基于代理商体系进行有针对性的广告营销是 M-PESA 成功的重要因素。在业务发展的初期，Safaricom 便在电视、广播上进行大力度的广告宣传，并通过路演近距离地向人们介绍 M-PESA 的功能和特点，促进人们更快地了解和接纳 M-PESA，甚至注册成为 M-PESA 的用户。

Safaricom 针对 M-PESA 制定的富有激励的收费机制也是其成功的重要推手。一方面，Safaricom 规定，利用 M-PESA 办理存款业务不收取任何费用。另一方面，在 M-PESA 用户存款前，Safaricom 会提前支付佣金给代理商，以激励代理商积极吸收存款。而且，由于转账给在 M-PESA 上注册的用户手续费更便宜，因此，资金转出者有较强的激励将 M-PESA 业务推介给资金接受者，促使对方尽快注册成为 M-PESA 的用户，由此推动其业务更快的发展。

④风险控制。M-PESA 主要通过技术和实时监管来控制风险。M-PESA 采用了 STK（用户识别应用发展工具）技术，STK 技术可在手机上实现数据底层加密，加密算法相对复杂，数据安全有密钥进行保障，其安全性已得到金融、债券、电信等行业普遍认可。Safaricom 通过 STK 在客户手机上的 SIM 卡上设置 M-PESA 应用程序，用户通过手机菜单即可访问该应用程序。全部业务都通 PIN 码加密的短信进行，安全性得到了很大的提高。

（三）手机银行模式的启示

一是推动银行服务数字化转型。金融机构要加强金融科技的智能应用规模和价值创造能力，充分发挥金融科技的"乘数"效应，赋予"非接触银行"更强的竞争力和生命力。二是推出多元化手机银行产品。涉农金融机构应定位农村，在深入调研的基础上，以"三农"金融需求为导向，针对不同群体、不同地域的农户推出多层次、差异化的特色手机银行产品。三是加强市场引导，引导金融机构、移动运营商、银联、移动设备制造商等主体精诚合作，实现优势互补、合作共赢。四是加大宣传力度。政府、银行、电信运营商等主体应加强对手机银行基本知识和优势的宣传，转变农户消费观念，培养其手机银行使用习惯，提高手机银行社会认知度。五是完善监管体系。有针对性地对农村地区手机银行业务加强引导和监管，积极防控手机银行支付结算风险和市场风险，保护农村居民金融财产安全。

五 网络银行模式

网络银行，又称网上银行或在线银行，指一种以信息技术和互联网技术为依托，通过互联网平台向用户开展和提供开户、销户、查询、对账、行内转账、跨行转账、信贷、网上证券、投资理财等各种金融服务的新型银行机构与服务形式，为用户提供全方位，全天候，便捷，实时的快捷金融服务系统。在数字普惠金融的背景下，网络银行通过互联网平台拓展了金融服务的渠道，实现了"普"，即服务群体的广覆盖；通过大数据与金融云技术降低了小额信贷的成本，实现了"惠"。此外，网络银行在支付、融资、理财、保险、信用等金融服务的全方位发展，以及在商业模式上的可持续性，同样契合了普惠金融的全面性与可持续性。

(一) 网络银行模式的比较优势

基于可得性、低成本、广覆盖的比较优势，网络银行在提升金融包容水平方面的作用不可替代。

(1) 降低经营成本，提高了盈利能力。相对传统银行业四处开设线下网点来说，网络银行则采用线上模式进行业务扩展，主要利用公共网络资源，不需设置物理的分支机构或营业网点，减少了人员费用。此外，大数据分析丰富了营销和风险管控的手段，云计算降低了金融服务的成本并提升了金融服务的效率。

(2) 打破时空限制，扩大了覆盖范围。网络银行业务打破了传统银行业务的地域、时间限制，具有3A特点，即能在任何时候（Anytime）、任何地方（Anywhere）、以任何方式（Anyhow）为客户提供金融服务，这既有利于吸引和保留优质客户，又能主动扩大客户群，开辟新的利润来源。

(3) 为客户提供更加多样化、个性化金融服务。通过银行营业网点销售保险、证券和基金等金融产品，往往受到很大限制，主要是由于一般的营业网点难以为客户提供详细的、低成本的信息咨询服务。利用互联网和银行支付系统，容易满足客户咨询、购买和交易多种金融产品的需求，客户除办理银行业务外，还可以很方便地进行网上买卖股票债券等，网上银行能够为客户提供更加合适的个性化金融服务。

(4) 以金融科技为基础，实现精准放贷。互联网银行借贷的本质是信贷，互联网金融风控的优势在于金融科技，依托大数据和云计算的等手段，移动互联网使得客户偏好、行为、心情随时随地被实时发现和追踪，使金融需求能够更容易被低成本地发现，通过精准的定位和风险定价，从而给出适度的借贷额度。而传统银行业的信用额度，多数是通过申请信用卡的方式来实现的，而信用卡则主要是通过央行征信数据的单一维度来评判申请人的资格,并且主要是面对工薪阶层而发放的,相对僵化落后。

(5)专注小额信贷,拓展了普惠金融发展空间。普惠金融一直是近年来政府倡导的金融发展方向,网络银行坚持普惠金融定位,借助互联网"永不停歇"的特征,打破传统金融时间与空间限制的桎梏,进一步降低普惠金融的落地成本、扩大落地范围,进一步拓展了普惠金融的发展空间。例如,针对城市中低收入人群和偏远、欠发达地区的广大民众,推出了全线上、纯信用、随借随还的小额信贷产品,以满足他们"按需贷款、随时可得"的需求。小额信贷产品不仅有效地凸显了普惠金融的本质和特性,极大地提升了金融服务的覆盖率、获得性和满意度,而且初步形成了商业可持续的普惠金融发展新模式。

(6)提升了客户办理业务的效率。在银行经营中,信贷业务是银行最核心的业务。如图9-8所示,对比发现,相较于传统银行烦琐的信贷流程,网络银行申请贷款都是在线上操作,一般商业银行信贷业务办理需要1—2周的时间,网络银行仅需15分钟,造成时间差异最大的原因是征信方式的不同。网络银行主要采用大数据分析申请的生活信息、轨迹信息、阅读信息以及网上消费信息来判断申请人的信用等级,除此之外,还可能会通过第三方征信机构和央行征信等方式对借款人进行信用评估。

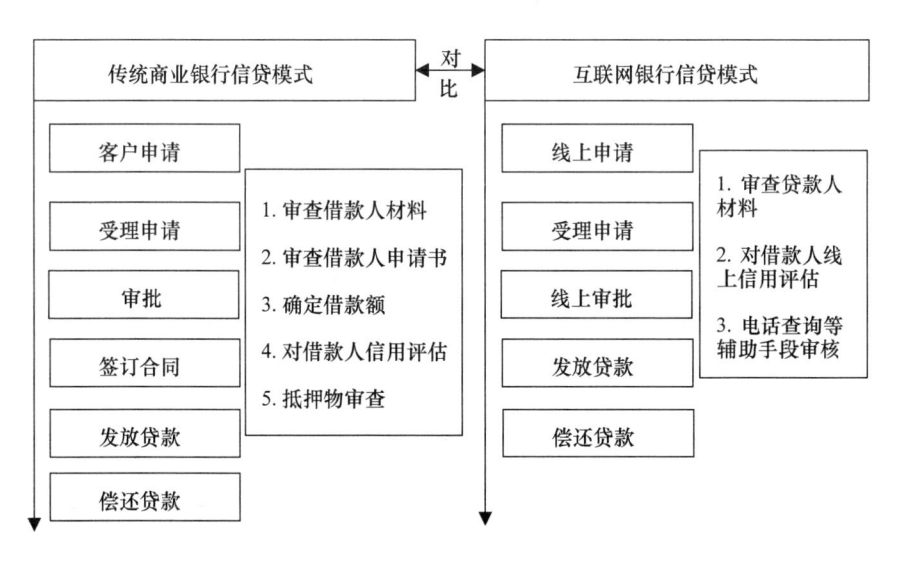

图9-8 传统商业银行和互联网银行信贷模式

(二) 网络银行模式的典型探索

浙江网商银行以互联网方式经营，不设物理网点、不做现金业务，以互联网为平台，小存小贷，只服务"长尾"客户，不做 500 万元以上的贷款，不碰"二八定律"中的 20% 的高净值客户群的民营银行。网商银行基于云计算的技术、大数据驱动的风险控制能力，采取"轻资产、交易型、平台化"的运营思路，从创立伊始，就在技术上让自己"变轻"，经历了"上网—上云—上链"的技术演进，以金融科技创新为驱动力，为线上客户提供小微贷款"310"服务模式，填补了小微金融空白地带。

（1）浙江网商银行发展历程。浙江网商银行的发展历程可分为起步阶段和全面发展阶段。

①起步阶段。浙江网商银行成立于 2015 年 6 月，是全国首批试点的民营银行之一，是一家以互联网为平台面向小微企业和网络消费者开展金融服务的民营银行，按照"小存小贷"模式为小微企业和网络消费者提供有关贸易与生活方面的金融解决方案。网商银行根据不同群体的需求推出了针对性的产品，例如向中小创业网站推出的"流量贷"，为农村地区用户提供的"旺农贷"，面向线下中小餐饮商户推出的"口碑贷"以及向天猫淘宝上的小微商户推出双十一"大促贷"等。与此同时，网商银行开始逐步接入掌合天下、金蝶、猪八戒网、饿了么等总计 50 多家外部商业平台，生态协同服务小微企业。2016 年 2 月底，网商银行服务小微企业数量突破 80 万家，为小微企业累计提供了超过 450 亿元的信贷资金。

②全面发展阶段。2016 年以来，网商银行不仅扩大服务群体，同时也涉足其他业务。首先，网商银行推出"信任付"，为小微经营者提供"先采购后付款"的担保融资服务。其次，网商银行提供了的管理店铺资金的工具"网商有数"，"网商有数"结合了网商银行资金链条上的经营性数据和独有的风控模型，为小微商户提供在线的财务明细分析数据。再次，网商银行还联合"菜鸟"推出了供应链金融产品，它向合作商家及伙伴提供资金支持，基于阿里电商、金融及物流平台沉淀的大数据，实时在线授信、动态风控，商家选择菜鸟服务后，即可获得贷款，自由支用，随借随还。最后，2017 年 6 月开始，网商银行联合支付宝收钱码探索"310"贷款模式，即 3 分钟申请，1 秒钟放贷，0 人干预，带到对线下小摊小贩的服务中；过去发放一笔小微企业贷款的平均人力成本在 2000 元，

而"310"模式每笔贷款的平均运营成本仅为2元3角,其中2元为计算和存储硬件等技术投入费用。截至2017年年末,网商银行资产总额781.7亿元,负债总额735.0亿元,资本充足率13.51%。

(2)浙江网商银行运作特征。①主要业务。网商银行以纯互联网方式运营,不设物理网点,不做现金业务,也不会涉足传统银行的线下业务如支票、汇票等。在监管方面主要关注其流动性风险和信息技术风险。网商银行的业务范围包括吸收公众存款、发放贷款、办理国内外结算等业务。

②组织架构。与传统银行不同,网络银行以无实体网点为最大特征。对于纯网络银行来说,信息技术与数据是其服务的最终目标。因而,网商银行架构中,最为重要的部门设置偏向于风险、信息、产品、法律、战略等角度。其中最为重要的部门当属战略部门、风险部门、信息部门和产品部门。

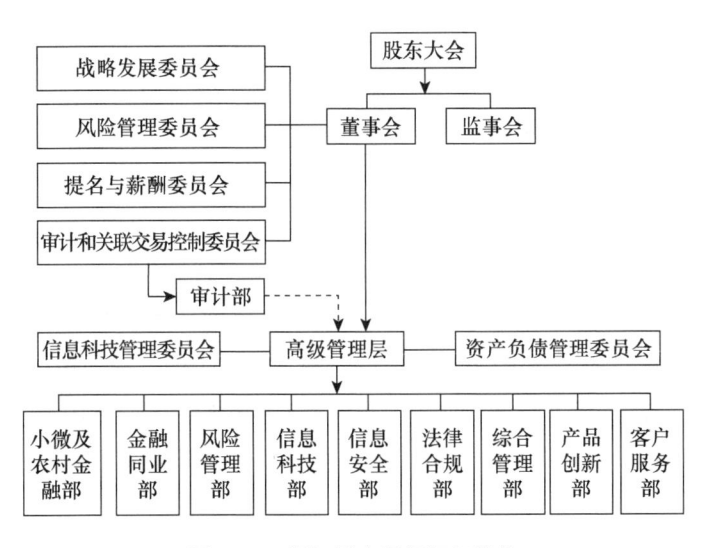

图9-9 浙江网商银行组织结构

③以线上交易降低交易成本。网商银行采用的信贷流程较为简便,用互联网取代传统信贷客户经理,用智能模型取代银行网点,用芝麻信用取代烦琐的信贷审核,从而进一步降低交易成本,让原先耗费在人工上的成本被计算机与人工智能所取代,不仅提高了效率,更让小微企业不必为交易成本担负过高的资金和时间成本。网商银行"310"(3分钟申请、1秒

钟放款、0人工介入）全流程线上信用贷款模式具备互联网的规模扩张效应，而其依托于蚂蚁金服的大数据风控体系，可将不良率控制在1%左右，具备商业可持续性。

④用金融科技消除信息不对称。小微企业因为数量众多，其信息呈现差异化与异质化的特征，使商业银行难以有效的获取企业信息，从而使得小微企业的信贷发放受阻。但是，以支付宝为代表的移动支付工具已经成了数据的天然信源，通过移动互联网搜索引擎、大数据挖掘及分析系统、云计算服务体系、人工智能分析模型等，从而更好地分析目标客户特征，从而让银行与企业之间的隔阂被打破，让信息流通更加顺畅，进一步增强了银行与企业的互信关系。

⑤用移动互联网破除获客障碍。通过虚拟化的移动互联网银行操作，配合人脸识别等生物识别手段，不仅完成了传统商业银行需要海量人力进行处理交易的过程，更实现了对交易流程的互联网再造，从而极大消除了排队困扰，并且依托于新媒体模式更好地发现潜在客源，从而进一步降低了商业银行的获客成本，让客源成了持续不断的客户伙伴。

⑥用低利润坚守普惠金融定位。2018年，网商银行的净利润为6.7亿元，在目前所有已公布年报或财报的银行中，利润几乎垫底。网商银行虽然利润微薄，但发展却是极好。《银行业服务小微实践调查》显示，2018年网商银行服务的小微企业数量远远超过其他银行，成为中国服务小微企业最多的银行。网商银行的客户定位是传统银行覆盖不到或者覆盖不够充分的"长尾"客户，包括广大的小微网商、个人创业者和普通消费者，特别是其中的农村消费群体。以贷款业务为例，网商银行明确表示不会做500万元以上的贷款业务。目前，蚂蚁小贷服务的170多万家客户里，有20多万家是农村地区客户，每6家小微企业，就有一家在网商银行贷过款。

⑦利用大数据、人工智能技术对小微企业进行风险评估。网商银行是中国第一家将核心系统架构在金融云上的银行。基于金融云计算平台，拥有处理高并发金融交易，海量大数据和弹性扩容的能力。网商银行通过小微企业在支付宝扫码付款这一基础上，采集线下商户的位置等信息，利用大数据，人工智能技术等风控体系，从而对小微企业进行风险评估。在这一点上突破了传统金融风控的限制。它的310模式依托于蚂蚁金服的大数据风控体系，包括超过10万项的指标体系，100多个预测模型及3000多

种风控策略等，可将不良率控制在1%左右。

（三）网络银行模式的启示

一是网络银行作为我国构建多层次银行体系、金融体系的积极践行者之一，应以网络银行为突破口，增加互联网信贷供给主体，运用数字技术的力量，通过线上的差异化服务覆盖更为广阔的小微企业和个体经营者。二是网贷平台作为向大众普及金融知识和推出金融产品的重要平台，应保证网贷平台资质过硬且合规，保障用户权益。三是加强个人征信牌照管理，培育市场化征信机构；加强对"大数据"在征信行业应用的监管；健全互联网金融时代的征信体系。四是在监管原则上，要根据网络银行的发展动态、影响程度和风险水平实行动态监管，尽可能在风险暴露之前，及早发现并根治问题，防患于未然。为满足风险评估与测算需要，网络银行还要加入更多的监管指标。最后要处理好行政监管和行业自律的关系，严守"底线思维"，坚决打击违法犯罪活动。

六 代理银行模式

代理银行指与银行签订合作协议，在缺乏银行分支机构的地区为客户提供基础金融服务的非银行类商业实体，包括超市、彩票投注站、邮局、药店等零售商业网点，银行可依托其实现金融服务功能在乡镇地区、农村地区的拓展延伸。较传统银行服务模式而言，代理银行模式不需要建设专门的金融基础设施，服务链条精简高效，在拓展金融覆盖面、提供农户可使用可负担的金融服务方面具备优势。

（一）代理银行模式的比较优势

（1）拓展金融服务的覆盖面。在一些经济欠发达地区，金融发展不足，不可避免地会长期存在金融服务空白的问题。通过银行代理模式，银行在自身分支机构无法触及的地区，将其部分金融业务外包给如超市、杂货店等更具普遍性的商业实体，从而使得银行无须设立分支机构就能够为那些无法接触到金融服务的农村群体，特别是贫困及边远地区的弱势群体提供金融服务。边远地区居民无须跋山涉水寻找银行网点，只需要在超市进行日常采买的同时就能获得一些基础性的金融服务。

(2) 提供契合农户的个性化金融产品和服务。代理银行的选择决定了其必然具有亲民性的特点。单位代理人通常选择的是当地具有一定经营年度的超市、邮政网点、加油站等商业实体，这些实体店本身就扎根在当地，熟悉当地社区和居民，因而具备信息优势，能够更好发挥鉴别及监督功能。同时，农户长期在此采购或消费，对其形成很强依赖性和信赖度，由这些店家作为代理网点，通常极易得到当地住户的接受和认可，有利于协助银行将金融服务快速向农村地区延伸，提升代理银行在农村地区的覆盖深度；银行以签订协议的形式确定代理网点，通过协议年限的设定使得网点的选择和变动具有高度灵活性。银行能够根据各网点的营业状况以及该地区人口、经济发展变化迅速改变网点布局，基于网点信息向当地居民及时提供和调整更契合农户的个性化金融产品和服务。

(3) 降低农户获得金融服务的成本。银行通过手机银行模式向农户提供金融服务，可以节省银行增设面向偏远地区农户的分支机构以及物理维护、人力资本、日常经营等带来的高额成本。巴西的实践经验表明，发展一个新代理网点的成本仅为建立一个传统银行网点成本的 0.5% （Kumar 等，2006 年）。另一层面，俗语有云"羊毛出在羊身上"，银行经营成本的减少也能够降低农户为获得金融服务所必须支付的费用。根据秘鲁信贷银行估计，同一笔现金交易，在传统银行网点处理的成本是 85 美分，而通过代理商处理成本只有 32 美分。与传统商业银行网点相比，代理银行只需要按照协议为合作代理网点提供 ATM、POS 机等相关专用设备，并提供前期使用指导，就能够长期与代理网点共享收益，有效解决了成本效益不匹配的困境，缓解银行网点铺设成本高及人力资源成本高等问题。与此同时，密集的代理网点能在地区内产生网络效应，大幅减少农户为专门到正规银行分支机构办理业务的路程费用和时间成本，农户能够及时、便捷的获取金融服务。

（二）代理银行模式的典型探索

巴西代理银行的成功运营实践表明，代理银行制度不仅能够有效地降低金融服务的交易成本，而且有助于在参与的金融机构与零售商业实体等代理行之间建立风险分担机制。作为一种有别于传统商业银行拓展服务边界的制度安排，代理银行模式在巴西呈现出良好的发展态势，公有银行和私有银行都积极运用这种模式扩大其金融服务覆盖面，获得了较好的规模经济效应。

（1）巴西代理银行发展的社会背景。①社会环境。一方面，由于巴西工会在劳资谈判上的强势地位及巴西劳动力成本较高的社会特征，银行在对贫困地区设立分支机构及雇用员工需承担高昂的费用，难以实现可持续运营，银行等金融机构亟待找寻一条低成本拓宽服务边界的服务思路；另一方面，自2003年工党执政以来，巴西积极推动社会福利计划的实施，通过完善的金融服务网络发放政府津贴的需求迫切。

②制度环境。自1999年起，巴西立法部门逐步放松对代理银行业务的政策限制，尤其是对非银行机构或代理网点处理现金收支的功能没有进行限制，这对推动代理银行模式的发展具有重要作用。在地域范围上，尽管巴西政府当局的初始意图是将代理银行业务限制于金融机构空白乡镇，但代理银行模式的普及与应用让政府逐渐允许代理业务拓宽至全国各地；在业务范围上，从仅允许银行在网点布局ATM等取现设备，发展至允许代理网点主动承担部分代理业务；在金融机构资格上，从允许商业银行进行代理银行业务，到全国所有的金融机构和其他得到央行授权的机构都能开展代理银行业务。

③监管环境。巴西央行对代理网点开展代理银行业务的监管力度较松，这使得代理银行模式相比于其他金融服务模式拥有更为显著的优势，表现在：巴西金融监管当局的营业安全标准对代理网点并不适用，而对银行设立分支机构却有明确的法律规定。而对于代理网点的交易数据保护及代理业务的安全性问题，由发包银行承担直接责任。但涉及代理银行业务的保密性问题时，责任承担不光由发包银行负责，代理网点及其雇员也需共担责任。因此，巴西宽松的监管策略为代理网点创造了良好的运营生态，在服务贫困地区与低收入人群方面较银行分支机构具有更强的灵活性。

（2）巴西代理银行运作特征。①代理商选择。代理银行模式下的代理商既可以是个人也可以是营利或非营利性法人机构，如零售店、夫妻店、流动摊、教育机构、宗教组织、非政府组织等，还可以是移动网络运营商，大型零售连锁企业，如超市、加油站、邮局、药店等。任何具有经常性现金流的零售类行业，都可以成为代理银行的代理商。当然众多国家中也存在特殊情况，肯尼亚监管当局则要求代理商必须是营利性组织，当局认为非营利组织成为代理商会影响其自身已承担的社会公益事业的开展和推进，因此非政府组织、教育机构和宗教组织等被排除在外。

②代理商管理方式。代理商管理的方式可以分为两种方式，一种是对代理商进行直接管理，另一种是通过专业的代理网络管理公司来对代理商进行统一管理。对于代理商的管理，主要包括对代理商的选择并签约，对代理商进行培训管理和监督，在与各类代理商签订代理合同之后，在每个代理网点安装电脑、POS机、条形码扫描仪机、ATM等网络电子设备，以上设备通常通过联网的方式和银行的主机相连接，由签约银行服务器确认并备份，同时为代理商终端设备的故障提供技术支持，以及检查每个代理网点的现金流状况，对于代理商现金额度用完未到银行存入资金进行提醒和催缴等。

③代理商主要业务。代理商主要提供开户、转账汇款、小额存贷款、微型保险、支付账单和税款、工资支付、话费充值、政府福利的支付等金融服务，同时负责借款人身份信息的收集、预处理、审核以及提交贷款申请、收取利息、跟踪还款和贷款的收回等工作。而代理商提供服务的方式可分为两种，一种是交易代理商，另一种是业务代理商。交易代理商只提供取款、还款和转账等金融服务，而业务代理商的服务范围则更广，其业务涵盖接收转发并审核个人开户申请、存取款、转账、账单支付、个人信贷、客户贷款、信用卡业务、信用贷款的初步分析、跨国汇款和转移支付、政府福利和养老基金的发放等。其中关于跨国汇款和转移支付业务，代理银行只有在巴西中央银行网络系统注册的代理商才能获得授权，除此之外的代理商，只能开展国内相关代理业务。

④代理商运营收益。代理银行网点运营收益主要来自交易手续费收入，客户在代理银行网点办理业务，代理网点需向客户收取一定的手续费，该部分收入要在设点机构与代理网点两者间根据合约规定进行分配。不同的代理机构、不同的区域地点、不同的金融业务，所收取的手续费也各不相同。通过代理银行网点，设点金融机构一方面能很好拓展自身的客户规模和业务流量，另一方面代理银行网点低成本运作模式降低了设点机构的巨额运营费用。

（三）代理银行模式的启示

一是借鉴巴西代理银行模式的经验，在经济欠发达、边远或是地广人稀的地区，通过与当地的各种经营类型、各种经营规模的商业实体合作的

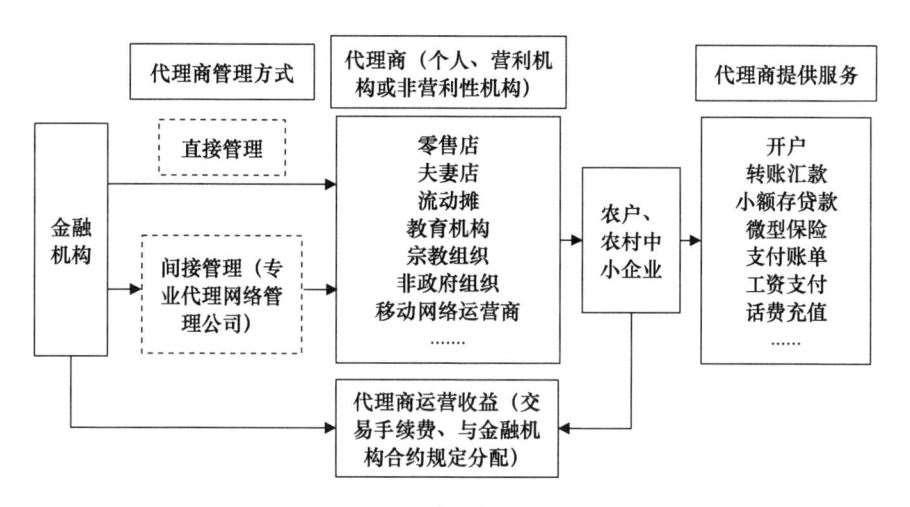

图 9-10　巴西代理银行的运作结构

方式，将小额金融服务外包给这些实体网点，延伸服务网络，提高金融服务的覆盖范围和农户获取金融服务的便捷性。二是可以结合各地区实际情况，在银行、代理网点和其他金融机构及组织之间构建合作互联通道，推动代理银行经营业务的发展，或在代理网点提供的金融服务中增加保险、小额理财等其他金融业务，扩展代理银行的经营业务范围，以向农户提供更丰富、更有针对性的金融服务，满足不同客户的个性化金融需求。三是在确保农村金融市场有序发展的基础上适度的放宽代理银行的金融业务限制，支持代理银行信贷业务多元化发展以满足农户不断发展的金融需求。与此同时，加快完善对银行和代理网点的监管政策，规范代理银行的经营行为，加大对违规经营的惩处力度，推动代理银行模式健康、有序、可持续发展。

七　本章小结

本章基于国内外有益的实践探索经验，阐述了能够有效推动农村金融排斥向包容转化的六大金融模式——乡村银行模式、社区银行模式、合作银行模式、手机银行模式、网络银行模式和代理银行模式。

深入剖析各模式后发现：第一，各模式在化解金融排斥、实现金融包容上相比传统模式各具优势，凭借得天独厚的模式特征或技术特征，提供成本更低、效率更强、门槛更低、更精准、更灵活的金融服务。第二，结合国内外案例以及数据佐证，发现乡村银行模式、合作银行模式、代理银行模式和手机银行四种模式在国内外的发展状况较顺利，市场占有率高，客户反馈较好，但社区银行和网络银行在发展中还存在阻碍；在社区银行方面，我国还没有出现一家能够完全契合社区银行模式的金融机构，较为相似的机构为村镇银行。但村镇银行还存在竞争力不足、市场定位存在偏差、业务风险高等问题。在网络银行方面，我国对互联网金融的监管不断趋严，行业整体由野蛮生长进入健康发展节奏。借贷成本偏高、信息披露造假、风险控制机制不完善、用户的信息安全性低是当前网络贷款亟待化解的现实难题。

第十章　中国农村金融排斥向包容转化的政策建议

金融包容理论的一大重要突破就是政府的角色定位非常清晰，强调政府因素内生于包容性金融体系，政府是包容性金融体系中不可或缺的一部分。不同于金融排斥中的政府作用缺失或不足，金融包容论要求政府必须积极有为，发挥正向引导作用。因此，剖析农村金融体系包容转化过程中的政府作用方式及作用机制，对构建促进农村金融包容性发展的政策体系至关重要。本章首先系统性回顾了农村金融体系包容性发展的政策沿革，其次通过分析农村金融包容性发展过程中的政府职能定位和作用边界明确了今后提升农村金融包容性的政策方向，最后从政府支持、中介体系、供给优化和需求提升四个层面总结提出了提升农村金融包容水平的推进措施。

一　农村金融体系包容性发展的政策沿革

农村金融排斥的重要原因在于商业性金融机构的逐利性与农村金融市场的高风险性之间的冲突与矛盾。二者之间的矛盾决定了农村排斥状态并非能由金融体系的市场化机制自发性地解决，而需要政策的外力推动。为了有序推动农村金融从排斥向包容转变，我国政府进行了诸多政策实践，制定了包括财政政策、货币政策以及监管政策在内的一系列政策措施，有效推进农村地区金融"存量改革"与"增量改革"。从政策实践效果来看，多层次的农村金融机构体系逐步形成，农村金融体系的包容性水平得到显著提升。

（一）农村金融体系包容性发展的财政政策
长期以来，包括贴息、补贴、奖励等一系列财政补贴政策和税收优惠政策有效支持我国农村金融包容性发展。具体来看，财政补贴和税收优惠政策化解了商业化金融资本参与农村金融市场动力不足的问题，培育农村金融的有效需求，激发了传统农村金融市场活力。

1. 财政补贴政策

提升农村金融包容的财政补贴政策主要包括对农村贫困群体的贷款贴息、农业保险保费补贴、新型农村金融机构定向费用补贴、农村金融机构改革的资本金补贴以及财政奖励等。

在贷款贴息方面，自1998年起，央行财政就开始对农村贫困地区拨付扶贫贷款贴息资金，并在以后期间不断改革和完善扶贫贷款贴息制度，以引导金融资本向农村贫困地区投入。2008年，国务院扶贫办为提高扶贫贴息贷款使用效率，联合财政部、中国人民银行、银保监会共同下发《关于全面改革扶贫贴息贷款管理体制的通知》（国开办发〔2008〕29号），进一步将扶贫贷款管理权限和贴息资金下放到各省，其中到户贷款管理权限和贴息资金全部下放到县；扶贫贷款由自愿参与的任意机构承贷；对到户贷款和项目贷款给予贴息。2016年，财政部发布《农业综合开发推进农业适度规模经营的指导意见》，规定对用于高标准农田建设的贷款，中央财政予以贴息，并在政策性银行外，把商业银行、农村信用社等金融机构贷款也纳入贴息范围。2018年，农业农村部发布《农业农村部办公厅关于做好新型农业经营主体信息直报系统贷款贴息试点工作的通知》，以新型农业经营主体信息直报系统为载体开展贷款贴息试点，帮助缓解新型农业经营主体贷款难、贷款贵等问题。

在农业保险保费补贴方面，财政部2007年印发《中央财政农业保险保费补贴试点管理办法》（财金〔2007〕25号），开始启动农业保险保费补贴的试点工作，对内蒙古、新疆等六省份的五种农作物给予保费补贴，试点险种的保费由中央和省级政府各承担25%，其余由农户个人或由农户与龙头企业和省、市、县级财政部门共同承担。2016年，财政部、农业部印发《关于全面推开农业"三项补贴"改革工作的通知》，将种粮农民直接补贴、农作物良种补贴和农资综合补贴合并为农业支持保护补贴。之后，又规定对保险公司按规定比例计提的农业保险大灾风险准备金允许在税前扣除。2019年，财政部等四部门印发《关于加快农业保险高质量发展的指导意见》，提出提高农业保险保障水平，在覆盖农业生产直接物化成本的基础上，扩大农业大灾保险试点，推动农业保险"保价格、保收入",防范自然灾害和市场变动双重风险。

在对新型农村金融机构支持方面,为减轻新型农村金融机构的财务压力,财政部自2008年起开始对符合条件的新型农村金融机构给予费用补贴。2009年,财政部出台《中央财政新型农村金融机构定向费用补贴资金管理暂行办法》(财金〔2009〕31号),对符合相应资本和监管指标要求的贷款公司、农村资金互助社以及村镇银行,按不同规定给予补贴。2010年,财政部又将西部基础金融服务薄弱地区的金融机构网点纳入补贴范围。2019年,财政部关于修订发布《普惠金融发展专项资金管理办法》的通知,对符合条件的金融机构经银保监会批准设立的村镇银行、贷款公司、农村资金互助社三类农村金融机构,按照不超过其当年贷款平均余额的2%给予费用补贴。

在对农村金融机构改革的支持方面,针对农业银行、农村信用社、农业发展银行等农村金融机构在改革过程中出现的核心资本充足率低、不良资产多等问题,中央定向给予财政扶持。其中,2008年财政都通过中央汇金公司向股改中的农业银行注资1300亿元人民币等值美元,以提高其核心资本充足率;对1994年到1997年因开办保值储蓄业务亏损的农村信用社累计拨付补贴88.5亿元;支持农业发展银行拓展业务,进一步强化其政策性支农功能。农村金融机构改革不断深入推进。数据显示,截至2018年年初,全国农村商业银行达到1262家、农村合作银行33家、农村信用社965家。2001年到2018年这18年间,农信社的改制进度完成了57.3%。

在财政奖励方面,财政部2009年出台《财政县域金融机构涉农贷款增量奖励资金管理暂行办法》(财金〔2009〕30号),在黑龙江、山东等六个试点省份开展县域金融机构涉农贷款增量奖励试点,对符合要求的县域金融机构按规定比例给予奖励,并在2010年将试点范围扩大到18个省份。

2. 税收优惠政策

除财政补贴外,国家财政部和税务总局还对农村金融机构以及金融企业的涉农涉小额贷款予以各项税收优惠,进一步支持农村金融发展。在所得税优惠方面,财政部和国家税务总局于2009年共同出台《关于金融企业涉农贷款和中小企业贷款损失准备金税前扣除政策的通知》(财税〔2009〕99号),规定对金融企业在2008年至2010年的涉农贷款和中小企业贷款损失准备金实施税前扣除。2010年财政部、国家税务总局又出台《关于农村金融有关税收政策的通知》（财税〔2010〕4号），对2009年至2013年金融机构对农户小额贷款的利息收入和保险公司为种植业、养殖业提供保险业务取得的保费收入，在计算相应的应纳税所得额时允许按比例扣除。2017年，财政部出台《关于延续支持农村金融发展有关税收政策的通知》（财税〔2017〕44号），对2017年1月1日至2019年12月31日金融机构农户小额贷款的利息收入，以及对保险公司为种植业、养殖业提供保险业务取得的保费收入在计算应纳税所得额时按90%计入收入总额。在增值税（营业税）优惠方面，财政部、国家税务总局在2010年发布《关于农村金融有关税收政策的通知》（财税〔2010〕4号），规定对所有金融机构自2009年至2013年对农户小额贷款的利息收入均免征营业税；对村镇银行、农村信用社、农村资金互助社、小额贷款公司，以及法人机构所在地在县（含县级市、区、旗）及以下地区的农村合作银行和农村商业银行自2009年至2013年的营业收入按3%的税率征收营业税。2017年，财政部出台《关于延续支持农村金融发展有关税收政策的通知》（财税〔2017〕44号），对金融机构农户小额贷款自2017年1月1日至2019年12月31日的利息收入免征增值税。

（二）农村金融体系包容性发展的货币政策

在金融政策方面，主要通过定向降准、支农再贷款、支农再贴现等工具对资金投向进行结构性引导，鼓励金融机构更多地将信贷资源配置到农村小微企业、农村民生工程和中低收入农户等重点领域和薄弱环节，在兼顾农村金融包容性发展工具理性的同时充分实现了其价值理性。

1. 差别存款准备金率

差别化存款准备金率制度的实施开始于2008年，主要实施对象是农村商业银行等农村金融机构作为市县两级地域的主要法人金融机构。对县域农商行实施差别化准备金率，可以在一定程度上提高县域农商行的可贷资金规模，从而促进其服务"三农"的能力。近年来，我国监管机构对农信社实行普遍的差别化存款准备金政策，其准备金率大多低于大型金融机构5—6个百分点；对A类农信社可执行再低于一般农信社1个百分点的存款准备金率；2010年，为进一步引导农信社加大涉农贷款业务，发布《关于鼓励县域法人机构新增存款一定比例用于当地贷款的考核办法》

（银发〔2010〕262号），规定对当地信贷投放增幅达到一定标准的县域法人机构的存款准备金率降低1个百分点，并在再贷款及机构设置方面享受优惠政策。2014年4月和6月，央行两次实施定向降准，分别下调县域农村商业银行人民币存款准备金率和县域农村合作银行人民币存款准备金率2个百分点和0.5个百分点，并对上述机构以外的符合审慎经营要求且对"三农"和小微企业贷款达到一定比例的商业银行（包括国有商业银行、股份制商业银行、城商行、农商行等以及财务公司、金融租赁公司和汽车金融公司等多类机构）定向降准0.5个百分点。2016年，国务院再次提出要积极运用差别化存款准备金等货币政策工具，鼓励和引导金融机构更多地将新增或者盘活的信贷资源配置到小微企业和"三农"等领域。为支持实体经济发展，降低社会融资实际成本，2020年1月6日中国人民银行下调金融机构存款准备金率0.5个百分点，即大型金融机构12.5%，中小金融机构10.5%。

2. 支农再贷款和再贴现

支农再贷款由中国人民银行对符合条件的各类农村金融机构发放，再由这些金融机构将再贷款资金发放给有资金需求的"三农"客户。支农再贴现是指央行通过买进农村金融机构持有的已贴现但尚未到期的商业票据，以向其提供融资支持。支农再贷款和再贴现在缓解信贷支农资金不足、引导和扩大涉农贷款投放、降低涉农融资成本，促进农村金融包容上发挥积极作用。1999年，中国人民银行经国务院批准开始办理支农再贷款业务，以支持全国农村信用社发放农户贷款。此后，央行不断调整支农再贷款政策，重点在借款人、贷款用途、发放条件、贷款利率等几个方面进行了较大调整，借款人从一开始的农信社逐步扩大到设立在市区、县域和村镇的农村商业银行、农村合作银行、农村信用社、村镇银行，贷款用途从农户贷款扩大到涉农贷款，发放条件从自筹资金难以满足增加农业贷款的合理需求变为涉农贷款比例不低于50%。2014年3月，央行印发《关于开办支小再贷款支持扩大小微企业信贷投放的通知》（银发〔2014〕90号），首创支小再贷款，在全国范围内下达支小再贷款额度500亿元专项支持金融机构扩大对小微企业的信贷投放。同年，为进一步降低"三农"客户的融资成本，中国人民银行又对贫困地区符合条件的法人金融机构的支农再贷款利率实行二级优惠利率。2015年12月，人民银行为引导地方法人银行业金融机构扩大涉农信贷投放，进一步降低"三农"融资成本，印发《中国人民银行支农再贷款管理办法》（银发〔2015〕395号），对支农再贷款的申请、发放与收回、管理、监管等都做出了明确规定。此外，为全面贯彻落实《中共中央国务院关于打赢脱贫攻坚战的决定》（中发〔2015〕34号）提出的"设立扶贫再贷款并实行比支农再贷款更优惠的利率，重点支持贫困地区发展特色产业和贫困人口就业创业"，人民银行设立扶贫再贷款，专项用于支持贫困地区地方法人金融机构扩大涉农信贷投放，并印发了开办扶贫再贷款业务的专门通知，明确扶贫再贷款的发放对象、投向用途、使用期限、利率水平、规范管理、政策效果评估等，以有效发挥其支持精准扶贫、精准脱贫的积极作用。2018年，人民银行、银保监会、证监会、发展改革委、财政部联合印发《关于进一步深化小微企业金融服务的意见》（银发〔2018〕162号），增加支小支农再贷款和再贴现额度共1500亿元，并下调支小再贷款利率0.5个百分点。

（三）农村金融体系包容性发展的监管政策

农村金融的行业特殊性决定了针对农村金融市场的监管架构将不同于传统金融市场。为有序化解我国农村金融市场的排斥状态，政府在坚持灵活性原则、激励兼容原则、成本收益原则、适应性原则、自我监管原则及行业自律原则的前提下，在强调农村金融机构自身灵活性和创新性的目标下，制定了一系列具有针对性的监管政策，形成了一个较为健全的包容性农村金融监管思路和法律框架。

1. 法律监管体系

根据《人民银行法》的规定，我国金融监管形成了"一行两会"的多元化监管格局，中国人民银行具有宏观监管权，银保监会、证监会具有微观监管权。具体到农村金融监管上，银保监会具有核心监管地位。十多年来，银保监会为促进农村金融发展推出了一系列准入和监管文件，总体上按照宽准入严的监管原则，要求对金融机构执行审慎、规范的资产分类制度，农村金融机构的内部控制、贷款集中、资产流动性等应严格满足审慎监管要求，对具体资本状况适时采取递进式严格监管措施等。

2013年，银保监会印发《农村商业银行管理暂行规定》和《农村合作银行管理暂行规定》（银监发〔2003〕10号），规定了农商行设立的具体条件、股权设置、组织机构、经营管理、机构变更与终止以及相关罚则等。之后，又先后出台《村镇银行管理暂行规定》和《贷款公司管理暂行规定》，调整放宽农村地区银行业金融机构准入政策的试点工作。此外，银保监会发布《农村信用社省（自治区、直辖市）联合社管理暂行规定》（银监发〔2003〕14号），在确定农村信用社以县（市）为单位统一法人的原则上规定了农村信用社省（自治区、直辖市）联合社的设立、变更、终止、股权设置、组织结构和基本职能等。2006年年底，银保监会为解决农村地区银行业金融机构网点覆盖率低、金融供给不足、竞争不充分等问题，发布了《关于调整放宽农村地区银行业金融机构准入政策更好支持社会主义新农村建设的若干意见》，按照商业可持续原则，适度调整和放宽农村地区银行业金融机构准入政策，降低准入门槛，强化监管约束，建立了农村地区银行业金融机构支农服务质量评价考核体系。2007年，银保监会印发《农村资金互助社管理暂行规定》（银监发〔2007〕7号），推进调整放宽农村地区银行业金融机构准入政策的试点工作，并规定了农村资金互助社的设立、经营管理、监督管理以及合并分立解散和清算等。银保监会还制定了一系列规定，如规定农村信用社的不良资产检测和考核制度，鼓励和引导民间资本参与农村信用社的产权改革；加强农村商业银行三农金融服务机制建设监管，等等。但直到2017年，中央一号文件才第一次对农村金融监管进行了明确要求，要求积极推动农村金融立法。2018年，中央一号文件再次提出"改进农村金融差异化监管体系，强化地方政府金融风险防范处置责任"，为未来一段时间内的农村金融监管定下基调。

2. 差异化监管制度

2013年，银监办发布《关于农村商业银行差异化监管的意见》（银监办发〔2013〕136号），按照分类指导、激励相容、宽严相济持续监管原则，指导农村商业银行建立服务"三农"和小微企业的差异化发展模式，督促农村商业银行结合自身资产规模、股权结构和业务复杂程度等，建立符合自身实际的公司治理模式。同时，引导农村商业银行加快建立与业务性质、资产规模和复杂程度相适应的全面风险管理体系，对规模小、业务简单的农商行适当简化风险管理部门和管理程序，对规模较大、业务复杂的农商行建立专业化、精细化的内部评估程序和风险管理机制。监管机构应结合监管评级结果，按照"分类指导、扶优限劣"原则，对农村商业银行实行差异化的监管政策，完善农村商业银行审慎监管框架。2015年，银保监会发布《关于做好2015年农村金融服务工作的通知》，要求进一步强化农村金融差异化监管，在执行好现有各项农村金融服务政策和有扶有控的差别化信贷政策外，进一步加强机制建设和风险防控，加强差别化措施。2018年，为完善差异化监管政策，银保监会又印发《中国银监会办公厅关于做好2018年三农和扶贫金融服务工作的通知》，提出涉农贷款、精准扶贫贷款不良率高出自身各项贷款不良率一定标准的，可不作为银行内部考核评价的扣分因素，并要求各银行业金融机构制定和完善涉农、扶贫金融服务尽职免责制度。差异化监管制度的形成在一定程度上有助于降低商业性金融机构的盈利动机，从而促进包容性农村金融体系的构建。

3. 存款保险制度

存款保险制度的本质是一种金融保障制度，旨在通过建立存款保险基金，实现对存款人利益的保护，提高金融体系的稳定性，促进银行业适度竞争。我国当前正处于存款保险制度尝试性探索阶段。1993年，《国务院关于金融体制改革的决定》首次提出建立存款保险基金，2004年设立了存款保险处。2008年，正式将建立存款保险制度写进政府工作报告，并在"十二五"规划纲要中明确提出要加快存款保险制度建立。2015年，国务院正式通过《存款保险制度实施方案》以及《存款保险条例（征求意见稿）》，规定存款保险实行限额偿付，最高偿付限额为人民币50万元。2015年5月1日，存款保险制度在我国正式开始实施。存款保险制度的设立对农村金融机构提出了更高的经营管理要求，从而有利于促进农村金融机构加快产品创新，提升金融服务品质，加强风险管理体系建设。

（四）农村金融"增量改革"与"存量改革"协同推进

有序破解中国农村金融排斥状态的改革实践可以概括为"存量改革"与"增量改革"两方面。其中增量改革指的是引入或设立新型农村金融机构，开辟新的农村市场；而存量改革是指盘活农村金融资源存量，激活农村正规金融的资本活力。这两种改革的终极目标都是化解农村金融排斥，提升金融包容。从实践成效来看，农金改革至今近40年间，大部分县及县以下的农村地区已经设立了农村金融机构，初步形成了政策性金融、商业性金融和合作性金融组成的多层次、多元化、广覆盖的农村金融体系。

1. 农村金融的"增量改革"

随着我国经济逐步转向城乡协调发展、融合发展，农村资金不再需要承担制度变迁成本，但"三农"发展战略目标能否与农村金融发展建构起正向关联，需要新的金融支持路径和政策工具。在此背景之下，以服务三农促进农村金融供给为宗旨的增量改革孕育而生。

增量改革理论源于制度经济学中的制度变革红利，是国内外学者在研究中国转轨经济问题时对中国近40年改革成功动力来源的概括。其核心思想是在经济改革无法通过内部变革时，需要借助外力介入来推动改革。我国农村金融增量改革的本质是以资本入股方式或农村金融组织方式进入农村金融市场，以增加农村金融供给。我国新一轮增量改革在正规金融难以适应农村经济发展的情况下，进行制度性金融创新，着力改变民间金融长期游离于体制之外的现象；以现有商业银行为主导，采取外生金融与内生金融相结合的方式，通过设立新型农村金融机构，丰富农村金融组织体系，以增量改革倒逼存量改革，打破农村信用社垄断造成的低效率，并逐步改善农村经济发展长期依赖财政补贴支持的状况，培育农村市场机制。

从具体的政策实践来看，我国农村金融增量改革始于2005年年底，监管当局在农村开展了一系列农村新型金融机构的试点工作。2006年，中央先后发布《关于调整放宽农村地区银行业金融机构准入政策的若干意见》《关于调整放宽农村地区银行业金融机构准入政策》等文件，明确提出"积极支持和引导境内外银行资本、产业资本和民间资本到农村地区投资、收购、新设银行业金融机构"，并把农村资金互助社、村镇银行和贷款公司等纳入到试点范围。同时，为更好地规范和约束农村新型金融机构的发展，银保监会、人民银行等部门陆续出台了《村镇银行管理暂行规定》（2007年）、《关于银行业金融机构大力发展农村小额贷款业务的指导意见》（2007年）、《关于小额贷款公司试点的指导意见》（2008年）等文件，将新型农村金融机构在全国范围内铺开，并为中国农村金融增量发展提供了制度保障。

我国农村金融增量改革的内容着重突出两个方面：一是增加信贷的有效供给，充分发挥新型农村金融机构的地缘、人缘及贷款利率灵活等优势，解决农村信贷活动中存在的交易成本高等问题；二是强化风险控制，在放宽农村金融市场准入门槛的同时，加强对新型农村金融机构资本充足、贷款损失准备等指标的监管，并强化治理机制建设。但在具体的实施过程中，政策实施效果也存在偏差，为此2011年7月银保监会下发了《关于调整村镇银行组建核准有关事项的通知》，将确定主发起行及设立数量和地点的权力由各地方银监局上收到银保监会；对村镇银行挂钩政策也进行了修正，由全国范围内的点与点挂钩调整为省份与省份挂钩，并按照先西部地区、后东部地区，先欠发达县域、后发达县域的原则进行组建。

2. 农村金融的"存量改革"

存量改革是增量改革顺利推进的基础，但又不同于增量改革，存量改革追求的是长期效应，其力图通过深度的利益调整来最终形成整体利益的增益。政府推动农村金融存量改革的目的是盘活农村金融资源存量，激活农村正规金融的资本活力，进而提升农村金融包容性发展。

从具体政策实践来看，以2003年6月国务院颁布的《国务院关于印发深化农村信用社改革试点方案的通知》为标志，政府部门先后出台了一系列政策和改革措施，推进农村信用社、农业银行、农业发展银行、邮政储蓄等农村金融先后进行改革。2007年，中央把农业银行重新带回到农村金融市场，并对其进行股份制商业银行改造。同年，中国邮政储蓄银行正式挂牌成立，开始开展小额信贷业务。2011年，农业发展银行正式启动改革工作。自2003年农信社改革试点以来，农村金融存量改革取得了一定的成效，主要包括农村金融产品多样化、农村信贷投入有所增加、经营风险有所降低、公司治理结构逐步完善等。

农村金融存量改革的重点突出两个方面：一是缓解了农村资金的外流趋势。曾经国有商业银行在商业化改革进程中大量撤并农村网点，导致出现农村金融覆盖率持续下降、农村资金外流严重、农村信贷投入不足。政府启动存量改革旨在扭转农村资金外流的扭曲机制，增加信贷的有效供给。二是破除了农村金融发展的历史藩篱。农村金融存量部分历史包袱沉重、不良贷款率居高不下、资本充足率严重不足以及公司治理结构不完善等问题已经成为当时农村金融存量部分发展的主要瓶颈。存量改革就是要通过中央"花钱买机制"的手段帮助农村金融存量部分摆脱历史包袱、降低不良贷款率，同时加强对资本充足率与道德风险的监管，强化公司治理机制建设。但是，农村金融存量改革实践中也存在着一些问题，如金融服务"宽度"不足、网点及信贷仍分布不均衡、风险控制缺乏"持续

第十章 中国农村金融排斥向包容转化的政策建议

性"、公司治理存在"行政化"趋势、农村金融存量改革对经济增长的"马太效应"显著等。

表10-1总结了我国农村金融发展阶段，梳理了我国农村金融包容性政策实践历程，包括政策实施时间、政策主要内容以及政策文件名。

表10-1 中国农村金融发展阶段与包容性政策实践历程回顾

阶段	时间	政策内容	政策文件
农村金融排斥阶段（1978—1992年，金融体系重构）	1978年	明确提出恢复中国农业银行，大力发展农村信贷事业。	《中共中央关于加快农业发展若干问题的决定（草案）》
	1991年	强调继续办好农村合作基金会；要积极发展农村保险事业，扩大险种范围，鼓励农民和集体投保。在各级政府的支持下，建立多层次、相互联系的农村保险专项基金，逐步建立农业灾害补偿制度。	《关于进一步加强农业和农村工作的决定》
农村金融组织体系基本形成阶段（1993—2002年，金融制度改革转型）	1993年	在国务院领导下，建立独立执行货币政策的中央银行宏观调控体系；组建中国农业发展银行，承担国家粮棉油储备和农副产品合同收购、农业开发等业务中的政策性贷款，代理财政支农资金的拨付及监督使用；首次提出建立存款保险基金。	《关于金融体制改革的决定》
	1996年	明确要求农信社与农业银行脱离行政隶属关系，由中国人民银行监管，逐步改为"由农民入股、由社会民主管理、主要为社员服务的合作性金融组织"。	《国务院关于农村金融体制改革的决定》
	1998年	要求对农村信用社进行清产核资，按合作制进行规范改造。	《中国人民银行关于进一步做好农村信用社改革整顿规范管理工作意见》

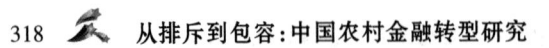

续表

阶段	时间	政策内容	政策文件
农村金融大发展阶段（2003—2005年，金融存量改革）	2003年	以法人为单位，改革信用社产权制度，明晰产权关系，完善法人治理结构，区别各类情况，确定不同的产权形式；改革信用社管理体制，将信用社的管理交由地方政府负责。	《国务院关于印发深化农村信用社改革试点方案的通知》
	2004年	扩大农信社改革试点，除海南外21个省份纳入试点。	《国务院办公厅关于进一步深化农村信用社改革试点的意见》
农村包容性金融起始阶段（2005—2014年，金融增量改革）	2006年	首次允许产业资本和民间资本到农村地区新设银行，并提出要在农村增设村镇银行、贷款公司和农村资金互助社等三类金融机构。（1）特别调整放宽了金融机构准入政策；（2）规定了政策的适用范围和原则；（3）给出调整放款的具体内容以及主要的监管措施。	《关于调整放款农村地区银行业金融机构准入政策更好支持社会主义新农村建设的若干意见》
	2008年	为保证四类机构规范、健康、可持续发展：（1）明确存款准备金管理条款；（2）存贷款利率管理，要求建立健全利率定价机制；（3）支付清算管理，贷款公司、农村资金互助社、小额贷款公司可自主选择银行业金融机构开立存款账户并委托存款银行代理支付结算业务；（4）会计管理；（5）金融统计和监管报表；（6）征信管理；（7）现金管理；（8）风险监管。	《关于村镇银行、贷款公司、农村资金互助社、小额贷款公司有关政策的通知》
	2010年	对当地信贷投放增幅达到一定标准的县域法人机构的存款准备金率降低1个百分点，并在再贷款及机构设置方面享受优惠政策。	《关于鼓励县域法人机构新增存款一定比例用于当地贷款的考核办法》
	2014年	支持民间资本参与农村信用社产权改革、农村商业银行增资扩股；保障民营股东有效行使权利和发挥治理作用；加强对民间资本投资农村信用社的规范与监管。	《中国银监会关于鼓励和引导民间资本参与农村信用社产权改革工作的通知》

第十章　中国农村金融排斥向包容转化的政策建议　319

续表

阶段	时间	政策内容	政策文件
农村金融包容确立阶段（2015年至今，普惠金融的发展与成熟）	2015年	明确提出发展普惠金融，让所有市场主体都能分享金融服务的雨露甘霖。	《推进普惠金融发展规划（2016—2020年）》
	2015年	首次提出"农村金融立法"。	《关于加大改革创新力度加快农业现代化建设的若干意见》
	2016年	扶贫再贷款实行比支农再贷款更为优惠的利率；通知明确扶贫再贷款的发放对象、投向用途、使用期限、利率水平、规范管理、政策效果评估等。	《中国人民银行关于开办扶贫再贷款业务的通知》
	2018年	（1）涉农贷款、精准扶贫贷款不良率高出自身各项贷款不良率一定标准的，可不作为银行内部考核评价的扣分因素；（2）要求各银行业金融机构制定和完善涉农、扶贫金融服务尽职免责制度。	《中国银监会办公厅关于做好2018年三农和扶贫金融服务工作的通知》
	2018年	帮助缓解新型农业经营主体贷款难、贷款贵问题，以新型农业经营主体信息直报系统为载体开展贷款贴息试点。（1）原则上按照不高于同期同档次贷款基准利率的80%给予贴息，且单户最高不超过5万元；（2）优先支持粮食生产贷款贴息，并按贴息率上限补助；（3）新型农业经营主体享受各级财政贴息资金不得超过其相应支付的利息。	《农业农村部办公厅关于做好新型农业经营主体信息直报系统贷款贴息试点工作的通知》
	2019年	对符合下列各项条件的新型农村金融机构，财政部门可按照不超过其当年贷款平均余额的2%给予费用补贴：（1）当年贷款平均余额同比增长；（2）村镇银行的年均存贷比高于50%；（3）当年涉农贷款和小微企业贷款平均余额占全部贷款平均余额的比例高于70%；（4）财政部门规定的其他条件。此外，对西部基础金融服务薄弱地区的银行业金融机构（网点），财政部门可按照不超过其当年贷款平均余额的2%给予费用补贴。新型农村金融机构不重复享受补贴。	财政部关于修订发布《普惠金融发展专项资金管理办法》的通知

续表

阶段	时间	政策内容	政策文件
农村金融包容确立阶段（2015年至今，普惠金融的发展与成熟）	2019年	强调要完善货币政策、财政支持、差异化监管等政策保障体系，提高金融机构服务乡村振兴的积极性和可持续性。	《关于金融服务乡村振兴的指导意见》
	2019年	强调银行业保险业机构回归本源；开发性、政策性银行要加大对乡村振兴中长期信贷支持；大中型商业银行要发挥体制机制优势；地方法人银行要立足本地、服务本地；保险机构要强化风险保障功能等。	《关于做好2019年银行业保险业服务乡村振兴和助力脱贫攻坚工作的通知》
	2019年	坚持正确改革发展方向，坚守服务"三农"和小微企业市场定位；提升治理能力，完善服务"三农"和小微企业的内部机制；围绕"三农"和小微企业金融需求特点，提升服务匹配度和有效性；建立监测考核指标体系，确保农村商业银行金融服务可监测可考核可评价。	《中国银保监会办公厅关于推进农村商业银行坚守定位强化治理提升金融服务能力的意见》

资料来源：作者整理。

通过对农村金融体系包容性发展的财政政策、货币政策、监管政策及农村金融改革脉络的细致梳理，可以初步了解农村金融排斥向包容转化的政策实践历程。历经40余年的变革中，中国农村金融体系已经摆脱了过去排斥农村小微企业、中低收入群体及贫困户的非稳态，初步形成了由政策性金融、商业性金融和合作性金融组成的多层次、多元化、广覆盖的农村金融体系，农村金融排斥的状态被有效化解，并有效构筑了较为健全的包容性金融监管思路和法律框架。展望未来，中国农村金融体系在向包容性金融体系转变过程中，依旧需要克服农村金融市场制度环境不完善、农村金融供给与需求不匹配以及数字普惠金融发展带来的监管等一系列挑战，这也需要我们明确今后的政策方向进而构筑与需求相匹配的政策体系。

二 农村金融体系包容性发展的政策方向

农村金融是一国金融体系的重要组成部分，是现代农村经济的核心。为了确立农村金融体系包容性发展的政策方向，我们需要了解农村金融排斥向包容转化的过程中政府能够发挥的功能种类，即政府职能定位，以及明确政府作用的功能范围，即政府作用边界。与此同时，未来政策方向的确立也需要充分考量过去政策实践中暴露出的不足，满足农村金融体系包容性发展的现实需求。

（一）农村金融体系包容性发展过程的政府职能定位

在发展中国家，农村金融市场中存在信息不完全、逆向选择等市场失灵现象，这是导致金融排斥的本质原因。而市场失灵的存在意味着依靠市场的自发性的调整难以实现兼顾价值理性与工具理性的金融包容状态，此时就需要政府"这只有形的手"从外部作用于农村金融市场。在理论界与业界，诸多学者对促进金融包容的政府职能定位进行了有益探讨，并形成了相关学说。

1. 农村金融理论视域下政府作用的定位

（1）农村金融管制论认为政府应该成为"掌舵者"。20世纪80年代以前，农村金融理论以农村金融管制论为主导。该理论认为，农村弱势群体无法成为以利润为目标的商业银行的融资目标，所以主张政府干预农村金融市场，向农村政策性和非营利性金融机构注入资金，进而促进农村金融包容性发展。金融管制论下，政府的角色几乎成了农村金融市场发展的"掌舵者"。

金融管制论具有一定的现实意义，由于当时的发展中国家农村金融市场发展在各方面普遍落后，农村金融活动成本高导致商业性金融机构缺乏进入农村金融市场的原动力。这样的条件下，政府通过补贴和廉价信贷政策等手段主导农村金融市场发展能够起到一定的积极作用。但这种管制性政策的负面效果更为显著，不仅扭曲了金融资源配置，还产生了负向激励：首先，这种纯政府主导模式忽视了对农村内部资金的挖掘和动员，资金供给完全依赖政府补贴，不可持续；其次，政府配给和过度管制容易产生"寻租"行为，农村少数富裕群体反而占据了大部分补贴贷款，导致农贷的"精英俘获"问题;再次,低利率会导致平均资本收益率低下,以低成本获得资金的借款人不会对资金的收益率有过高要求;最后,当信贷资金被贴上政策性标签时,金融素养不足的农民会更多地将其视为一项补贴而非贷款,导致高违约率。上述一系列负面激励不但不利于农村金融的包容性发展,而且在相当程度上破坏了农村金融市场秩序和生态环境。

(2) 农村金融市场论提出政府应该做好"守夜人"。在众多发展中国家,金融管制政策并未改变其金融排斥状态,反而使其陷入了农村金融困境。20世纪80年代以后,农村金融市场论逐步取代了农村金融管制论,该理论批判了农村金融管制论并以新古典经济学为理论基础,吸收了麦金农(Mckinnon)和肖(Shaw)的金融深化理论产生的。农村金融市场论认为,农村资金的缺乏并不是由于农民缺乏储蓄能力,而是农村金融体系中受到政府管制、利率控制等不合理的金融安排所致,因此该理论反对政策性金融对农村金融市场的扭曲,主张依赖市场机制实现储蓄动员、资金供求平衡。认为政府应该退出金融干预,转而充分利用农村内部的资金,并采用市场化的手段来提高农村贷款回收率。在农村金融市场论指导下,依赖市场机制推动的利率自由化能够减少部分对信贷的需求,从而在一定程度上改善农户的资金获得情况。

农村金融市场论追求政府的市场作用最小化,希望政府只发挥"守夜人"的角色,仅仅在市场无法正常运行时,才介入以矫正市场失灵。金融市场理论具有积极意义,但它忽略了发展中国家农村金融市场的特殊性,对政府干预过度失望并对市场机制过度期望。首先,发展中国家的农村金融市场与完全竞争市场一般均衡理论下的价格调节机制不适配;其次,市场利率要求的高收益率在很多特别贫困地区无法实现,非正规金融市场也无法自然形成;最后,农村地区的金融活动面临较大的边际成本,对非正规金融机构日常经营和市场拓展的能力提出了更高要求,抑制了市场规模的发展。

(3) 不完全竞争市场论强调政府应扮演"助推者"。20世纪90年代,斯蒂格利茨提出不完全竞争市场理论,认为不完全竞争的农村金融市场存在外部性和信息不对称,在纯市场机制下容易产生"道德风险"和"逆向选择"等问题,导致市场失灵,而政府的适度干预有助于提高金融市场配置效率和金融深化。这一理论主张在发展中国家的农村金融市场实行金融约束政策,政府可以适度地介入市场,通过合理控制存贷款利率、市场准入、限制资产替代等措施为金融机构和生产部门创造租金，推动农村金融体系高效率发展。

不完全竞争市场论的主要论点如下：首先，金融信息的增加只能由政府完成。金融机构在没有政府监督的情况下容易采取机会主义行为，而金融信息具有公共产品性质，只能由政府通过强制力量要求公司进行信息披露并对欺诈等行为进行处罚，从而规范金融机构行为。其次，农村金融市场的初始开发过程需要政府提供支持。农村金融市场在发育初期存在巨大的正外部性，使得商业性金融机构不愿涉足，只能由政府介入以补贴等方式对"拓荒者"给予一定的成本和风险补偿。同时，金融机构以低利率发放农业贷款的收益损失也需要政府提供补偿；此外，农村金融市场中还存在其他大量的市场失灵情形，这些市场缺失和市场不完全问题都需要政府介入来解决，如信息不对称之下由"道德风险"和"逆向选择"导致的信贷风险提升，就需要政府强制金融机构和生产企业参与保险和风险分担，以降低道德风险和逆向选择对农村金融市场造成的损失。

综上所述，农村金融发展理论经历了传统的农村金融管制论、农村金融市场论和近期提出的农村金融不完全竞争论三个发展阶段，不同阶段的农村金融发展理论都对政府作用的定位做了详细的论述，在当时背景之下，其政策主张对发展中国家农村金融和农村经济产生了重要影响（见表10-2所示）。

表10-2　　　　农村金融发展理论派别及其观点概要

观点派别	农村金融管制论	农村金融市场论	不完全竞争论
政府干预市场	有必要，政府应当在农村金融发展中扮演积极角色	没有必要，重视市场机制的作用	政府一定程度的干预有助于弥补市场失灵
利率管制方式	支持利率管制，维持低利率水平	利率水平应该由市场机制决定	应逐步放松利率管制，保持正的实际利率水平
资金筹集方法	主张由政府建立专门机构从外部注入资金	应动员农村内部资金，反对从外部注入	应基本依赖农村内部资金，外部资金起补充作用

资料来源：王曙光：《农村金融学（第二版）》，北京大学出版社2015年版，第25页。

2. 新制度经济学理论视域下政府作用的定位

除上述农村金融理论之外,新制度经济学派关于农村金融市场中政府的作用也有所涉猎。以道格拉斯·诺思为代表的新制度经济学派认为政府在农村金融体系中需要承担制度创新的基本职责。农村金融市场的健康运行需要制度的规范,它约束市场参与者的活动,抑制任意的激进行为和机会主义行为,并依靠某些强制性惩罚和规范性激励得以贯彻。广义的制度由一系列正式约束、社会认可的非正式约束和具体实施机制组成,可以通过政府、团体、个人等多层次主体产生;但狭义的制度仅指正式约束,包括政治规则、经济规则、契约等,具有很强的"公共物品"性质和强制力,因而只能由公共权威机构提供。政府作为一种关键性的生产性资源,在制度创新中具有天然的组织优势、强制优势和效率优势,或者说其本身就是制度的载体和基本存在形式,由政府主导的制度创新通常是成本最低的创新形式。特别是对于发展中国家的农村金融市场来说,制度供给不足是农村金融体系欠包容的主要根源,政府必须介入市场,运用其强大的资源配置权力和强制力,提供充足且有效的制度规范、约束行为、提供激励,降低农村金融活动交易成本,为农村金融市场提供服务。

3. 亚洲开发银行"三叉理论"对政府作用定位的探讨

以上几种代表性的理论并没有对政府在农村金融发展中到底起什么作用以及如何定义政府的干预边界给出明确的结论。为解决上述农村金融政策的关键性问题,世界银行和亚洲开发银行(ADB)等国际机构先后组织专家对发展中国家的农村经济和农村金融问题进行了深入的考察和研究,分别形成了《农村金融:问题、设计和最佳做法》(世界银行,1998)和《亚洲农村经济转型——尚未完成的革命》(ADB,2000)两项影响的研究成果。在《亚洲农村经济转型——尚未完成的革命》一书中,亚洲开发银行在总结前人研究成果的基础上,提出了"三叉理论"(the three-pronged theory),围绕政府在农村金融中的作用进行了有益探索。该理论主张政府在农村金融市场中发挥三个方面的基本作用:一是建立良好的政策环境。农村金融的发育和健康发展首先需要一个良好、可持续的政策环境,过去很长一段时间内普遍推行的准入管制、利率限制、业务配给等扭曲的政策恶化了农村金融环境,阻碍着农村金融市场的规模性和持续性发展。政府在进行制度安排的同时需要适度地放松管制,建立与市场的良性沟通,为农村金融提供健康的政策环境。二是完善农村金融基础设施。大部分发展中国家城乡间金融发展不平衡，农村金融基础设施落后，衍生出了各种市场问题，如法律规则缺失、产权不明晰、信用体系建设迟缓、金融监管缺位等。政府应该发挥其提供社会公共物品的职能，完善农村金融基础设施，如制定相关法律规则、完善征信系统、加快构建制度体系和监管体系以及完善农村地区通信网络和交通系统等。三是促进农村金融机构发展。由于市场发育时期的"拓荒过程"具有明显的正外部性特征，私人金融机构往往面临收益无法覆盖前期投入的问题，导致私人金融机构缺乏拓展市场和产品创新的积极性，金融供给不足。因此，在农村金融市场发展初期仅仅只依靠市场自发调节是很难达到社会福利最大化水平的，在资金和资本都匮乏的农村金融市场发展初期需要政府来承担这部分沉没成本，提供信息、技术、资金、资本的支持，推动私人金融机构发育，激励私人金融机构开拓市场。

(二) 农村金融体系包容性发展的政府作用边界

虽然政府的"存量改革"和"增量改革"以及一系列财政政策、货币政策和监管政策在推动我国农村金融包容性过程中发挥了显著作用，但当前我国农村金融体系包容性的地区差异较为明显，包容程度有待深化。政府在发挥"助推功能"的过程中，尚未清晰界定市场与政府的作用边界，进而导致微观层面的政府职能越位、缺位与错位等诸多问题。

1. 理论层面关于政府与市场最优关系的论述

在农村包容性金融体系的建设中，政府和市场扮演着不同的角色，分别从不同方面影响着包容性体系的发展。政府行为和市场机制的有效配合能够高效促进农村金融资源的优化配置，但政府失灵也会抑制包容性的提升，从而导致金融排斥现象的发生。在不同国家和地区、不同发展阶段，政府行为和市场机制间都会有不同的组合，它是一个动态的过程。虽然至今学术界以及权威机构尚没有对政府行为的边界给出一个标准模式，但可以明确的是，政府和市场之间既不敌对，也不平行，两者应该是互补的关系。

在实践中，政府介入农村金融市场时往往很难在推动包容性发展和提升市场效率之间实现平衡；在理论上，政府干预市场程度与体系包容性程度之间存在非线性关系。如图 10-1 所示。在 OA 阶段，政府介入不足，对农村金融市场的制度和监管缺失以及公共产品的供给不足，导致非正规金融活动疯长、市场秩序紊乱，最终降低市场发育动力，增加运行成本，市场风险不断提升。这阶段政府介入的边际收益大于边际成本。随着政府干预程度的加大，政府介入的正效应凸显，市场体系逐步完善，市场秩序逐步好转。在 AB 阶段，政府的介入和监管处于最适范围，农村金融体系包容性实现最大化。如果政府继续加大干预，过度影响甚至控制了市场的资源配置，会抑制农村金融市场的内生动力，降低市场活跃度和机构创新性。这阶段政府介入的边际收益小于边际成本，体系包容性显著下降，市场发展不可持续。因此，政府应该对介入农村金融体系的程度有一个合理的定位，确保干预适度，更多地以市场监管者而非市场参与者的角色积极引导农村金融市场的活动，维护市场秩序，促进市场健康发展。

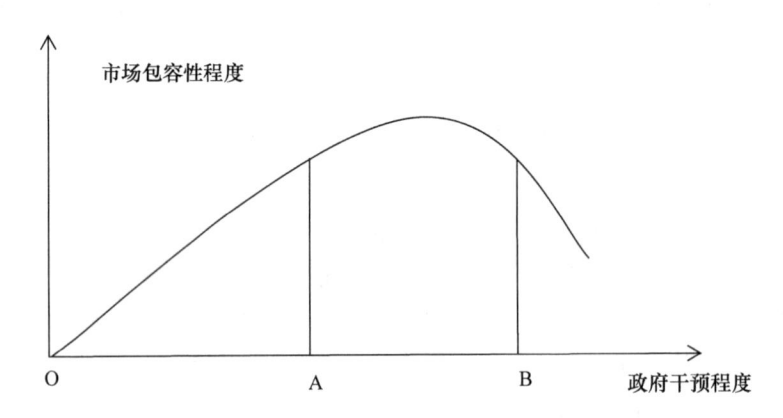

图 10-1　政府干预程度与农村金融体系包容性程度关系曲线

对应政府介入程度的不同，理论界对于农村金融体系中政府与市场间关系的观点可以基本分为三种：其一是国家推动发展论，认为政府可以作为市场的替代，通过干预、规制来弥补市场失灵；其二是市场亲善论，认为市场是最优且唯一的金融资源配置机制，政府只为市场活动提供法律规范和基础设施并在极端市场失灵状况下提供产品；其三是市场增进论，认为政府的主要作用在于主动提升市场参与者参与经济活动的能力，并协调大量且分散的市场参与者的行为决策，从而促进市场有序竞争。从我国农村金融制度变迁的过程中可以看出，在我国包容性金融体系的建设中，政府对农村金融市场的干预是一个从"国家推动"到"市场增进"的过程。特别是近十多年来，政府不断加大对包容性农村金融体系建设的支持和政策倾斜力度，逐渐放宽对农村金融市场的监管。但制度的改革和完善并非一朝一夕能够完成，当前政府在包容性农村金融体系中的行为依旧存在各种职能越位、缺位、错位问题。

2. 实践层面存在政府职能缺位、越位与错位

（1）政府职能缺位。政府职能的缺位主要是指政府在农村金融体系中没有充分发挥其应尽的职责，包括公共物品和服务供给不足、政策支持缺失以及制度建设落后等，即"本该由政府干的政府却没干"。当前我国包容性农村金融体系中的政府缺位问题主要在于政策性支农制度的不健全、法律体系的不完善和监管制度建设的缺位。

首先在政策性支农制度方面，其一，财政支农力度不够。农村基础设施建设和农业补贴投入的力度远远落后于财政收入的增长幅度，加上对农业财政投入水平的不稳定以及农业本身高风险特征等诸多因素，最终造成政府财政的支农资金规模不足。其二，财政支农结构不合理。对基础设施建设的支出比重还逐年下降，不利于农业生产发展和农村经济进步。其三，政策性金融业务主体缺位。农信社、农业银行仍在承担部分政策性金融业务，而农业发展银行的支农业务却在收缩，不利于支农工作开展和业务范围的扩展。其次在法律体系建设方面，其一，法律形式不健全。我国农村金融领域的相关法律主要以规章制度形式出现，而针对性的法律非常缺乏。也没有专门针对各种民间农村金融组织服务的相关法律法规。其二，立法规范性不足。已有的规章制度的出台，很多都是临时性或应急性的。特别是对于民间金融机构，政府应该改变之前普遍采用的强制性控制手段，放宽对其的压制，通过立法对其进行法制化和规范化的鼓励和引导。最后在监管制度建设方面，其一，监管政策不健全。政府对农村金融机构的监管主要在正规金融机构，对非正规金融机构则缺乏有力的管理和约束，容易对中央金融政策的落实造成阻碍。其二，监管目标不明确。相较于对传统农村金融机构，政府对新型农村金融机构经营活动的监管落实不到位，力度松散、随意性大。当前监管体制改革也存在方向不清晰、内容不全面等问题，不利于金融体系的整体运转。

（2）政府职能越位。政府职能的越位主要是指政府对农村金融体系干预过度，直接包揽了本该由市场提供的产品和服务或通过市场自发调节的活动，即"政府干了市场应该干的事"。政府越位行为缺乏相应的市场和制度基础，容易导致市场供给与市场需求的错配，同时极易存在"寻

租""内部人控制"等问题。当前我国农村包容性金融体系中的政府越位问题主要在于中央和地方的双重监管和约束过度。

首先,中央政府基于控制风险和消除绝对贫困等宏观经济目标,在农村金融体系改革和市场建设中难免带有一定的行政主导色彩。以增量改革为例,这种自上而下的制度变迁具有阻力小、成本低的优势,但容易形成对存量改革模式的路径依赖,而且会不断自我强化,使改革演变成另一次体制内金融力量的扩张。同时,本轮存量改革也依然带有浓厚的行政主导色彩。尽管农信社改革策略设计之初就强调"因地制宜",但在实施过程中当中央部门遇到地方利益抗衡时却未能很好地坚持因地制宜、分类推进的原则。其次,地方政府在对农村金融的正常干预活动中,过多加入了自身的主观判断,为了追求地方政绩和地区经济的快速发展,对当地尤其是农村地区的金融加强管制。主要表现在两个方面:其一是对资金的管制,政府干预一个地区信贷资源的正常配置;其二是对金融机构放贷的管制。中央和地方政府的双重过度干预降低了金融机构在农村金融市场发展业务的积极性和创新性,抑制了农村金融市场的内在活力,一定程度上降低了市场的包容性。

(3) 政府职能错位。政府职能的错位主要是指政府在介入农村金融市场时内部发生的职能混乱现象,即"你干了我应该干的事"。在包容性农村金融体系中政府的错位同时发生在纵向和横向上。纵向上的错位主要是各级别法律之间的错位和地方政府对中央政府的越位两方面。首先,各级别法律之间的错位。当前农村金融领域内明显存在上级法律与下级法律间内容不协调、适用范围有偏差的问题。其次,地方政府对中央政府的越位。地方政府为了追求暂时性的地方政绩,对当地农村地区的金融加强管制,在中央制定的对农村金融资源的配置中过多加入自身的主观判断,影响了中央政策的实施效率和农村金融市场的正常运行秩序。

横向上的错位则主要体现在监管体制紊乱和法律内容矛盾两方面。首先,监管体制紊乱。现实中各部门的监管方式、监管水平都不同,甚至监管目标上也存在着根本性差异,最终导致部门间监管的矛盾和冲突。其次,法律内容矛盾。如在农信社、省联社和县联社三者管理规定的问题上,农信社的规定中其作为地方性股份制合作金融机构受自身内部权力机构监管,而省联社却规定有权对其管辖范围内的农信社进行管理,同时县联社又规定有权对其管辖范围内农信社的具体人员任免、调动、薪资进行管理，三者在农信社的管理问题上存在矛盾。

政府职能错位问题在当前我国农村金融改革中体现明显。本轮"增量改革"和"存量改革"未能达到监管当局的预期效果，其原因与政府职能错位紧密相关：其一，监管部门之间的政策措施不协调。央行和银保监会两个部门虽然两者最终目标一致，但遵循的理念和原则不同，前者倡导"普惠金融"理念，主张整合民间资本，而后者遵循"低门槛，严监管"原则，主张通过体制内金融力量的扩张填补农村金融服务空白。两者理念和原则上的矛盾导致政策制定和执行中诸多的不协调。其二，政策目标与市场主体长期利益不相容。政府要求农村金融机构支持"三农"，但未提供有效的策略平衡责任与利益关系。一方面，银保监会以现有商业银行主导设立村镇银行和贷款公司，但前者旨在服务"三农"，后者经历了市场化改革后却是以利润最大化为目标。另一方面，农信社、农业银行和农发行均存在政策性业务和商业性业务界限混淆不清的问题，在"利益博弈"失衡下容易引发道德风险。其三，监管制度设计缺陷。一方面，农信社的监管主要来自人民银行、银保监会和省级政府，但三方权责不对称，导致省级联社成为事实上的农信社管理主体。同时金融风险信息传递渠道不畅，各方监管存在很多交叉点，导致监管资源浪费。另一方面，小额贷款公司、村镇银行等具体设立地点脱离贫困农村地区，服务对象偏离中央政策初衷，同时小额贷款公司面临"多头监管"、监管链条过长的问题。

（三）农村金融体系包容性发展的政策优化方向

金融包容理论具有三大突破，这三大突破是基于现实的理论创新。制定农村金融体系包容性发展的政策优化方向，也需要从这三个方面呼应现实。

首先，金融包容理论将金融权利提升到基本人权范畴的高度，认为人人都有平等地享受金融服务的权利，体现出机会均等的原则。因此，农村金融体系包容性发展的政策基调不仅涉及金融供给侧的政策，也关系到金融需求的建设。在金融供给侧，需要发展多层次的金融供给体系，发挥金融科技核心驱动作用，加大金融产品服务创新力度，增强农村金融的有效供给。在需求侧，则应该加强农村低收入群体的发展能力建设，例如提升金融素养、加强职业培训和创业辅助等。金融供给的提升可以赋予金融排斥群体选择的权利，而金融需求侧的提升可以真正赋予农户有效使用金融的权利。只有需求供给良性发展，金融权作为一项人权才能得到真正地实现，农村金融市场才能良性循环发展。

其次，金融包容理论坚持以价值理性作为内涵核心，合理追求工具理性。工具理性是从效率的角度回答该如何去做的问题，而价值理性是从公平的角度解释为什么要做的问题。追求价值理性和合理追求工具理性的双重要求意味着包容性金融体系的属性将有别于传统金融的逐利性，包容性金融体系在力求在维持微薄利润的基础上，实现金融渗透和金融覆盖的最大化。包容性金融体系追求价值理性的属性也对包容性金融的财政税收政策和监管政策提出了新的要求。在财政税收上，既要认识到包容性金融体系是以市场化规则为运行机制的金融体系，也应该考虑到包容性金融体系是具有较强的外部性的，对缓解金融排斥，缩小贫富差距，促进经济增长具有重要作用。适度的放松监管要求和适当的财政税收支持对提升农村金融包容性水平十分必要。

最后，金融包容论要求政府必须积极有为，发挥正向的引导作用，并且认为政府是内生于包容性金融体系的。从这个视角来看，未来的政策着力点应该从疏通普惠金融政策传导机制和构建普惠金融政策制定反馈机制两方面入手。首先是普惠金融政策传导机制，需要我们进一步优化金融制度与金融环境，在建设金融法制体系、健全差异监管机制、完善金融信用体系建设等方面重点发力，提升农村普惠金融机构对支持政策的感知效力。其次是普惠金融政策的反馈机制，这需要政策制定部门在制定和调整普惠金融政策时，充分吸纳农村普惠金融机构的意见，具体的可以通过建立监管部门、财政部门、税收部门和普惠金融机构之间的定期协调机制。只有从政策传导和政策感知两方面，方能实现政府作用在包容性金融体系的真正内生化，在包容性金融体系出现偏离正常运作状态时才能依靠内部力量实现自发的动态调整。

三 农村金融体系包容性发展的推进措施

为进一步推动农村金融体系的包容性，需要进一步发挥政府的作用效力，而在包容性金融体系中政府因素内生于金融体系本身，这是与传统金融范式一个重要的区别。因此，基于前文论述的农村金融体系包容性发展

第十章 中国农村金融排斥向包容转化的政策建议

的政策沿革与政策方向,从政府支持、中介体系、金融供给与金融需求等维度构筑促进金融包容性发展的推进措施。多维视角下的政策体系可以形成跨部门的政策合力,进而推动我国农村金融的包容性发展。

(一)强化农村包容性金融体系中的政府支持

1. 制定广泛适用的金融法规

法律法规是规范与促进行业良性发展的重要保障,制定行业法规不仅需要考虑行业以往的发展历程,也需要以与时俱进的视角出发从而规避潜在风险。一是要明确农村普惠金融立法的基本原则。首先要明确市场主导原则,即明确市场主导为核心机制,充分发挥市场的调节功能;其次是金融公平原则,在坚持金融稳定的基础上,通过制度体系调整来提升农村金融服务的普惠性;最后是明确公众参与性,通过制度化方式提升公众参与农村金融市场的程度。二是加快推进传统普惠金融监管的立法进程。要规范主体及相应的服务行为。无论是正规的金融机构还是新兴的准金融机构进入农村市场,都要真正发展普惠金融,加强规范化、阳光化、专业化的建设。应该鼓励地方政府出台具有探索试点性质的地方软法,控制在一定区域内进行创新与风险管理。三是加快针对农村数字普惠金融的监管法律。层出不穷的农村金融创新也为农村金融立法带来了严峻的挑战,数字普惠金融在农村地区的快速发展也带来了巨大的监管真空现象,应针对数字普惠金融衍生出来的新的普惠金融业务形式,有针对性地加快监管立法,防范新业务模式引致的新风险。

2. 完善兼容适宜的监管体系

在遵循传统金融业监管制度的条件下,普惠金融行业难以拓展实际业务,因此需要基于传统金融行业的监管规则,建立与普惠金融业务相兼容的监管机制。一是确立风险可控的总体原则。风险可控是大原则,普惠金融业务的拓展不能无限放大风险,而脱离金融监管的范畴,因此将所有普惠金融业务纳入监管范围。二是制定适度监管的总体思路。要针对普惠金融产品和业务,制定适度的、差异化的监管策略,针对支农力度较大、发展潜力较大的普惠金融业务模式,可以适当放松监管要求或者通过设立"过渡期"放松监管要求。三是推行合理监管的政策主张。适当提高对小微企业和"三农"担保贷款的风险容忍度,根据其业务规模和能力等适当删减指标并设立单独指标进行考核,平衡考核评价体系中财务绩效指标和社会绩效指标的比重。四是坚持合规的经营底线思维。严格审核申请农村金融机构定向费用补贴机构的资格和材料真实性、准确性。打击以普惠金融之名行违法违规金融活动，坚决遏制非法集资向农村地区蔓延。做到有法必依、执法必严，最大限度地降低人为金融风险的比重，规范金融供给主体的行为边界，营造良好的农村金融法制环境。

3. 落实税收支持与奖励政策

进一步落实财政支持普惠金融发展政策，充分发挥财政资金的正向引导作用，让政策更加聚焦于小微企业和"三农"主体，将极大推动金融机构支农的积极性。一是加大财政支持，落实对融资担保机构等普惠金融机构免征营业税和准备金税前扣除等政策，依法为其开展抵（质）押登记，提供债权保护和追偿协助，维护合法权益。二是对符合条件的金融机构支农所得收入，如小额信贷收入、农业保险收入等进行折扣计税的方式，对其进行税收减免。三是拓宽支农金融机构盈利渠道。进一步强化金融机构参与支农助农的奖励力度，做到"奖优奖业务"，为支农金融机构的网点新设提供便利，提供优先审批的政策支持等。

4. 构建高效协同的联动机制

构建高效的跨部门联动机制旨在促成多元主体在沟通、信任、理解之间形成一个良性循环，有利于各主体间建立信任、达成共识及保持体系稳定，着力提升金融支农政策协调性。一是要确立包容性农村金融体系发展的总体思路。在兼顾金融机构自身可持续发展的前提下，明确金融机构的职责定位，促进市场发挥决定性的资源配置作用，依据我国有关政策的既定时间节点分步骤、有计划地确定金融在支持农村发展、实现乡村振兴中的工作重点。二是要构建"三方联动"信息反馈机制。搭建"政+银+企"的对话平台，定期组织由政府、机构与融资主体三方参与的政策反馈交流会，促进金融机构、融资主体与政府间的信息共享与需求反馈，为农村金融改革的全局性及可持续性创造基础；政府部门间应设立协调、联系、畅通的信息报送渠道，确保信息完整有效性，并建立完善的管理服务数据库，为部门间政策协调提供便利。

（二）完善农村包容性金融体系中的中介体系

1. 确立良性有序的竞争原则

确立良性有序的竞争制度，是改善农村包容性金融体系经营环境的基

第十章 中国农村金融排斥向包容转化的政策建议

本条件,也是通过"中介+"实现包容性金融的有效方式。一是要放宽农村金融市场准入机制。需要根据地区差异特征,推行进一步放宽农村金融市场准入条件的试点工作,鼓励更多持牌金融机构在农村地区设立机构,提升农村金融机构的多样性。在市场规模较小的地区,试点过渡期跨区经营的制度。二是建立农村金融市场的有序竞争制度。在农村金融机构较多的农村地区,要通过本地立法的方式,规范农村金融机构之间的有序竞争,杜绝恶性竞争。三是支持性政策需要遵循竞争中性原则。确保针对支持普惠金融发展的支持政策具有普适性原则,即不会差异化对待农村金融机构,从而造成农村金融市场的不公平竞争。

2. 健全互联互通的信用体系

当前我国信用体系仍然存在征信系统不健全、失信惩罚机制缺失等问题,健全征信体系建设是农村金融和经济健康发展的根本保障。一是要依托农信体系网点优势,加强个人和企业征信建设。拓宽征信采集渠道,加强征信人员的业务素质培养,制定严格的信息征集标准。依托农村信用工程建设拓宽信用评级指标体系,增强征信系统的权威性、真实性和实用性。二是推动跨部门合作,统一和丰富征信信息。严格按照人民银行公布的《中国人民银行个人信用信息基础数据库管理暂行办法》等相关规定,加快工商、税务、公安、农信社等部门的信用资源联网步伐,推进农村企业和个人信用基础数据库建设实现社会信用资源共享。三是要建立有效的失信惩罚机制,约束农村金融主体行为。可对失信贷款人的失信情况适度、合法公开;通过信息共享将失信贷款人的信用状况通知给其他部门,给予其行政处罚;通过提高贷款利率或禁止借贷等经济手段进行惩戒。

3. 强化政府性风险分担机制

风险分担机制是激发金融机构参与普惠金融业务的外生动力,是推动普惠金融业务长效发展的关键性保障。一是强化政府性风险分担机制创新,扩大银担"总对总"批量担保业务的规模与范围,并进一步探索其他可行的创新方案。二是规范政府性融资担保体系发展,通过设置合作条件、实行逐级穿透、强化监督惩戒等手段,强化对省级融资担保机构的业务指导和规范引导,带动地方各级融资担保机构共同落实基金设立目标。三是提高政府性风险分担机制政策效益指标分值,重点考核新增支小支农担保业务规模及占比、新增小额担保业务规模及占比、担保费率等指标,引导政府性融资担保、再担保机构聚焦支小支农、降低费率水平。四是绩效评价结果作为担保机构获得资本金补充、风险补偿、补贴、奖励等财政支持，与国家融资担保基金优先合作，以及确定负责人薪酬、工资总额的重要依据，能增强机构内生动力。五是加大财政支持，落实对融资担保机构免征营业税和准备金税前扣除等政策，依法为其开展抵（质）押登记，提供债权保护和追偿协助，维护合法权益。推动农业信贷担保服务网络向市县延伸，更好地发挥农业保险强农惠农作用。

（三）优化农村包容性金融体系中的金融供给

1. 加强金融机构的能力建设

提高加强普惠金融机构能力除了要遵循一般实体经济的普遍规律之外，还要格外强调提供涉及普惠性的内容，重点提升提供合适的普惠金融服务以及保持普惠金融服务的可持续性。应当重点从以下方面发力：一是构建合理的公司治理体系。通过建立机制来甄选认同普惠金融理念的投资者建立合理的投资者机构；通过提升投资者的普惠金融理念和制定合适的经营绩效建立有效的机构治理。二是构建适当性与前瞻性的业务管理体系。采用现代化的管理理念进行产品创新，采用信息化的管理模式进行效率提升，采用新的管理思路进行制度设计等。三是加强风险监控与管理。对信贷业务的风险管理，要考虑到小额信贷业务和传统信贷业务的差异性，采取专门的、普惠金融信贷业务的风险管理模式，特别是要重视培养和激发服务对象的还款意愿；对非信贷类业务的风险管理，注意法律合规风险、操作风险和声誉风险，特别是在数字金融大发展的背景之下，要加强相关业务的风险监控。

2. 发挥金融科技的驱动作用

借助科技发展，推动农村金融数字化、智能化变革，提高农村金融服务可得性与可负担性。一是加大金融机构研发力度，促进底层技术与农村金融场景深度融合。进一步加大人工智能、区块链、大数据、云计算、5G、物联网等底层技术的应用力度，加快获客、风控、运营、客服等应用场景的智能化改造，推动数字化、智能化金融产品创新与经营模式创新，满足农村金融服务个性化需求。二是推动金融科技在社会征信体系建设中的应用。依托金融科技建立质量更高、更可信的数字化征信平台，如利用大数据技术获取、处理海量数据，拓宽数据来源、提高数据质量；利用区块链技术不可篡改、可追溯等特征，提高征信信息交流中的可信度。三是鼓励金融科技跨领域合作与创新。引导正规金融机构与具有创新能力和技术实力的科技公司达成全方位合作,针对农村金融领域的痛点、难点联合攻关,形成可持续的开放共赢模式,充分发挥技术驱动金融发展的潜能。

3. 加大金融产品的创新力度

在确保金融安全的基础上,以需求为导向,进一步加大金融产品服务创新力度,用好数字金融工具,提升产品服务匹配性。一是创新金融产品服务手段。针对小微企业、农户、新型农业主体等客户特点,在抵(质)押手段、业务流程、还款方式、营销渠道等方面持续加大创新力度,有针对性改进服务方式,关注可得性的同时,突出服务的适当性和需求的匹配性。二是推动金融产品多元化。充分认识到农业产业化、农村城镇化的加快发展趋势,适应农村金融需求多样化的特点,积极引进区块链、大数据等创新性技术,开发新型金融产品;创新农业保险产品,增加保险覆盖范围;创新农产品期货期权产品,降低农业价格风险;推广创业担保贷款,扩大受益范围。三是创新金融产品服务模式。利用核心企业信用支持为上下游小微企业、涉农企业、生产经营性农户做好融资服务,进一步优化供应链金融服务模式;构建覆盖小微企业全生命周期的融资体系,加强续贷产品的开发与推广,改进融资期限管理;稳步扩大"保险+期货""保险+期货+银行"模式;探索农村金融机构与农民专业合作组织、担保机构之间的合作机制。

(四)提升农村包容性金融体系中的金融需求

1. 提升需求者基本发展能力

发展能力不足是贫困的根源,也是商业性金融机构排斥小微群体的重要原因。从长期来看,需求者的发展能力是决定能否产生有效金融需求的关键因素。应当从以下几个方面提升需求者的基本发展能力:一是增加农村地区公共产品的供给。通过建设交通、通信设施、电力等基础设施和改善公共服务产品等方式,降低金融交易成本,提升金融有效需求。二是改善农村居民的要素禀赋。通过普及高中教育、职业教育及农村医疗保险提升农村居民的人力资本水平。三是促进城乡融合与包容性发展。除了在公共品供给上要弥补城乡差异之外,在制度供给上,也要推进城乡基本公共服务标准统一、制度并轨,实现从形式上的普惠向实质上的公平的转变。四是实现农村地区居民人力资本提升的制度化与常态化,重点培育低收入农户的职业技能,通过制度化能力建设的方式实现农村金融有效需求的可持续增长。

2. 培育需求者金融使用能力

金融能力包括金融知识、金融技能、金融行为与金融意识四方面。较高的金融能力可以降低融资成本，有利于需求者顺利进入农村金融市场。因此，应从以下方面培育需求者的金融使用能力：一是强化金融知识。各级政府和涉农金融机构应根据不同地区、不同类型农户的特点，细分教育对象，广泛开展具有针对性的金融教育，并将金融教育常态化。针对农村地区学生，注重发挥农村学校对金融教育的作用，将金融知识教育纳入课本，开展金融素质教育。二是培育金融技能。通过金融机构或公益性平台推广"金融知识普及项目"，运用科技手段，通过互联网方式向公众传播普及各类的金融知识。三是规范金融行为。严格规范小额信贷及普惠金融信贷的资金用途，对违规行为实行黑名单制度，加大违规行为的惩处力度，从需求端化解普惠金融的风险。四是提升金融意识。需求者的金融意识是金融能力建设的内在动力。通过政策宣传的方式鼓励农村金融需求者有意识地主动从外部环境获取金融知识，积极参与到金融实践中以提高金融技能，不断规范与优化金融行为。

3. 增强需求者风险应对能力

从需求侧来看，农村金融需求者通常面临产品价格波动以及健康等诸多风险，但缺乏正规的保险方式，从而导致风险暴露，降低有效金融需求。从供给侧来看，出于风险控制的目的，金融机构也不愿将资金贷给风险暴露的需求者。应当从以下方面培育需求者的风险应对能力：一是提升农村居民风险预防意识。通过教育与宣传的方式提升农村居民的风险防范意识，劝导农村居民进行定期预防性储蓄行为与定期体检，并减少高风险投资行为。二是健全农村社会与医疗保障体制。通过逐步完善农村医疗保障体系与社会保障体系，加强贫困群体和脆弱性群体的风险应对能力。针对不同群体要实施差异化的保障政策，实现社会保障体系的精准识别与精准保障。

参考文献

［印］阿玛蒂亚·森、［美］詹姆斯·福斯特，2006，《论经济发展不平等》，王利文、于占杰译，北京：中国人民大学出版社。

［英］阿瑟·塞西尔·庇古，2017，《福利经济学》，金镝译，北京：华夏出版社。

贝多广、莫秀根，2019，《包容、健康、负责任——中国普惠金融发展报告（2019）》，北京：中国金融出版社。

贝多广、莫秀根，2020，《微弱经济与普惠金融——中国普惠金融发展报告（2020）》，北京：中国金融出版社。

陈宗义，2017，《普惠金融的内涵解析与发展路径》，北京：经济科学出版社。

陈雨露、马勇，2010，《中国农村金融论纲》，北京：中国金融出版社。

程惠霞，2017，《新型农村金融机构发展调查与农村金融市场改革》，北京：中国经济出版社。

戴维·鲁德曼，2015，《微型金融》，游春译，北京：中国金融出版社。

韩俊等，2007，《中国农村金融调查》，上海：上海远东出版社。

何广文、李树生，2008，《农村金融学》，北京：中国金融出版社。

黄宗智，2000，《长江三角洲小农经济与乡村发展》，北京：中华书局。

焦瑾璞、陈瑾，2009，《建设中国普惠金融体系》，北京：中国金融出版社。

李江，2005，《金融发展学》，北京：科学出版社。

李建军，2014，《中国普惠金融体系理论、发展与创新》，北京：知识产权出版社。

罗剑朝等，2005，《中国农地金融制度研究》，北京：中国农业出版社。

罗纳德·麦金农，1997，《经济发展中的货币与资本》，陈昕、卢骢译，上海：上海人民出版社。

谢平、徐忠，2013，《新世纪以来农村金融改革研究》，北京：中国金融出版社。

[法]托马斯·皮凯蒂，《21世纪资本论》，巴曙松等译，北京：中信出版社。

张杰，2003，《中国农村金融制度：结构、变迁与政策》，北京：中国人民大学出版社。

张杰，2017，《金融分析的制度范式：制度金融学导论》，北京：中国人民大学出版社。

张龙耀、褚保金，2012，《农村金融市场失灵与金融创新研究》，北京：科学出版社。

中国人民银行，2014，《中国农村金融服务报告（2014）》，北京：中国金融出版社。

中国人民银行，2017，《中国农村金融服务报告（2017）》，北京：中国金融出版社。

蔡昉，1992，"区域比较优势与农业持续增长的源泉"，《中国农村经济》第11期。

陈锡文，2004，"资源配置与中国农村发展"，《中国农村经济》第1期。

陈鹏、刘锡良，2011，"中国农户融资选择意愿研究——来自10省2万家农户借贷调查的证据"，《金融研究》。

陈雨露、马勇，2010，"地方政府的介入与农信社信贷资源错配"，《经济理论与经济管理》第4期。

陈雨露、马勇，2009，"关于农户信用和风险偏好的几个注释"，《财贸经济》第1期。

程士强，2018，"制度移植何以失败？——以陆村小额信贷组织移植'格莱珉'模式为例"，《社会学研究》第4期。

邓春生、李珊，2018，"农村金融发展对农村经济增长的非线性影响分析"，《管理世界》第11期。

董晓林、徐虹，2012，"我国农村金融排斥影响因素的实证分析——基于县域金融机构网点分布的视角"，《金融研究》第9期。

杜晓山，2008，"非政府组织小额信贷机构可能的发展前景"，《中国农村经济》第3期。

杜志雄、肖卫东、詹琳，2010，"包容性增长理论的脉络、要义与政策内涵",《中国农村经济》第 11 期。

傅秋子、黄益平,2018,"数字金融对农村金融需求的异质性影响——来自中国家庭金融调查与北京大学数字普惠金融指数的证据",《金融研究》第 11 期。

顾宁、张甜,"普惠金融发展与农村减贫:门槛、空间溢出与渠道效应",《农业技术经济》第 10 期。

郭建伟、徐宝林,2013,"建设金融包容的社会:中国的理想与现实——基于新型农村金融政策的视角分析",《农业经济问题》第 4 期。

郭沛,2004,"中国农村非正规金融规模估算",《中国农村观察》第 2 期。

何德旭、苗文龙,2015,"金融排斥、金融包容与中国普惠金融制度的构建",《财贸经济》第 3 期。

何广文,1999,"从农村居民资金借贷行为看农村金融抑制与金融深化",《中国农村经济》第 10 期。

何广文,2004,"对农村政策金融改革的理性思考",《农业经济问题》第 3 期。

何婧、田雅群、刘甜、李庆海,2017,"互联网金融离农户有多远——欠发达地区农户互联网金融排斥及影响因素分析",《财贸经济》第 1 期。

何光辉、杨咸月,2011,"手机银行模式与监管:金融包容与中国的战略转移",《财贸经济》第 4 期。

胡金焱、李建文、张博,2018,"P2P 网络借贷是否实现了普惠金融目标",《世界经济》第 11 期。

洪正,2011,"新型农村金融机构改革可行吗?——基于监督效率视角的分析",《经济研究》第 2 期。

黄倩、李政、熊德平,2019,"数字普惠金融的减贫效应及其传导机制",《改革》第 11 期。

贾春新,2000,"金融深化:理论与中国的经验",《中国社会科学》第 3 期。

焦瑾璞,2010,"构建普惠金融体系的重要性",《中国金融》第 10 期。

金鹏辉,2008,"中国农村金融三十年改革发展的内在逻辑——以农村信用社改革为例",《金融研究》第 10 期。

李春霄、贾金荣,2012,"我国金融排斥程度研究——基于金融排斥指数的构建与测算",《当代经济科学》第 3 期。

李明贤、叶慧敏,2012,"普惠金融与小额信贷的比较研究",《农业经济问题》第 9 期。

李实、罗楚亮,2011,"中国收入差距究竟有多大?——对修正样本结构偏差的尝试",《经济研究》第 4 期。

李树、于文超,2018,"农村金融多样性对农民创业影响的作用机制研究",《财经研究》第 44 期。

李涛、王志芳、王海港、谭松涛,2010,"中国城市居民的金融受排斥状况研究",《经济研究》第 7 期。

李涛、徐翔、孙硕,2016,"普惠金融与经济增长",《金融研究》第 5 期。

李建军、韩珣,2019,"普惠金融、收入分配和贫困减缓——推进效率和公平的政策框架选择",《金融研究》第 3 期。

梁静雅、王修华、杨刚,2012,"农村金融增量改革实施效果研究",《农业经济问题》第 3 期。

林毅夫、姜烨,2006,"经济结构、银行业结构与经济发展——基于分省面板数据的实证分析",《金融研究》第 1 期。

刘亚洲、钟甫宁,2019,"风险管理 VS 收入支持:我国政策性农业保险的政策目标选择研究",《农业经济问题》第 4 期。

刘西川、杨奇明、陈立辉,2014,"农户信贷市场的正规部门与非正规部门:替代还是互补?",《经济研究》第 11 期。

刘西川、陈立辉、杨奇明,2014,"农户正规信贷需求与利率:基于 Tobit Ⅲ 模型的经验考察",《管理世界》第 3 期。

刘西川、黄祖辉、程恩江,2009,"贫困地区农户的正规信贷需求:直接识别与经验分析",《金融研究》第 4 期。

卢亚娟、张龙耀、许玉韫,2014,"金融可得性与农村家庭创业——基于 CHARLS 数据的实证研究",《经济理论与经济管理》第 10 期。

马九杰、沈杰,2010,"中国农村金融排斥态势与金融普惠策略分析",《农村金融研究》第 5 期。

马九杰、吴本健,2012,"利率浮动政策、差别定价策略与金融机构对农户的信贷配给",《金融研究》第 4 期。

马学琳、夏李莹、应望江,2018,"普惠金融视角下农民金融投资的选择问题研究——基于'千村调查项目'数据分析",《农业技术经济》第11期。

齐红倩、李志创,2019,"中国普惠金融发展水平测度与评价——基于不同目标群体的微观实证研究",《数量经济技术经济研究》第5期。

钱水土、陆会,2008,"农村非正规金融的发展与农户融资行为研究——基于温州农村地区的调查分析",《金融研究》第10期。

任碧云、王雨秋,2019,"包容性金融发展与农村居民贫困减缓——基于全要素生产率视角的分析",《经济理论与经济管理》第10期。

隋艳颖、马晓河,2011,"西部农牧户受金融排斥的影响因素分析——基于内蒙古自治区7个旗(县)338户农牧户的调查数据",《中国农村观察》第3期。

田霖,2011,"我国金融排斥的城乡二元性研究",《中国工业经济》第2期。

田霖,2007,"我国金融排除空间差异的影响要素分析",《财经研究》第4期。

万广华、张藕香、伏润民,2008,"1985~2002年中国农村地区收入不平等:趋势、起因和政策含义",《中国农村经济》第3期。

王爱俭,2005,"发展我国社区银行的模式选择",《金融研究》第11期。

王汉杰、温涛、韩佳丽,2018,"贫困地区农村金融减贫的产业结构门槛效应",《财经科学》第9期。

王曙光、王丹莉,2008,"边际改革、制度创新与现代农村金融制度构建(1978—2008)",《财贸经济》第12期。

王修华、傅勇、贺小金、谭开通,2013,"中国农户受金融排斥状况研究——基于我国8省29县1547户农户的调研数据",《金融研究》第7期。

王修华、关键,2014,"中国农村金融包容水平测度与收入分配效应",《中国软科学》第8期

王修华、何梦、关键,2014,"金融包容理论与实践研究进展",《经济学动态》第11期。

王修华、邱兆祥,2011,"农村金融发展对城乡收入差距的影响机理与实证研究",《经济学动态》第2期。

王修华、谭开通,2012,"农户信贷排斥形成的内在机理及其经验检

验——基于中国微观调查数据",《中国软科学》第 6 期。

王修华、赵亚雄,2019,"中国金融包容的增长效应与实现机制",《数量经济技术经济研究》第 1 期。

王修华,2009,"新农村建设中的金融排斥及破解思路",《农业经济问题》第 7 期。

王颖、曾康霖,2016,"论普惠:普惠金融的经济伦理本质与史学简析",《金融研究》第 2 期。

王博、张晓玫、卢露,2017,"网络借贷是实现普惠金融的有效途径吗——来自'人人贷'的微观借贷证据",《中国工业经济》第 2 期。

温涛、朱炯、王小华,2016,"中国农贷的'精英俘获'机制:贫困县与非贫困县的分层比较",《经济研究》第 2 期。

温涛、冉光和、熊德平,2005,"中国金融发展与农民收入增长",《经济研究》第 9 期。

肖翔、刘钊,2014,"普惠金融发展的政府作用",《中国金融》第 5 期。

谢平、邹传伟,2012,"互联网金融模式研究",《金融研究》第 12 期。

徐少君、金雪军,2009,"农户金融排除的影响因素分析——以浙江省为例",《中国农村经济》第 6 期。

许圣道、田霖,2008,"我国农村地区金融排斥研究",《金融研究》第 7 期。

星焱,2016,"普惠金融:一个基本理论框架",《国际金融研究》第 9 期。

晏露蓉、林晓甫,2003,"中国社区银行的市场需求和发展可能分析",《金融研究》第 10 期。

姚耀军,2005,"转轨经济中的农村金融:管制与放松管制",《财经科学》第 6 期。

叶志强、陈习定、张顺明,2011,"金融发展能减少城乡收入差距吗?——来自中国的证据",《金融研究》第 2 期。

易行健、周利,2018,"数字普惠金融发展是否显著影响了居民消费——来自中国家庭的微观证据",《金融研究》第 11 期。

殷本杰,2006,"金融约束:新农村建设的金融制度安排",《中国农村经济》第 6 期。

尹志超、吴雨、甘犁,2015,"金融可得性、金融市场参与和家庭资产选择"，《经济研究》第 3 期。

余谦、高萍，2011，"中国农村社会福利指数的构造及实测分析"，《中国农村经济》第 7 期。

张国俊、周春山、许学强，2014，"中国金融排斥的省际差异及影响因素"，《地理研究》第 12 期。

张珩、罗剑朝、郝一帆，2017，"农村普惠金融发展水平及影响因素分析——基于陕西省 107 家农村信用社全机构数据的经验考察"，《中国农村经济》第 1 期。

张杰，2004，"解读中国农贷制度"，《金融研究》第 2 期。

张正平，2011，"微型金融机构双重目标的冲突与治理：研究进展述评"，《经济评论》第 5 期。

张正平、杨丹丹，2017，"市场竞争、新型农村金融机构扩张与普惠金融发展——基于省级面板数据的检验与比较"，《中国农村经济》第 1 期。

张勋、万广华、张佳佳、何宗樾，2019，"数字经济、普惠金融与包容性增长"，《经济研究》第 8 期。

张号栋、尹志超，2016，"金融知识和中国家庭的金融排斥——基于 CHFS 数据的实证研究"，《金融研究》第 7 期。

赵剑治、陆铭，2010，"关系对农村收入差距的贡献及其地区差异——一项基于回归的分解分析"，《经济学（季刊）》第 9 卷第 1 期。

周立、王子明，2002，"中国各地区金融发展与经济增长实证分析：1978—2000"，《金融研究》第 10 期。

周小川，2004，"关于农村金融改革的几点思路"，《经济学动态》第 8 期。

朱喜、马晓青、史清华，2009，"信誉、财富与农村信贷配给——欠发达地区不同农村金融机构的供给行为研究"，《财经研究》第 8 期。

Aghion, P., Howitt, P. & Mayer-Foulkes, D. 2005, "The Effect of Financial Development on Convergence: Theory and evidence." *Quarterly Journal of Economics*, Vol. 120, No. 1.

Appleyard, L. 2011, "Community Development Finance Institutions (CDFIs): Geographies of Financial Inclusion in The US and UK." *Geoforum*, Vol. 42, No. 2.

Armendáriz, B., Szafarz, A. 2009, "Microfinance Mission Drift?" *CEB Work-*

ing paper, No. 09/015.

Arora, R. U. 2012, "Financial Inclusion and Human Capital in Developing Asia: the Australian Connection." *Third World Quarterly*, Vol. 33, No. 1.

Ashraf, N., Karlan, D. & Yin, D. 2010, "Female Empowerment: Impact of A Commitment Savings Product in The Philippines." *World Development*, Vol. 38, No. 3.

Banerjee, A. et al. 2015, "The Miracle of Microfinance? Evidence From A Randomized Evaluation." *American Economic Journal: Applied economics*, Vol. 7, No. 1.

Banerjee, A. V., Newman, A. F. 1993, "Occupational Choice and The Process of Development." *Journal of Political Economy*, Vol. 101, No. 2.

Bansal, H. 2003, "SHG-Bank Linkage Program in India." *Journal of Microfinance*, Vol. 5, No. 1.

Beck, T., Demirguc-Kunt, A. & Levine, R. 2004, "Finance, Inequality and Poverty: Cross-Country Evidence." *World Bank Policy Research Working Paper*, No. 3338.

Beck, T., Demirgüç-Kunt, A. & Levine, R. 2006, "BankSupervision & Corruption in Lending." *Journal of Monetary Economics*, Vol. 53, No. 8.

Beck, T., Demirguc-Kunt, A. & Peria, M. S. M. 2007, "Reaching Out: Access to and Use of Banking Services Across Countries." *Journal of Financial Economics*, Vol. 85, No. 1.

Beck, T., Demirguc-Kunt, A. & Peria, M. S. M. 2008, "Banking Services for Everyone? Barriers to Bank Access and Use Around the World." *World Bank Economic Review*, Vol. 22, No. 3.

Beck, T., Levine, R. &Loayza, N. 2000, "Finance and The Sources of Growth." *Journal of Financial Economics*, Vol. 58, No. 1.

Berger, A. N., vKlapper, L. F. & Udell, G. F. 2011, "The Ability of Banks Lend to Informationally Opaque Small Business." *Journal of Banking and Finance*, Vol. 25, No. 12.

Burgess, R. &Pande, R. 2005, "Do Rural Banks Matter? Evidence from The Indian Social Banking Experiment." *American Economic Review*, Vol. 95, No. 3.

Carbo, S., Gardener, E. P. M. & Molyneux, P. 2005, *Financial Exclusion*. London: Palgrave Maemillan.

Cebulla, A. 1999, "A Geography of Insurance Exclusion: Perceptions of Unemployment Risk and Actuarial Risk Assessment." *Area*, Vol. 31, No. 2.

Chakravarty, S. P. 2006, "RegionalVariation in Banking Services and Social Exclusion." *Regional Studies*, Vol. 40, No. 4.

Chauvet, L. &Jacolin, L. 2017, "Financial Inclusion, Bank Concentration, and Firm Performance." *World Development*, Vol. 97.

Chibba, M. 2009, "Financial Inclusion, Poverty Reduction and the Millennium Development Goals." *The European Journal of Development Research*, Vol. 21, No. 2.

Classens, S. 2006, "Access to Financial Services: A Review of The Issues and Public Policy Objectives." *World Bank Research Observer*, Vol. 21, No. 2.

Cnaan, R. A., Moodithaya, M. & Handy, F. 2012, "Financial Inclusion: Lessons from Rural South India." *Journal of Social Policy*, Vol. 41, No. 1.

Coleman, B. E. 2000, "Microfinance in Northeast Thailand: Who Benefits and How Much?" *World Development*, Vol. 34, No. 9.

Collard, S. 2007, "Toward Financial Inclusion in the UK: Progress and Challenges." *Public money and management*, Vol. 27, No. 1.

Copestake, J. 2007, "Mainstreaming Microfinance: Social Performance Management or Mission Drift?" *World Development*, Vol. 35, No. 10.

De Koker, L. Jentzsch, N. 2013, "Financial Inclusion and Financial Integrity: Aligned Incentives?" *World Development*, Vol. 44.

Demirguc-Kunt, A., Klapper, L. 2012, "Measuring Financial Inclusion: The Global Index Database." *World Bank Policy Research Working Paper*, No. 6025.

Demirguc-Kunt, A. et al. 2018, "The Global Findex Database 2017: Measuring Financial Inclusion and the Fintech Revolution." *The World Bank*.

Devlin, J. F. 2005, "A Detailed Study of Financial Exclusion in the UK." *Journal of Consumer Policy*, Vol. 28, No. 1.

Devin, J. F. 2009, "An Analysis of Influences on Total Financial Exclusion."

The Service Industries Journal, Vol. 29, No. 8.

Dollar, D. &Kraay, A. 2002, "Growth is Good for the Poor." *Journal of Economic Growth*, Vol. 7, No. 3.

Drakeford, M. & Sachdev, D. 2001, "FinancialExclusion and Debt Redemption." *Initial Soeial Policy*, Vol. 21, No. 2.

European Commission 2008, *Financial Services Provision and Prevention of Financial Exclusion*, Brussels: European Commission.

Fuller, D. 1998, "CreditUnion Development: Financial Inclusion and Exclusion." *Geoforum*, Vol. 29, No. 2.

Fuller, D. & Mellor, M. 2008, "Banking forThe Poor: Addressing The Needs of Financially Excluded Communities in Newcastle Upon Tyne." *Urban Studies*, Vol. 45, No. 7.

Goetz, A. M. & Sengupta, R. 1996, "WhoTakes the Credit? Gender, Power and Control Over Loan Use in Rural Credit Programmes in Bangladesh." *World Development*, Vol. 24, No. 1.

Grohmann, A., Theres, K. & Menkhoff, L. 2018, "Does Financial Literacy Improve Financial Inclusion? Cross Country Evidence." *World Development*, No. 111.

Goldsmith Raymond W. 1969, "Financial Structure and Development." New Haven, Conn: Yale Universtiy Press.

Gupte, R., Venkataramani, B. & Gupta, D. "Computation of Financial Inclusion Index for India." *Social and Behavioral Sciences*, Vol. 37, No. 1.

Hanning, A. & Jansen, S. 2010, "Financial Inclusion & Financial Stability: Current Policy Issues." *Asian Development Bank Institute Working Paper*, No. 259.

HM Treasury 1999, *Access to Financial Services: A Report of The Policy Action Team* 14. London: HM Treasury.

HM Treasury 2004, *Promoting Financial Inclusion*. London: HM Treasury.

HM Treasury 2007, *Financial Inclusion: An Action Plan for* 2008 – 11. London: HM Treasury.

Honohan, P. 2006, "Household Financial Assets in the Process of Development." *World Bank Policy Research Working Paper*, No. 3965.

Honohan, P. 2008, "Cross-country Variation in Household Access to Financial Services." *Journal of Banking & Finance*, Vol. 32, No. 11.

International Finance Corporation (IFC) 2011, "Financial Inclusion Data: Assessing the Landscape and Country-Level Target Approaches." *Discussion Paper on Behalf of the Global Partnership for Financial Inclusion*.

Jenkins, S. P. & Van Kenn, P. 2006, "Trends in Income Inequality, Pro-Poor Income Growth, and Income Mobility." *Oxford Economic Papers*, Vol. 58, No. 3.

Jones, P. A. 2007, "From Tackling Poverty to Achieving Financial Inclusion—The Changing Role of British Credit Unions in Low Income Communities." *The Journal of Socio-Economics*, Vol. 37, No. 6.

Kadwadkar, D. D., Bhandare, U. 2012, "Financial Inclusion-A Need with An Indian Perspective." *ACADEMICIA: An international multidisciplinary Research Journal*, Vol. 2, No. 2.

Kamath, R., Mukherji, A. & Sandstrom, M. 2010, "Accessing Institutional Finance: A Demand Side Story for Rural India." *Economic and Political Weekly*, Vol. 45, No. 37.

Karlan, D., Zinman, J. 2010, "Expanding Credit Access: Using Randomized Supply Decisions to Estimate the Impacts." *Review of Financial Studies*, Vol. 23, No. 1.

Kempson, E., Atkinson, A. & Pilly, O. 2006, "Policy Level Response to Financial Exclusion in Developing Economies: Lessons for Developing Countries." *Paper for Access to Finance: Building Inclusive Financial Systems*.

Kempson, E., Whyley, C. 1999, *Kept out or Opted Out? Understanding and Combating Financial Exclusion*. Bristol: The Policy Press.

Kempson, H. E. et al. 2000, *In or out? Financial Exclusion: a Literature & Research Review*. London: Financial Services Authority.

Khan, H. 2011, *Financial Inclusion and Financial Stability: Are They Two Sides of the Same Coin?* Chennai: Indian Bankers Association and Indian Overseas Bank.

Kumar, B. & Mohanty, B. 2011, "Financial Inclusion and Inclusive Development in SAARC Countries with Special Reference to India." *The XIMB*

Journal of Management, Vol. 8, No. 2.

Kumar, N. 2012, "An Empirical Analysis of Financial Inclusion Across Population Groups in India." *IUP Journal of Bank Management*, Vol. 11, No. 1.

Kuri, P. K. & Laha, A. 2011, "Financial Inclusion and Human Development in India: An Inter-State Analysis." *Indian Journal of Human Development*, Vol. 5, No. 1.

La Porta, R. et al. 2002, "Investor Protection & Corporate Valuation." *The Journal of Finance*, Vol. 57, No. 3.

Levine, R. & King, R. G. 1993, "Finance and Growth: Schumpeter Might be Right." *Quarterly Journal of Economics*, Vol. 108, No. 3.

Levine, R. 2005, "Finance and Growth: Theory and Evidence." *Handbook of Economic Growth*, Vol. 1, No. A.

Levine, R. 2008, "Finance and The Poor." *Manchester School Discussion Paper*, Vol. 76, No. S1.

Leyshon, A. & Thrift, N. 1993, "The Restructuring of the UK Financial Services Industry in The 1990s: A Reversal of Fortune?" *Journal of Rural Studies*, Vol. 9, No. 3.

Leyshon, A. & Thrift, N. 1995, "Geographies of Financial Exclusion: Financial Abandonment in Britain & the United States." *Transactions of the Institute of British Geographers*, Vol. 20, No. 3.

Li, L. 2018, "Financial Inclusion and Poverty: The Role of Relative Income." *China Economic Review*, Vol. 52.

Liang, Z. 2006, "Financial Development and Income Distribution: A System GMM Panel Analysis with Application to Urban China." *Journal of Economic Development*, Vol. 31, No. 2.

Love, I. 2003, "Financial Development and Financing Constraint." *Review of Financial Studies*, Vol. 16, No. 3.

Lyons, A. & Contreras, S. 2017, "A Simultaneous Model of Youth Entrepreneurship and Financial Inclusion Across Developing Countries." *SSRN Working Paper*, No. 3053615.

Lyons, A., Grable, J. E. & Zeng, T. 2017, "Infrastructure, Urbanization, and the Financial Inclusion of Chinese Households." *SSRN Working*

Paper, No. 3012453.

Lemire, B., Pearson, R. & Campbell, G. 2002, *Women and Credit: Researching the Past and Refiguring the Future.* Oxford and New York: Berg Publisher.

Magrabi, F. M. et al. 1975, "An Index of the Economic Welfare of Rural Families." *Journal of Consumer Research*, Vol. 2, No. 3.

Mainsah, E. et al. 2004, "Grameen Bank: Taking Capitalism to the Poor." *Chazen Web Journal of International Business.*

Mallick, R. 2002, "Implementing and Evaluating Microcredit in Bangladesh." *Development in Practice*, Vol. 12, No. 2.

Marshall, J. N. 2004, "Financial Institutions in Disadvantaged Areas: A Comparative Analysis of Policies Encouraging Financial Inclusion in Britain and the United States." *Environment and Planning A*, Vol. 36, No. 2.

Maurya, R. 2011, "Microfinance for Financial Inclusion and Women Empowerment." *International Journal of Business Economics and Management Research*, Vol. 2, No. 7.

Mckinnon, R. I. 1973, "Money and Capital In Economic Development." *American Political Science Review*, Vol. 68, No. 4.

Mogues, T. 2011, "The Bang for the Birr: Public Expenditures and Rural Welfare in Ethiopia." *The Journal of Development Studies*, Vol. 47, No. 5.

Mohan, T. T. R. 2007, "Banking Reforms in India: Charting a Unique Course." *Economic and Political Weekly*, Vol. 42, No. 13.

Morduch, J. 1999, "The Microfinance Promise." *Journal of Economic Literature*, Vol. 37, No. 4.

Mosley, P. & Hulme, D. 1998, "Microenterprise Finance: Is There a Conflict between Growth and Poverty Alleviation?" *World Development*, Vol. 26, No. 5.

Mullen, I. 2001, "Prosperity and Morality: A Partnership with Government." *The New Statesman*, Vol. 14.

Navajas, S. et al. 2000, "Microcredit and the Poorest of the Poor: Theory and Evidence from Bolivia." *World Development*, Vol. 28, No. 2.

Norwood, C. 2011, "Women, Microcredit and Family Planning Practices: A

Case Study from Rural Ghana." *Journal of Asian and African Studies*, Vol. 46, No. 2.

Osili, U., Paulson, A. 2008, "What Can We Learn About Financial Access from U. S. Immigrants? The Role of Country of Origin Institutions and Immigrant Beliefs." *World Bank Economic Review*, Vol. 22, No. 3.

Park, C. Y. & Mercado, R. 2018, "Financial Inclusion, Poverty, and Income Inequality." *The Singapore Economic Review*, Vol. 63, No. 1.

Peachey, S. & Roe, A. 2006, "Access to Finance: A Study for The World Savings Banks Institute." *Oxford Policy Management*, Vol. 49, No. 1.

Pitt, M. & Khandker, S. R. 1998, "The Impact of Group-Based Credit Programs on Poor Households in Bangladesh." *Journal of Political Economy*, Vol. 6, No. 5.

Raman, A. 2011, "Financial Inclusion and Growth of Indian Banking System." *Journal of Business and Management*, Vol. 1, No. 3.

Roodman, D. & Morduch, J. 2014, "The Impact of Microcredit on the Poor in Bangladesh: Revisiting the Evidence." *The Journal of Development Studies*, Vol. 50, No. 4.

Safavian, S. M. 2008, "Firm-level Evidence on Collateral and Access to Finance." Chapters in: Frederique Dahan & John Simpson (ed.), *Secured Transactions Reform and Access to Credit*, chapter 4, Cheltenham: Edward Elgar Publishing.

Sarma, M., Pais, J. 2011, "Financial Inclusion & Development." *Journal of International Development*, Vol. 23, No. 5.

Sarma, M. 2008, "Index of Financial Inclusion." *ICRIER Working Paper*, No. 215.

Shaw, E. S. 1973, "FinancialDeepening in Economic Development." *Economic Journal*, Vol. 84, No. 333.

Shorrocks, A. F. 1980, "The class of Additively Decomposable Inequality Measure." *Econometrica: Journal of the Econometric Society*, Vol. 48, No. 3.

Sinclair, P. S. 2001, *Financial Exclusion: An Introductory Survey*. Edinburgh: Heriot Watt University.

Stiglitz, J. E. 1993, "The Role of the Sate in Financial Markets." *The World*

Bank Economic Review, Vol. 7, No. 1.

Swamy, V. 2014, "FinancialInclusion, Gender Dimension, and Economic Impact on Poor Households." *World Development*, Vol. 56.

The World Bank 2006, "India Inclusive Growth and Service Delivery: Building on India's Success." *Development Policy Review*, No. 34580 – IN.

Townsend, R. M. 2006, *The Thai Economy: Growth, Inequality, Poverty and the Evaluation of Financial Systems*. Chicago: University of Chicago Press.

Woller, G. M. & Warner, W. 2001, "Microcredit and Third World Development Policy." *Policy Studies Journal*, Vol. 29, No. 2.

Yunus, M. 1999, "Microlending: Towards Creating a Poverty-free World." *BYU Studies*, Vol. 38, No. 2.

Zins, A. & Weill, L. 2016, "TheDeterminants of Financial Inclusion in Africa." *Review of Development Finance*, Vol. 6, No. 1.

课题组发表的论文

高沛星、王修华：《我国农村金融排斥的区域差异与影响因素》，《农业技术经济》2011 年第 4 期。

梁静雅、王修华、杨刚：《农村金融新政实施效果与深化对策研究》，《农业经济问题》2012 年第 3 期。《中国社会科学文摘》2012 年第 9 期以"农村金融机构改革评价2005—2011"为题全文转载。《经济研究参考》2012 年第 36 期以"中央银行与银监会推进农村金融改革的政策措施不协调"为题进行了转载。

刘波、王修华、彭建刚：《金融包容水平与地区收入差距——基于湖南省 87 个县（市）2008—2012 年的经验数据》，《当代财经》2014 年第 11 期。人大复印报刊资料《金融与保险》2015 年第 4 期全文转载。

邱兆祥、王修华：《加强国民金融教育》，《人民日报·理论版》2010 年 9 月 13 日。

王修华、陈茜茜：《农户金融包容性测度及其影响因素实证分析——基于 19 省份的问卷调查数据》，《农业技术经济》2016 年第 1 期。

王修华、傅小勇、陈茜茜：《我国包容性金融发展的经济福利效应研究》，《湖南商学院学报》2017 年第 2 期。

王修华、傅勇、贺小金、谭开通：《中国农户受金融排斥状况研究——基于我国 8 省 29 县 1547 户农户的调研数据》，《金融研究》2013 年第 7 期。获得 2015 年中国金融学会第十届全国优秀金融论文三等奖。

王修华、关键："Financial Inclusion: Measurement, Spatial Effects and Influencing Factor"，*Applied Economics*（SSCI 收录）2016 年第 8 期。

王修华、关键、谷溪：《中国农村金融包容的省际差异及影响因素》，《经济评论》2016 年第 4 期。

王修华、关键：《中国农村金融包容水平测度与收入分配效应》，《中国软科学》2014 年第 8 期。

王修华、郭美娟：《金融包容视角下农村手机银行发展探析》，《农业经济问题》2014年第9期。

王修华、何梦、关键：《金融包容理论与实践研究进展》，《经济学动态》2014年第11期。

王修华、贺小金、何婧：《村镇银行发展的制度约束及优化设计》，《农业经济问题》2010年第8期。

王修华：《金融包容：深化农村金融改革的重要使命》，《金融时报·理论版专访稿》2014年12月14日。

王修华、李汪、肖燕飞：《微型金融机构目标偏移研究》，《华东经济管理》2015年第5期。

王修华、刘敬、易澳妮：《精准扶贫中的"反霍桑效应"及其破解思路》，《新视野》2019年第3期。

王修华、刘志远、杨刚：《村镇银行运行格局、发展偏差及应对策略》，《湖南大学学报》（社科版）2013年第1期。人大报刊复印资料《金融与保险》2013年第6期全文转载。

王修华：《论提高我国农村金融服务质量和水平的关键》，《金融时报理论版》2010年4月19日。

王修华、邱兆祥：《构建包容性农村金融体系》，《人民日报·理论版》2012年11月15日。

王修华、邱兆祥：《农村金融发展对城乡收入差距的影响机理与实证研究》，《经济学动态》2011年第2期。

王修华、邱兆祥：《农村金融排斥：现实困境与破解对策》，《中央财经大学学报》2010年第10期。

王修华、任静远、王毅鹏：《基于贫困户可行能力不足的扶贫困境与破解思路》，《农村经济》2019年第5期。

王修华、谭开通：《农户信贷排斥形成的内在机理及其经验检验——基于中国微观调查数据》，《中国软科学》2012年第6期。人大复印报刊资料《金融与保险》2012年第11期全文转载，获2014年中国金融教育优秀研究成果二等奖。

王修华、谭开通：《社会网络对农户正规机构贷款可获性的影响研究》，《湘潭大学学报》（哲学社会科学版）2014年第1期。

王修华、唐敏娟：《农村社区银行发展研究》，《理论探索》2015年第

6 期。

王修华、唐兴国、熊玮:《农村金融存量改革实施效果研究——以农村信用社为例》,《上海经济研究》2014 年第 8 期。

王修华、王毅鹏、赵亚雄:《改革开放 40 年中国金融扶贫动态演进与未来取向》,《福建金融》2018 年第 12 期。

王修华:《乡村振兴战略的金融支撑研究》,《中国高校社会科学》2019 年第 3 期。《新华文摘》网络版 2020 年第 9 期全文转载。

王修华、张婉婷:《公司治理对农村商业银行全要素生产率的影响研究》,《湖南大学学报》(社会科学版) 2016 年第 5 期。

王修华、赵亚雄、付盼盼:《金融渗透、资金流动与多维贫困——来自中国县域的证据》,《当代财经》2019 年第 6 期。

王修华、赵亚雄:《数字金融发展是否存在马太效应?——贫困户与非贫困户的经验比较》,《金融研究》2020 年第 7 期。

王修华、赵亚雄:《中国金融包容的增长效应与实现机制》,《数量经济技术经济研究》2019 年第 1 期。

王修华、周翼璇:《破解金融排斥:英国的经验及借鉴作用》,《理论探索》2013 年第 6 期。人大复印报刊资料《金融与保险》2014 年第 2 期全文转载

王修华:《新农村建设中的金融排斥与破解思路》,《农业经济问题》2009 年第 7 期。

后 记

岁月不居,天道酬勤。对金融排斥—包容问题的兴趣源于博士学位论文的写作。博士学位论文以我国二元经济转换中的金融结构为选题,建立了金融结构与二元经济结构转换内在关系的分析框架,从产业与空间的双重视角对金融结构的演进规律进行分析。在收集资料和写作过程中,发现金融业在服务实体经济、促进二元经济转换中存在着"嫌贫爱富""锦上添花"的现象。金融机构为什么要排斥贫困群体,金融机构为什么不喜欢"雪中送炭"?系统地梳理金融发展理论,但并不能给出令人满意且又合理的解释。金融发展理论认为,政府采取的金融抑制政策是导致贫困群体受到信贷配给的主要原因,然而,现实是21世纪以来政府对农村金融一直采取支持政策,但却没有收到预期的政策效果,农村融资难、融资贵问题并没有得到很好的缓解。问题的症结在于供给和需求两端,但更多的是供给端,商业化后的金融机构在现有的农村环境下基于成本收益原则选择了金融排斥的理性决策。同时,我和团队也借助原中国银监会网站发布的《中国农村金融分布图集》提供的丰富的县域金融与经济基础数据,假期进行的农村金融调研的第一手数据和资料,以及手工整理的新型农村金融机构数据,发现了农村金融存在较为突出的发展不平衡不充分问题,试图从中寻找和揭示我国农村金融排斥—包容的证据和规律。对这一问题的关注始终是我的研究主线,伴随着我的整个研究生涯,从2005年开始,迄今已有15个年头。我和团队在国内外重要期刊上发表了相关论文30多篇。注重问题意识和调查研究是我们研究问题时秉承的两个最基本的原则,我们坚持问题导向,走出书斋,深入广大基层农村,力求把论文写在祖国大地上。我们也以该问题为选题积极申请各类项目,2010年获得教育部人文社科基金项目"中国农村金融排斥:形成机理、区域差异与破解机制研究"(10YJC790261),2011年获得国家软科学科学计划项目"中国包容性农村金融体系构建及政策支撑研究"(2011GXQ4B006),

2013 年获得国家自然科学基金青年项目"中国农村金融包容：转换机理、程度测量与三维效应研究"（71303077）。项目的阶段性成果《中国农村金融包容：转换机理、程度测量与收入分配效应》获得 2017 年湖南省哲学社会科学优秀成果二等奖。本研究成果既是对这些项目的一个系统性梳理，也是对个人研究生涯的一个阶段性总结。

知人者智，自知者明。随着研究的积累和认识的不断加深，一直想编写一本著作，系统、深入地研究一下农村金融排斥—包容问题：农村金融排斥的形成机理是什么，农村金融如何从排斥转换为包容的状态，如何科学合理地评价农村金融排斥与包容程度，影响和决定农村金融排斥与包容的因素是什么，农村包容性金融体系构建的推进路径与政策导向是什么，等等。对上述问题的研究，存在很多空白，对上述问题的回答，需要坚实的理论基础和可靠的经验证据的支撑。书名和目录已经拟好几年了，也撰写了部分章节，但每次都没能一鼓作气地完成，都以不同的理由和借口拖延下来，可谓"起个大早，赶个晚集"。每次看到市场上不断涌现出此类研究的著作，内心都颇为自责。究其本因，还是惰性使然。老子曰，"知人者智，知己者明。胜人者有力，胜己者强"。他的意思是清醒地认识自己才是聪明和难能可贵的，能够战胜自我的人才是真正的强者。生活中要达到这样的修为、升华到这样的人生境界谈何容易！突然而至的新冠肺炎疫情让人猝不及防，生活和工作的节奏被打乱，人被困在家中不能外出。庆幸的是，这段封闭的时间正好给自己一个平静、沉淀的机会，我把编写这本著作重新提上日程。每天对着电脑码字虽然看似枯燥，但也乐在其中，有一种很强烈的充实感，有时候也能体会到"山重水复疑无路，柳暗花明又一村"的喜悦。世上无难事，只要肯登攀。在团队的共同努力下，书稿终于顺利完成。尽管没有达到当初的设想和期望，还存在这样或那样的问题，但能完成一项既定的任务，了却心结，内心宽慰许多。

回望来路，不忘初心。我出身一个普通的农村家庭，目睹和经过农村生活的艰辛，幼小的心里早早埋下了与命运抗争的种子。有了这样的信念，学习非常发愤和自觉，不断从一本本书中汲取精神食粮，获取奋斗的力量。路遥的小说《平凡的世界》对我的影响和鼓舞最大：我们每个人的生活都是一个世界，即使最平凡的人也要为他生活的那个世界而奋斗。宝剑锋从磨砺出，梅花香自苦寒来。通过奋斗拼搏，如愿以偿地考上大学，之后以优异的成绩免试攻读硕士和博士学位，并到对外经济贸易大学从事博士后研究，赴美国哥伦比亚大学商学院做访问学者。跳出小县城阜南，求学于省城长沙，辗转于首都北京，走向国际大都市纽约，一步一个脚印，求学之路越走越宽。虽然身处城市越来越繁华，但在我心目中，最眷恋、最难以割舍的还是那个令人魂牵梦绕的农村家乡，因为那里是初心和梦想开始的地方。作为农民的儿子，我对农民的疾苦、农村的落后、城乡的差距体会颇深，这也许是我偏爱农村金融问题研究的最原初的动因。或许自己研究的作用非常有限，但也希望能为改变农村贫穷落后的面貌贡献自己的一点绵薄之力。

风雨兼程，唯有感谢。研究数十载，品人生百味。千言万语道不尽，唯有感谢挂心中。首先感谢给予我指导和关心的老师们：博士后合作导师对外经济贸易大学金融学院邱兆祥教授，出国访学合作导师美国哥伦比亚大学商学院魏尚进教授、博士生导师彭建刚教授，中国社会科学院财经战略研究院院长何德旭教授，中国农业大学何广文教授，中国人民大学马九杰教授，周立教授。我们农村金融青年学者团队的各位老师在每次研讨会上的热烈讨论也给了我很大的启迪，他们是华中农业大学刘西川教授，北京工商大学张正平教授，湖南农业大学周孟亮教授，南京农业大学张龙耀教授，山东财经大学冯林教授，北京化工大学李宾教授，中国农业大学何婧副教授，西北农林科技大学石宝峰教授，福建农林大学林丽琼副教授，郑海荣副教授，南京财经大学李庆海副教授，江西农业大学李长生副教授，宁波大学陆智强副教授，中央民族大学吴本健副教授，中国农业科学院朱海波副教授，郑州大学罗兴博士，云南财经大学黄倩博士。湖南大学、机关部处、金融与统计学院的领导和老师们也给予了很多的关心、帮助和支持。中国社会科学出版社副总编辑王茵女士，责任编辑孙萍老师亦为本书的顺利出版倾注了大量心血，付出了艰辛的劳动，在此表示衷心的感谢。最后，感谢我的团队成员，他们是关键博士、谷溪博士，硕士刘灿、贺小金、杨刚、徐晶、刘志远、谭开通、洪敏、何梦、李汪、廖雪芳、周翼璇、刘娜、陈茜茜、张婉婷、陈琳、易澳妮，博士生赵亚雄、傅扬、付盼盼、王毅鹏、杨彦宁、刘锦华、魏念颖等，他们参与了撰写与修改、数据收集与处理、校订与排版等工作，他们继承了团队精诚团结、精益求精的精神，出色地完成任务，在此，一并表示感谢。

亲情至真，历久弥深。感谢九泉之下的母亲，她老人家一生饱受苦难却以常人难以想象的毅力和坚强与命运抗争着，而养育之恩尚未回报之际她就离开了人世。正是母亲的言传身教深深感染了我，为我提供强大的精神支柱和动力源泉，使我在漫漫求学和研究征途上始终坚持，永不言弃。多少次午夜梦回时追忆母亲那慈祥和善的音容笑貌，为未尽点滴孝心而深感抱憾。母亲离世20周年了，但一切仿佛就发生在昨天，愿天堂里没有病痛。谨以此书献给我最亲爱的母亲！感谢我的老父亲一直默默地支持我的工作，父爱的深沉，母爱的伟大，无论漂泊何处我都将永远铭刻在心。感谢我的爱人和家人，正是他们无私的理解、包容和支持，我才有更多的精力和时间投入研究工作中。学无止境，在以后的道路上还需继续努力，上下求索。我想这是对至真亲情最好的报答。

本专著由王修华教授策划和统撰，参与各部分撰稿的作者是：

前　言：王修华

第一章：王修华　傅扬

第二章：王修华

第三章：王修华　赵亚雄　傅扬　付盼盼　王毅鹏　谭开通

第四章：王修华　赵亚雄

第五章：王修华　付盼盼　陈茜茜

第六章：王修华　关键　谷溪　王毅鹏

第七章：王修华　赵亚雄　关键

第八章：王修华　杨彦宁　陈琳　周翼璇　廖雪芳

第九章：王修华　王毅鹏　杨彦宁

第十章：王修华　傅扬

参考文献：魏念颖

后　记：王修华

王修华

2021年1月